プリント形式のリアル過去問で本番の臨場感！

大阪府

清風南海中学校

2025年春 受験用

解答集

本書は，実物をなるべくそのままに，プリント形式で年度ごとに収録しています。
問題用紙を教科別に分けて使うことができるので，本番さながらの演習ができます。

■ 収録内容

・解答集(この冊子です)

書籍ＩＤ番号，この問題集の使い方，最新年度実物データ，リアル過去問の活用，
解答例と解説，ご使用にあたってのお願い・ご注意，お問い合わせ

・2024(令和６)年度 ～ 2020(令和２)年度　学力検査問題

JN132484

○は収録あり　年度	'24	'23	'22	'21	'20	
■ 問題(SG・A入試)	○	○	○	○	○	
■ 解答用紙	○	○	○	○	○	
■ 配点(大問ごと)	○	○	○	○	○	

全教科に解説
があります

注)国語問題文非掲載:2024年度の一と三, 2022年度の二, 2021年度の一と三, 2020年度の三

問題文の非掲載につきまして

著作権上の都合により，本書に収録している過去入試問題の本文の一部を掲載しておりません。ご不便をおかけし，誠に申し訳ございません。

本文の一部を掲載できなかったことによる国語の演習不足を補うため，論説文および小説文の演習問題のダウンロード付録があります。弊社ウェブサイトから書籍ＩＤ番号を入力してご利用ください。

なお，問題の量，形式，難易度などの傾向が，実際の入試問題と一致しない場合があります。

教英出版

■　書籍ＩＤ番号

入試に役立つダウンロード付録や学校情報などを随時更新して掲載しています。
教英出版ウェブサイトの「ご購入者様のページ」画面で，書籍ＩＤ番号を入力してご利用ください。

書籍ＩＤ番号　122429

（有効期限：2025年9月30日まで）

【入試に役立つダウンロード付録】
「要点のまとめ(国語／算数)」
「課題作文演習」ほか

■　この問題集の使い方

年度ごとにプリント形式で収録しています。針を外して教科ごとに分けて使用します。①片側，②中央のどちらかでとじてありますので，下図を参考に，問題用紙と解答用紙に分けて準備をしましょう（解答用紙がない場合もあります)。

針を外すときは，けがをしないように十分注意してください。また，針を外すと紛失しやすくなりますので気をつけましょう。

① 片側でとじてあるもの　　② 中央でとじてあるもの

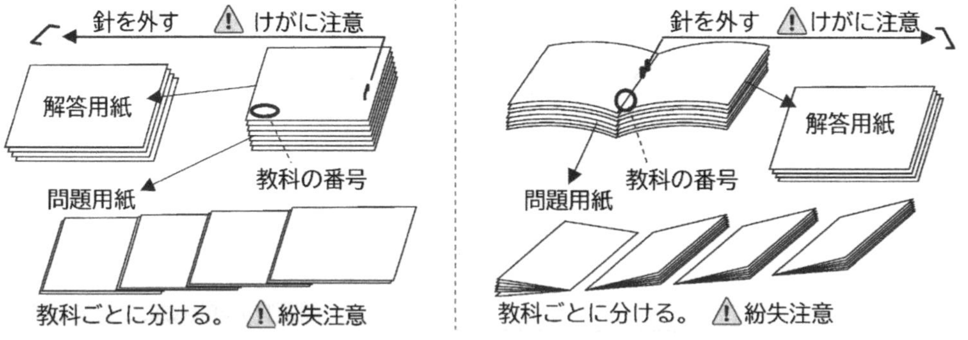

※教科数が上図と異なる場合があります。
　解答用紙がない場合や，問題と一体になっている場合があります。
　教科の番号は，教科ごとに分けるときの参考にしてください。

■　最新年度 実物データ

実物をなるべくそのままに編集していますが，収録の都合上，実際の試験問題とは異なる場合があります。実物のサイズ，様式は右表で確認してください。

問題用紙	Ｂ５冊子(二つ折り)
解答用紙	Ｂ４片面プリント

リアル過去問の活用

～リアル過去問なら入試本番で力を発揮することができる～

本番を体験しよう！

問題用紙の形式（縦向き / 横向き），問題の配置や余白など，実物に近い紙面構成なので本番の臨場感が味わえます。まずはパラパラとめくって眺めてみてください。「これが志望校の入試問題なんだ！」と思えば入試に向けて気持ちが高まることでしょう。

入試を知ろう！

同じ教科の過去数年分の問題紙面を並べて，見比べてみましょう。

①　問題の量

毎年同じ大問数か，年によって違うのか，また全体の問題量はどのくらいか知っておきましょう。どのくらいのスピードで解けば時間内に終わるのか，大問ひとつにかけられる時間を計算してみましょう。

②　出題分野

よく出題されている分野とそうでない分野を見つけましょう。同じような問題が過去にも出題されていることに気がつくはずです。

③　出題順序

得意な分野が毎年同じ大問番号で出題されていると分かれば，本番で取りこぼさないように先回りして解答することができるでしょう。

④　解答方法

記述式か選択式か（マークシートか），見ておきましょう。記述式なら，単位まで書く必要があるかどうか，文字数はどのくらいかなど，細かいところまでチェックしておきましょう。計算過程を書く必要があるかどうかも重要です。

⑤　問題の難易度

必ず正解したい基本問題，条件や指示の読み間違いといったケアレスミスに気をつけたい問題，後回しにしたほうがいい問題などをチェックしておきましょう。

問題を解こう！

志望校の入試傾向をつかんだら，問題を何度も解いていきましょう。ほかにも問題文の独特な言いまわしや，その学校独自の答え方を発見できることもあるでしょう。オリンピックや環境問題など，話題になった出来事を毎年出題する学校だと分かれば，日頃のニュースの見かたも変わってきます。

こうして志望校の入試傾向を知り対策を立てることこそが，過去問を解く最大の理由なのです。

実力を知ろう！

過去問を解くにあたって，得点はそれほど重要ではありません。大切なのは，志望校の過去問演習を通して，苦手な教科，苦手な分野を知ることです。苦手な教科，分野が分かったら，教科書や参考書に戻って重点的に学習する時間をつくりましょう。今の自分の実力を知れば，入試本番までの勉強の道すじが見えてきます。

試験に慣れよう！

入試では時間配分も重要です。本番で時間が足りなくなってあわてないように，リアル過去問で実戦演習をして，時間配分や出題パターンに慣れておきましょう。教科ごとに気持ちを切り替える練習もしておきましょう。

心を整えよう！

入試は誰でも緊張するものです。入試前日になったら，演習をやり尽くしたリアル過去問の表紙を眺めてみましょう。問題の内容を見る必要はもうありません。どんな形式だったかな？受験番号や氏名はどこに書くのかな？…ほんの少し見ておくだけでも，志望校の入試に向けて心の準備が整うことでしょう。

そして入試本番では，見慣れた問題紙面が緊張した心を落ち着かせてくれるはずです。

※まれに入試形式を変更する学校もありますが，条件はほかの受験生も同じです。心を整えてあせらずに問題に取りかかりましょう。

清風南海中学校

《国　語》

一　問1．a．エ　b．イ　問2．オ　問3．ウ　問4．ア　問5．ウ　問6．エ　問7．与えられたものをすぐ他人に分け与えることを頻繁に実践し、みんな一緒に幸福に生き残ろうとしているから。　問8．ア

二　問1．ⓐウ　ⓑア　問2．ア　問3．ウ　問4．イ　問5．エ　問6．エ　問7．理想の自己像を、他人にも想像してもらい、共有することで確かなものにしたいから。　問8．イ

三　問1．①エ　②イ　③ア　④カ　⑤オ　問2．時間のことばかりを気にして、効率的に物事を済ませながら日々を過ごすように追い立てられているということ。

四　①耕作　②行楽　③供え　④任命　⑤修める　⑥給油　⑦群生（下線部は棲でもよい）　⑧仁愛

《算　数》

1　(1)2　(2)7　(3)5　(4)$\frac{3}{4}$

2　(1)①77　②84　(2)①2.1　②2.5　(3)①1，3　②4　(4)①5時間51分後　②1時間57分後　(5)①126　②77　(6)①246　②$175\frac{1}{3}$

3　(1)1：3　(2)1：2　(3)1：6　(4)3：4：14　(5)63：4

4　(1)60　(2)ア．90　イ．180　(3)①22.5　②$10\frac{10}{17}$，18

5　(1)400　(2)90　(3)300　※(4)60

※の求め方は解説を参照してください。

《理　科》

1　問1．ウ　問2．ア　問3．オ　問4．イ　問5．南　問6．5　問7．ア

2　問1．6　問2．10　問3．(1)ア　(2)右／20　問4．130　問5．左／15　問6．(1)ア　(2)5

3　問1．15　問2．2.7　問3．エ　問4．イ　問5．(う)イ　(え)4　(お)ア　(か)0　問6．オ

4　問1．葉…ア　茎…ウ　根…カ　問2．20　問3．20　問4．(あ)エ　(い)A　(う)A　(え)B　問5．ア

《社　会》

1　問1．志摩　問2．(1)リアス海岸　(2)エ　問3．西経45　問4．12　問5．キ　問6．オ　問7．ウ　問8．エ　問9．カ

2　問1．イ　問2．ウ　問3．ア　問4．ア　問5．X．東海道　Y．蔵屋敷

3　問1．学制　問2．エ　問3．カ　問4．(1)イ　(2)小学校6年間，中学校3年間

4　問1．イ　問2．ア，エ　問3．ア　問4．ウ　問5．ウ　問6．パブリックコメント　問7．エ

《2024　国語　解説》

一　著作権上の都合により文章を掲載《けいさい》しておりませんので、解説も掲載しておりません。ご不便をおかけし、誠に申し訳ございません。

二　**問２**　ここより後で描《えが》かれているように、かつては【劇団プラネット】を一緒《いっしょ》に盛り上げてきた仲間だったギンジに対して、拓人は複雑な感情を抱《いだ》いている。そのため、サワ先輩《せんぱい》からギンジのＤＶＤを持っていくかどうか聞かれても、「うーん、と煮《に》え切らない返事をして突《つ》っ伏《ぷ》した」。つまり、ＤＶＤを受け取るかどうかはっきりと決められず、自分の意思を伝えるのも面倒だと思っている。そのため、いっそのことＤＶＤをカバンにねじ込んでくれれば楽なのにと感じたのである。よって、アが適する。

問３　拓人は「初舞台《はつぶたい》を踏《ふ》んだ大学一年生の六月のころ」に、「劇団の脚本《きゃくほん》を書いたり役者として舞台《ぶたい》に上がるときは、名前をひらがなで表記する」という「ダサいルールを決めた」。「ギンジ」というカタカナ表記は、銀次がそれに合わせたものである。拓人は、漢字をひらがなにするという、「たったそれだけのことで何者かになれた」気がしていた。つまり、「にのみやたくと」や「ギンジ」という表記は、ただの大学生ではなく、劇団で活動する理想の自分を表したものだと言える。しかし、大学にいたころのギンジのブログに書かれた記事の内容は、「自分の脚本《きゃくほん》の進行具合や劇団プラネットのちょっとしたオフショットをアップする程度のもの」で、「ギンジ」というカタカナ表記が表す理想の姿とは程遠い、当時の等身大のギンジ(＝「銀次」)が書いているという雰囲気《ふんいき》のものだった。よって、ウが適する。

問４　「寒い」という言葉には、内容が貧弱である、おもしろくないなどの意味がある。３～５行後に「ギンジは今、誰《だれ》にも伝えなくてもいい段階のことを、この世で一番熱い言葉をかき集めて、世界中に伝えようとしている～他人に、理想の自分を想像してもらおうとしている」とある。拓人は、ギンジが演劇への熱い思いを熱い言葉で語り、ブログの読者に自分の理想の姿を想像してもらおうとしていることを批判《ひはん》的にとらえ、「寒い」と感じている。よって、イが適する。

問５　問４の解説にあるように、拓人はギンジがブログにアップしている自己紹介《しょうかい》文を批判的にとらえている。一方で、拓人は、「自分のキーワードを書きだしてみよう」と書かれた模擬《もぎ》ＥＳを前に、「短い言葉で自分を表現」する言葉を思いつかず、「ほんの少しの言葉と小さな小さな写真のみで自分が何者であるかを語るとき、どんな言葉を取捨選択《しゅしゃせんたく》するべきなのだろうか」と考え込んでいる。よって、エが適する。

問６　――⑤の「あんなキーワード」が指す具体的な内容は、５～６行前の「それぞれの分野のクリエイターたちでハウスシェア～俳優さんたちと打ち合わせ」といった、「彩《いろど》り」のある言葉である。こうした「キーワード」について、拓人は、「余分な部分が削《そ》げ落ちているから、一口でもうお腹《なか》いっぱいになるくらいに、濃《こ》い味がする」と感じている。そして、拓人は、ギンジがやっていることを「確かにすごいことだし、俺には絶対できないことばかり」だと認めつつも、「それを表現するためにあんなキーワードを選択してしまったら、実際に成し遂《と》げたものの核《かく》が見えにくくなってしまう」と思っている。つまり、「あんなキーワード」は、言葉としては華やかで魅力《みりょく》的だが、ギンジが置かれている状況《じょうきょう》と結びつくものではなく、中身が伴《ともな》っていないと言える。よって、エが適する。

問７　「ＥＳを見せ合おうよ、と言ってきたあの子」とギンジには共通点がある。「あの子」が書いた「完璧《かんぺき》なＥＳ」とギンジのブログの記事は、短いキーワードを使い、「他人に、理想の自分を想像してもらおうとしている」

点が同じなのである。

問８　拓人は、模擬ＥＳを前にして、「短い言葉で自分を表現」する言葉を思いつかず、考え込んだり突《つ》っ伏《ぷ》してみたりしている。加えて、ギンジのＤＶＤを受け取るかどうかはっきりと決められなかったり、スイッチの入っていないこたつから動かなかったりする様子から、拓人の主体性のなさが読み取れる。また、ギンジや隆良と自分のことを比べながら、虚無感《きょむかん》にひたっている。模擬ＥＳを前に、自分が何者なのかという本質的な問いと向き合いながら、考えがまとまらない様子から、アは適当である。イは、「将来に対する期待が表れていて」や「読者に望みのある展開を予感させている」などが適当でない。「消しゴムのカスを乗せた」という表現は、何かを書いた後に消したという行動を読者に想像させる。模擬ＥＳに何かを書いて消したという行動からは、やはり自分が何者なのかという問いと向き合いながら、考えがまとまらない様子が読み取れる。よって、ウは適当である。「銀世界」という表現は、雪が一面に降り積もり、あたりが真っ白になっている様子を表す。よって、エは適当である。

《2024　算数　解説》

$\boxed{1}$ (1)　与式$=1.11\times(1\frac{13}{15}-1\frac{1}{5})\div\frac{37}{100}=\frac{111}{100}\times\frac{2}{3}\times\frac{100}{37}=$ **2**

(2)　与式$=8.7-\frac{34}{35}\div(4-\frac{51}{16}\div\frac{7}{8}+\frac{3}{5}\times\frac{5}{14})=8.7-\frac{34}{35}\div(4-\frac{51}{16}\times\frac{8}{7}+\frac{3}{5}\times\frac{5}{14})=8.7-\frac{34}{35}\div(4-\frac{51}{14}+\frac{3}{14})=$
$8.7-\frac{34}{35}\div\frac{4}{7}=8.7-\frac{34}{35}\times\frac{7}{4}=8.7-\frac{17}{10}=8.7-1.7=$ **7**

(3)　与式より，$(2.4+1\frac{1}{3}\times\square)\div\frac{34}{10}=\frac{8}{3}$　　$2.4+1\frac{1}{3}\times\square=\frac{8}{3}\times\frac{34}{10}$　　$2\frac{2}{5}+\frac{4}{3}\times\square=\frac{136}{15}$
$\frac{4}{3}\times\square=\frac{136}{15}-2\frac{2}{5}$　　$\frac{4}{3}\times\square=\frac{20}{3}$　　$\square=\frac{20}{3}\div\frac{4}{3}$　　$\square=$ **5**

(4)　与式より，$3\frac{3}{5}\div\{10-6.8\times(1\frac{3}{4}-\square)\}=1\frac{1}{8}$　　$10-6.8\times(1\frac{3}{4}-\square)=\frac{18}{5}\div\frac{9}{8}$
$10-6.8\times(1\frac{3}{4}-\square)=\frac{16}{5}$　　$6.8\times(1\frac{3}{4}-\square)=10-\frac{16}{5}$　　$6.8\times(1\frac{3}{4}-\square)=\frac{34}{5}$　　$1\frac{3}{4}-\square=\frac{34}{5}\div6.8$
$1\frac{3}{4}-\square=1$　　$\square=1\frac{3}{4}-1$　　$\square=$ $\mathbf{\frac{3}{4}}$

$\boxed{2}$ (1)①　**【解き方】国語と算数の合計点は 76.5×２＝153(点)，算数と理科の合計点は 81×２＝162(点)，理科と国語の合計点は 73.5×２＝147(点)である。**

国語と算数と理科の合計点は，(153＋162＋147)÷２＝231(点)なので，国語と算数と理科の平均点は，231÷３＝**77**(点)である。

②　①より，国語と算数と理科の合計点は 231 点で，国語と理科の合計点は 147 点なので，算数の点数は，231－147＝**84**(点)である。

(2)①　**【解き方】Aに 9.1Ｌ注いだので，残りは 13－9.1＝3.9(Ｌ)である。**

$3.9\times\frac{7}{7+6}=$ **2.1**(Ｌ)である。

②　**【解き方】最後にBに入っている水の量を$\boxed{1}$とすると，最後にAに入っている水の量を$\boxed{3}$と表せる。最後にCに入っている水の量は$\boxed{1}$より１－0.5＝0.5(Ｌ)だけ多い。**

最後にCに入っている水の量から 0.5Lを減らすと，全体の量は 13－0.5＝12.5(Ｌ)になり，これが$\boxed{3}$＋$\boxed{1}$×２＝$\boxed{5}$にあたる。$\boxed{1}$＝12.5÷５＝2.5(Ｌ)より，最後にBに入っている水の量は **2.5**Lである。

(3)①　**【解き方】Aは２連勝しているので，２回目はあいこではない。**

１回目はBもCもグーを出したので，Aがグーならばあいこである。３回目は，Bがグー，Cがチョキを出したので，Aがパーならばあいこである。よって，あいこの可能性があるのは，**１**回目と**３**回目である。

②　①より，Aは１回目にグーを出してあいこならば，２回目と３回目は連勝するので，Aの３回の手の出し方

は(グー，パー，グー)，(グー，グー，グー)の２通りである。また，Aが３回目にパーを出してあいこになるとき，１回目と２回目は連勝するので，(パー，パー，パー)，(パー，グー，パー)の２通りであり，求める手の出し方は合わせて，２＋２＝**４**(通り)である。

⑷①　【解き方】Aのタイマーは，36÷(５－１)＝９(分)ごとに音がなる。

40回目の音がなるのは，９×(40－１)＝351(分後)　　351分後＝**５時間51分後**である。

②　【解き方】２つのタイマーのなるタイミングを，右の図のように表す。

A　0　9　18　27　36

B　0　4　8　12　16　20　24　28　32　36　(分後)

Bのタイマーは，36÷(10－１)＝４(分)ごとに音がなる。36分ごとに，同時に音がなるが，それまでにAだけで３回，Bだけで８回音がなっている。36分間では，合わせて３＋８＋１＝12(回)音がなる。40回目は，(40－１)÷12＝３余り３より，36分×３回の後，３番目の音がなったときである。図より，３番目の音は，Aの９分後の音になるから，ボタンを押してから，36×３＋９＝117(分後)　　117分後＝**１時間57分後**である。

⑸①　【解き方】角ＣＯＦ＝90°÷２＝45°だから，右の図で，三角形ＯＣＦは直角二等辺三角形であり，求める面積は，おうぎ形ＯＣＥと三角形ＯＣＦをたしたものである。

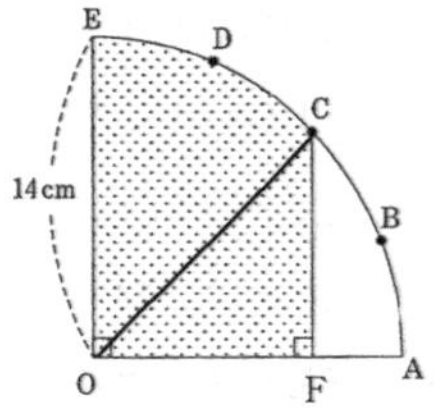

三角形ＯＣＦはふたつあわせると，ＯＣを対角線にもつ正方形になる。正方形はひし形でもあるから，三角形ＯＣＦの面積は，14×14÷２÷２＝49(㎠)である。また，Ｂ，Ｃ，Ｄは弧ＡＥを４等分した点で，おうぎ形ＯＡＥは半径14㎝の円を４等分したおうぎ形なので，おうぎ形ＯＣＥの面積は，元の円の面積の$\frac{1}{4}\times\frac{2}{4}=\frac{1}{8}$である。よって，おうぎ形ＯＣＥの面積は$14\times14\times\frac{22}{7}\times\frac{1}{8}=77$(㎠)なので，求める面積は，49＋77＝**126**(㎠)である。

②　【解き方】右の図で，三角形ＯＩＢと三角形ＤＨＯは合同で，三角形ＯＧＤと四角形ＧＨＩＢの面積は等しい。

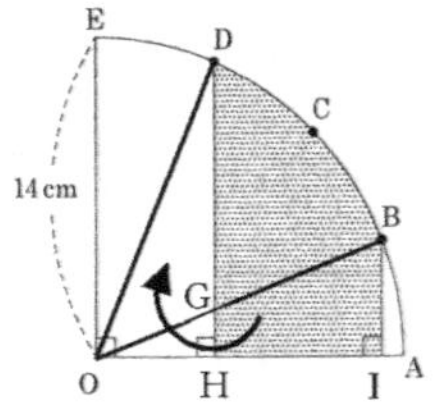

求める面積は，おうぎ形ＯＢＤの面積と等しい。おうぎ形ＯＢＤの面積は，①のおうぎ形ＯＣＥの面積と等しいので，**77**㎠である。

⑹①　右の図は上から見た図である。求める立体の底面積は，６㎝×６㎝の正方形から１㎝×１㎝の正方形を４つ切り取り，半径１㎝の円を４等分したおうぎ形を４つはめた図形の面積であることがわかる。よって，求める体積は，

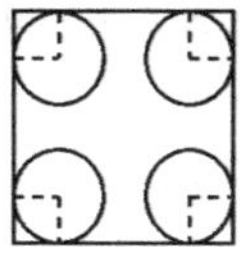

$(6\times6-1\times1\times4+1\times1\times\frac{22}{7})\times7=$**246**(㎤)である。

②　【解き方】①と同様に，上から見た図で考える。円すいが通過できる部分の立体は，右図の斜線部分と色をつけた部分とア～エの部分を合わせた部分の立体である。

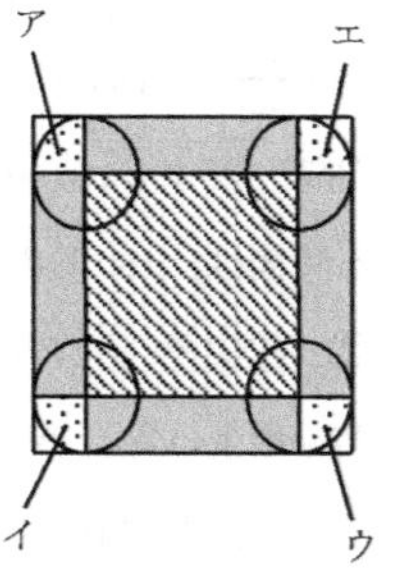

斜線部分は，底面積が(６－１×２)×(６－１×２)＝16(㎠)で高さが７㎝の直方体だから，体積は16×７＝112(㎤)である。

色をつけた部分は，底面積が$1\times7\div2=\frac{7}{2}$(㎠)で高さが６－１×２＝４(㎝)の直方体であり，これが４個あるから，体積の和は$\frac{7}{2}\times4\times4=56$(㎤)である。

ア～エは，半径１㎝で高さ７㎝の円すいを４等分した立体で，ア～エを合わせると円すいになるから，体積の和は$\frac{1}{3}\times1\times1\times\frac{22}{7}\times7=\frac{22}{3}=7\frac{1}{3}$(㎤)である。

よって，求める体積は，$112+56+7\frac{1}{3}=$**$175\frac{1}{3}$**(㎤)である。

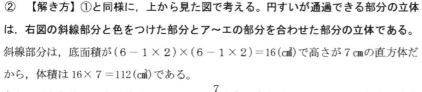

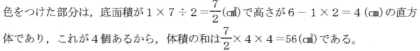

3 (1) 三角形ＡＤＦと三角形ＡＢＣは同じ形で大きさのちがう三角形である。
辺の比は，ＡＦ：ＡＣ＝１：３より，ＤＦ：ＢＣ＝**１：３**である。

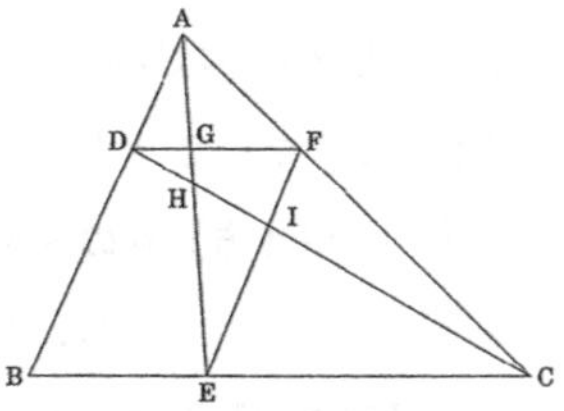

(2) 三角形ＣＥＦと三角形ＣＢＡは同じ形で大きさのちがう三角形である。
ＣＦ：ＣＡ＝２：３より，ＥＦ：ＢＡ＝２：３であり，ＥＦ＝ＢＤより，
ＥＦ：ＡＤ＝２：（３－２）＝２：１　また，三角形ＡＤＧと三角形ＥＦＧは同じ形で大きさのちがう三角形で，ＡＤ：ＥＦ＝１：２より，ＤＧ：ＧＦ＝**１：２**である。

(3) 三角形ＡＧＦと三角形ＡＥＣは同じ形で大きさのちがう三角形である。ＡＦ：ＡＣ＝１：３より，ＧＦ：ＥＣ＝１：３である。(2)より，ＤＧ：ＧＦ＝１：２，ＧＦ：ＥＣ＝１：３より，ＤＧ：ＥＣ＝１：６である。また，三角形ＧＤＨと三角形ＥＣＨは同じ形で大きさのちがう三角形なので，ＤＧ：ＣＥ＝１：６より，ＤＨ：ＨＣ＝**１：６**である。

(4) 三角形ＤＦＩと三角形ＣＥＩは同じ形で大きさのちがう三角形で，ＤＦ：ＥＣ＝１：２より，ＤＩ：ＩＣ＝１：２である。(3)より，ＤＨ：ＨＣ＝１：６なので，比の数の合計を１＋２＝３と１＋６＝７の最小公倍数である21に合わせると，ＤＩ：ＩＣ＝７：14，ＤＨ：ＨＣ＝３：18だから，ＤＨ：ＨＩ：ＩＣ＝３：（７－３）：14＝**３：４：14**である。

(5) **【解き方】右の「１つの角を共有する三角形の面積」を利用する。**

１つの角を共有する三角形の面積

右図のように三角形ＰＱＲと三角形ＰＳＴが１つの角を共有するとき，三角形ＰＳＴの面積は，
（三角形ＰＱＲの面積）$\times\frac{\mathrm{PS}}{\mathrm{PQ}}\times\frac{\mathrm{PT}}{\mathrm{PR}}$
で求められる。

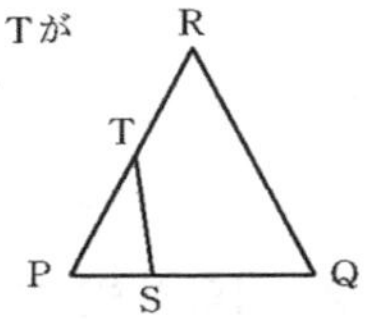

三角形ＡＢＣの面積を１とすると，三角形ＡＤＦの面積は，$1\times\frac{1}{3}\times\frac{1}{3}=\frac{1}{9}$　ＤＧ：ＧＦ＝１：２より，三角形ＡＤＧの面積は$\frac{1}{9}\times\frac{1}{3}=\frac{1}{27}$と表すことができ，三角形ＧＦＥは$\frac{1}{27}\times\frac{2}{1}\times\frac{2}{1}=\frac{4}{27}$と表せる。三角形ＧＦＥで「１つの角を共有する三角形の面積」を利用すると，三角形ＨＩＥの面積は，ＧＨ：ＥＨ＝ＤＨ：ＣＨ＝１：６，ＦＩ：ＥＩ＝ＤＦ：ＣＥ＝１：２より，$\frac{4}{27}\times\frac{6}{7}\times\frac{2}{3}=\frac{16}{189}$となる。よって，四角形ＧＨＩＦの面積は，$\frac{4}{27}-\frac{16}{189}=\frac{4}{63}$であるので，求める比は**63：４**である。

4 (1) 表より，30秒後のＡとＢの距離は５cmなので，三角形ＡＯＢは正三角形である。正三角形のひとつの内角は**60°**である。

(2) 表で，アは，ＡＢが円の直径（10cm）になる時間を表している。角ＡＯＢは30秒で60°開くので，180°開くのは，$30\times\frac{180°}{60°}=$**90**（秒後）である。また，ＡとＢが初めて重なるのは，角ＡＯＢが360°になったときなので，$30\times\frac{360°}{60°}=$**180**（秒後）である。

(3)① (2)より，180秒後に，Ａは180÷20＝９（周），Ｂは９－１＝８（周）回っているので，Ｂが１周するのにかかる時間は，180÷８＝**22.5**（秒）である。

② ①より，Ａの進む速さとＢの進む速さの比は，９：８である。その差は９－８＝１である。
図ｉのような二等辺三角形になるときは，円の周りの部分のＰＡの長さと，ＰＢの長さが等しくなり，曲線ＰＡ：曲線ＡＢ：曲線ＰＢ＝８：１：８になる。つまり，ＢがＰを出発してから円の周りを$\frac{8}{8+1+8}=\frac{8}{17}$進んだときなので，$22.5\times\frac{8}{17}=\frac{180}{17}=$**$10\frac{10}{17}$**（秒後）である。

図ｉ
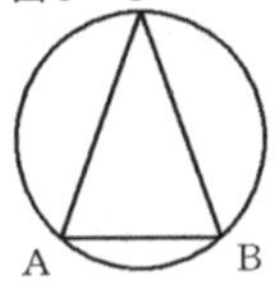

また，図ⅱのような二等辺三角形になるときは，円の周りの部分のＡＢの長さと，ＰＡの長さが等しくなり，曲線ＰＡ：曲線ＡＢ：曲線ＰＢ＝１：１：８になる。つまり，ＢがＰを出発してから円の周りを$\frac{8}{1+1+8}=\frac{8}{10}=\frac{4}{5}$進んだときなので，$22.5\times\frac{4}{5}=$**18**（秒後）である。

図ⅱ
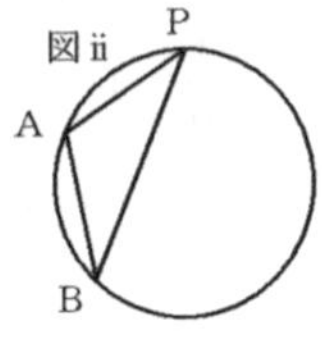

5 (1) 40 秒間で[容器１]に入った水の量は，100×40＝4000(㎤)であり，グラフより，このときの高さが 10 ㎝なので，[容器１]の底面積は，4000÷10＝**400**(㎠)である。

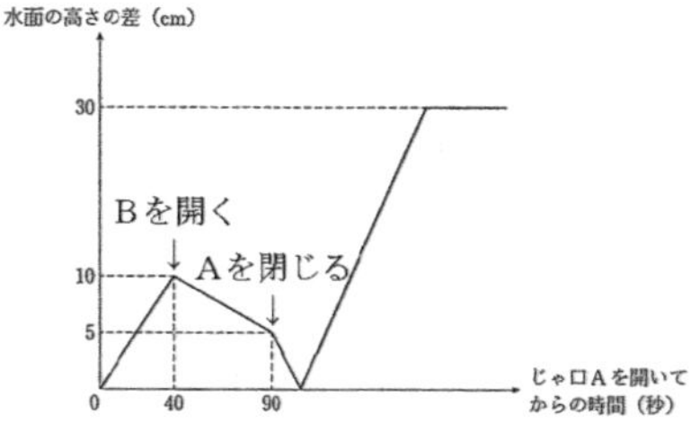

(2) 右の図より，Aを閉じたのは **90** 秒後である。

(3) 90 秒間で入った水の量は，100×90＝9000(㎤)である。グラフより，9000 ㎤の水すべてが[容器２]に入ったとき，水面の高さは 30 ㎝だから，[容器２]の底面積は，9000÷30＝**300**(㎠)である。

(4) **【解き方】同じ量の水が入っているときの水面の高さの比は，底面積の逆比になる。**

Bを開かないでじゃ口Aで 90 秒間水を入れると，[容器１]の水面の高さは $10\times\frac{90}{40}=\frac{45}{2}$(㎝)で，[容器２]の水面の高さは０㎝になる。このときの水面の高さの差は$\frac{45}{2}$㎝であるが，実際の差は５㎝だから，差が$\frac{45}{2}-5=\frac{35}{2}$(㎝)ちぢまったとわかる。Bを開くと，同じ量の水が[容器１]から[容器２]に移り，底面積の比は 400：300＝４：３だから，[容器１]の下がった水面の高さと[容器２]の上がった水面の高さの比は３：４になる。したがって，じゃ口Bを開いて 90－40＝50(秒後)の[容器２]の水面の高さは$\frac{35}{2}\times\frac{4}{3+4}=10$(㎝)である。よって，じゃ口Bから注がれる水の量は，毎秒(300×10÷50)㎤＝毎秒 **60** ㎤である。

《2024　理科　解説》

1 **問１**　粒《つぶ》の大きさが小さいものほど河口から遠い(水深が深い)ところにたい積する。粒の大きさが小さいものから，ねん土，砂，小石だから，河口から最も遠い距離《きょり》でたい積したのはねん土である。

問２　地層は下の層ほど古いから，砂→ねん土→小石→砂の順にたい積したとわかる。問１より，図１の地層のうち，ねん土の層は河口からの距離が最も遠いときにたい積にしたから，砂→ねん土でPは河口から遠ざかり，ねん土→小石でPは河口に近づいたとわかる。また，小石→砂では，粒の小さい砂の方が後にたい積しているから，Pは河口から遠ざかったと考えられる。

問３　土地が沈《しず》むと水深が深くなるから，より粒の小さいものがたい積するようになり，土地が上昇《じょうしょう》すると水深が浅くなるから，より粒の大きいものがたい積するようになる。よって，砂→ねん土でPは沈み，ねん土→小石でPは上昇し，小石→砂でPは沈んだと考えられる。

問４　ぎょう灰岩は，火山灰がたい積してできる岩石である。

問５　ぎょう灰岩の層の上面の標高に着目する。Xにおいて，標高が 320m でぎょう灰岩の層の上面の地表面からの深さが５m だから，ぎょう灰岩の層の上面の標高は 320－５＝315(m)である。同じようにYのぎょう灰岩の層の上面の標高を求めると 310－15＝295(m)である。よって，地層は南に向かって低くなるように傾《かたむ》いていることがわかる。

問６　地層は東西方向には傾いていないから，Wのぎょう灰岩の層の上面の標高はYと同じ 295m である。Wの標高は 300m だから，Wでぎょう灰岩の層が現れはじめるのは，地表面から 300－295＝５(m)の深さである。

問７　問５解説より，ぎょう灰岩の層の上面の標高はX→Yで 315－295＝20(m)低くなっているから，Y→Zでも 20m 低くなる。したがって，Zでのぎょう灰岩の層の上面の標高は 295－20＝275(m)であり，これはZの地表面から 290－275＝15(m)の深さである。よって，Zでボーリング調査を行うと，その結果は図３のYと同じになると考えられるから，Zの地表面から 10m の深さの層は小石とわかる。

2 問1　てこを回転させるはたらき〔おもりの重さ(g)×支点からの距離(cm)〕が時計回りと反時計回りで等しくなると，水平になる。Aが棒を時計回りに回転させるはたらきは 150×40＝6000 だから，いくつかのBの重さの合計は 6000÷100＝60(g)である。よって，Bは 60÷10＝6(個)つり下がっている。なお，このとき棒の中心に結んだ糸にかかる重さは 150＋60＝210(g)で 300g以下だから糸は切れない。

問2　図2のとき，Bは棒の中心から左に 100－40＝60(cm)の位置につるしているから，いくつかのBの重さの合計は 6000÷60＝100(g)である。よって，Bは 100÷10＝10(個)つり下がっている。なお，このとき棒の中心に結んだ糸にかかる重さは 150＋100＝250(g)で 300g以下だから糸は切れない。

問3(1)　Bの数を減らすと，Bが棒を反時計回りに回転させるはたらきが小さくなるから，Aが棒を時計回りに回転させるはたらきを小さくするために支点(棒の中心)からの距離を小さくすればよい。よって，Aを左に動かす。

(2)　棒の中心に結んだ糸にかかる重さの合計が 300gのときを考えればよい。このとき，いくつかのBの重さの合計とAの重さは 150gで等しくなるから，Aの支点(棒の中心)からの距離はBと等しく 60cmである。

問4　棒の重さが無視できないとき，棒の重さはすべて棒の中心にかかると考えればよい。糸が結んである位置を支点とすると，棒の中心は支点から 20cm，Bは支点から(100－50)＋20＝70(cm)，Cは支点から 100－20－50＝30(cm)である。2個のBと棒の重さが棒を反時計回りに回転させるはたらきの合計は 20×70＋125×20＝3900 だから，Cの重さは 3900÷30＝130(g)である。なお，このとき糸にかかる重さは 125＋20＋130＝275(g)で 300g以下だから糸は切れない。

問5　棒とCの重さの合計は 125＋130＝255(g)より，いくつかのBの重さの合計は 300－255＝45(g)までと求められるが，Bは1個あたり 10gだから，Bは最大で4個(40g)つるせるとわかる。棒の重さが棒を反時計回りに回転させるはたらきが 125×20＝2500，Cが棒を時計回りに回転させるはたらきが 3900 だから，Bが反時計回りに回転させるはたらきが 3900－2500＝1400 であればよい。よって，Bは支点(糸)から 1400÷40＝35(cm)の位置にあればよいので，棒の中心から左に 35－20＝15(cm)の位置にあればよい。

問6(1)　棒の中心にかかる重さ(棒とBの重さの和)が，糸1と糸2のそれぞれに棒の中心からの距離の逆比に分かれてかかるから，糸1と糸2に(100－20)：20＝4：1に分かれてかかる。よって，糸1にかかる重さの方が大きいから，糸1の方が先に切れる。　(2)　(1)解説より，糸1が切れない限界の重さ(糸1にかかる重さが 300g)のとき，棒の中心にかかる重さは $300\times\frac{4+1}{4}=375$(g)である。よって，限界までつるしたおもりの重さの合計は 375－170＝205(g)だから，205÷10＝20 余り5より，Bが10個，Dが5個である。

3 問1　図2より，水とAの体積の合計が 35 cm^3とわかるから，Aの体積は 35－20＝15(cm^3)である。

問2　40.5÷15＝2.7(g)

問3　Bの体積は 28－20＝8(cm^3)だから，Bの1cm^3あたりの重さは 72.0÷8＝9.0(g)，Cの体積は 31－20＝11(cm^3)だから，Cの1cm^3あたりの重さは 86.9÷11＝7.9(g)である。よって，1cm^3あたりの重さが大きい順に，B＞C＞Aである。

問4　金属を熱して体積が大きくなっても重さは変化しないから，密度は小さくなる。

問6　Xは8℃の水に沈んだから，Xの密度は8℃の水の密度(0.99985g/cm^3)より大きい。Xは4℃の水と6℃の水に浮《う》いたから，Xの密度は(より密度の小さい)6℃の水の密度(約0.99994g/cm^3)より小さい。よって，Xの密度は，3℃の密度(0.99996g/cm^3)より小さいとわかるから，Xは3℃の水に浮く。

4 問1　ヒマワリは双子葉《そうしよう》類なので，葉の葉脈は網状《もうじょう》脈(ア)，茎《くき》の維管束《いかんそく》(道管と師管が束になったもの)は輪状に並び(ウ)，根は主根と側根からなる(カ)。なお，イネなどの単子葉類の葉の葉脈は平行脈(イ)，茎の維管束はばらばら(エ)，根はひげ根(オ)である。

問2　植物が生きていくためには，呼吸によって使われるデンプンの重さと同じ重さのデンプンを光合成で作る必要がある。Aは1時間の呼吸で 10ｇのデンプンを使うから，1時間の光合成で少なくとも 10ｇのデンプンを作る必要があるので，生きていくために必要となる最小の光の強さは 20 キロルクスである。

問3　植物に蓄積《ちくせき》されるデンプンの重さは，光合成によって作られたデンプンの重さから呼吸によって使われたデンプンの重さを引いた重さである。図1より，Bの1時間の光合成によって作られるデンプンの重さは0キロルクスで0ｇ，10 キロルクスで5ｇ，20 キロルクスで 10ｇ，30 キロルクス以上では 15ｇで一定になる。また，Bの1時間の呼吸によって使われるデンプンの重さは光の強さに関わらず5ｇで一定である。よって，図2の実験で光合成によって作られるデンプンの重さは5×4＋10×3＋15×6＝140(ｇ)，呼吸によって使われるデンプンの重さは5×24＝120(ｇ)だから，Bに蓄積されるデンプンの重さは 140－120＝20(ｇ)である。

問4　図1より，光の強さと1時間の光合成と呼吸によって蓄積されたデンプンの重さをグラフに表すと，図ｉのようになる。なお，光合成によって作られたデンプンの重さが，呼吸によって使われたデンプンの重さより少ないときについて，蓄積されたデンプンの重さをマイナス(－)で表している。このとき，植物は蓄積されたデンプンを使って呼吸を行っている。

図ｉ

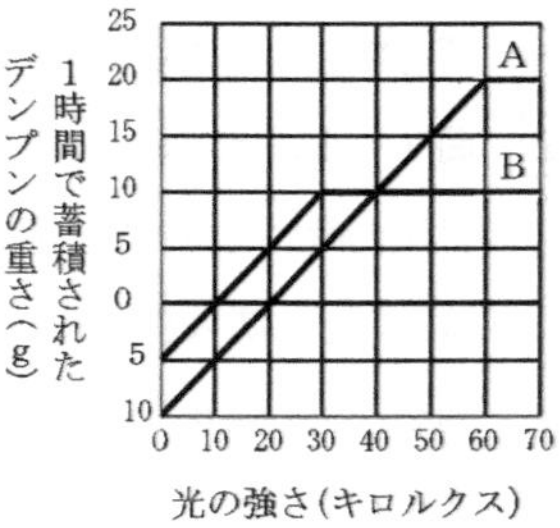

い．十分な光があるとき，1時間で蓄積されたデンプンの重さはAの方がBより多くなるから，Aの方がBより成長速度が速いと考えられる。　う．光が少ないとき，1時間で蓄積されたデンプンの重さはBの方がAより多くなるから，Bの方がAより成長速度が速い(Aの方がBより成長速度が遅《おそ》い)と考えられる。　え．長い年月が経過した実験区画では，光が少なくても成長しやすいBが多くなる。

問5　実験開始直後はAの方がより成長するから，図3の破線はA，実線はBを表している。問4の「え」より，100 年を超《こ》えるとBのようなものばかりが見られる(Aのようなものはほとんど見られなくなる)とわかるから，アが正答となる。

《2024　社会　解説》

[1]　**問2**(1)　リアス海岸は，沈降した山地の谷間の部分に海水が入りこむことでできる複雑な海岸地形である。日本では，志摩半島，若狭湾沿岸部，三陸海岸，愛媛県南西部などで見られる。　(2)　離島が多い長崎県の海岸線総延長距離は，北海道に次ぐ全国第2位である。

問3　地球の真裏の点を対蹠《たいせき》点という。北緯ａ度，東経ｂ度の地点の対蹠点は，南緯ａ度，西経(180－ｂ)度になる。緯度は，北緯と南緯を入れ替えるだけ。経度は，東経と西経を入れ替えて 180 度から引く。日本は東経 135 度の経線を標準時子午線としているので，180－135＝45 より，西経 45 度。

問4　経度差 15 度で1時間の時差が生じる。ロサンゼルスとの経度差は 135＋120＝255(度)，時差は 17 時間になる。よって，関西国際空港を出発したときのロサンゼルスの時刻は1月 14 日午前0時 30 分だから，飛行時間は，午前0時 30 分から午後 12 時 30 分までの 12 時間になる。

問5　日本海側は，暖流の対馬海流上空で，北西季節風が大量の水分を含み，日本海側の山地を越えるときに大雪を降らせるため，冬の降水量が多くなる。

問6　Ⅰ～Ⅲの図の右側に示されている生産量の数値に着目する。数値が大きく，各府県の合計の生産量が最も多いⅢが米と判断する。和歌山県での生産量が圧倒的に多いⅡがみかん，残ったⅠがなすである。みかんの収穫量上位３県は，和歌山県・愛媛県・静岡県であることは覚えておきたい。

問７　洪水の発生には，河川の氾濫などの外水氾濫によるものだけでなく，市街地で排水が追い付かず，地下水路や側溝などから水があふれ出すなどの内水氾濫によるものもある。内陸部も含め，多くの市町村がハザードマップを公開しているＸを洪水と判断する。また，沿岸部の市町村がハザードマップを公開しているＹが津波であることからも判断できる。

問８　Ⅰ．誤り。繊維工業の出荷額は，1955 年が 67720×0.175＝11851(億円)，2019 年が 3225334×0.011≒35479(億円)なので，2019 年のほうが多い。Ⅱ．誤り。金属・機械・化学は重工業，食品・繊維は軽工業に分類される。1955 年，2019 年ともに軽工業の出荷額は 50％を下回っている。

問９　輸出額の合計が最も多いⅡが中国であり，中国との貿易額が多いⅢがアメリカ，残ったⅠが日本である。日本とアメリカの貿易で日本が輸出超過となっていることからも確認できる。日本と中国の貿易では，香港などとの貿易額を除いた場合，日本が輸出超過となる。

2　**問１**　Ⅰ．正しい。天武天皇の妻である持統天皇によって 694 年に藤原京に都が移された。Ⅱ．誤り。663 年の白村江の戦いでは，唐と新羅の連合軍に敗れた。その後，中大兄皇子は唐と新羅の攻撃に備えて九州北部に大野城や水城を築き，防人を配置した。

問２　Ⅰ．誤り。租は収穫した稲の約３％を納めるものであった。Ⅱ．正しい。庸は，年間に都で 10 日間働くかわりに布を納めた。

問３　源義朝は平治の乱で平清盛に敗北した。保元の乱は後白河天皇と崇徳上皇の争いであり，平清盛と源義朝がついた後白河天皇が勝利した。

問４　Ⅰ(スペイン船の来航禁止　1624 年)→Ⅱ(日本人の海外渡航・帰国禁止　1635 年)→Ⅲ(ポルトガル船の来航禁止　1639 年)　江戸時代の「鎖国」への流れや順番は覚えておきたい。

問５　Ｘ．江戸の日本橋を起点とする，東海道，中山道，甲州道中，日光道中，奥州道中を五街道と呼んだ。東海道の相模国(現在の神奈川県)の芦ノ湖湖畔に箱根の関所があった。

3　**問２**　琉球王国は，江戸時代に島津氏に征服されてからも，日本と中国の二重支配を受けていた。1871 年に台湾で起きた琉球漂流民殺害事件による台湾出兵をきっかけに，琉球の日本帰属が国際的に確認されるようになった。

問３　Ⅲ(1933 年)→Ⅱ(1937 年)→Ⅰ(1940 年)

問４(1)　Ⅰ．正しい。農地改革についての記述。Ⅱ．誤り。日米安全保障条約は，1951 年のサンフランシスコ平和条約と同じ日に結ばれた。　**(2)**　1947 年に制定された教育基本法によって，義務教育は小学校・中学校の９年となった。

4　**問１**　国連安全保障理事会の常任理事国はアメリカ合衆国，イギリス，フランス，ロシア，中国，非常任理事国は選挙によって選ばれた 10 か国(任期は２年)で構成される。日本は 2023 年１月より２年間，12 回目の非常任理事国となっている。

問２　イ．誤り。内閣は衆議院の解散を決めることができる。ウ．誤り。内閣は国会が成立させた法律に対して，拒否権を行使することはできない。国会が成立させた法律に対しては，裁判所が違憲審査を行うことができる。

問４　Ⅰ．誤り。消費税による税収は，税収の 30％程度である。Ⅱ．正しい。社会保障費が 32.3％，地方交付税交付金等が 14.3％，国債費が 22.1％を占めた。

問５　ユニセフは国連児童基金の略称であり，開発途上国や，戦争，内戦，震災などで被害を受けている国の子どもの支援や，子どもの権利条約の普及活動なども行っている。

問7　ア．誤り。第1次オイルショックは 1973 年に起きた。過去最高の婚姻率を記録したのは 1947 年である。イ．誤り。バブル経済崩壊の 1990 年度からリーマン・ショックが起きた 2009 年度までの期間に出生数が 200 万人を超えている年はない。ウ．誤り。2020 年度の過去最大の公債発行額は，税収の大幅な落ち込みによるものではなく，新型コロナウイルス感染症対策によるものである。

清風南海中学校

《国　語》

一 問1．ⓐウ　ⓑエ　問2．本当は人そ　問3．イ　問4．実際は多様な性があるのに、教科書では「思春期になると異性を好きになる」と限定している点。　問5．ア　問6．エ　問7．イ　問8．ウ

二 問1．ⓐオ　ⓑイ　問2．ウ　問3．ア　問4．エ　問5．ウ　問6．イ　問7．展覧会へ出陳する作品に自信を持って語る直次郎に対し、挿絵しか描いてない自分は、展覧会で評価される絵は描けそうにないから。問8．ア　問9．エ

三 問1．a．ア　b．ウ　c．オ　d．エ　e．イ　問2．母に謝りたい気持ちもあるが、それ以上に母に対する怒りが収まらないということ。

四 ①警備　②除く　③秘策　④日誌　⑤耕す　⑥酸化　⑦山梨　⑧果糖

《算　数》

1 (1)1　(2)3　(3)13　(4)$\frac{1}{3}$

2 (1)①12　②30　(2)①19：6　②3800　(3)①9　②13　(4)①85　②3　(5)①8：3　②35　(6)①48　②16

3 (1)2：3　(2)6　(3)13　(4)5：3

4 (1)380　(2)2400　(3)1200　(4)800

5 (1)4　(2)2　(3)A．3　B．6　※(4)28

※の求め方は解説を参照してください。

《理　科》

1 問1．エ　問2．A．イ　B．オ　問3．A．ウ　B．×　C．ア　D．イ
問4．(1)動く向き…ア　動く理由…オ　(2)ウ

2 問1．ウ　問2．白　問3．イ　問4．ウ　問5．ウ　問6．イ　問7．①28　②336　問8．336

3 問1．(1)ウ　(2)ア　問2．ふかんぜんへんたい　問3．しょくもつれんさ　問4．イ　問5．0.6
問6．0.06　問7．1.6

4 問1．イ　問2．豆電球①…ア　豆電球②…ウ　豆電球③…イ　問3．ウ　問4．ア　問5．ウ
問6．ウ

《社　会》

1 問1．やませ　問2．(1)根釧台地　(2)イ　(3)ウ　問3．ア　問4．イ　問5．(1)ア　(2)ウ　問6．エ
問7．エ

2 問1．ウ　問2．風土記　問3．イ　問4．ア　問5．エ

3 問1．エ　問2．イ　問3．イ　問4．直接国税15円以上を納めた，満25才以上の男性。　問5．エ

4 問1．④　問2．ウ　問3．ア，イ　問4．ア　問5．条例

5 問1．(1)戦力　(2)ウ　(3)イ　問2．エ　問3．ア

《2023　国語　解説》

一　**問１ａ**　偏見とは、かたよった見方や考え方のこと。　　**ｂ**　皮肉とは、遠回しに意地悪く相手の弱点を非難すること。

問３　直接には、文の前半の「こうして、あぁでもない、こうでもない、と考えること」で「私たちの多様な性について学ぶこと」を指している。「こうして」が指すのは、多様な性について生徒が考え、いろいろな意見が出るという状態。よって、イが適する。

問４　室井《むろい》さんが中学時代に読んでショックを受けた教科書の記述については、文章の４～６行目に書かれていて、「小・中学校の保健の教科書には今でも『思春期になると異性を好きになる』という記述が載《の》っています。ここでは、同性が好きな人や、恋愛をしない人の存在は『ないこと』になっています」とある。しかし、実際には人間は「多様な性」を持っている。

問５　直後に「微積分《びせきぶん》だって学校で教えなければ『国民が理解する』ことなんてないでしょう」と述べ、最後の方でも「保健の教科書で『思春期になると異性を好きになる』と教えると、多様性は見えなくなります」「恋愛の当たり前は～学校の教科書でどんなことを教えているかによっても変わります」と述べている。よって、アが適する。

問６　続く２段落を参照のこと。「強制異性愛主義者」の風刺《ふうし》画に描《えが》かれているナイフとフォークは、お箸《はし》を見てもその現実を受《う》け容《い》れられず、「世界にはナイフとフォークの二種類しかなく、そのペアしか存在しない」という従来の考え方を捨てられない。よって、エが適する。

問７　次の段落の内容、特に「差別や偏見をおそれて、ほとんどの人たちが沈黙《ちんもく》しているからです」より、イが適する。この場合の「沈黙」とは、公共の場に同性カップルとして出ないことを意味する。

問８　パートナーシップ制度を設ける自治体と、この制度を利用する同性カップルが増えていることを述べたあと、最後に「パートナーシップ制度のような仕組みを作れば、多様性は見えるようになります。恋愛の当たり前は、法律や自治体の制度、学校の教科書でどんなことを教えているかによっても変わります」と述べているので、ウが適する。

二　**問２**　この後、「『ご勘気《かんき》って、おまえ、いったい何をしでかしたんだい』石川光明はもともと、暁斎の旧友。暁斎から直々に頼まれて記六を弟子《でし》に加えただけに、ちょっとやそっとの不始末で記六を叱《しか》りはしないはずだ」と続く。記六は、先生ともめていることをとよに叱《しか》られると予測していたので、「わざとらしく」落ち込《こ》んだ様子を見せることで、叱られないようにしようと考えたのである。よって、ウが適する。

問３　「自堕落《じだらく》な癖《くせ》にはしっこい弟が、そんな馬鹿馬鹿《ばかばか》しい失態を犯《おか》すはずがない。おおかた預かった銭をそのまま使《つか》い込み、それが露見《ろけん》して、破門を食《く》らったのに違いなかった」とある。「そんな馬鹿馬鹿しい失態」とは、記六が言う「預かった銭を～うっかり預かったままに」してしまっただけだというもの。しかし弟の気質をよく知る「とよ」は、記六はうそをついていると推測している。しかも、そのような問題を起こしておいて、先生を非難しているので、怒りがこみあげてきたのである。よって、アが適する。

問４　少しあとに「とはいえ記六からすれば、姉が人手を募《つの》っているとの口実のもと、師匠《ししょう》のご機嫌《きげん》うかがいができるまたとない好機だったのだろう。懸命《けんめい》にとよをなだめるや、すぐに女房《にょうぼう》を下谷竹《したやたけ》町の光明の家に走らせ、あっという間に弟弟子と荷車を借り受ける算段をつけてきた」とある。記六にしてみれば、先生との関係を修復するきっかけにもなる、「またとない好機」を失いたくなかったのである。よって、エが適する。

問5　── 線部⑤から⑥にかけての直次郎の様子や発言から、作品作りへの意欲が高く、自分の作品に自信があり、彫刻について話すのが好きで、人なつこさがあるのがわかる。また、── 線部③の５～６行後に「あっという間に弟弟子と荷車を借り受ける算段をつけてきた」とあるのは、記六の女房が急いだということもあるが、直次郎が兄弟子からの頼みをすぐに快く引き受けたからだと考えられる。直次郎は、── 線部⑦の前でも、記六を庇《かば》う優《やさ》しさを見せている。よって、ウが適する。

問6　── 線部⑤の２～４行前で、直次郎は、大きな寒水石(大理石)を切り出して持ち帰るのが大変だったことを話している。彫刻はよくわからなくても、絵や芸術がわかる「とよ」は、直次郎が口にしなかった部分について的確な質問をしてくれたので、直次郎は喜んで自分の作りたいものや創作の苦労、創作にかける意気込みについて語り始めた。よって、イが適する。

問7　── 線部⑥の前で直次郎が話した自らの近況は、「自らが作るものを鮮明《せんめい》に脳裏《のうり》に思《おも》い描《えが》いている者だけが浮かべる自信溢《あふ》れる笑《え》み」に彩《いろど》られていた。一方、── 線部⑥の直後の４行に書かれている「とよ」の自分の見通しは、かなり頼りないものである。

問8　直後の５行の内容を、最も よくまとめているのはアである。

問9　弟のことを情けないと思った後、最近の自分の状況を考えると、「自分とて弟のことは言えまい、ととよは思った」。そして、「(違う。あたしは──)」と、自らを肯定しようとしても、それに続く言葉が出てこない。よって、エが適する。

三　**問2**　直前の「昨夜から母と話していない」より、母とケンカをしていることが推測できる。「わたしのなか」で「暴れていて」「黒ずんだ尾《お》が伸《の》びつづけ」る「獣《けもの》」は、母に謝って、母と話し合うための「言葉さえかすめとる」。

《2023　算数　解説》

1　(1)　与式$=0.5+0.75\div\{(3.25-0.7)\div1.7\}=0.5+0.75\div(2.55\div1.7)=0.5+0.75\div1.5=0.5+0.5=$ **1**

(2)　与式$=\frac{27}{50}\times\{\frac{8}{5}\div\frac{9}{40}-(\frac{7}{3}-\frac{3}{10})\div\frac{61}{10}\times\frac{14}{3}\}=\frac{27}{50}\times\{\frac{8}{5}\times\frac{40}{9}-(\frac{70}{30}-\frac{9}{30})\times\frac{10}{61}\times\frac{14}{3}\}=\frac{27}{50}\times(\frac{64}{9}-\frac{61}{30}\times\frac{10}{61}\times\frac{14}{3})=$
$\frac{27}{50}\times(\frac{64}{9}-\frac{14}{9})=\frac{27}{50}\times\frac{50}{9}=$ **3**

(3)　与式より，$1.5+\square\div1.625=9.5$　　$\square\div1.625=9.5-1.5$　　$\square=8\times1.625=$ **13**

(4)　与式より，$\{2\frac{1}{4}-(\square+\frac{7}{6})\times\frac{1}{3}\}\times\frac{2}{3}=\frac{3}{2}-\frac{1}{3}$　　$\{\frac{9}{4}-(\square+\frac{7}{6})\times\frac{1}{3}\}\times\frac{2}{3}=\frac{9}{6}-\frac{2}{6}$
$\frac{9}{4}-(\square+\frac{7}{6})\times\frac{1}{3}=\frac{7}{6}\div\frac{2}{3}$　　$\frac{9}{4}-(\square+\frac{7}{6})\times\frac{1}{3}=\frac{7}{6}\times\frac{3}{2}$　　$(\square+\frac{7}{6})\times\frac{1}{3}=\frac{9}{4}-\frac{7}{4}$　　$\square+\frac{7}{6}=\frac{1}{2}\times3$
$\square=\frac{3}{2}-\frac{7}{6}=\frac{9}{6}-\frac{7}{6}=\frac{2}{6}=$ $\mathbf{\frac{1}{3}}$

2　(1)①　**【解き方】大人と子ども２人ずつでする仕事量は大人と子ども１人ずつでする仕事量の２倍と考える。**

大人１人と子ども１人でこの仕事をすると 24 日かかるから，大人２人と子ども２人では 24÷２＝**12**(日)かかる。

②　**【解き方】仕事量の合計を 12 と 10 の最小公倍数 60 とする。**

大人２人と子ども２人が１日にする仕事量は 60÷12＝５，大人２人と子ども３人が１日にする仕事量は 60÷10＝６だから，子ども１人が１日でする仕事量は６－５＝１である。よって，子ども２人で１日にする仕事量は２だから，60÷２＝**30**(日)かかる。

(2)①　**【解き方】２人のはじめの所持金は同じだから，おこづかいをもらった後の２人の所持金の差と，２人が**

もらったおこづかいの金額の差は等しいことを利用する。

おこづかいをもらった後のＳとＮの所持金の比は５：７，ＳとＮがもらったおこづかいの金額の比は３：８だから，それぞれの比の数の差である７－５＝２と８－３＝５が等しい。２と５の最小公倍数は10だから，比の数の差が10になるようにそれぞれの比に５と２をかけると，（５×５）：（７×５）＝25：35，（３×２）：（８×２）＝６：16となる。よって，Ｓのはじめの所持金とＳがもらったおこづかいの比は(25－６)：６＝**19：６**となる。

②　**【解き方】ＳがＮに1000円を渡す前と渡した後で，２人の所持金の合計が等しいことを利用する。**

1000円を渡す前のＳとＮの所持金の比は５：７，渡した後は１：２となるので，それぞれの比の数の合計を，５＋７＝12と１＋２＝３の最小公倍数12に合わせると，渡す前の所持金の比は５：７，渡した後は（１×４）：（２×４）＝４：８となる。よって，Ｓ(Ｎ)の比の数の差５－４＝１（８－７＝１）が1000円にあたるので，おこづかいをもらった後のＳの所持金は５×1000＝5000(円)である。したがって，おこづかいをもらう前のＳの所持金は$5000\times\frac{19}{25}$＝**3800**(円)である。

⑶①　１人に４個ずつ配ると12個余り，１人に６個ずつ配ると１個ももらえない子どもが１人いるから，６×１＝６(個)足りない。よって，１人に４個ずつ配り，さらにもう２個ずつ配るのに必要な個数は12＋６＝18(個)だから，子どもの人数は18÷２＝**９**(人)である。

②　**【解き方】１人に８個ずつ配ると，１個ももらえない子どもが２人，１個から３個もらった子どもが１人いるので，足りない個数は８×２＋(８－３)＝21(個)から８×２＋(８－１)＝23(個)の間の個数である。**

１人に５個ずつ配ると17個余るので，１人に５個ずつ配り，さらにもう３個ずつ配るのに必要な個数は17＋21＝38(個)から17＋23＝40(個)の間の個数である。全員に３個ずつ配るとき，クッキーの個数が３の倍数である必要があるので，38から40までの整数のうち３の倍数は39である。よって，子どもの人数は39÷３＝**13**(人)

⑷①　255÷３＝85より，85＋85＋85＝255だから，前後の奇数を考えると255＝83＋**85**＋87と表せる。

②　**【解き方】255を素因数分解すると255＝３×５×17となる。ここから255の約数を考え，適する数を探す。**

255の約数のうち，１と255以外の数は小さい順に３，５，３×５＝15，17，３×17＝51，５×17＝85である。よって，連続する奇数の個数がこれらの約数になるときを考える。⑴より，３個の奇数の和で表すことはできる。連続する奇数が５個のとき，真ん中の数は255÷５＝51である。51より小さい数の個数は(５－１)÷２＝２(個)だから，一番小さい数は，51より２×２＝４小さいので，51－４＝47より，適する。同様に考えて，連続する奇数が15個のとき，真ん中の数は255÷15＝17，一番小さい数は17－(15－１)÷２×２＝３より，適する。

連続する奇数が17個以上のとき，一番小さい数が１より小さい奇数となり，条件に合わない。

よって，真ん中の数として考えられるものは17，51，85の**３**通りである。

⑸①　弧ＡＣの長さは$7\times2\times\frac{22}{7}\div2$＝22(㎝)だから，弧ＢＣの長さは22－16＝６(㎝)である。よって，(弧ＡＢの長さ)：(弧ＢＣの長さ)＝16：６＝**８：３**

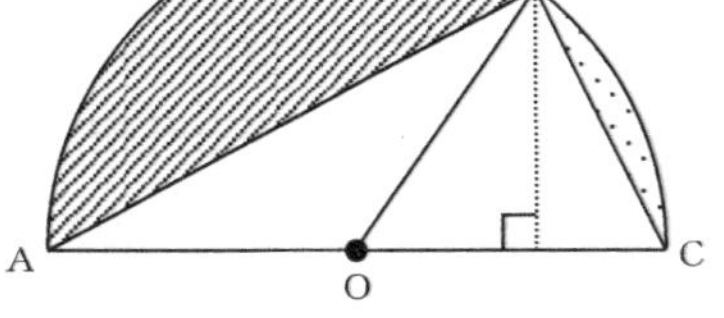

②　**【解き方】右図で円の中心をＯとする。三角形ＡＯＢと三角形ＢＯＣは底辺をＡＯ，ＯＣとしたときの高さが等しく，ＡＯ＝ＯＣ＝７㎝だから，面積が等しい。よって，(斜線《しゃせん》部分の面積)－(斑点《はんてん》部分の面積)＝(おうぎ形ＡＯＢの面積)－(おうぎ形ＢＯＣの面積)である。**

⑴より，弧ＡＢの長さと弧ＢＣの長さの比が８：３だから，おうぎ形ＡＯＢとおうぎ形ＢＯＣの面積の比も８：３である。よって，求める面積は，$7\times7\times\frac{22}{7}\times\frac{1}{2}\times\frac{8}{11}-7\times7\times\frac{22}{7}\times\frac{1}{2}\times\frac{3}{11}=7\times(8-3)=$**35**(㎠)

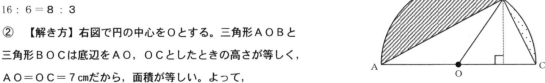

(6)① 【解き方】水の体積が等しいとき，水面の高さの比は底面積の比と逆比になることを利用する。

また，Ａの底面積は $5\times5\times\frac{22}{7}=25\times\frac{22}{7}$，Ｂの底面積は $10\times10\times\frac{22}{7}-5\times5\times\frac{22}{7}=75\times\frac{22}{7}$ だから，ＡとＢの底面積の比は１：３である。よって，同じ体積の水を入れたときの高さの比は３：１になる。ＡとＢの水面の高さの比は４：１だから，入っている水の体積の比は４：（１×３）＝４：３となる。底面積が等しいときの水の高さは体積に比例するから，穴は容器の底から $84\times\frac{4}{4+3}=$ **48**(cm)のところにある。

② 【解き方】(1)の解説をふまえる。Ａの底面から穴のある位置までと，穴のある位置から容器の一番上までの長さの比は４：３だから，上下を逆にするとＡに入っている水の高さは $48\times\frac{4-3}{4}=12$(cm)だけ低くなる。

ＡとＢに同じ体積の水を入れたときの高さの比は３：１だから，Ａの水面の高さが12cm低くなったとき，Ｂの水面の高さはもとの高さより $12\times\frac{1}{3}=4$(cm)上がる。よって，求める高さは $48\times\frac{1}{4}+4=$ **16**(cm)である。

3 (1) **【解き方】形が同じで大きさが異なる三角形の辺の比はそれぞれ等しいことを利用する。**

三角形ＡＦＥと三角形ＢＣＦが合同だから，ＦＢ＝ＥＡ＝10cm，ＢＣ＝ＡＦ＝15cmである。ＪＫとＢＣは平行だから，三角形ＦＪＧと三角形ＦＢＣは形が同じで大きさが異なる三角形なので，ＦＪ：ＪＧ＝ＦＢ：ＢＣ＝10：15＝**２：３**である。

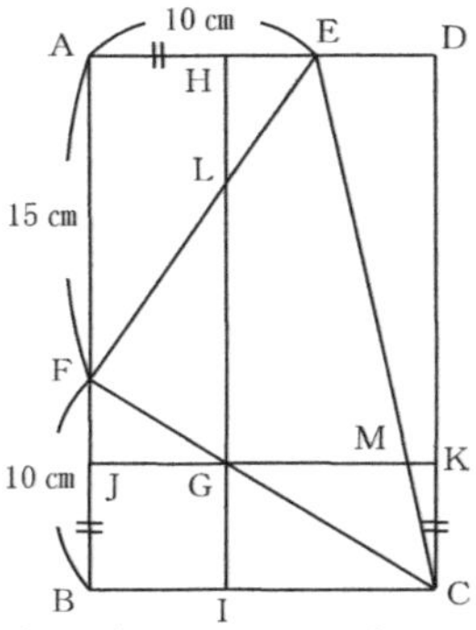

(2) ＡＨ＝ＣＫより，ＪＧ＝ＢＪだから，ＪＧ：ＦＢ＝３：（２＋３）＝３：５である。よって，ＪＧ＝$10\times\frac{3}{5}=$ **６**(cm)

(3) **【解き方】右図でＦＢ＝ＥＡ，ＪＢ＝ＨＡ，ＦＪ＝ＦＢ－ＪＢより，ＥＨ＝ＥＡ－ＨＡ＝ＦＢ－ＪＢ＝ＦＪとなる。また，角ＧＦＪ＝角ＬＥＨ，角ＦＪＧ＝角ＥＨＬより，三角形ＦＪＧと三角形ＥＨＬは合同だから，ＨＬ＝ＪＧ＝６cmである。**

ＦＪ＝$6\times\frac{2}{3}=4$(cm)だから，ＡＦ＋ＦＪ＝ＨＬ＋ＬＧより，

15＋４＝６＋ＬＧ　　ＬＧ＝**13**(cm)

(4) **【解き方】三角形ＬＦＧと三角形ＧＣＭは底辺をそれぞれＬＧ，ＧＭとしたときの高さが６cmとなるから，面積の比はＬＧ：ＧＭと等しい。**

ＭＫとＥＤは平行だから，三角形ＣＫＭと三角形ＣＤＥは形が同じで大きさが異なる三角形である。よって，ＭＫ＝$5\times\frac{6}{15+10}=\frac{6}{5}$(cm)である。したがって，ＭＧ＝$15-(6+\frac{6}{5})=\frac{39}{5}$(cm)となるから，求める面積比はＬＧ：ＧＭ＝$13:\frac{39}{5}=$ **５：３**である。

4 (1) **【解き方】(仕入れ額)＝(売り上げ)×$\frac{(仕入れ額率)}{100}$で求めることができる。**

Ｐの仕入れ額は $600\times\frac{30}{100}=180$(円)，Ｑの仕入れ額は $1000\times\frac{20}{100}=200$(円)だから，仕入れ額の合計は180＋200＝**380**(円)である。

(2) **【解き方】面積図を利用する。**

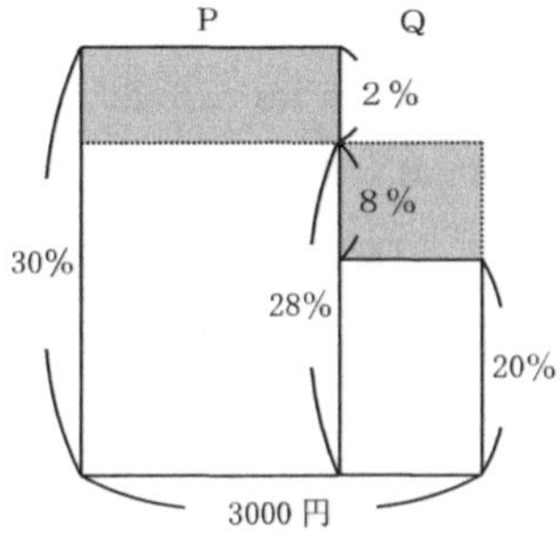

長方形の縦の長さを仕入れ額率，横の長さを売り上げとした面積図をかくと右図のようになる。色つき部分の面積が等しく，縦の長さの比は２：８＝１：４だから，横の長さは縦の長さの逆比の４：１となる。よって，(Ｐの売り上げ)：(Ｑの売り上げ)＝４：１より，Ｐの売り上げは $3000\times\frac{4}{4+1}=$ **2400**(円)である。

(3) **【解き方】すべて売り切る場合の仕入れ額率は30％になるから，売り上げは予定の $\frac{30}{40}=\frac{3}{4}$(倍)になった。**

予定していた売り上げは，$900\div\frac{3}{4}=$ **1200**(円)である。

⑷　【解き方】⑵⑶の解説をふまえる。

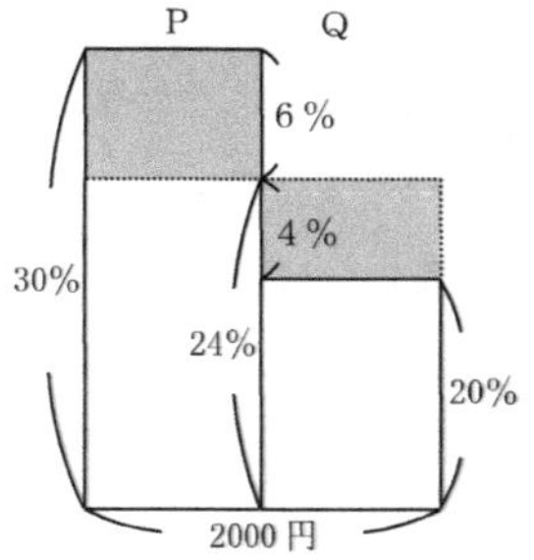

予定していた売り上げは，$1500\div\frac{24}{32}=2000$(円)である。よって，面積図は右図のようになる。⑵と同様に考えて，(Ｐの売り上げ)：(Ｑの売り上げ)は６：４＝３：２の逆比の２：３だから，Ｐの売り上げは $2000\times\frac{2}{2+3}=$**800**(円)である。

5　⑴　アに入る数はＡとＢが重なり，Ａが最も短く見えるときの長さだから，20－16＝**4**である。

⑵　グラフより，ＡとＢは地点Ｐですれちがい始めてから，20 秒ごとにすれちがい始めることがわかる。Ａは 60 秒で線路を１周するので，20 秒では $1\times\frac{20}{60}=\frac{1}{3}$(周)する。このときＢは $1-\frac{1}{3}=\frac{2}{3}$(周)したことになるから，Ｂは 60 秒で $\frac{2}{3}\times 3=$**2**(周)する。

⑶　**【解き方】ＡとＢはすれちがい始めてから４秒で完全にすれちがい終わることを利用し，２台合わせて４秒で何cm進んだかを考える。**

⑵の解説をふまえる。ＡとＢがすれちがい始めてから完全にすれちがい終わるまでの４秒で車両の長さの合計 20＋16＝36(cm)進む。よって，ＡとＢは合わせて１秒間に 36÷４＝９(cm)進むことになる。また，Ａが線路を１周する間にＢは２周するから，ＡとＢの速さの比は１：２である。よって，Ａの速さは，$9\times\frac{1}{1+2}=3$ より，秒速**３**cm，Ｂの速さは，９－３＝６より，秒速**６**cmである。

⑷　**【解き方】ＡとＢが重なる時間は４秒間だから，グラフの 40 秒のところで重なり始め，44 秒のところでＱから見えるＡの長さが 14 cmになっているのは，Ａが 20－14＝６(cm)だけトンネルに入っているからである。**

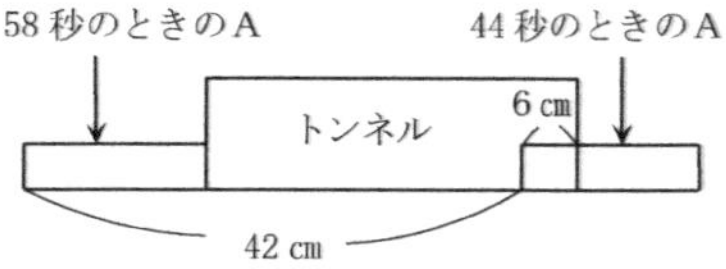

Ａがトンネルを完全に抜け終わるのは，Ｐ地点でＢとすれちがい始めて 58 秒後である。よって，58－44＝14(秒)でＡは６cmトンネルに入っている状態から完全にトンネルを抜けることになるので，この間に３×14＝42(cm)走っている。したがって，トンネルの長さは 42＋６－20＝**28**(cm)である。

《2023　理科　解説》

1　**問１**　図１で地軸《ちじく》の北極側を太陽の方向に傾《かたむ》けている①は，北半球に太陽が当たる時間が長くなる(北極では１日中太陽がしずまない)ので，夏である。太陽に対して①と反対側にある③の季節は冬である。

問２　Ａ．夏至の日の太陽の南中高度は〔90 度－その地点の緯度《いど》＋23.4 度〕で求めることができる。日本の緯度を北緯 33 度とすると，90－33＋23.4＝80.4(度)となる。また，夏至の日の日の出(日の入り)の位置は真東(真西)よりも北よりになるので，イが正答となる。　Ｂ．赤道での太陽の動きはオ～キのようになる。秋分の日の日の出(日の入り)の位置は真東(真西)だから，オが正答となる。なお，カは夏至の日，キは冬至の日の赤道の太陽の動きである。

問３　Ａ．問１解説より，夏至の日には北極で１日中太陽がしずまない(白夜という)ので，ウかエである。夏至の日の日本の太陽の動きが問２のイだから，緯度が高くなって南中高度が下がっていくとウのように動く。　Ｂ．北極が白夜になるとき，南極は１日中太陽が見えない(極夜という)。　Ｃ．秋分の日の極地では，太陽は地平線を１周するように動くので，秋分の日の北極の太陽の動きは，夏至の日から高度を地平線まで下げたアである。

Ｄ．南半球では，太陽は東の地平線からのぼり，北の空を通って，西の地平線にしずむので，南極では，太陽は北極と反対向きにイのように動く。

問４⑴　赤道直下の太陽の高度は最も高いので，地面が受け取る太陽からの熱の量が多く，地表面の気温が上がりやすい。気温が上がると空気が軽くなって上に移動するので，アが正答となる。　**⑵**　空気が上に移動すると，気温が下がって空気にふくまれる水蒸気が水てきに変化するので，空気が上に移動する地域(⑩)では，雲ができやすく，雨が降りやすい。反対に，空気が下に移動する地域(⑨)では，雲ができにくく，雨が降りにくい。

2 **問1**　４種類の水よう液のうち，においがない気体が発生しているAは炭酸水である。炭酸水は二酸化炭素が水にとけた水よう液で，発生した気体は二酸化炭素だから，火をつけた線香を入れると，すぐに火が消える。

問2　石灰水に二酸化炭素を通すと白くにごる。

問3　酸性の水よう液はリトマス紙の色を赤色に，アルカリ性の水よう液は青色にする。中性の水よう液はどちらのリトマス紙の色も変えない。つんとしたにおいがするBはアンモニア水で，アンモニア水はアルカリ性だから，イが正答となる。

問4　Cは赤色リトマス紙を青色にするので，アルカリ性の重そう水(炭酸水素ナトリウムの水よう液)である。

問5　うすい塩酸と鉄が反応すると水素が発生する。この反応は熱を発生させる発熱反応である。

問6　色のついた固体はうすい塩酸と鉄が反応してできた塩化鉄という物質である。塩化鉄にうすい塩酸を加えると，塩化鉄はとけるが気体は発生しない。

問7　アルミニウムはうすい塩酸とうすい水酸化ナトリウム水よう液の両方と反応して水素を発生させるが，鉄はうすい塩酸だけしか反応しない。Bで鉄とアルミニウムを加えたときの発生した気体の体積が同じだから，同じ割合で混ぜ合わせているAでも発生した気体の体積は同じになる。よって，①は28 cm^3である。また，Cに鉄やアルミニウムを加えるとどちらの金属も気体が発生しなかったので，このときうすい水酸化ナトリウム水よう液とうすい塩酸がちょうど中和したことがわかる。よって，Dではうすい水酸化ナトリウム水よう液が 100－50＝50(cm^3)，Eでは150－50＝100(cm^3)反応して気体が発生したので，②は$672\times\frac{50}{100}=336$($cm^3$)となる。

問8　Hではどちらの金属も気体が発生しなかったので，このときうすい水酸化ナトリウム水よう液とうすい硫酸がちょうど中和したことがわかる。よって，Ｉではうすい水酸化ナトリウム水よう液 75－25＝50(cm^3)がアルミニウムと反応して気体が発生したので，③は問７の②と同じ 336 cm^3となる。

3 **問1(1)**　アブラゼミとトノサマバッタは，樹液や植物をエサとするが，オニヤンマとタガメは，小さな動物をエサとする。　**(2)**　アブラゼミとタガメは針のように細くとがった口をもつが，オニヤンマとトノサマバッタは大きなあごとくちびるをもつ。

問2　アブラゼミ，オニヤンマ，トノサマバッタ，タガメは，卵，よう虫，成虫の順に育つ。このような育ち方を不完全変態(ふかんぜんへんたい)という。なお，不完全変態に対し，卵，よう虫，さなぎ，成虫の順に育つ育ち方を完全変態という。

問4　イタイイタイ病や水俣《みなまた》病は，工場排水《はいすい》が原因で起こった公害病である。生物濃縮《のうしゅく》によって，体に有害な物質がたまりやすいのは，工場排水を処理せずに，河川に排出したときなどである。

問5　1000 kgの１ppmは１ｇだから，800 kgの0.75ppmは$1\times\frac{800}{1000}\times\frac{0.75}{1}=0.6$(ｇ)となる。

問6　体内にためられたXの総量は，食べたエサに含《ふく》まれていたXの総量だから，コオロギの体内にためられたXの総量は，20 トン→2000 万ｇより，$\frac{0.03}{100万}\times3=\frac{0.09}{100万}$(ｇ)である。コオロギの体重は 1.5ｇだから，体内にためられたXのこさは$\frac{0.09}{100万}\div1.5=\frac{0.06}{100万}$→0.06(ppm)となる。

問7　体重が同じとき，エサの量は体内にためられたXのこさに比例するので，問６の値を利用すると，$20\times\frac{0.06}{0.75}=1.6$(トン)となる。

4 **問1**　図１で電池と直列につながれた豆電球の電流が最も大きかったので，図２で流れる電流が最も大きい豆電球は②である。よって，②が一番明るい。

問2　図１で①を流れる電流と図２で②を流れる電流は等しく，図１で②，③を流れる電流と図２で①，③を流れる電流もすべて等しい。よって，①は図１の方が明るく，②は図２の方が明るく，③は同じ明るさである。

問3　図1の①に流れる電流を2，②と③に流れる電流をそれぞれ1とすると，図1では①に上向きに大きさ2，②と③は下向きに大きさ1の電流が流れ，図2では②に上向きに大きさ2，①と③に下向きに大きさ1の電流が流れる。図3に流れる電流の考え方より，①は上向きに2－1＝1，②は上向きに2－1＝1，③は下向きに1＋1＝2の電流が流れると考えられるので，③が一番明るい。

問4　豆電球②を流れる電流の大きさは，図2では上向きに2，図3では上向きに1だから，図2の方が明るい。

問5　問3で用いた流れる電流の考え方を用いる。図4で⑤に流れる電流は右向き，図5の⑤の横の電池によって⑤に流れる電流も右向きだから，図5で⑤に流れる電流は図4よりも大きく，図5の⑤の明るさは図4よりも明るい。

問6　問5と同様に考える。図4で⑥に流れる電流は右向き，図5の⑤の横の電池によって⑥に流れる電流は左向きだから，図5で⑥に流れる電流は図4よりも小さい。一方，図6の⑤の横の電池によって⑥に流れる電流は右向きだから，図6で⑥に流れる電流は図4よりも大きい。よって，図6の⑥を流れる電流は図5よりも大きく，図6の⑥の明るさは図5よりも明るい。

《2023　社会　解説》

1　**問1**　やませ　　やませが吹くと，気温が上がらず稲の生育が悪くなる冷害が発生する。

問2(1)　根釧台地　　北海道東部は，寒流の千島海流と夏の季節風の影響で，濃霧が発生して気温が上がらないため，稲作に向かず，酪農がさかんな地域となっている。　**(2)**　イ　　関東地方と岩手県で多いことからイが生乳と判断する。アははくさい，ウはねぎ，エは大根。

(3)　ウ　　同緯度の場合，経度差15度で1時間＝60分の時差が生じるから，根室と札幌の日の出時刻の差は，$60\times\frac{145-141}{15}=16$(分)になる。よって，札幌の日の出時刻は7時06分である。1月1日は太陽からの光が右図のようにあたるので，北半球の経度が同じ地点の日の出時刻は，低緯度ほど早くなり，大阪あたりと札幌あたりの日の出時刻はほとんど同じになる。

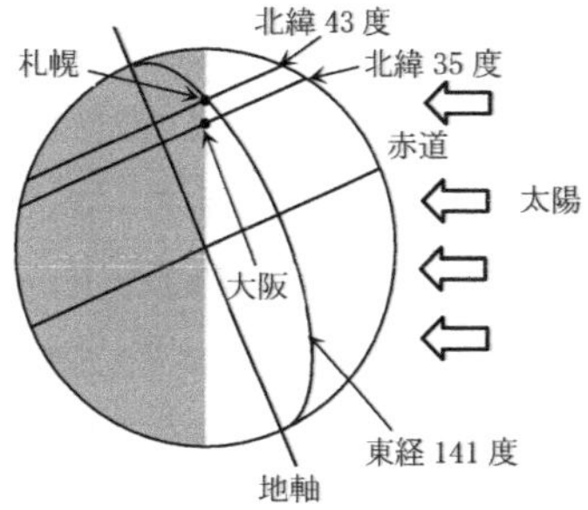

問3　ア　　水田率が高いアとイは，秋田県と新潟県のどちらかである。アとイを比べると，アの方が7月の降水量に対する1月の降水量の割合は低く，50歳未満の割合は高いので，アが秋田県と判断する。秋田市では過疎化が進んでいて高齢化率も高く，また，日本海側の気候でも，北陸地方にある新潟市ほど冬の降水量は多くない。

問4　イ　　遠洋漁業の水あげ量が落ち込み始めたアが1970年代で，沖合漁業の水あげ量がピークを迎えたイが1985年頃である。世界各国が排他的経済水域を設定したことで遠洋漁業が落ち込み始めたのが1970年代であり，遠洋漁業従事者の多くが沖合漁業に切り替えると，イワシの豊漁も重なって沖合漁業の水あげ量が増えていった。しかし，1980年代後半にはイワシの水あげ量が減り，沖合漁業の水あげ量は低下していった。

問5(1)　ア　　地図の北側の吾妻川の文字の左に971mの標高が表されており，川の南側には950mを表す計曲線，川の北側には920mを表す主曲線があるので，南から北へと流れていることがわかる。　**(2)**　ウ　　この作物はキャベツである。嬬恋村で高冷地農業によって栽培されるキャベツは，手作業で収穫され，日本国内の消費地に出荷される。

問6　エ　　チリ産・ノルウェー産のさけ・ますが多いことは覚えておきたい。アは牛肉，イはまぐろ，ウは木材。

問7　エ　　オリーブの生産量上位の国すべてにZの線が通っているからZはオリーブである。ぶどうの生産量上位の国より，小麦の生産量上位の国の方が高緯度に位置していることから，Xは小麦，Yはぶどうと判断する。

2　**問1**　ウ　　Ⅰ．誤り。瓦をつくる技術は古墳時代末に渡来人によって伝えられ，飛鳥時代初期に建てられた寺院には瓦がのせられていた。Ⅱ．正しい。

問２　風土記　　現存する風土記は，出雲国・播磨国・肥前国・常陸国・豊後国の５つだけである。

問３　イ　　ア．誤り。聖武天皇は，平城京→恭仁京→難波宮→紫香楽宮→平城京と都をうつした。ウ．誤り。藤原道長が摂政となった頃には，すでに遣唐使は停止されている。エ．誤り。藤原道長は年中行事を廃止していない。

問４　ア　　イ．誤り。鎌倉幕府が滅んだのは 14 世紀前半である。ウ．誤り。元は高麗を支配下において，元・高麗軍で日本に襲来した。エ．誤り。元寇は防衛戦であったため，御家人に十分な恩賞が与えられなかった。

問５　エ　　Ⅰ．誤り。有田焼は，豊臣秀吉の朝鮮出兵の際に連れてきた朝鮮陶工によって，つくられるようになった。Ⅱ．誤り。織田信長は，毛利氏・武田氏は攻め滅ぼしていない。

3　問１　エ　　Ⅰ．誤り。徳川家光が武家諸法度(寛永令)を出した時には，すでに豊臣氏は滅んでいたから，「豊臣氏との戦いに備えて」の部分が誤っている。Ⅱ．誤り。武家諸法度の二つ目に，「参勤の人数が多すぎるので，少なくすること。これは治めている領地の無駄な出費」とある。

問２　イ　　Ｂは緑茶(ア)，Ｃは絹織物(エ)，Ｄは綿織物(ウ)。

問３　イ　　ア．誤り。「五か条の誓文」は天皇が神々に誓ったものである。ウ．誤り。資料２に「知事などを集めて民情を知り，何が社会にとって利益となるかを判断し」とある。エ．誤り。この詔は1875年に出された「漸次立憲政体樹立の詔」であり，大日本帝国憲法の制定は 1889 年のことである。

問４　直接国税 15 円以上を納める満 25 歳以上の男子は，国民全体の 1.1%程度にすぎなかった。

問５　エ　　Ⅰ．誤り。「緊急の必要により帝国議会閉会の場合において，法律に代わるべき勅令を発する。この勅令は，次の会期において，帝国議会に提出しなければならない。」とあることから，承諾があとになってもよい。Ⅱ．誤り。最も多くの緊急勅令が出された年は，1923 年の関東大震災のときであり，切符制による購入制限は国家総動員法が制定された 1938 年以降のことである。

4　問１　④　　予算案は市長が作成し，市議会議員の話し合いによって決定される。

問２　ウ　　ア．誤り。資料２を見ると，「50 代」以上の来館者割合は，12＋13＋19＝44(%)と過半数に満たない。イ．誤り。年代別来館者割合が最も高い「40 代」は，年代別貸出年間本数の一人あたり平均においては年代別で第６位である。エ．誤り。「10 才未満」の年代別貸出年間本数の一人あたり平均は約 85 冊，「40 代」は約 50 冊だから，「10 才未満」は「40 代」よりも多くなっている。

問３　ア，イ　　ウ．誤り。その場で思いついた質問もするべきである。エ．誤り。相手の同意なしに録音をすることはマナー違反である。オ．誤り。取材のあとに手紙やメールでお礼を伝えることはよいことである。

問４　ア　　イ．誤り。市議会も傍聴することができる。ウ．誤り。市議会議員を選ぶ選挙においても投票できる年齢は 18 歳以上である。エ．誤り。市議会議員の任期は４年である。

5　問１(1)　戦力　　日本国憲法第９条では，戦争の放棄・戦力不保持・交戦権の否認が定められている。

(2)　ウ　　ア．誤り。日本の国連分担金は，アメリカ・中国についで加盟国中第３位である。イ．誤り。ＷＨＯ(世界保健機関)の説明ではなく，ＵＮＥＳＣＯ(国連教育科学文化機関)の説明である。エ．誤り。日本は今までに国連安全保障理事会の非常任理事国に 12 回選出されている。　(3)　イ　　ＩＣＡＮは核兵器廃絶国際キャンペーンの略称，ＩＡＥＡは国際原子力機関の略称である。日本は，アメリカの核の傘の下にあるため，核兵器禁止条約に批准していない。

問２　エ　　Ⅰ．誤り。日本国憲法の公布は 1946 年，施行は 1947 年である。Ⅱ．誤り。男女普通選挙は同年に実現したが，企業の募集や採用において女性を差別することを禁止した法律(男女雇用機会均等法)は，1985 年に制定された。

問３　ア　　宜野湾市の普天間飛行場は市街地にあり危険なため，名護市の沿岸部の辺野古への移転が決定した。

2022 解答例 令和４年度

清風南海中学校

《国　語》

一 問１．X．ウ　Y．ア　問２．A．イ　B．オ　C．エ　D．ア　問３．悲観的に考えることで、不安をコントロールでき、最悪の事態を予想して、その対策を練り上げ、最大限の努力を行えるから。　問４．エ　問５．イ　問６．ウ　問７．ア　問８．エ

二 問１．ⓐオ　ⓑイ　問２．ア　問３．ア　問４．ウ　問５．黒人であるというだけで、盗みをしないかと他の人よりも監視されていること。　問６．エ　問７．イ　問８．ア　問９．イ

三 問１．①ウ　②ア　③エ　④イ　⑤イ　問２．電話ごしに聞こえてくる相手のテンポよく明るい話し声が、音楽のメロディーのように聞こえて、こちらも心がうきうきしてくる気持ち。

四 ①志　②育み　③入梅　④採算　⑤不徳　⑥閣議　⑦認め　⑧居室

《算　数》

1 (1)3　(2)5　(3)$\frac{1}{5}$　(4)$\frac{3}{4}$

2 (1)4000　(2)①140　②142　(3)①19　②271　(4)①19　②72　(5)①$84\frac{4}{7}$　②88　(6)①110　②154

3 (1)3：2　(2)16　(3)4：3　(4)45　(5)5：14

4 (1)35　(2)7　(3)1275　※(4)6325

5 (1)ア．20　イ．30　(2)420　(3)36　(4)34　(5)38

※の求め方は解説を参照してください。

《理　科》

1 問１．(1)b，g　(2)c，e　(3)キ　問２．ウ　問３．ア　問４．イ

2 問１．２　問２．(ア)0.5　(イ)１　問３．６　問４．３　問５．１　問６．ア，イ，ウ

3 問１．ウ　問２．メスシリンダー　問３．0.093　問４．1.28　問５．1.11　問６．２：３　問７．ア

4 問１．ウ　問２．イ　問３．オ　問４．ア　問５．エ　問６．位置…ア　時刻…カ　問７．ウ

《社　会》

1 問１．イ　問２．記号…ウ／前橋　問３．ア　問４．ウ　問５．エ　問６．ウ　問７．イ　問８．ウ　問９．ウ　問10．エ

2 問１．ウ　問２．ア　問３．ア　問４．エ　問５．領主への反乱を防ぐ

3 問１．イ　問２．(1)松前　(2)エ　問３．エ　問４．ア

4 問１．オ　問２．(1)イ　(2)エ　問３．WHO　問４．ウ

5 問１．ウ　問２．ア　問３．ア　問４．ウ　問５．エ

《2022 国語 解説》

一 問1X　直前の「失敗するのか、それとも成功するのか」という対比と同じように、「赤《あか》っ恥《ぱじ》をかく」のと対照的な意味になるのが「 X を浴びる」である。「脚光《きゃっこう》を浴びる」は、注目の的《まと》になること。　Y　「どんな事態が起きても」対処できるように「ありとあらゆる失敗の状況《じょうきょう》をイメージ・トレーニング」し、「用意周到《よういしゅうとう》(細部まで行き届いていること、手ぬかりが少しもないこと)に準備ができ」ているのである。「青写真《あおじゃしん》」は、設計図に用いられることから、計画、構想を意味する。

問2A　直前の段落で「長年～悲観主義者が失敗しやすいと考えられてきました」と述べたこととは対照的に、「近年、悲観主義者のなかにも～成功している人がある程度いることがわかってきました」ということを取り上げているので、イの「ところが」が適する。　B　続く部分に「～できれば」と仮定の表現があるので、オの「もし」が適する。　C　「まず一つ目は、悲観的に考えることで、不安をコントロールできる点です」と述べたことについて、具体的に説明したあとで、 C のある段落で「最悪な事態を予想するのは、自分の目標の障害になる不安をコントロールするためと言えます」とまとめているので、エの「つまり」が適する。　D　直前の段落で述べた「ありとあらゆる失敗の状況をイメージ・トレーニングして～やるべきことは見えてきます」に続けて、そのあと防衛的悲観主義者がどうするのかを述べているので、アの「そして」が適する。

問3　7行後に「『物事を悪いほうに考える』ことで成功する理由には、二つのポイントがあります」とあることに着目する。1つ目のポイントは、直後に「まず一つ目は、悲観的に考えることで、不安をコントロールできる点です」とある。2つ目のポイントは、――②の10行後からの段落に「『物事を悪いほうに考える』ことで成功する二つ目のポイントは、予想できる最悪の事態～を避《さ》ける最大の努力を行う～その対策を練りあげ、実行に移すことができる」とある。この2つのポイントをまとめる。

問4　直前で「楽観主義の人は～成功するのか、それとも失敗するのかについては考えない～考えると不安がおそってくるからです。極力結果について考えることを避け」と述べていることを指しているので、エが適する。

問5　――②の直後から8行後で、その「メリット」を説明している。「実際に失敗した時のショックを和らげることができる～実際に失敗したときに落《お》ち込《こ》まずにすむ緩衝材《かんしょうざい》(クッション)となっている～実際に失敗すると、がっかりすることもありますが、現実を受け止め、次に頑張《がんば》ろうとするやる気までは奪《うば》われないですむ」と述べていることに、イが適する。

問6　直後で「ありとあらゆる失敗の状況をイメージ・トレーニングしているからです～想像することによって、おのずとやるべきことは見えてきます」と述べていることが理由なので、ウが適する。ここでは「『物事を悪いほうに考える』ことで成功する二つ目のポイント」、つまり「悪いほう、悪いほうへと予想し～その対策を練りあげ、実行に移すことができる」防衛的悲観主義について説明しているのである。

問7　直後に「『前にもうまくいったし、今度もうまくいく』とは安易に考えない防衛的悲観主義者は、悪い事態を予想することで不安になってはしまいますが」とあることから、アのような理由が読み取れる。

問8　――⑤の2段落後以降で、防衛的悲観主義者と真の悲観主義者の違《ちが》いを説明している。「両者の決定的な違いは～防衛的悲観主義者は入念に準備をしますが、真の悲観主義者は準備することはありません」、「何かがうまくいった～とき、防衛的悲観主義者はその結果をきちんと受けとめますが、真の悲観主義者は受けとめません～何かがうまくいかず、失敗したときも～真の悲観主義者は～クヨクヨ考えるだけで、次(未来)に向かって動き出そうとはしません。一方で、防衛的悲観主義者は～その現実をきちんと受けとめ、同じ失敗を二度とくり返さないように、将来の目標に向けて万全《ばんぜん》の準備をします」と述べていることから、エのようなことが読み取れる。

二 著作権に関係する弊社《へいしゃ》の都合により本文を非掲載《ひけいさい》としておりますので、解説を省略させていただきます。ご不便をおかけし申し訳ございませんが、ご了承《りょうしょう》ください。

三 **問1①** ウの「目に浮《う》かぶ」は、実際に見ているかのように、頭の中で様子がイメージされるということ。アの「目を奪《うば》われる」は、あまりの美しさなどに見とれてしまうこと。イの「目がない」は、われを忘れるほど好きだということ。エの「目を光らせる」は、怪《あや》しいと思って油断なく監視《かんし》すること。　② アの「足が向く」は、無意識にそのほうに行くこと。アは「足が出る」（予算・収入より支出が多くなること。赤字になること）を使うのが合う。イの「足を引っぱる」は、人の成功や前進をさまたげること。ウの「足を運ぶ」は、わざわざ出向くこと。エの「足をすくわれる」は、すきをついて失敗させられること。　③ エの「息を切らす」は、せわしく呼吸すること。エは「息がつまる」（緊張《きんちょう》しすぎて息が止まるような感じがすること）が合う。アの「息を吹《ふ》き返《かえ》す」は、だめになりそうだと思っていたものが立ち直ること。イの「息をのむ」は、おそれやおどろきなどで思わず息を止めること。ウの「息を潜《ひそ》める」は、そこにいることがわからないように、息をするのもおさえてじっとしていること。　④ イの「胸をこがす」は、思いがつのってせつなくなる、ひたすら恋《こい》しく思うこと。アの「胸を打たれる」は、強く感動させられること。ウの「胸をなでおろす」は、心配ごとが解決して、ひとまず安心すること。エの「胸をつかれる」は、急なことにおどろいて、どきっとすること。　⑤ イの「手をこまねく」は、何もしないでただ見ていること。イは「手を引く」（それまでの関係を断ち切って退くこと）が合う。アの「手のひらを返す」は、態度や考え方などががらりと変わること。ウの「手に汗握《あせにぎ》る」は、見たり聞いたりしているときに、緊張したり興奮したりすること。エの「手がつけられない」は、処置のしようがないということ。

問2 電話の相手の「弾《はず》む」ような声を、作者は「五線紙（楽譜《がくふ》用紙）にのりそうだな」と思って聞いているのである。「弾む」とあるから、うれしそうな、生き生きとした声だとわかる。その声が美しいメロディーのように聞こえて、楽譜で表せそうだと思ったということ。そのような声を聞いているときの作者の気持ちをまとめる。

《2022　算数　解説》

1 (1) 与式 $=\frac{72}{7}\div(2+\frac{12}{7}\times\frac{5}{6})=\frac{72}{7}\div 2\frac{10}{7}=\frac{72}{7}\div\frac{24}{7}=\frac{72}{7}\times\frac{7}{24}=3$

(2) 与式 $=\frac{43}{5}-(\frac{61}{100}+\frac{8}{11}\times\frac{11}{4})\div\frac{29}{40}=\frac{43}{5}-2\frac{61}{100}\times\frac{40}{29}=\frac{43}{5}-\frac{261}{100}\times\frac{40}{29}=\frac{43}{5}-\frac{18}{5}=\frac{25}{5}=5$

(3) 与式より，$\square\div\frac{5}{8}+\frac{2}{5}=\frac{6}{5}\div\frac{5}{3}$　$\square\div\frac{5}{8}+\frac{2}{5}=\frac{18}{25}$　$\square\div\frac{5}{8}=\frac{18}{25}-\frac{2}{5}$　$\square\div\frac{5}{8}=\frac{8}{25}$　$\square=\frac{8}{25}\times\frac{5}{8}=\frac{1}{5}$

(4) 「＝」の左側を整理すると，$\frac{28}{5}\times(\frac{19}{4}\div\frac{38}{5}+5\frac{1}{8})-8\div(1-\square)=\frac{28}{5}\times(\frac{19}{4}\times\frac{5}{38}+\frac{41}{8})-8\div(1-\square)=$
$\frac{28}{5}\times(\frac{5}{8}+\frac{41}{8})-8\div(1-\square)=\frac{28}{5}\times\frac{23}{4}-8\div(1-\square)=\frac{161}{5}-8\div(1-\square)$

よって，$\frac{161}{5}-8\div(1-\square)=\frac{1}{5}$　$8\div(1-\square)=\frac{161}{5}-\frac{1}{5}$　$8\div(1-\square)=32$　$1-\square=8\div32$

$1-\square=\frac{1}{4}$　$\square=1-\frac{1}{4}=\frac{3}{4}$

2 (1) **【解き方】原価を100とすると，定価の2割引きは，$100\times(1+\frac{45}{100})\times(1-\frac{2}{10})=116$ となる。**

116－100＝16が640円にあたるから，原価は，$640\times\frac{100}{16}=4000$（円）

(2)① **【解き方】Aの身長を10㎝，Cの身長を8㎝低くすると，A，B，Cの身長が等しくなる。**

A，B，Cの身長の合計である146×3＝438(㎝)から10＋8＝18(㎝)を引くと，Bの身長の3倍になるから，

Bの身長は，(438－18)÷3＝140(㎝)

② **【解き方】ＥはＤより４cm高いのだから，ＤとＥの平均はＤの身長より４÷２＝２(cm)高い。したがって，ＡとＢとＤの平均は，Ｄの身長より２cm高い。**

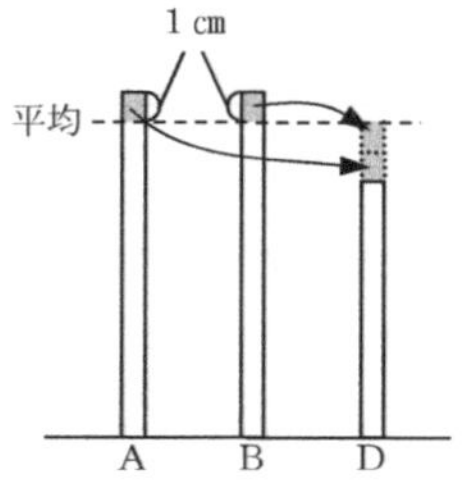

Ａは140＋10＝150(cm)，Ｂは140 cmである。Ａ，Ｂ，Ｄの３人の身長を均等にならすために，まずＡとＢの身長を(150＋140)÷２＝145(cm)とする。さらに右図のようにＤに１cmずつ分けると３人の身長が平均と等しくなるのだから，Ｄの身長は，

145－１－２＝142(cm)

⑶① **【解き方】１から100までの整数の個数100個から，３を１つも使っていない整数の個数を引く。**

１けたの数を十の位が０の数と考え，99以下の整数について十の位，一の位の順に数を決めるとする。

３を１つも使わない99以下の整数は，十の位が０～９から３を除いた９通り，一の位も０～９から３を除いた９通り考えられるから，９×９＝81(個)ある。この中には00もふくまれているから，00の分を１個引いて，100の分を１個足すと，３を１つも使っていない１以上100以下の整数は，81－１＋１＝81(個)となる。

よって，求める個数は，100－81＝19(個)

② **【解き方】①と同様に考える。**

１以上1000以下の数のうち，３を１つも使わない整数は，９×９×９－１＋１＝729(個)ある。

よって，求める個数は，1000－729＝271(個)

⑷① **【解き方】１時間49分にはＰでの停車時間がふくまれていないことに注意する。**

Ａは移動だけで$\frac{90}{54}$時間＝$\frac{5}{3}$時間＝$1\frac{2}{3}$時間＝１時間40分かかる。したがって，停車時間の合計は，

１時間49分－１時間40分＝９分で，１駅の停車時間は$\frac{30}{60}$分＝$\frac{1}{2}$分だから，停車した駅の数は，９÷$\frac{1}{2}$＝18(駅)

よって，Ｐをふくめた駅の数は，18＋１＝19(駅)

② **【解き方】４時間13分から停車時間の合計を引いて，移動時間の合計を求める。**

１周するたびに19駅それぞれに停車するが，最後の３周目はＰ駅に停車しないので，停車した駅の数は全部で，

19×３－１＝56(駅)　　したがって，停車時間の合計は$\frac{1}{2}$×56＝28(分)だから，移動時間の合計は，

４時間13分－28分＝３時間45分＝$3\frac{45}{60}$時間＝$\frac{15}{4}$時間

よって，１周にかかる移動時間は$\frac{15}{4}$×$\frac{1}{3}$＝$\frac{5}{4}$(時間)だから，Ｂの速さは，時速(90÷$\frac{5}{4}$)km＝時速72 km

⑸① **【解き方】円が通過する部分は右図の色つき部分である。長方形の部分とおうぎ形の部分に分けて考える。**

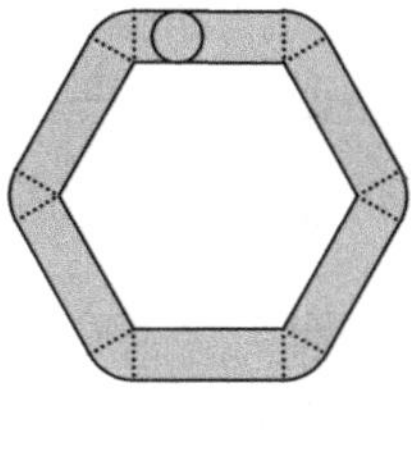

長方形の部分は縦２cm，横６cmだから，長方形６つの面積の和は，(２×６)×６＝72(cm²)

６つのおうぎ形を合わせると半径２cmの円になるから，おうぎ形６つの面積の和は，

２×２×$\frac{22}{7}$＝$\frac{88}{7}$＝$12\frac{4}{7}$(cm²)　　よって，求める面積は，72＋$12\frac{4}{7}$＝$84\frac{4}{7}$(cm²)

② **【解き方】円が通過する部分は右図の色つき部分である。うすい色とこい色の部分に分けて考える。**

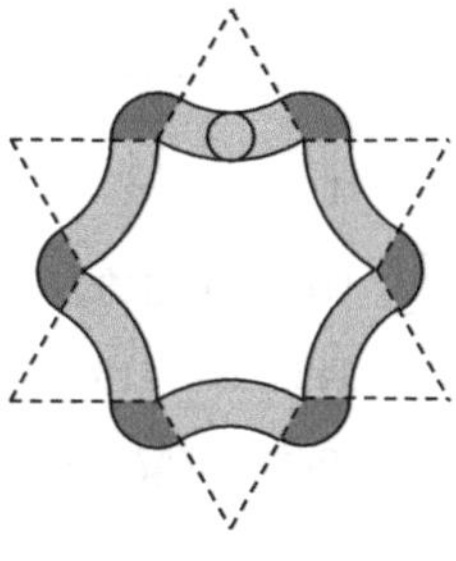

うすい色の部分を６つ合わせると，半径６cmの円から半径４cmの円をのぞいてできる図形になるから，面積は，６×６×$\frac{22}{7}$－４×４×$\frac{22}{7}$＝20×$\frac{22}{7}$(cm²)

こい色の部分は，半径２cm，中心角120°のおうぎ形だから，６つ合わせた面積は，

(２×２×$\frac{22}{7}$×$\frac{120°}{360°}$)×６＝８×$\frac{22}{7}$(cm²)

よって，求める面積は，20×$\frac{22}{7}$＋８×$\frac{22}{7}$＝28×$\frac{22}{7}$＝88(cm²)

⑹① **【解き方】底面の半径３cm，高さ７cmの円柱から，底面の半径２cm，高さ７cmの円柱をくりぬいた立体が**

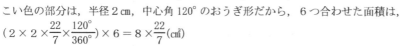

できる。

$(3\times3\times\frac{22}{7}-2\times2\times\frac{22}{7})\times7=5\times\frac{22}{7}\times7=110$(㎤)

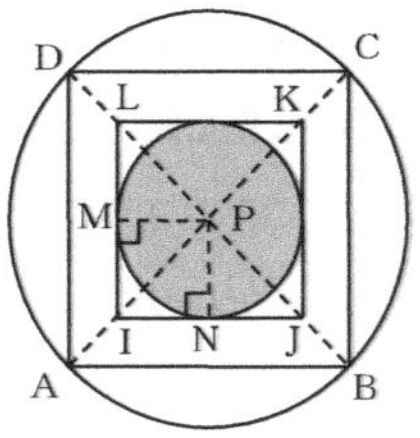

②　【解き方】右図はＳを回転させてできた立体を真上から見た図である。この立体は，底面の半径がＰＡ＝３㎝，高さが７㎝の円柱から，底面の半径がＰＭ，高さが７㎝の円柱をくりぬいた形をしている。

四角形ＰＭＩＮは対角線の長さがＰＩ＝２㎝の正方形だから，面積は，

$2\times2\div2=2$(㎠)　　これより，ＰＭ×ＰＭ＝２である。

よって，この立体の底面積は，$3\times3\times\frac{22}{7}-2\times\frac{22}{7}=7\times\frac{22}{7}=22$(㎠)だから，体積は，$22\times7=154$(㎤)

3　⑴　**【解き方】高さが等しい三角形の底辺の長さの比は，面積比と等しい。**

ＡＧ：ＧＥ＝(三角形ＡＢＧの面積)：(三角形ＧＢＥの面積)＝36：24＝３：２

⑵　**【解き方】(三角形ＧＢＥの面積)：(三角形ＧＥＦの面積)＝ＢＧ：ＦＧであることと，ＡＢとＦＥが平行だから，三角形ＡＢＧと三角形ＥＦＧが同じ形の三角形であることを利用する。**

(三角形ＧＢＥの面積)：(三角形ＧＥＦの面積)＝ＢＧ：ＦＧ＝ＡＧ：ＥＧ＝３：２

よって，(三角形ＧＥＦの面積)＝(三角形ＧＢＥの面積)$\times\frac{2}{3}=24\times\frac{2}{3}=16$(㎠)

⑶　ＢＥ：ＥＣ＝(三角形ＢＥＦの面積)：(三角形ＥＣＦの面積)＝(24＋16)：30＝４：３

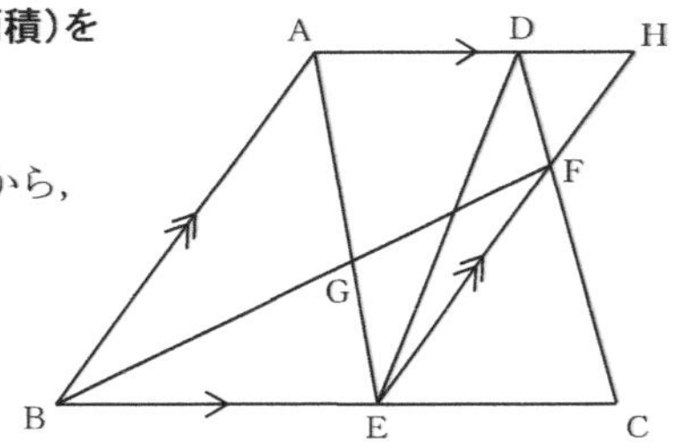

⑷　**【解き方】ＣＤ：ＣＦから(三角形ＤＥＣの面積)：(三角形ＥＣＦの面積)を求める。右図のように平行四辺形ＡＢＥＨを作図する。**

平行四辺形の向かい合う辺は長さが等しく，⑵よりＡＢ：ＥＦ＝３：２だから，

ＨＥ：ＥＦ＝３：２　　ＥＦ：ＨＦ＝２：１

ＡＨとＢＣが平行だから，三角形ＥＣＦと三角形ＨＤＦは同じ形なので，

ＣＦ：ＤＦ＝ＥＦ：ＨＦ＝２：１　　ＣＤ：ＣＦ＝３：２

したがって，(三角形ＤＥＣの面積)：(三角形ＥＣＦの面積)＝ＣＤ：ＣＦ＝３：２だから，

(三角形ＤＥＣの面積)＝(三角形ＥＣＦの面積)$\times\frac{3}{2}=30\times\frac{3}{2}=45$(㎠)

⑸　**【解き方】⑶よりＢＥ＝④：ＥＣ＝③とし，ＡＤの長さを丸数字で表す。**

平行四辺形の向かう合う辺だから，ＡＨ＝ＢＥ＝④

⑷より，ＥＣ：ＨＤ＝ＥＦ：ＨＦ＝２：１だから，ＨＤ＝ＥＣ$\times\frac{1}{2}=\textcircled{3}\times\frac{1}{2}=\textcircled{1.5}$

よって，ＡＤ：ＢＣ＝(④－$\textcircled{1.5}$)：(④＋③)＝５：14

4　⑴　105を素数の積で表すと，105＝３×５×７で３が一番小さいから，≪105≫＝105÷３＝35

⑵　**【解き方】Ａを素数の積で表したときにふくまれる一番小さい素数をｎとすると，≪Ａ≫＝Ａ÷ｎで求められる。**

≪Ａ≫＝17となる整数Ａは，(17以下の素数)×17で表せる数である。

17以下の素数は，２，３，５，７，11，13，17の７個あり，これが求める個数である。

⑶　**【解き方】⑵より，Ａが偶数のとき≪Ａ≫＝Ａ÷２である。**

与式$=\frac{2}{2}+\frac{4}{2}+\frac{6}{2}+\cdots\cdots+\frac{96}{2}+\frac{98}{2}+\frac{100}{2}=1+2+3+\cdots\cdots+48+49+50$

ａからｂまで等間隔《とうかんかく》に並ぶｍ個の数の和は，$\frac{(a+b)\times m}{2}$で求められるから，求める値は，$\frac{(1+50)\times50}{2}=1275$

⑷　**【解き方】≪　≫の中の数が奇数か偶数で２つに分けて考える。⑵，⑶をふまえる。**

≪　≫の中が偶数の数の和は，$\frac{6}{2}+\frac{12}{2}+\frac{18}{2}+\cdots\cdots+\frac{300}{2}=3+6+9+\cdots\cdots+150=\frac{(3+150)\times50}{2}=3825$

≪　≫の中にある奇数はすべて３の倍数だから，≪Ａ≫＝Ａ÷３で求められるので，

≪　≫の中が奇数の数の和は，$\frac{3}{3}+\frac{9}{3}+\frac{15}{3}+\cdots\cdots+\frac{297}{3}=1+3+5+99=\frac{(1+99)\times 50}{2}=2500$

よって，求める値は，3825＋2500＝6325

5 **【解き方】図１は，容器を正面から見た図であり，容器内の空間にＰ，Ｑ，Ｒの記号をおく。図２でグラフが折れているところ(①～⑤)でそれぞれ何が起きているかを考えていく。**

図１

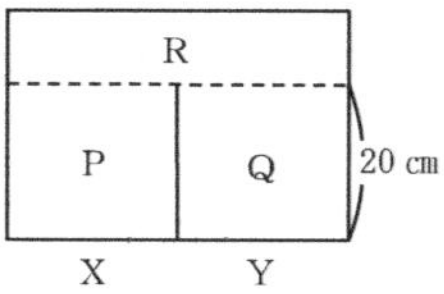

図２

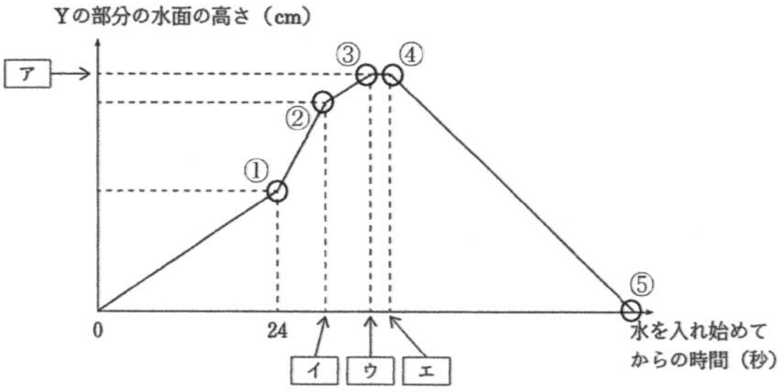

①はＰから水があふれてＱに入り始めたときである。

②は，Ｑで水面が上がる割合が減っていることから，Ｃを開いたときか，Ｑが満水になってＲに水が入り始めたときである。Ｒに水が入り始めたときだとすると，③と④の間でグラフが水平になる説明がつかないので，②はＣを開いたときである。

Ｃを開くとＰの水が減り始めるから，③はＱの水がＰにあふれ始めたときであり，④はＤを開いたとき，⑤はＱの水がなくなったときである。

(1)　アは仕切りの高さだから20(cm)，イはＣを開いた時間だから30(秒)である。

(2)　ＰからＱにあふれた水が，20×(30－24)＝120(mL)，Ｂから入った水が，10×30＝300(mL)だから，合わせて，120＋300＝420(mL)

(3)　**【解き方】Ｑの容積はＰの容積と等しいからＰの容積を求め，②からあと何秒でＱが満水になるかを考える。**

Ｐは最初の24秒で満水になったから，Ｐの容積は，20×24＝480(mL)　　したがってＱの容積も480mLだから，②から③までにＱには480－420＝60(mL)の水が入った。②から③の間，Ｑの水が増える割合は，Ｂから入る水の割合だから，毎秒10mLである。よって，②から③までは60÷10＝６(秒)だから，ウ＝30＋６＝36(秒)

(4)　**【解き方】ＰとＱの水の量が初めて等しくなるときを求める。**

30秒の時点で，Ｐの中には480mL，Ｑの中には420mLの水が入っている。このあと１秒ごとに，Ｐの水は25－20＝５(mL)減り，Ｑの水は10mL増えるので，量が等しくなるのに，(480－420)÷(５＋10)＝４(秒)かかる。

よって，求める時間は，30＋４＝34(秒後)

(5)　**【解き方】ＰとＱの水の量を個別に追っていくと計算に時間がかかるので，容器が空になったとき，ＡとＢから入った水の量の和と，ＣとＤから出た水の量の和が等しくなることから考える。**

Ｄを開くとＱの水は，480÷(25－10)＝32(秒)でなくなる。したがって，④から⑤までの時間は32秒であり，Ｐが空になったのは⑤のさらに60秒後である。

③から④までの時間をのぞくと，⑤までにＡとＢから入った水の量の合計と，⑤からの60秒間でＡから入った水の量の和は，(20＋10)×(36＋32)＋20×60＝3240(mL)…㋐

③から④までの時間をのぞくと，⑤までにＣとＤから出た水の量の合計と，⑤からの60秒間でＣから出た水の量の和は，25×(36－30)＋25×32＋25×(32＋60)＝3250(mL)…㋑

③から④までの間，入ってくる水の量は出ていく水の量より，毎分(20＋10－25)mL＝毎分５mL多く，㋐と㋑の差は，3250－3240＝10(mL)だから，③と④の間の時間は，10÷５＝２(秒)　　よって，エ＝36＋２＝38(秒)

《2022　理科　解説》

1 問１(1)　ｂはシダ植物，ｇはコケ植物で，どちらも胞子《ほうし》でふえる。　(2)　合弁花は，アサガオやタンポポ，ツツジなどのように花弁(花びら)がくっついている植物である。これに対し，エンドウやアブラナ，サクラなどのように花弁が離《はな》れている花を離弁花《りべんか》という。　(3)　マメ科の植物の花にはふつう，花弁とがくが５枚ずつあり，おしべが10本ある。

問２　①より，１日のうち，半日暗くすると開花するとわかる。また，②より，葉で日長を感知していることがわかり，④より，茎《くき》では日長を感知していないことがわかる。

問３　③より，葉が１枚だけになっても，その葉が日長を感知すれば，開花すると考えられる。

問４　ａ～ｃより，真っ暗な時間が12時間以上であれば開花すると考えられる。さらに，真っ暗な時間が12時間以上であるｄでは開花していないことから，真っ暗な時間が連続していなければいけないと考えられる。

2　**問１**　浮力《ふりょく》がＡの重さ32ｇと等しくなるとき，電子はかりの値は800＋32＝832(ｇ)となるから，表より，ｈの値は２cmになるとわかる。

問２　表１より，ｈの値がＡの高さと同じになる４cmまでは，ｈの値と浮力の大きさに比例の関係があり，ｈの値が４cm以上になると浮力の大きさが変化しないことがわかる。よって，表２でも同様の関係があると考えると，ｈの値がＢの高さよりも大きい３cmのときの浮力の大きさが808－800＝８(ｇ)だから，ｈの値が２cmのときの浮力の大きさも８ｇであり，浮力の大きさが８ｇの$\frac{1}{4}$の２ｇのときのｈの値(ア)は$2\times\frac{1}{4}=0.5$(cm)，浮力の大きさが８ｇの$\frac{1}{2}$の４ｇのときのｈの値(イ)は$2\times\frac{1}{2}=1$(cm)となる。

問３　Ａの１㎤あたりの重さは$\frac{32}{4\times4\times4}=0.5$(ｇ)だから，Ｂの重さは0.5×２×２×２＝４(ｇ)であり，浮力の大きさが４ｇになるのはｈの値が１cmのときである。このことから，Ａと１㎤あたりの重さが同じ立方体では，ｈの値が１辺の長さの半分のときに，重さと浮力が等しくなって，棒を静かに離《はな》すと立方体が静止するとわかる。よって，Ｃの１辺の長さ(ａ)は３×２＝６(cm)である。

問４　ＡとＤの体積は等しいから，Ｄの重さは32×1.5＝48(ｇ)であり，浮力の大きさが48ｇになったときに静止する。また，浮力の大きさは水中に沈《しず》んでいる立方体の体積に比例するから，Ｄを沈めるときのｈの値と浮力の大きさの関係はＡと同じになる。よって，表１より，浮力の大きさが48ｇになるのは，ｈの値が３cmのときである。

問５　静止するときのｈの値が立方体の１辺の長さと同じになると，水中にすべて沈めた状態で静止するようになる。問４より，１㎤あたりの重さが1.5倍になると，静止するときのｈの値も1.5倍になるので，１㎤あたりの重さが２倍になれば，静止するときのｈの値も２倍になり，ｈの値が立方体の１辺の長さと同じになる。よって，Ａの１㎤あたりの重さは0.5ｇだから，Ｅの１㎤あたりの重さは0.5×２＝１(ｇ)である。

問６　問１～５より，１㎤あたりの重さが１ｇより小さいとき，立方体の一部が水面より上に出て静止する(棒を離したときに上向きに動く)とわかる。また，１㎤あたりの重さが１ｇのときは棒を離した位置で静止し，１ｇより大きいときは下向きに動くと考えればよい。アの立方体の体積は３×３×３＝27(㎤)であり，アの立方体の１㎤あたりの重さは，$\frac{20(\mathrm{g})}{27(\mathrm{cm^3})}$より，１ｇより小さいから，上向きに動く。同様に考えると，イとウは上向きに動き，エとオは下向きに動く。

3　**問１**　水に溶《と》けやすい気体を水上置かん法で集めると，気体が水に溶けてしまい正確な体積がはかれない。

問３　水素750㎤の重さが323.230－323.160＝0.07(ｇ)だから，１Ｌ→1000㎤より，１Ｌあたりの重さは$0.07\times\frac{1000}{750}=0.0933\cdots\rightarrow0.093$(ｇ)である。

問４　ちっ素１Ｌ→1000mLの重さは$(300.100-299.850)\times\frac{1000}{200}=1.25$(ｇ)，酸素１Ｌの重さは$(203.570-203.144)\times\frac{1000}{300}=1.42$(ｇ)である。仮の空気の体積の比は，ちっ素：酸素＝４：１だから，ちっ素４Ｌと酸素１Ｌからなる仮の空気５Ｌの重さは1.25×４＋1.42×１＝6.42(ｇ)であり，１Ｌでは6.42÷５＝1.284→1.28(ｇ)である。

問５　問４解説より，1.42÷1.28＝1.109…→1.11(倍)

問６　問４解説より，酸素１Ｌの重さは1.42ｇ，表１より，二酸化炭素１Ｌの重さは$(112.368-111.600)\times\frac{1000}{400}=$

1.92(ｇ)である。問４解説と同様に考えると，袋に入れた気体１Ｌの重さは(1.42×１＋1.92×４)÷５＝1.82(ｇ)だから，200㎤では$1.82\times\frac{200}{1000}$＝0.364(ｇ)である。これは放置した後の袋Ｙの気体200㎤の重さと同じなので，袋Ｙでは変化がなかったことがわかる。また，放置した後の袋Ｚの気体200㎤の重さは330.580－330.236＝0.344(ｇ)であり，放置する前から0.364－0.344＝0.02(ｇ)減っている。二酸化炭素１Ｌが酸素１Ｌに変化すると1.92－1.42＝0.5(ｇ)減るから，袋Ｚでは二酸化炭素0.02÷0.5＝0.04(Ｌ)→40㎤が，酸素40㎤に変化したとわかる。放置する前の気体200㎤のうち，酸素は$200\times\frac{1}{1+4}$＝40(㎤)，二酸化炭素は200－40＝160(㎤)だから，放置した後の袋Ｚの気体200㎤には酸素が40＋40＝80(㎤)，二酸化炭素が160－40＝120(㎤)ふくまれている。よって，酸素と二酸化炭素の体積比は80：120＝２：３となる。

問７　問６解説より，袋Ｚでは酸素が増え，二酸化炭素が減ったから，植物は酸素をとりこみ二酸化炭素を出す呼吸よりも，二酸化炭素をとりこみ酸素を出す光合成をさかんに行ったことがわかる。

4　**問１**　地球が１回自転すると，気象衛星も地球の周りを１周する。これにより，常に地球上の同じ範囲《はんい》を観測することができる。地上からは動かないように見えるので，静止衛星といわれる。

問２　北半球では，台風の風が中心に向かって反時計まわりに吹《ふ》き込《こ》むが，南半球では，サイクロンの風が中心に向かって時計まわりに吹き込む。

問３　中心に向かって吹き込む風とサイクロンの進行方向が同じになる地点で風が強く吹く。図５では，サイクロンの中心の南側(進行方向の左側)である。

問４　北半球の夏至は６月20日頃《ごろ》で，日本では梅雨の季節である。よって，日本付近に梅雨前線(停たい前線)による帯状の雲が見られるアが適切である。

問５　風向きは風が吹いてくる方角のことである。噴煙《ふんえん》が北西に向かってのびているので，風向きは南東である。

問６　選択肢のそれぞれの地球について，太陽の光が当たっている半円をぬりつぶし，それぞれの気象衛星から地球を見る。このとき，ぬりつぶした(太陽の光が当たっている)部分が図７のようにちょうど右側半分に見えるアが適切である。また，地球は北極側から見たとき，反時計まわりに自転しているから，図７では日本が左から右に移動する。このとき，日本は，太陽の光が当たらないところから太陽の光が当たるところに移動する時間帯だから，日の出の頃だと考えられる。

問７　18時は日の入りの頃で，図７から半周した約12時間後だから，図７の地球を裏側から見たと考えれば，地球の左側に太陽の光が当たっていることがわかる。また，12月21日は冬至の頃で，北極には太陽の光が当たらないから，ウが適切である。

《2022　社会　解説》

1　**問１**　イが適当でない。山形県は，秋田県・宮城県・福島県・新潟県と接する。

問２　ウの群馬県前橋市を答える。群馬県は，県庁所在地の前橋市より，高崎市の方が人口は多い。

問３　ア．Ｘは阿武隈高地，Ｙは関東山地である。

問４　ウ．大消費地に近い千葉県は，野菜と畜産の割合が高い。アは長野県，イは滋賀県，エは岩手県。

問５　エが正しい。長崎県は海岸線が入り組んでいるうえに，離島が多い。

問６　ウ．群馬県の嬬恋村ではキャベツ栽培が盛んである。

問７　イが正しい。セメントの説明である。アは鉄鉱石，ウは石油，エはリチウムの説明。

問８　ウが誤り。大地震が起こった場合の水害は，高潮ではなく津波である。

問９　ウが正しい。アはメロン，イはばれいしょ(じゃがいも)，エは日本なし。

問10　エが正しい。アは年間広告業売上高，イは年間卸売業販売額，ウは航空旅客輸送人数(国内)。

2　問１　ウが正しい。５世紀ごろは古墳時代にあたる。アは縄文時代，イは弥生時代，エは奈良時代。

問２　アが正しい。図Bは，外京があることから，元明天皇が遷都した平城京である。

問３　どちらも正しいからアを選ぶ。清少納言の『枕草子』，紀貫之の『土佐日記』も覚えておきたい。

問４　エが誤り。中尊寺金色堂は，平安時代後半の12世紀に建てられた。

問５　「一揆を防ぐ」と同じ内容が書かれていればよい。武士と農民の身分を分けた，兵農分離が進んだ。

3　問１　イが誤り。アメリカの仲介で終結させたのは，日清戦争ではなく日露戦争である。

問２(2)　両方誤りだからエを選ぶ。Ⅰ．誤り。大塩平八郎は，江戸ではなく大阪で乱を起こした。Ⅱ．誤り。寺子屋は，都市だけでなく地方にも多く設置された。寺院が経営するものが多かった。

問３　両方誤りだからエを選ぶ。Ⅰ．誤り。米騒動の報道は，ラジオではなく新聞で報じられた。なお，ラジオ放送は，米騒動(1918年)より後の1925年に開始された。Ⅱ．誤り。全国水平社は，女性の地位向上を目的としたものではなく被差別部落民のための結社である。女性の地位向上を目的としたのは，新婦人協会である。

問４　アが正しい。五・一五事件は1932年，国家総動員法の成立は1938年のことである。配給制は，国家総動員法の成立によって，点数切符や配給制度がすすめられたことから，国家総動員法以降とわかる。

4　問１　オが正しい。GはGoogle，AはAppleとAmazon，FはFacebook(現Meta)

問２(1)　イが正しい。Ⅱ．反政府集会の出席者にアンケートをとれば，明らかに批判的な内容に偏ることになる。

(2)　どちらも誤りだからエを選ぶ。例えば，A中学校の男子10人の平均点が90点，女子190人の平均点が10点，B中学校の男子190人の平均点が85点，女子10人の平均点が５点とすると，A中学校の平均点は，$(90\times10+10\times190)\div200=14$(点)，B中学校の平均点は，$(85\times190+5\times10)\div200=81$(点)となる。

問３　WHOは，世界保健機関の略称である。

問４　ウが最も適当でない。最終段落に「医師の経験と勘だけでなく，きちんとしたデータとその分析結果に基づいて適切な判断をすべき」とあることから判断する。

5　問１　ウが正しい。裁判員裁判は，重大な刑事事件の第一審で行われるから，地方裁判所の刑事裁判が該当する。

問２　アが正しい。文部科学省は，教育・学術・スポーツ・文化・科学技術・宗教事務等を担当する。経済産業省は，日本の経済・産業・資源エネルギー等を担当する。環境省は，環境の保全・整備，公害の防止，原子力安全政策等を担当する。

問３　アが正しい。立法権を担う機関は国会である。国会には，裁判官をやめさせるかどうかを審議する弾劾裁判所が設置されている。イは内閣，ウは裁判所である。エについて，内閣総理大臣の指名は国会の権限だが，任命は天皇による国事行為である。

問４　ウが正しい。裁判員裁判は，20歳以上の国民の中からくじで選ばれた６人が，３人の裁判官とともに，重大な刑事事件の被疑者の有罪・無罪を審議し，有罪となればその量刑まで審議する。結審は基本的に多数決であるが，有罪とする場合には，裁判官１名，裁判員１名以上が同意する必要がある。(例えば，裁判員６名が有罪，裁判官３名が無罪としたときは無罪となる。)

問５　どちらも誤りだからエを選ぶ。Ⅰ．誤り。弁護士(司法関係者)は裁判員にはなれない。その他，自衛官・国会議員・地方公共団体の首長・大学の法律学の教授等も裁判員にはなれない。Ⅱ．裁判員には守秘義務があり，その守秘義務は一生続く。

2021 解答例 令和３年度　清風南海中学校

《国　語》

一　問１．Ⅰ．オ　Ⅱ．エ　Ⅲ．イ　Ⅳ．ア　問２．ａ．オ　ｂ．イ　問３．ウ　問４．ア　問５．エ
問６．ウ　問７．仏教には民の嘆きに対する問題意識がなく、キリスト教のような人々の嘆きや救いを求める声を拾い上げる制度がなかったから。

二　問１．ⓐウ　ⓑイ　問２．エ　問３．イ　問４．ア　問５．美緒が自分の好きなものを探し、調和と均衡の取れた職人の仕事を体感することで、自身を知るきっかけにしてほしいという思い。　問６．エ　問７．イ

三　問１．①エ　②ウ　③ア　④ア　⑤エ　問２．外来種によって古来からの生きものが激減しているというポスターを目にし、日本人ではない自分も張り切りすぎて嫌われないようにしたいと考えたから。

四　①前提　②背水　③巻頭　④草創　⑤生業　⑥根幹　⑦競合　⑧便り

《算　数》

1　(1)３　(2)２　(3)$\frac{5}{6}$　(4)２

2　(1)①101　②1.3　(2)①86　②１，６　(3)①14　②27　(4)①50　②65　(5)①エ　②$12\frac{4}{7}$
(6)①10　②20

3　(1)２：１　(2)２：３　(3)５：１　(4)12：13：５　(5)13：36

4　(1)ウ　(2)①８　②17　※(3)36　(4)36，63

5　(1)E　(2)198　(3)$1\frac{17}{30}$，3.5　(4)2.7

※の求め方は解説を参照してください。

《理　科》

1　問１．①エ　②ア　③イ　④オ　⑤ウ　問２．波２　問３．７　問４．８　問５．24　問６．105

2　問１．エ　問２．塩化水素　問３．ウ　問４．10.2　問５．ウ，オ　問６．10

3　問１．Ａ．ふか　Ｂ．うか　Ｃ．じゅせい　問２．(1)エ　(2)ウ　(3)イ　問３．(1)イ　(2)夏型
問４．(1)成分Ｘ　(2)最も大きい値の記号…ウ　最も大きい値の数値…0.75　最も小さい値の記号…イ
最も小さい値の数値…0.25

4　問１．２　問２．ばねＡ…26　ばねＢ…13　問３．右端…60　左端…60　問４．①20　②５　③59.5
④55.5　問５．①59　②51

《社　会》

1　問１．１　問２．ア　問３．越後　問４．イ　問５．ウ　問６．ウ　問７．エ　問８．ウ
問９．輪中　問10．カ

2　問１．ウ　問２．イ　問３．十二単〔別解〕女房装束　問４．エ　問５．ウ

3　問１．ウ　問２．エ　問３．ア　問４．イ　問５．国際連盟が満州国を認めなかったため。

4　問１．イ　問２．(1)エ　(2)ウ　問３．エ　問４．Ｘ．法　Ｙ．性別

5　問１．ウ　問２．ア　問３．沖縄　問４．エ　問５．ウ

《2021　国語　解説》

一　著作権に関する弊社《へいしゃ》の都合により本文を非掲載《ひけいさい》としておりますので、解説を省略させていただきます。ご不便をおかけして申し訳ございませんが、ご了承《りょうしょう》ください。

二　**問２**　美緒の「このなかに飛び込《こ》んだら、どんなに気持がいいだろう？」という思いを、祖父は敏感《びんかん》に察知《さっち》して、そのとおりやらせてくれた。実際にやってみると気持ちよく、「軽く手足を動かすと、身体が宙に浮《う》いているみたいだ。雲に寝転《ねころ》んだら、きっとこんな感じだ」と思えた。ひきこもりになったことで張り詰《つ》めていた気持を緩《ゆる》めることができた。30～31 行目にも、「目を閉じて力を抜《ぬ》き、羊毛に身をゆだねてみる。気持ちが楽になってきた」とある。

問３　祖父は、美緒のことをかわいく思っており、できれば、美緒がこの状態からぬけだせるきっかけを与《あた》えてやりたいとも思っている。美緒のことが心配だし、美緒に対して無関心ではいられない。だから、美緒の「大丈夫《だいじょうぶ》」の使い方が少しおかしいのに気がつき、そのことを率直《そっちょく》に聞いてみた。けっして美緒を問い詰めたり、困らせたりするつもりはなかったが、いつものクラスの会話では、美緒はそれほど強く関心をもたれることがなく、笑顔で「大丈夫」と口にしていれば何事もなく会話は流れていくのに、思わぬところで祖父が重ねてたずねてきたので、驚《おどろ》き、戸惑《とまど》っている。

問４　「つらくても笑う。笑っちゃいけないときも無意識にへらへら笑ってる。頭おかしいね」「それでね……ひきこもって。駄目《だめ》だなって思うの。逃《に》げてばかりで。甲羅《こうら》に頭をひっこめているばかりじゃ何も解決しないのに」「部活、そんなに好きじゃなかったかも。なんか……私って本当に駄目だな」と、自分への否定的な評価が続く。しかし、ひきこもりの自分を責める美緒に、祖父は、「固い甲羅があるのなら、頭を引き込めてもいいだろう。棒で殴《なぐ》る輩《やから》が外にいるのに、わざわざ頭を出して殴られにいくこともないぞ」とあたたかい言葉をかけた。

問５　自分の悪い所ばかり見る美緒に、祖父は「そういう性分が自分のなかにある。ただ、それだけだ。それが許せないと責めるより、一度、丁寧《ていねい》に自分の全体を洗ってみて、その性分を活《い》かす方向を考えたらどうだ？」「へこみとは、逆から見れば突出《とっしゅつ》した場所だ。悪い所ばかり見ていないで、自分の良い点も探してみたらどうだ」「そんなしかめ面《つら》をしないで、自分はどんな『好き』でできているのか探して、身体の中も外もそれで満たしてみろ」と発言、提案しているところから考える。その「手始め」の具体的なものが――④である。また、祖父がその前に、「さじにかぎらず、良い職人の仕事は調和と均衡《きんこう》が取れていて心地よいんだ。音楽で言えば（ハーモニー）」と言っていることにも着目しよう。

問６　――①では、羊毛に身をうずめたのが心地よく、張り詰《つ》めていた気持ちが緩んで、ようやく「おじいちゃんはどうしていつも……何も聞かないの？」と言えた。しかし、祖父が「聞いてほしいのか？それなら聞くが」と言うと、「いいです、やっぱり。大丈夫《だいじょうぶ》」といういつもの話し方に戻《もど》ってしまった。しかしここでは、祖父の「ほめられているような眼差《まなざ》しに心が弾《はず》み」、自分から「おどけてみた」のである。そのような美緒の変化を感じた祖父は嬉《うれ》しく思っていると考えられる。

問７　56 行目や 66 行目はさりげない描写《びょうしゃ》だが、62～64 行目の発言が、祖父の人生や生き方から来ている実感であることを、読者に納得させる。そして祖父が、職人の仕事を体感することで自分の良いところに気づいてほしいという思いから――④の発言をする、伏線《ふくせん》となっている。

三　**問２**　著作権に関する弊社の都合により本文を非掲載としておりますので、解説を省略させていただきます。ご不便をおかけして申し訳ございませんが、ご了承ください。

《2021　算数　解説》

1

(1)　与式 $=4\frac{1}{4}-\frac{5}{2}\div\{3\frac{1}{2}-(\frac{3}{10}+1\frac{2}{10})\}=4\frac{1}{4}-\frac{5}{2}\div(3\frac{1}{2}-1\frac{1}{2})=4\frac{1}{4}-\frac{5}{2}\div 2=4\frac{1}{4}-\frac{5}{4}=4\frac{1}{4}-1\frac{1}{4}=3$

(2)　与式 $=\frac{47}{10}\div(7-2\times\frac{61}{18}+\frac{2}{3}\div\frac{3}{8})-\frac{7}{20}=\frac{47}{10}\div(\frac{63}{9}-\frac{61}{9}+\frac{2}{3}\times\frac{8}{3})-\frac{7}{20}=\frac{47}{10}\div(\frac{2}{9}+\frac{16}{9})-\frac{7}{20}=\frac{47}{10}\div\frac{18}{9}-\frac{7}{20}=$
$\frac{47}{10}\times\frac{1}{2}-\frac{7}{20}=\frac{47}{20}-\frac{7}{20}=\frac{40}{20}=2$

(3)　与式より，$(4-\frac{5}{2}\times\square)\div\frac{23}{4}=\frac{1}{3}$　　$4-\frac{5}{2}\times\square=\frac{1}{3}\times\frac{23}{4}$　　$\frac{5}{2}\times\square=4-\frac{23}{12}$　　$\square=\frac{25}{12}\div\frac{5}{2}=\frac{25}{12}\times\frac{2}{5}=\frac{5}{6}$

(4)　与式より，$2\frac{3}{4}\div\{4\frac{4}{5}\times(\square-\frac{13}{14})-2\}=\frac{7}{8}$　　$\frac{24}{5}\times(\square-\frac{13}{14})-2=\frac{11}{4}\div\frac{7}{8}$　　$\frac{24}{5}\times(\square-\frac{13}{14})=\frac{22}{7}+2$
$\square-\frac{13}{14}=\frac{36}{7}\div\frac{24}{5}$　　$\square-\frac{13}{14}=\frac{36}{7}\times\frac{5}{24}$　　$\square=\frac{15}{14}+\frac{13}{14}=\frac{28}{14}=2$

2

(1)①　１枚のときの紙の長さは６cmであり，１枚重ねるごとに紙の長さは６－１＝５(cm)長くなるから，
求める長さは，６＋５×(20－１)＝101(cm)

②　紙の長さは１枚のときより 95.3－６＝89.3(cm)長いから，１枚重ねるごとに 89.3÷(20－１)＝4.7(cm)
長くなる。よって，重ねた長さは６－4.7＝1.3(cm)

(2)①　Ｂくんは５分間でＡくんより 55×２＝110(ｍ)多く進む(池の周り２周分)。よって，ＢくんはＡくんより
分速(110÷５)ｍ＝分速 22ｍだけ速いから，求める速さは，分速(64＋22)ｍ＝分速 86ｍ

②　**【解き方】３回目に２人がすれ違うとき，２人は合わせて 55×３＝165(ｍ)進む(池の周り３周分)。**
２人の速さの和は分速(64＋86)ｍ＝分速 150ｍなので，求める時間は，165÷150＝1.1(分後)，つまり，
１分(0.1×60)秒後＝１分６秒後

(3)①　**【解き方】赤で塗《ぬ》られたカードの数字は，５の倍数であり，３と５の最小公倍数である 15 の倍数でない数だから，(５の倍数の個数)－(15 の倍数の個数)で求める。**
１から 100 までの整数のうち，５の倍数は 100÷５＝20(個)，15 の倍数は 100÷15＝６余り 10 より６個あるから，
求める枚数は，20－６＝14(枚)

②　**【解き方】青で塗られたカードの数字は，２の倍数であり，２と３の最小公倍数である６の倍数でなく，２と５の最小公倍数である 10 の倍数でない数である。(２の倍数の個数)－(６の倍数の個数)－(10 の倍数の個数)だと，６と 10 の最小公倍数である 30 の倍数を２回ひくことになるので，(２の倍数の個数)－(６の倍数の個数)－(10 の倍数の個数)＋(30 の倍数の個数)で求める。**
１から 100 までの整数のうち，２の倍数は 100÷２＝50(個)，６の倍数は 100÷６＝16 余り４より 16 個，10 の倍数は 100÷10＝10(個)，30 の倍数は 100÷30＝３余り 10 より３個あるから，求める枚数は，50－16－10＋３＝27(枚)

(4)①　**【解き方】Ｂは操作１，２でのみ水の量が変化していることに注意する。**
最後に入っていた水の量は，Ａ，Ｂ，Ｃともに 120÷３＝40(mL)である。操作２の前にＢに入っていた水の $1-\frac{1}{3}=\frac{2}{3}$ が 40mL だから，操作２の前にＢに入っていた水の量は，$40\div\frac{2}{3}=60$(mL)である。
操作１でＡから 10mL 入ることで 60mL になったから，最初にＢに入っていた水の量は，60－10＝50(mL)

②　**【解き方】１回目の操作１→操作２→操作３を行った後が①の最初，つまり，①で操作を行う前の状態になる。①で行った計算をもう１度くり返す。**
１回目の操作１→操作２→操作３を行った後にＢに入っていた水の量は，①より 50mL である。１回目の操作２の前にＢに入っていた水の量は $50\div\frac{2}{3}=75$(mL)なので，最初にＢに入っていた水の量は，75－10＝65(mL)

(5)①② 点Ｂと重なるまでは，右図のように移動する。Ｑが通ったあとは右図の太線部分である。求める長さは，半径が６－４＝２(cm)，中心角が180°－60°＝120°のおうぎ形の曲線部分の長さと，半径が４cm，中心角が120°のおうぎ形の曲線部分の長さを足せばよいので，$2\times2\times\frac{22}{7}\times\frac{120°}{360°}+4\times2\times\frac{22}{7}\times\frac{120°}{360°}=(4+8)\times\frac{22}{7}\times\frac{1}{3}=\frac{88}{7}=12\frac{4}{7}$(cm)

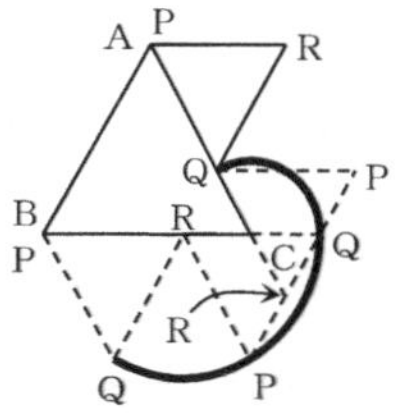

(6)① **【解き方】正六角柱と三角柱ＡＢＣＧＨＩは高さが等しいから，体積の比は底面積の比に等しい。**

底面ＡＢＣＤＥＦは右のように12個の合同な直角三角形にわけられる。これより，六角形ＡＢＣＤＥＦと三角形ＡＢＣの面積の比は，12：２＝６：１だとわかるので，正六角柱と三角柱ＡＢＣＧＨＩの体積の比は，６：１である。よって，求める体積は，$60\times\frac{1}{6}=10$(cm³)

② **【解き方】３点Ａ，Ｃ，Ｍを通る平面は，右図の太線部分である(ＧＬの真ん中の点をＲとする)。求める体積は，(1)で求めた三角柱の体積と三角柱ＡＧＲ‐ＣＩＭの体積の和である。**

三角柱ＡＧＲ‐ＣＩＭの体積は，四角柱ＡＣＰＱ‐ＧＩＭＲの体積の半分である(ＣＤ，ＡＦの真ん中の点を，それぞれＰ，Ｑとする)。

六角形ＡＢＣＤＥＦと四角形ＡＣＰＱの面積の比は，12：４＝３：１なので，

四角柱ＡＣＰＱ‐ＧＩＭＲの体積は$60\times\frac{1}{3}=20$(cm³)

よって，三角柱ＡＧＲ‐ＣＩＭの体積は20÷２＝10(cm³)だから，求める体積は，10＋10＝20(cm³)

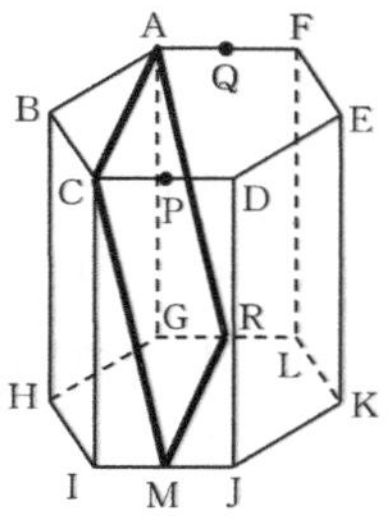

3 (1) ＨＤとＢＣは平行なので，三角形ＡＨＥと三角形ＢＦＥは同じ形の三角形である。

よって，ＨＡ：ＢＦ＝ＡＥ：ＢＥ＝２：１

(2) (1)をふまえる。三角形ＡＨＩと三角形ＢＣＩは同じ形の三角形である。

ＡＨ＝ＢＦ×２，ＢＣ＝ＢＦ×３より，ＨＩ：ＩＣ＝ＡＨ：ＢＣ＝(ＢＦ×２)：(ＢＦ×３)＝２：３

(3) (1)，(2)をふまえる。三角形ＤＨＪと三角形ＧＣＪは同じ形の三角形である。

ＤＨ＝ＡＨ＋ＡＤ＝ＡＨ＋ＢＣ＝ＢＦ×２＋ＢＦ×３＝ＢＦ×５，ＧＣ＝ＢＦより，

ＨＪ：ＪＣ＝ＤＨ：ＧＣ＝(ＢＦ×５)：ＢＦ＝５：１

(4) (2)，(3)をふまえる。ＨＩ：ＨＣ＝２：(２＋３)＝２：５，ＪＣ：ＨＣ＝１：(５＋１)＝１：６だから，

ＨＣの長さを５と６の最小公倍数である30とすると，ＨＩ＝$30\times\frac{2}{5}=12$，ＪＣ＝$30\times\frac{1}{6}=5$となる。

ＩＪ＝ＨＣ－ＨＩ－ＪＣ＝30－12－５＝13だから，ＨＩ：ＩＪ：ＪＣ＝12：13：５

(5) **【解き方】(4)をふまえる。三角形ＤＩＪの面積を⑬として，三角形ＤＩＣの面積→三角形ＤＡＣの面積→平行四辺形ＡＢＣＤの面積の順に求める。その際，高さの等しい三角形の面積の比は，底辺の長さの比に等しいことを利用する。**

(三角形ＤＩＪの面積)：(三角形ＤＩＣの面積)＝ＩＪ：ＩＣ＝13：(13＋５)＝13：18だから，三角形ＤＩＣの面積は，⑬×$\frac{18}{13}$＝⑱である。ＡＢとＤＣは平行だから，三角形ＤＩＣと三角形ＡＤＣは，底辺をともにＤＣとしたときの高さが等しいので，面積も等しい。三角形ＡＤＣの面積が⑱，平行四辺形ＡＢＣＤの面積は，三角形ＤＡＣの面積の２倍だから，⑱×２＝㊱となる。よって，(三角形ＤＩＪの面積)：(平行四辺形ＡＢＣＤの面積)＝⑬：㊱＝13：36

4 (1) ４日目と５日目は５問ずつ解いたから，３日目→４日目→５日目のグラフは一定の割合で上がっている。

そのようなグラフを探すと，(ウ)が見つかる。

(2)① ４日目までに100－36＝64(問)解いたから，[い]には64が入る。よって，[あ]には$64\times\frac{1}{8}=8$が入る。

② ２日目と３日目で合わせて32－８＝24(問)解いた。３日目に解いた問題数の２倍は24＋10＝34(問)なので，

３日目に解いた問題数は，34÷２＝17(問)

(3)　３日目，４日目，５日目で合わせて100－52＝48(問)解いたから，１日目以外の４日間は，48÷３＝16(問)ずつ解いた。よって，１日目に解いた問題数は，52－16＝36(問)

(4)　**【解き方】１，４，５日目で解いた問題数が同じだから，㋐１，４，５日目で解いた問題数の和は３の倍数になる。また，㋑２，３日目で解いた問題数の和は，２日目で解いた問題数の１＋９＝10(倍)だから，㋑は10の倍数になる。そして，㋐と㋑の和が100問である。**

一の位に注目する。㋑は10の倍数だから一の位は０である。㋐と㋑の和が100だから，㋐の一の位も０，つまり10の倍数になる。㋐は100未満で，３と10の公倍数だから，考えられる数は30と60である。

㋐が30のとき，１日目で解いた問題数は30÷３＝10(問)である。㋑が100－30＝70だから，２日目で解いた問題数は70÷10＝７(問)である。よって，３日目に解いた問題数は７×９＝63(問)となる。

㋐が60のとき，１日目で解いた問題数は60÷３＝20(問)である。㋑が100－60＝40だから，２日目で解いた問題数は40÷10＝４(問)である。よって，３日目に解いた問題数は４×９＝36(問)となる。

以上より，Ｄさんが３日目に解いた問題数は，36問か63問である。

5　(1)　**【解き方】同じ時間で移動する距離《きょり》の比は，速さの比に等しい。**

ＰがＣについたとき，ＰはＡＢ＋ＢＣ＝16＋24＝40(cm)移動した。ＰとＱの速さの比は，10：５＝２：１なので，ＰがＣについたとき，ＱはＥから40÷２＝20(cm)移動した。よって，ＱはＥから正方形ＥＦＧＨを１周して，Ｅの位置にいる。

(2)　**【解き方】(1)をふまえる。ＰがＢに移動したとき，ＱはＥからＡＢ÷２＝16÷２＝８(cm)移動したので，三角形ＡＤＱは右図のようになる。**

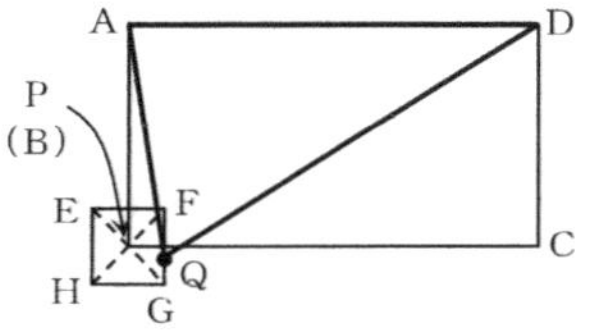

ＦＱ＝８－５＝３(cm)である。ＦＧとＢＣは，ＦＧの真ん中の点で交わる。その交わった点はＦから５÷２＝2.5(cm)進んだ位置にあるので，Ｑはその交わった点から３－2.5＝0.5(cm)進んだ位置にある。よって，三角形ＡＤＱは底辺をＡＤ＝24cmとすると，高さが16＋0.5＝16.5(cm)となるので，面積は，24×16.5÷２＝198(cm²)

(3)　**【解き方】(2)より，図ｉのようにＰがＡＢ上を移動していると中でＱがＢＣ上にくることがわかる(ＲはＡＢとＥＦの交わる点)。**
その後，図ⅱのようにＱはＨＥ上を移動していると中で再びＢＣ上にくる。

図ｉ

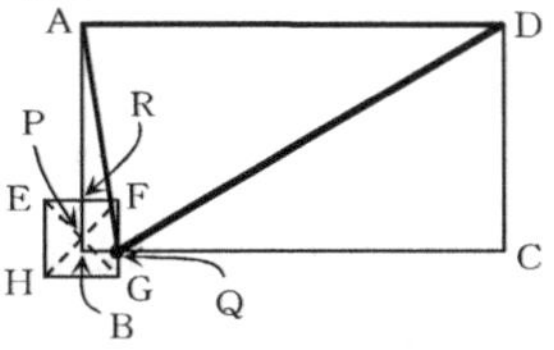

図ⅱ

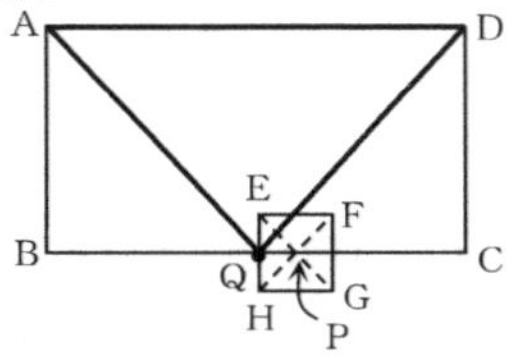

図ｉのとき，Ｑが１移動したとすると，Ｐは２移動したから，ＥＦ＋ＦＱ＝１，ＡＰ＝２

よって，ＡＲ＝２－2.5cm，ＦＱ＝１－５cmだから，ＡＢ＝ＡＲ＋ＦＱ＝２－2.5cm＋１－５cm＝２＋１－(2.5cm＋５cm)＝３－7.5cmと表せる。ＡＢ＝16cmだから，３は16＋7.5＝23.5(cm)にあたる。

したがって，ＡＰ＝23.5×$\frac{2}{3}$＝$\frac{47}{3}$(cm)だから，求める時間は，$\frac{47}{3}$÷10＝$\frac{47}{30}$＝$1\frac{17}{30}$(秒後)

図ⅱのとき，ＱはＥＦ＋ＦＧ＋ＧＨ＋ＨＱ＝５＋５＋５＋2.5＝17.5(cm)移動したから，

求める時間は，17.5÷５＝3.5(秒後)

⑷　**【解き方】三角形ＡＢＱについて，底辺をＡＢ＝16 cmとしたときの高さが 80× 2 ÷16＝10(cm)となればよい。これまでの解説より，ＱがＧ上にあるときはあきらかに高さが 10 cmより短いことがわかるので，ＱがＧＨ上を移動しているときから考える。**

右のように作図する(ＳはＢＣとＦＧの交わる点)。

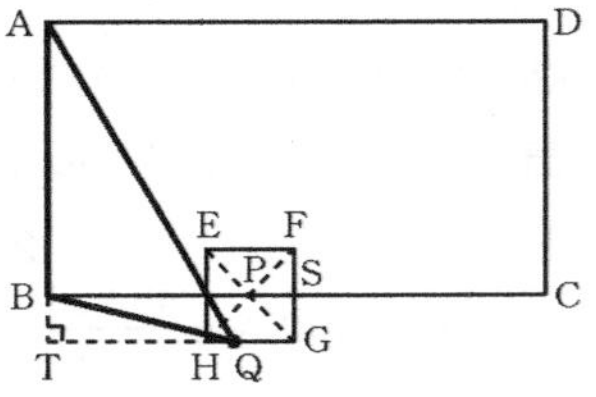

Ｑが①移動したとすると，Ｐは②移動したから，ＧＱ＝①－10 cm，ＢＰ＝②－16 cmとなる。高さが 10 cmのとき，ＴＱ＝10 cmだから，ＴＧ＝ＴＱ＋ＱＧ＝10 cm＋①－10 cm＝①であり，ＢＰ＝ＢＳ－ＰＳ＝ＴＧ－ＰＳ＝①－2.5 cmとなる。よって，②－16 cm＝①－2.5 cmだから，①は 16－2.5＝13.5(cm)にあたる。

したがって，求める時間は 13.5÷ 5 ＝2.7(秒後)であり，これは２秒以上３秒以下でＱがＧＨ上にあるから，条件に合う。また，2.7 秒後以降は，高さが常に 10 cmより高くなるから，面積が 80 cm²となることはない。

《2021　理科　解説》

1　**問２**　速さがおそく，後から伝わる波の方が，大きな揺れを伝える。

問３　52.5÷7.5＝ 7 (秒)

問４　波２によって伝えられる大きな揺れは，地震発生から 52.5÷3.5＝15(秒)で伝わるので，この地点で小さな揺れは 15－ 7 ＝ 8 (秒)続く。

問５　最初に伝わる波が伝わってから後から伝わる波が伝わるまでの時間を初期微動継続時間《しょきびどうけいぞくじかん》という。初期微動継続時間は震源からの距離に比例するので，問４で震源からの距離が 52.5 kmの地点では小さな揺れが８秒続いたことから，震源からの距離が 157.5 kmの地点では，小さな揺れが $8\times\frac{157.5}{52.5}$＝24(秒)続く。

問６　$52.5\times\frac{16}{8}$＝105(km)

2　**問１**　エ○…アルカリ性の水溶液を赤色リトマス紙につけると青色に変化し，酸性の水溶液を青色リトマス紙につけると赤色に変化する。中性の水溶液では，どちらのリトマス紙の色も変化しない。したがって，この水溶液は酸性か中性であり，これだけでは判断できない。

問２　塩酸は塩化水素の水溶液である。

問３　ウ○…pHの値は７が中性で，値が小さいほど酸性が強く，値が大きいほどアルカリ性が強い。

問４　２％水酸化ナトリウム水溶液のpHが 13.7 だから，水 500 g を使って２％の水酸化ナトリウム水溶液を作ればよい。このとき 98％が水だから，水酸化ナトリウムは $500\times\frac{2}{98}$＝10.20…→10.2 g となる。

問５　ア，イ×…表より，チモールブルーで黄色に変化するのは，pHが 8.0 より小さい水溶液(アルカリ性，中性，酸性のいずれか)である。　ウ○…問題文より，フェノールフタレインはpHが 8.2 以上で赤色に変化する。

エ×…クレゾールレッドはpHが 0.8 より小さいと赤色に変色するので，赤色に変色するかどうか判断できない。

オ○…メチルレッドはpHが 6.3 以上になると黄色に変色するので，黄色に変色するかどうか判断できない。

問６　フェノールフタレインを加えるとほぼ赤色に変化するのは，pHが 10.1 より少し小さい水溶液である。また，チモールブルーで青色を示すのは，pHが 9.6 以上の水溶液である。したがって，pHが 9.6 より大きく 10.1 より小さい 10 が正答となる。

3　**問２⑴**　エ×…モンシロチョウの幼虫は，ナズナ，ブロッコリー，ダイコンなどのアブラナ科の植物の葉を食べる。

⑵　ウ○…モンシロチョウは４回脱皮した５齢幼虫が脱皮してさなぎになる。さなぎから成虫になるときにもう１

回脱皮すると考えると，合計６回である。　(3)　イ○…モンシロチョウの口は，ストロー状で，花の蜜を吸うのに適した形をしている。

問３(1)　イ○…オスの翅《はね》の白い部分は紫外線を吸収しやすいので，紫外線カメラで撮影したときに紫外線量が少なく黒く写る。なお，メスは紫外線をよく反射するので，紫外線カメラで撮影したときに紫外線量が多く白く写る。

(2)　春秋型よりも夏型の方が翅が白っぽいので，より白く写る。

問４(1)　成虫では，オスの方がメスよりも紫外線を吸収しやすいので，オスの方が数値が高いＸが紫外線をよく吸収すると考えられる。　(2)　変化のしやすさの値は，オスではＸからＹが$\frac{24+8}{100}=0.32$，ＹからＺが$\frac{8}{32}=0.25$，メスではＸからＹが$\frac{49+26}{100}=0.75$，ＹからＺが$\frac{26}{75}=0.346\cdots\to0.35$ となる。したがって，最も大きい値の記号はウでその数値は 0.75，最も小さい値の記号はイでその数値は 0.25 である。

4　問１　図１で，例えばおもりの重さが 10ｇのとき，Ａは 22－18＝４(cm)，Ｂは 11－９＝２(cm)伸《の》びる。したがって，Ａの伸びはＢの４÷２＝２(倍)である。

問２　図２では，ＡとＢが直列につながれているので，それぞれのばねに 20ｇの重さがかかる。したがって，ＡとＢはそれぞれ問１解説で求めたときの２倍伸びるので，Ａは 18＋８＝26(cm)，Ｂは９＋４＝13(cm)となる。

問３　棒の重さは棒の中央にかかる。同じ重さのおもりによって棒に加わる力は，それぞれのおもりの中央に合計の重さがかかっていると考えてよいので，棒の中央に棒とおもり２個分の重さ 100＋10＋10＝120(ｇ)がかかっている。したがって，両端には半分ずつの重さがかかるので，120÷２＝60(ｇ)となる。

問４①　10ｇのおもりをつるしたときのＡの長さは，おもりが床についていないときは 22cm である。棒の下面と床との距離が 21cm のとき，おもりは床につくので，おもりの高さ１cm を引いて，Ａの長さは 21－１＝20(cm)となる。　②　ばねの伸びは 20－18＝２(cm)だから，図１より５ｇに相当する。　③　棒の左端から 10cm の位置は左端までの距離：右端までの距離＝10：90＝１：９だから，５ｇの力は逆比の９：１の割合で左端に$5\times\frac{9}{9+1}$＝4.5(ｇ)，右端５－4.5＝0.5(ｇ)かかる。同様にＢにつるした 10ｇのおもりは左端に１ｇ，右端に９ｇかかる。したがって，右端を支える力の大きさは，棒の重さの半分(50ｇ)と 0.5ｇと９ｇの合計の 59.5ｇである。

④　50＋4.5＋１＝55.5(ｇ)

問５①　このときＡの伸びは０cmになるので，棒に力がかかっていない。また，Ｂにつるしたおもりは床についていない。したがって，問４③解説より，右端を支える力の大きさは 50＋９＝59(ｇ)となる。

②　50＋１＝51(ｇ)

《2021　社会　解説》

1　問１　Ｃは木曽川の記述だから，１を選ぶ。２は大井川，３は信濃川，４は利根川。

問２　アが正しい。静岡は，比較的温暖で夏に雨が多い太平洋側の気候である。新潟は冬に降水量が多い日本海側の気候である。前橋は静岡と同じ太平洋側の気候だが，静岡より北に位置するので平均気温は静岡より低くなる。

問３　越後が正しい。越後山脈に積もった雪が春に雪どけ水となって，越後平野に流れ込むため，越後平野は全国屈指の稲作地帯となっている。

問４　イが正しい。日本で２番目の面積の湖は霞ケ浦である。サロマ湖は北海道のオホーツク海に面した汽水湖である。猪苗代湖は福島県，屈斜路湖は北海道東部，琵琶湖は滋賀県で，いずれも内陸にある。

問５　ウが正しい。北アルプス(飛騨山脈)・中央アルプス(木曽山脈)・南アルプス(赤石山脈)を合わせて日本アルプスと呼ぶ。

問６　ウが正しい。水力発電の割合は，昔から変動が少ない。アは石炭火力，イは新電力，エは石油火力，オは原子力。2011 年を境に原子力の割合が極端に下がっていることは必ず覚えておきたい。

問7　エが正しい。アはメロン，イはみかん，ウはいちごである。

問8　ウが正しい。キャベツは夏に長野県や群馬県で高冷地栽培が行われ，秋から春にかけては，茨城県や愛知県でさかんに生産される。

問9　輪中には，母屋とは別に，洪水に備えて非難するための水屋などが建てられている。

問10　カが正しい。生活用水は大都市圏での使用量が多くなるのでX，工業用水は重化学工業の発達した地域での使用量が多くなるのでY，農業用水は農業の盛んな東北地方や北海道で使用量が多くなるのでZと判断する。

2　**問1**　ウが正しい。アは土師器か須恵器，イは円筒埴輪，エは縄文土器。

問2　イが正しい。Ⅰ．正しい。Ⅱ．三角形の木材を積み上げる建築様式は書院造ではなく校倉造。

問4　エが正しい。応仁の乱によって中断していた祇園祭を京都の有力な町人である町衆が復興させた。

問5　ウが正しい。「普請は免除する。ただし，この町の城主が出陣している時や在京などの時は，合力すること」とある。史料は織田信長の出した楽市・楽座令である。ア．豊臣秀吉の出した刀狩令である。イ．上海道は中山道なので愛知県や静岡県を通らない。これらを通るのは東海道である。

3　**問1**　ウが正しい。前野良沢は『解体新書』を出版した医師，緒方洪庵は大阪で適塾を開いた医師，野口英世は黄熱病の研究で知られる医師。

問2　エが正しい。アとイは 17 世紀，ウは 18 世紀のことである。

問3　アが正しい。日清戦争後の三国干渉の記述である。ロシアは，ドイツ・フランスとともにリャオトン半島の返還を日本に迫った。Yは山東半島，Zは台湾。

問4　イが正しい。Ⅰ．正しい。Ⅱ．図2を見ると，明らかに後流行の死亡率が高い。

問5　「満州国」「国際連盟」が必ず盛り込まれていること。リットン調査団の報告を受けて，満州国の承認についての会議が国際連盟で開かれ，承認しないことが 42：1で議決された。これによって，日本の国際的な孤立が明確になり，1933 年に国際連盟への脱退の通告をし，1935 年に正式脱退した。

4　**問1**　イが正しい。「必ずやるにちがいない」「誓う」などから，アメリカに対する強い未来への思いがうかがえる。

問2(1)　エが誤り。アメリカは，人口・面積とも多く大きいが，一人当たり国民総所得は高く，ブロードバンド普及率も低くない。　(2)　ウが正しい。ソーシャル・ディスタンスは，社会的距離を意味する言葉で，新型コロナウィルス感染拡大に伴って広まった言葉である。メディア・リテラシーは，メディア(媒体)からの情報をうのみにせず，自分で正しく判断する能力。バーチャル・リアリティーは，仮想空間を意味する。

問3　エが正しい。ロールズの考える公正な社会の中に「同じ条件で競い合った結果として，…差がつくことを人は受け入れる。」とある。

問4　X＝法，Y＝性別　である。条文中の「門地」は家柄を意味する。

5　**問1**　ウが正しい。バラク・オバマは，アメリカ初のアフリカ系アメリカ人の大統領で，「核なき世界」を訴え，ノーベル平和賞を受賞している。

問2　アが誤り。選挙権年齢の引き下げは，2016 年に実施された。

問3　日本におけるアメリカ軍の施設のおよそ 70%が沖縄県に集中している。

問4　エが誤り。高度経済成長期に発生した四大公害については，科学技術の力での解決はできなかった。そのため，長い間四大公害病に悩まされている患者が多く存在する。

問5　ウが正しい。山中伸弥氏は，iPS 細胞の研究で医学・生理学賞を受賞している。本庶佑氏は医学・生理学賞，カズオ・イシグロ氏は文学賞，梶田隆章氏は物理学賞を受賞している。

2020 解答例 令和２年度　清風南海中学校

《国　語》

一　問１．ⓐウ　ⓑア　　問２．ウ　　問３．大衆にメッセージを伝える手段であった絵画から、当時の人々の考え方を読みとることで、人間ひいては自分を知ることにつながる。　　問４．イ　　問５．エ　　問６．イ　　問７．辞書　　問８．ウ

二　問１．ⓐエ　ⓑア　ⓒエ　　問２．気に入るものを自分で用意するということ。　　問３．イ　　問４．ウ　　問５．エ　　問６．イ　　問７．エ

三　問１．①オ　②エ　③ウ　④カ　⑤イ　　問２．知らない者同士であいさつを交わして、私が笑顔になれたように、相手の少年も笑顔であるとわかっているから。

四　①任せる　②帯びる　③規律　④守護　⑤始祖　⑥清算　⑦差額　⑧陽動

《算　数》

1　(1)$\frac{1}{7}$　(2)5　(3)$\frac{2}{5}$　(4)2

2　(1)35　(2)①6062　②289　(3)①240　②480　(4)①9　②15　(5)①27　②96　(6)①$197\frac{1}{7}$　②$179\frac{3}{7}$

3　(1)1：4　(2)2：3　(3)3：2：10　(4)15：2

4　(1)36　(2)①36　②230.4　③ポンプＡ…15　ポンプＢ…14

5　(1)2600　(2)950　(3)※①12　②15

※の求め方は解説を参照してください。

《理　科》

1　問１．ウ　　問２．イ　　問３．ア　　問４．ア　　問５．ウ　　問６．記号…イ　名称…積乱雲

2　問１．(1)消化　(2)イ　　問２．(1)ア　(2)1，3　　問３．オ　　問４．①から②…イ　②から③…ウ　③から④…ア

3　問１．ウ　　問２．カ　　問３．イ　　問４．12　　問５．35.1　　問６．8　　問７．11.7

4　問１．イ　　問２．1.8　　問３．12　　問４．45　　問５．高さ…180　重さ…1.5　　問６．4.8　　問７．200

《社　会》

1　問１．紀伊　　問２．エ　　問３．エ　　問４．イ　　問５．イ　　問６．(1)ウ　(2)ウ　(3)カ　(4)①イ　②ウ

2　問１．ウ　　問２．ア　　問３．イ　　問４．(後)北条　　問５．ア

3　問１．イ　　問２．ア　　問３．ア　　問４．渋沢栄一　　問５．ア

4　問１．ウ　　問２．(1)イ　(2)ア　　問３．イ　　問４．ア

5　問１．ハンセン　　問２．ウ　　問３．エ　　問４．エ　　問５．アムネスティ

2020 解説 清風南海中学校

令和２年度

←解答例は前のページにありますので，そちらをご覧ください。

―《2020　国語　解説》―

一

問２　この質問を学生にすると、「高校における歴史授業のテスト勉強の記憶《きおく》があまりに強いのか～やたらとデータを暗記するだけのものというイメージを持っている」として、このことを問題にしている。そして、たとえば「何々戦争」のようなケースは、データを暗記することより、「事象の構造を理解する」「構造について思考する」ことが重要だとしている。「美術史でも同じ」で、「『なぜそのような作品がその時代その地域で描《えが》かれたのか』、また『なぜそのような様式がその時代にその地域で流行したのか』という点を思考することこそ～なされるべき内容」だと述べている。よってウが適する。

問３　２つあとの段落の「大衆に伝えたいことがあれば何を用いたか――それが絵画だったのです。つまり絵画は～『何かを誰《だれ》かに伝えるためのもの』という機能を強く持っていました」と、さらに次の段落の「絵にこめられたメッセージを読みとってはじめて、私たちはその絵が描かれた当時の人々の考え方を理解することができます。つまり美術史とは、美術作品を介《かい》して『人間を知る』ことを最終的な目的としており、その作業はひいては『自分自身のことを知る』ことにいつかはつながるでしょう」などを中心にまとめる。

問４　「おおまかに言うと『美術』とは絵画と彫刻《ちょうこく》、建築や工芸などの〝造形芸術〟を指し、これに音楽や文学、映画などを足したものを「芸術」と総称《そうしょう》します。つまり『芸術学』では、人類の文化的行為《こうい》によって生じたあらゆるものを考察対象としています」とある。したがって「芸術」がもっとも広い範囲《はんい》の総称《そうしょう》で、その中に「美術」(＝造形芸術)、「音楽や文学、映画」などがあり、「美術」の中に「絵画と彫刻、建築や工芸など」がある。「範囲《はんい》の小さな順」に並べると、「絵画作品」「美術作品」「芸術作品」となる。よってイが適する。

問５　３～４段落後を参照。「昔の美術作品を〝読む〟ための辞書には、残念ながらまだ『これぞ完全版！』と呼べるようなものがありません。遠い国のことだから、あるいは遠い昔のことだからという理由だけでなく、現代とはそもそも文化が大きく異なっているせいです。～結果的に、昔の芸術作品はわからないことだらけです」とある。アのようなことは本文中で述べられていない。イの「昔と現代とでは、時代が大きく違《ちが》っている」「遠い国で作られた」より、エの「昔と現代とでは文化があまりにも大きく異なりすぎており」の方が強調されており、イよりエの方が適する。ウは、最後の段落で、美術史では図像学《ずぞうがく》以外のことも大事で、取り組むべき中心課題があることを述べているが、現在の研究が「図像学ばかりを重視していて、『美術史』という学問の中心課題と向き合うことをおろそかにしている」とは言っていない。　よってエが適する。

問６　「チンする」(は電子レンジで温めること) という「コード」を二人が「共有」していたので、二人の間にコミュニケーションが成立し、お母さんはやってほしいことを子どもに伝えることができて、やってもらえた。よってイが適する。

問７　２つ前の段落に、「コードを共有するためには、たとえば現代の別々の国に生きる人の間であれば、お互《たが》いの言語の辞書があれば会話の際に大いなる助けとなるはずです。しかし、昔の美術作品を〝読む〟ための辞書には、残念ながらまだ『これぞ完全版！』と呼べるようなものがありません」とある。また、X の直前の段落の説明によれば、図像学とは、昔の絵、芸術作品を読むために、「失われて久しいコード」をいろいろと調べて発掘《はっくつ》する作業。

問８　――①を話のきっかけとして、第２段落後半と第３段落で、美術史を定義している。その際、歴史と共通する部分から説明している。第４～９段落(前後を１行ずつ空けた部分)では、まず――②の問題提起をしたあと、主に第６～７段落で、美術史を学ぶ意義を説明している。この部分の最後の第９段落で、これを短くまとめてくり返している。そのあとは、――③・④の前後で、昔の絵を読み解くために、「失われて久しいコード」を再発掘して共有することの難しさについて述べ、図像学に言及している。よってウが適する。

二 **問2**　その１～４行後から、「だるまどん」のモデルは「僕《ぼく》の父」(＝「不肖《ふしょう》の親父《おやじ》」)だとわかる。また、「だるまどんじゃないけど、とにかく早合点《はやがてん》ばかりするので、幼いながらに僕は困ったものだと思っていた」から、「だるまちゃん」は幼い「僕」がモデルで、「だるまどん」と「だるまちゃん」の親子関係が、「僕」の父と幼い「僕」の関係をモデルにしていると推測できる。だるまちゃんがきがついた「いいこと」は、その５行後の、「僕は、このくらいなら自分でもつくれそうだと思って、じっと見ていただけなのに、父はお金もないのに無理をして買ってくれようとする」ような「早合点」のときに、僕が考えていたことから推測できる。「大将の肩章《けんしょう》」事件のあと、――④のようになった僕の、「欲しいものがあっても、遠目に見ておいて、あとから自分でつくれるかどうかを考える」からも同じような推測ができる。

問3　この玩具《がんぐ》は欲しくなかったし、「父にいらざる出費をさせてしまった」と思った。この結果に、否定的でよくない感情（泣きたいような、怒《おこ》りたいような）が二つ並んでいると思われる。　アは「こころづよさ」、ウは「うぬぼれ」が、エは「満足」が適さない。　よってイが適する。

問4　「僕」は、兄が「親のせっかくの期待と配慮《はいりょ》にこたえようとしないのを、心のなかで批判し、ひそかに怒って」いた。しかし、「兄とは十二歳《さい》も違うから、ケンカにもならない」。つまり腕力《わんりょく》では、「どうやってもかなわない」。そこで「僕」が――②のように思って実行したのは、「親が何かしようとすると、お茶が飲みたいのか、座《ざ》布団《ぶとん》が欲しいのか、さっと見極《みきわ》めて先にやる」こと。つまり、こうすることで「自分だけは両親の気持ちを理解していることを示そうとした」のだ。少なくともこうふるまえば、「しょうがない兄貴だ、自分は違うぞ」という気持ちを、兄貴と親に対してアピールしたことにはなる。ただあまりにも幼かったので、気づかれなかったり、相手にされなかったりした可能性はある。よってウが適する。

問5　「僕」が一番恐《おそ》れているのは、次の２文にあるように、父が「度を越《こ》した愛情表現に出て、僕をしばしば戸《と》惑《まど》わせました」という事態。「頭から血が出たので、びっくりしてワンワン泣いていたら、父が飛んできて『泣いたら、もっとひどくなるぞ』と怒られた」というのは、「ほったらかしと言えば、ほったらかしだけれど」、やんちゃ盛りで、元気いっぱいだった「僕」にとって、父が「度を越した愛情表現に出て」当惑《とうわく》させられるよりはよかった。よってエが適する。

問6　同じ文中に「それ以来」とあるのは、直前まで描いている「大将の肩章」事件のことで、この時の「申し訳なさで、胸がつぶれ、消え入りたいという気持ち」から、二度と父がこのようなことをしないように、「心を砕《くだ》く」(＝いろいろと気を遣《つか》う。心配する)ようになった。よってイが適する。

問7　直前に（子どもは）「呑気《のんき》そうに見えても、そうやって幼いながらに、自分の置かれた状況《じょうきょう》に精一杯《せいいっぱい》の対処をしようとするものなのです」とある。しかし、子煩悩《こぼんのう》な父は、そんな子どもの行動を黙《だま》って見守っていることができず、「僕」の望まない行動をとって、しばしば「僕」を戸惑《とまど》わせた。――③の直後の２文と同じようなことを言っている。よってエが適する。

三 著作権に関係する弊社《へいしゃ》の都合により本文を非掲載《ひけいさい》としておりますので、解説を省略させていただきます。ご不便をおかけし申し訳ございませんが、ご了承《りょうしょう》ください。

《2020　算数　解説》

1 (1)　与式$=\{3-(\frac{16}{7}+\frac{1}{5})\}\times\frac{5}{18}=(3-\frac{87}{35})\times\frac{5}{18}=\frac{18}{35}\times\frac{5}{18}=\frac{1}{7}$

(2)　与式$=9.6\times2.5-\{41\div(3.75-1.7)-1\}=24-(41\div2.05-1)=24-(20-1)=24-19=5$

(3)　与式より，$\square\div\frac{22}{10}+\frac{4}{3}=\frac{5}{11}\div\frac{3}{10}$　$\square\div\frac{22}{10}+\frac{4}{3}=\frac{50}{33}$　$\square\div\frac{11}{5}=\frac{50}{33}-\frac{44}{33}$　$\square\div\frac{11}{5}=\frac{2}{11}$　$\square=\frac{2}{11}\times\frac{11}{5}=\frac{2}{5}$

(4) 与式より，$\frac{2}{3}+(\square-\frac{5}{8})\div\frac{11}{4}=\frac{7}{6}$　$(\square-\frac{5}{8})\div\frac{11}{4}=\frac{7}{6}-\frac{4}{6}$　$(\square-\frac{5}{8})\div\frac{11}{4}=\frac{1}{2}$　$\square-\frac{5}{8}=\frac{1}{2}\times\frac{11}{4}$
$\square-\frac{5}{8}=\frac{11}{8}$　$\square=\frac{11}{8}+\frac{5}{8}=\frac{16}{8}=2$

2 (1) 20円安く買ったことで，予定していた金額より(100－20)×８＋60＝700(円)安くなったから，買う予定だったお菓子の個数は，700÷20＝35(個)

(2)① 5を先頭に３ずつ増えているから，ｎ番目は５＋３×(ｎ－１)＝３×ｎ＋２と表せる。よって，ｎ＝2020を代入すると，３×2020＋２＝6062

② この数の並びは５に３の倍数を足した数だから，７の倍数は，一度現れると，３と７の最小公倍数の21ごとに現れる。一番初めに現れる７の倍数は14だから，(6062－14)÷21＝288より，14に21を288回足すことができるので，７の倍数は初めの14を加えて，１＋288＝289(個)ある。

(3)① Ａ地点からＰ地点までの1200÷２＝600(m)を分速200mで，残りの600mを分速300mで進んだから，かかった時間は，$\frac{600}{200}+\frac{600}{300}=5$(分)である。1200mを５分で進んだから，平均の速さは，分速$\frac{1200}{5}$m＝分速240m
なお，速度の数字だけで平均の速さを，分速$\frac{200+300}{2}$m＝分速250mとするのは誤り。気をつけよう。

② 分速250mで1200mを進むと，$\frac{1200}{250}=4.8$(分)かかる。分速300mで1200mを進むと$\frac{1200}{300}=4$(分)になるので，4.8－４＝0.8(分)少ない。１mを分速300mから分速200mにかえると，かかる時間は，$\frac{1}{200}-\frac{1}{300}=\frac{1}{600}$(分)多くかかるから，分速200mで進んだ道のり，つまりＡからＰまでの道のりは，$0.8\div\frac{1}{600}=480$(m)

(4)① ＡからＰを通ってＱへ行く経路は，３×２＝６(通り)で，ＡからＰを通らずにＱへ行く経路は３通りだから，ＡからＱまで行く経路は，６＋３＝９(通り)ある。

② ＡからＱを通ってＢに行く経路は，９×２＝18(通り)で，ＡからＰを通って，かつＱを通らずにＢまで行く経路は，３×３＝９(通り)だから，ＡからＰもＱも通らずにＢへ行く経路は，42－18－９＝15(通り)ある。

(5)① ｎ角形の内角の和は，180×(ｎ－２)で求められるから，正五角形の内角の和は，180×(５－２)＝540(度)，正八角形の内角の和は，180×(８－２)＝1080(度)である。正五角形の１つの内角の大きさは540÷５＝108(度)，正八角形の１つの内角の大きさは，1080÷８＝135(度)だから，角アの大きさは，135－108＝27(度)

② 右のように作図する。正五角形と正八角形は線対称な図形だから，角ＥＤＡ＝90度，角ＢＡＣ＝108÷２＝54(度)である。正六角形の１つの角の大きさは180×(６－２)÷６＝120(度)だから，角ＥＡＤ＝180－54－120＝６(度)である。三角形ＡＥＤで，三角形の外角の性質を用いると，角イ＝90＋６＝96(度)

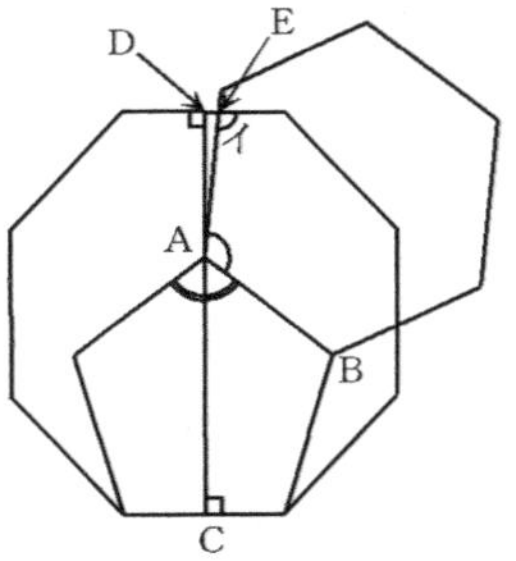

(6)① くり抜《ぬ》く部分は，底面積が$1\times1\times\frac{22}{7}=\frac{22}{7}$(㎠)で高さが６㎝の円柱になるから，残る体積は，$6\times6\times6-\frac{22}{7}\times6=(36-\frac{22}{7})\times6=\frac{230}{7}\times6=\frac{1380}{7}=197\frac{1}{7}$(㎤)

② ２度目にくり抜く部分の体積の方が大きいので，底面積が２×２＝４(㎠)で高さが６㎝の直方体と，底面積が$\frac{22}{7}$㎠で高さが２㎝の円柱２つ分の体積をくり抜くと考えると，求める体積は，
$6\times6\times6-4\times6-\frac{22}{7}\times2\times2=(36-4)\times6-\frac{88}{7}=32\times6-12\frac{4}{7}=192-12\frac{4}{7}=179\frac{3}{7}$(㎤)

3 (1) 四角形ＡＢＣＤは平行四辺形でＤＡ＝ＣＢより，ＢＣ：ＣＧ＝ＤＡ：ＣＧだから，ＤＡ：ＣＧを求める。ＡＤとＢＧは平行だから，三角形ＡＥＤと三角形ＧＥＣは同じ形の三角形で，ＤＡ：ＣＧ＝ＤＥ：ＣＥ＝１：４

(2) (1)と同様に考えれば，ＡＤ：ＤＫ＝ＣＢ：ＤＫとなるので，ＣＢ：ＤＫを求める。ＩＦとＥＧは平行だから，三角形ＧＥＣと三角形ＦＩＣは同じ形の三角形であり，ＥＣ：ＩＣ＝ＧＣ：ＦＣ＝２：１である。つまり，ＩはＥＣの真ん中の点だから，ＣＩ：ＩＥ：ＥＤ＝２：２：１である。ＤＫとＢＣは平行だから，三角形ＢＣＩと三

角形ＫＤＩは同じ形の三角形で，ＣＢ：DK＝ＣＩ：ＤＩ＝２：（２＋１）＝２：３

⑶　ＡＧの長さを基準として，ＡＥ，ＥＪ，ＪＧの長さを比べる。三角形ＡＥＤと三角形ＧＥＣは同じ形の三角形だから，ＡＥ：ＧＥ＝ＤＥ：ＣＥ＝１：４より，ＡＥ：ＡＧ＝１：（１＋４）＝１：５なので，ＡＥ＝ＡＧ×$\frac{1}{5}$

ＡＢとＥＩは平行だから，三角形ＡＢＪと三角形ＥＩＪも同じ形の三角形であり，ＡＪ：ＥＪ＝ＡＢ：ＥＩである。ＡＢ＝ＤＣだから，ＡＢ：ＥＩ＝ＤＣ：ＥＩ＝５：２より，ＡＪ：ＥＪ＝５：２なので，ＡＥ：ＥＪ＝（５－２）：２＝３：２である。ＥＪ＝ＡＥ×$\frac{2}{3}$＝（ＡＧ×$\frac{1}{5}$）×$\frac{2}{3}$＝ＡＧ×$\frac{2}{15}$だから，

ＪＧ＝ＡＧ－ＡＧ×$\frac{1}{5}$－ＡＧ×$\frac{2}{15}$＝ＡＧ×$\frac{2}{3}$より，ＡＥ：ＥＪ：ＪＧ＝（ＡＧ×$\frac{1}{5}$）：（ＡＧ×$\frac{2}{15}$）：（ＡＧ×$\frac{2}{3}$）＝３：２：10

⑷　三角形ＥＩＪの面積をＳとして，平行四辺形ＡＢＣＤの面積をＳで表すことにする。高さの等しい三角形の面積比は，底辺の長さの比に等しいことを利用する。

三角形ＡＥＩと三角形ＥＩＪの面積比は，ＡＥ：ＥＪ＝３：２だから，三角形ＡＥＩの面積は，Ｓ×$\frac{3}{2}$と表せる。

三角形ＡＤＣと三角形ＡＥＩの面積比は，ＤＣ：ＥＩ＝５：２だから，三角形ＡＤＣの面積は，三角形ＡＥＩの面積の$\frac{5}{2}$倍になるので，（Ｓ×$\frac{3}{2}$）×$\frac{5}{2}$＝Ｓ×$\frac{15}{4}$と表せる。平行四辺形ＡＢＣＤの面積は，三角形ＡＤＣの面積の２倍に等しいから，（Ｓ×$\frac{15}{4}$）×２＝Ｓ×$\frac{15}{2}$と表せる。

よって，（四角形ＡＢＣＤの面積）：（三角形ＥＩＪの面積）＝（Ｓ×$\frac{15}{2}$）：Ｓ＝15：２

4　⑴　10時間で25×12×1.2＝360（m^3）の水を入れたから，１時間あたり360÷10＝36（m^3）の水が出る。

⑵　グラフから，13：24～17：00の傾《かたむ》き方がもっとも緩《ゆる》やかであることから，この時間はポンプを使わず，じゃ口のみから入れたこと，水量が[ウ]から[イ]になるまでは，グラフの傾き方がもっとも急であることから，ポンプＡ，Ｂをともに動かしたことがわかる。

①　ポンプＡとポンプＢを同時に使わなければ５時間かかるところを４時間24分で入れたから，ポンプＡ，Ｂがともに動いている時間は，５時間－４時間24分＝36分間である。

②　13：24から17：00までの３時間36分間は，じゃ口からだけで水を入れた。３時間36分＝３$\frac{36}{60}$時間＝$\frac{18}{5}$時間より，３時間36分間で入れた水の量は，36×$\frac{18}{5}$＝129.6（m^3）だから，[ア]＝360－129.6＝230.4

③　11：00までの36分間＝$\frac{3}{5}$時間で，39 m^3の水が入ったから，ポンプＡ，Ｂとじゃ口の３つを使うと，１時間あたり39÷$\frac{3}{5}$＝65（m^3）の水を入れることができる。じゃ口からは１時間あたり36 m^3の水が出るから，ポンプＡ，Ｂを１時間ずつ使うと，65－36＝29（m^3）の水を入れることができる。ポンプＡを２時間，Ｂを３時間使って入れた水の量は，じゃ口から出る10－８＝２（時間分）の水の量に等しく，36×２＝72（m^3）である。ポンプＡを２時間，Ｂを２時間使うと，29×２＝58（m^3）の水を入れることができるから，ポンプＢからは１時間あたり72－58＝14（m^3）の水が入ることになり，ポンプＡからは１時間あたり，29－14＝15（m^3）の水が入る。

5　⑴　仕入れ値は300×10＝3000（円）で，売り上げは100×６＋150×12＋200×16＝5600（円）だから，利益は，5600－3000＝2600（円）

⑵　仕入れ値は300×12＝3600（円）で，売り上げは3600＋2800＝6400（円）である。Ｍサイズが35個売れると，売り上げは150×35＝5250（円）となり，実際より6400－5250＝1150（円）少ない。Ｍサイズ１個をＬサイズ１個にかえると，売り上げは200－150＝50（円）多くなるから，Ｌサイズは1150÷50＝23（個），Ｍサイズは35－23＝12（個）売れたとわかる。よって，売れたジュースは250×12＋350×23＝11050（mL）で，仕入れたジュースは1000×12＝12000（mL）だから，売れ残ったジュースは，12000－11050＝950（mL）

(3)① 仕入れを300×７＝2100(円)減らしたから，Ｌサイズが３日目と同じ数だけ売れれば2100円の利益になるはずだった。しかし，３日目の半分しか売れなかったために利益が900円になったのだから，３日目と４日目のＬサイズの売り上げの差が2100－900＝1200(円)だったことになる。これはＬサイズの1200÷200＝６(個分)だから，３日目に売れたＬサイズは，６×２＝12(個)

② ３日目に売れたＳサイズとＭサイズの個数の和は28－12＝16(個)である。ＳサイズよりＭサイズの方が売れたから，Ｓサイズが売れた個数は，１個以上７個以下である。３日目の売り上げの最小値は，Ｓサイズが７個，Ｍサイズが９個売れた場合の，100×７＋150×９＋200×12＝4450(円)，売り上げの最大値は，Ｓサイズが１個，Ｍサイズが15個売れた場合の，100×１＋150×15＋200×12＝4750(円)である。３日目の売り上げは，仕入れ値と等しいことから，ジュースは4450÷300＝14.8…(Ｌ)以上，4750÷300＝15.8…(Ｌ)以下とわかる。仕入れたジュースの量は整数であることから，３日目に仕入れたジュースは15Ｌである。

《2020 理科 解説》

1 問１ ウ○…川が山地から平地に出るところに見られるおうぎ形の地形を扇状地という。山地から平地に出てくると，傾きは小さく幅は広くなるので川の流れがゆるやかになり，たい積作用が盛んになる。

問２ イ○…太陽の熱で斜面が温められ，盆地の底から周囲の山へ空気が移動する。斜面をのぼった空気は上空へ移動した後冷えて再び盆地へと下りてくるというように，盆地内で空気が循環する。

問３ ア○…１日で気温が最も低くなるのは太陽がのぼる明け方ごろである。地面近くには冷たい空気の層があるが，３～５ｍ上には少し暖かい空気の層がある。この暖かい空気の層をファンでかくはんして霜《しも》の発生を防ぐ。

問６ イ○…夏によく見かけるたてに長く発達した雲を積乱雲という。積乱雲は，雷《かみなり》雲，入道雲とも呼ばれる。雷をともない大雨や竜巻の原因にもなる。

2 問１(2) デンプンなどの栄養分を，消化液のはたらきによって分解し吸収しやすい物質にする過程を消化という。だ液にふくまれるアミラーゼは，デンプンを分解して麦芽糖《ばくがとう》というデンプンよりも小さな粒にする。

問２(1) ア○…実験１と実験５は温度以外の条件が同じである。 (2) １，３○…発芽したのは実験１だけだから，湿ったガーゼを使用した(水がある)実験１と，乾いたガーゼを使用した(水がない)以外の条件がすべて同じ実験３の結果を比べることで，水が必要であるとわかる。このように，調べたい条件以外をすべて同じにして行う実験を対照実験という。

問３ オ○…デンプンは子葉に蓄《たくわ》えられている。

問４ ①から②…水分を吸収しただけなので乾燥重量は変化しない。②から③…子葉の中のデンプンが発芽に使われるので乾燥重量は減少する。③から④…本葉が光合成を行いデンプンがつくられるので乾燥重量は増加する。

3 塩酸は酸性，水酸化ナトリウム水溶液はアルカリ性，食塩水は中性の水溶液である。酸性では青色リトマス紙が赤色，アルカリ性では赤色リトマス紙が青色に変化する。中性ではどちらのリトマス紙の色も変化しない。ＢＴＢ液は，酸性で黄色，アルカリ性で青色，中性で緑色を示す。

問１ ウ○…水酸化ナトリウム 40ｇがすべて反応したあとの水溶液中には，食塩 58.5ｇと塩化水素 40－36.5＝3.5(ｇ)が残っているから，反応後の水溶液は酸性を示す。

問２ カ○…塩化水素 36.5ｇがすべて反応したあとの水溶液中には，食塩 58.5ｇと水酸化ナトリウム 50－40＝10(ｇ)が残っているから，反応後の水溶液はアルカリ性を示す。

問３ イ○…問２解説より，反応後の水溶液には水酸化ナトリウムが残っている。水酸化ナトリウム水溶液に鉄は反応しないが，アルミニウムはあわを発生しながら溶ける。

問４ 〔濃さ(%)＝$\frac{\text{溶けている物質の重さ(g)}}{\text{水溶液の重さ(g)}}\times 100$〕より，$\frac{24}{200}\times 100=12$(%)

問5　水酸化ナトリウム24gがすべて反応するのに必要な塩化水素は $36.5\times\frac{24}{40}\times100=21.9$(g)より，水酸化ナトリウム24gがすべて反応するのに十分な塩化水素がある。よって，できる食塩は $58.5\times\frac{24}{40}=35.1$(g)である。

問6　加熱後に食塩のみが残ったことから，水酸化ナトリウムはすべて反応してなくなったとわかる。よって，水酸化ナトリウム水溶液200gにふくまれている水酸化ナトリウムは $40\times\frac{23.4}{58.5}=16$(g)だから，水酸化ナトリウム水溶液の濃さは $\frac{16}{200}\times100=8$(%)である。

問7　水酸化ナトリウム16gがすべて反応すると食塩23.4gができるから，食塩1gができると残る物質の重さが $\frac{23.4-16}{23.4}=\frac{3.7}{11.7}$(g)増える。加熱後の重さは19.7−16=3.7(g)増えたから，食塩は $3.7\times\frac{11.7}{3.7}=11.7$(g)できた。

4　**問1**　イ○…表1より，おもりの重さに関係なく，糸の長さが短いほど1往復する時間が短いことがわかる。

問2　糸の長さ100cmのふりこが1往復する時間は2.0秒，糸の長さ100−36=64(cm)のふりこが1往復する時間は1.6秒だから，(2.0÷2)+(1.6÷2)=1.8(秒)である。

問3　物体が衝突吸収装置を動かす長さは，物体の重さに比例するから，4.0×3=12.0(cm)である。

問4　表4より，物体を置く高さが4倍になると，物体の速さは2倍になることがわかる。高さ(ア)のときの速さ300cm/秒の2倍の600cm/秒になる高さは180cmだから，(ア)には，180÷4=45(cm)が入る。

問5　表5より，物体の重さを変えても物体の速さは変わらないから，物体を置く高さは180cmである。表2より，xgの物体を30cmの高さに置いたとき衝突吸収装置は3.0cm動くから，180cmのときは $3.0\times\frac{180}{30}=18.0$(cm)動く。表3より，衝突吸収装置の動く長さは物体の重さに比例するから，重さをxgの $\frac{27.0}{18.0}=1.5$(倍)にすればよい。

問6　24cmの高さからすべり落ちてくる物体とぶつかる物体の個数を足したものと，反対の斜面を登った高さの積は，すべて24になる。よって，(イ)には24÷(4+1)=4.8が入る。

問7　80cmの高さからすべり落ちてくる物体が，物体3個にぶつかって反対の斜面をのぼる高さは，問6解説より，80÷(3+1)=20(cm)である。表4より，物体を置く高さが20cmのとき，水平面上での速さは200cm/秒になり，反対の斜面を20cmの高さまで登る。よって，点Bでの物体の速さは200cm/秒である。

《2020　社会　解説》

1　**問1**　紀伊山地の南側は，夏の南東季節風の影響を受けて降水量が多くなる地域である。

問2　エが適当でない。琵琶湖を流れる滋賀県の瀬田川は，京都府では宇治川，大阪府では淀川と呼ばれる。紀ノ川は，奈良県では吉野川と呼ばれ，和歌山県内で紀ノ川となる。

問3　エが正しい。日本海側のDは，北西季節風の影響を受けて冬の降水量が増えるⅢ，瀬戸内のEは，1年を通して比較的温暖で雨が少ないⅠ，太平洋側のFは，南東季節風の影響を受けて夏の降水量が増えるⅡである。

問4　イが正しい。[北緯a度，東経b度]の位置の対蹠点は，[南緯a度，西経(180−b)度] になるから，[北緯35度，東経135度] であれば，[南緯35度，西経(180−135)度=西経45度] になる。

問5　イが正しい。清風南海中学校と対蹠点を通る最短距離の線は，北極点を通る半円である。北極点の緯度は北緯90度だから，清風南海中学校と北極点の緯度差は，90−35=55(度)になる。中心角が180度のおうぎ形の曲線部分が20000kmにあたるから，55度では，$20000\times\frac{50}{180}=5555.5\cdots$(km)になるので，清風南海中学校と北極点との距離はおよそ6000kmとなる。

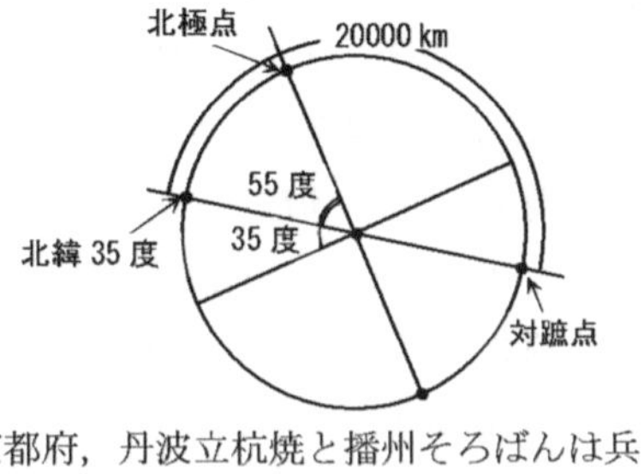

問6(1)　ウが適当でない。津軽塗は青森県の伝統工芸品である。西陣織は京都府，丹波立杭焼と播州そろばんは兵

庫県の伝統工芸品である。　(2)　ウが正しい。高野山は和歌山県，法隆寺は奈良県，伊勢神宮は三重県にある。

(3)　カが正しい。輸送用機械が多いⅠは，中京工業地帯に位置する三重県，鉄鋼・石油石炭製品・化学と輸入原料が多いⅡは，内陸県の奈良県には適さないので，和歌山県と判断して，残ったⅢが奈良県と判断する。

(4)①　イが正しい。航空機で輸入されるものは，小型軽量なものが多いから，医薬品・集積回路が上位にあるイが関西国際空港である。アは大阪港，ウは神戸港，エは堺港である。

2　問１　ウが正しい。四字元号は749年から770年まで使われていたから，奈良時代について書かれたウを選ぶ。アとイは飛鳥時代，エは平安時代について書かれたものである。

問２　アが正しい。康の字の下の部分と，治の偏にも水・さんずいが使われている。

問３　イが正しい。文永は1264年の鎌倉時代で，後醍醐天皇が出てくるのは1330年前後のことだから，Ｙは誤り。

問４　北条氏政や氏直らの北条氏は，鎌倉時代の執権家である北条氏と区別するために後北条氏とも呼ばれる。

問５　アが正しい。遣唐使に指名された菅原道真が，唐の衰退と航海の危険を理由として，遣唐使の停止を提案し，それが受け入れられた。当時，朝廷は藤原氏が要職を占め，敵対する貴族は，地方に左遷させられるなどの処遇を受けていた。イについて，壇ノ浦の戦いの前にすでに平清盛は亡くなっていて，平氏の指揮官は，平宗盛や平知盛らであった。ウについて，平城京ではなく長岡京または平安京であれば正しい。エについて，16世紀において最も長く用いられた元号は，天正ではなく天文である。

3　問１　イが正しい。(い)は北里柴三郎についての記述である。(あ)は野口英世，(う)は樋口一葉，(え)は福沢諭吉である。また，選択肢のアは志賀潔，ウは福沢諭吉，エは野口英世についての記述である。

問２　アが正しい。Ⅰ．五箇条の御誓文(1868年)→Ⅱ．地租改正(1873年)→Ⅲ．琉球処分(1879年)

問３　ともに正しいからアである。図１を見ると，他の国より1930年代になって1929年の値を超えるようになった。盧溝橋事件は1937年のことで，綿糸・綿織物の輸出額が生糸・絹織物の輸出額を上回ったのは1933年のことであった。

問４　渋沢栄一は，第一国立銀行・東京証券取引所・理化学研究所などの設立に尽力した。

問５　アが正しい。図３は葛飾北斎の『富嶽三十六景』より『凱風快晴』である。図４は，歌川広重の『東海道五十三次－庄野』，図５は尾形光琳の『燕子花図屏風』である。

4　問１　ウが正しい。「中東からの輸入に頼らざるを得ない」からＸは石油と判断する。「2011年に起きた震災」「発電所での事故」からＹは原子力と判断する。「化石燃料の中でもCO_2排出量が他の排出方法より少ない」からＺは天然ガスと判断する。

問２(1)　Ⅱが誤りだからイである。裁判員制度は，重大な刑事事件の第一審において，裁判官と裁判員で，被疑者の有罪・無罪，有罪であればその量刑を話し合うものである。　(2)　アが正しい。国の予算における社会保障関係費の割合は，約34％だから，予算総額は，34兆円÷0.34＝100兆円になる。

問３　イの日ソ共同宣言は1956年のことであった。沖縄返還協定が結ばれたのは1971年，佐藤栄作がノーベル平和賞を受賞したのは1974年，日韓基本条約が批准されたのは1965年のことである。

問４　アが正しい。マグニチュード9.0の東北太平洋沖地震による津波を受けて，東北地方の福島県から岩手県にかけての太平洋側は，壊滅的な状態となった。関東大震災は1923年，阪神・淡路大震災は1995年，新潟県中越地震は2004年のことである。

5　問１　ハンセン病は，日本では古くから「らい病」と呼ばれてきた。実際には感染力は非常に弱い伝染病であるのに，患者を隔離したり，強制的に療養所に入所させたりするなどの差別が行われていた。

問２　ウが正しい。日本国憲法第25条の「健康で文化的な最低限度の生活を営む権利」を生存権という。

問３　どちらも誤りだからエである。Ⅰについて，育児や家事は女性だけでなく男性も行うべきとして，男女間の平等の立場から，性別による労働時間の違いはない。民法によって，戸籍上夫婦となったものは，国際結婚を除いて，同じ姓を使わなければならない。

問４　エが正しい。選挙権は日本国民の持つ権利である。

■ ご使用にあたってのお願い・ご注意

（1）問題文等の非掲載

著作権上の都合により，問題文や図表などの一部を掲載できない場合があります。

誠に申し訳ございませんが，ご了承くださいますようお願いいたします。

（2）過去問における時事性

過去問題集は，学習指導要領の改訂や社会状況の変化，新たな発見などにより，現在とは異なる表記や解説になっている場合があります。過去問の特性上，出題当時のままで出版していますので，あらかじめご了承ください。

（3）配点

学校等から配点が公表されている場合は，記載しています。公表されていない場合は，記載していません。

独自の予想配点は，出題者の意図と異なる場合があり，お客様が学習するうえで誤った判断をしてしまう恐れがあるため記載していません。

（4）無断複製等の禁止

購入された個人のお客様が，ご家庭でご自身またはご家族の学習のためにコピーをすることは可能ですが，それ以外の目的でコピー，スキャン，転載（ブログ，ＳＮＳなどでの公開を含みます）などをすることは法律により禁止されています。学校や学習塾などで，児童生徒のためにコピーをして使用することも法律により禁止されています。

ご不明な点や，違法な疑いのある行為を確認された場合は，弊社までご連絡ください。

（5）けがに注意

この問題集は針を外して使用します。針を外すときは，けがをしないように注意してください。また，表紙カバーや問題用紙の端で手指を傷つけないように十分注意してください。

（6）正誤

制作には万全を期しておりますが，万が一誤りなどがございましたら，弊社までご連絡ください。

なお，誤りが判明した場合は，弊社ウェブサイトの「ご購入者様のページ」に掲載しておりますので，そちらもご確認ください。

■ お問い合わせ

解答例，解説，印刷，製本など，問題集発行におけるすべての責任は弊社にあります。

ご不明な点がございましたら，弊社ウェブサイトの「お問い合わせ」フォームよりご連絡ください。迅速に対応いたしますが，営業日の都合で回答に数日を要する場合があります。

ご入力いただいたメールアドレス宛に自動返信メールをお送りしています。自動返信メールが届かない場合は，「よくある質問」の「メールの問い合わせに対し返信がありません。」の項目をご確認ください。

また弊社営業日（平日）は，午前９時から午後５時まで，電話でのお問い合わせも受け付けています。

2025 春

株式会社教英出版
〒422-8054　静岡県静岡市駿河区南安倍３丁目 12-28
TEL　054-288-2131　　FAX　054-288-2133
URL　https://kyoei-syuppan.net/
MAIL siteform@kyoei-syuppan.net

教英出版の親子で取りくむシリーズ

公立中高一貫校とは？適性検査とは？受検を考えはじめた親子のための最初の１冊！

「概要編」では公立中高一貫校の仕組みや適性検査の特徴をわかりやすく説明し，「例題編」では実際の適性検査の中から，よく出題されるパターンの問題を厳選して紹介しています。実際の問題紙面も掲載しているので受検を身近に感じることができます。

- 公立中高一貫校を知ろう！
- 適性検査を知ろう！
- 教科的な問題〈適性検査ってこんな感じ〉
- 実技的な問題〈さらにはこんな問題も！〉
- おさえておきたいキーワード

定価：1,078円(本体980+税)

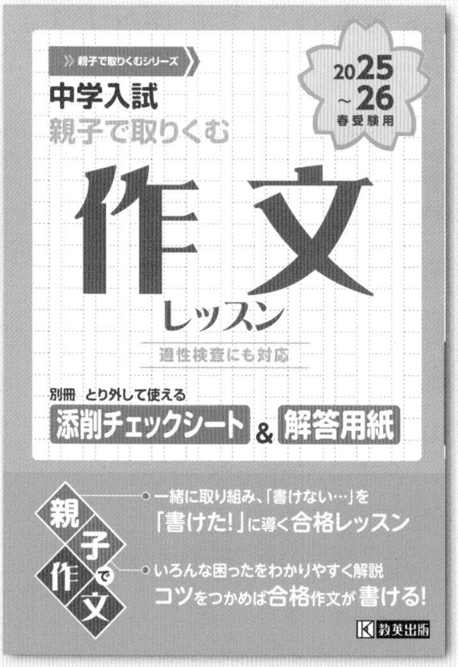

適性検査の作文問題にも対応！「書けない」を「書けた！」に導く合格レッスン

「実力養成レッスン」では，作文の技術や素材の見つけ方，書き方や教え方を対話形式でわかりやすく解説。実際の入試作文をもとに，とり外して使える解答用紙に書き込んでレッスンをします。赤ペンの添削例や，「添削チェックシート」を参考にすれば，お子さんが書いた作文をていねいに添削することができます。

- レッスン１ 作文の基本と，書くための準備
- レッスン２ さまざまなテーマの入試作文
- レッスン３ 長文の内容をふまえて書く入試作文
- 実力だめし！入試作文
- 別冊「添削チェックシート・解答用紙」付き

定価：1,155円(本体1,050+税)

絶賛販売中！

詳しくは教英出版で検索

教英出版　検索

URL https://kyoei-syuppan.net/

教英出版　2025年春受験用　中学入試問題集

学校別問題集

✿はカラー問題対応

北海道

①[市立]札幌開成中等教育学校
②藤女子中学校
③北嶺中学校
④北星学園女子中学校
⑤札幌大谷中学校
⑥札幌光星中学校
⑦立命館慶祥中学校
⑧函館ラ・サール中学校

青森県

①[県立]三本木高等学校附属中学校

岩手県

①[県立]一関第一高等学校附属中学校

宮城県

①[県立]宮城県古川黎明中学校
②[県立]宮城県仙台二華中学校
③[市立]仙台青陵中等教育学校
④東北学院中学校
⑤仙台白百合学園中学校
⑥聖ウルスラ学院英智中学校
⑦宮城学院中学校
⑧秀光中学校
⑨古川学園中学校

秋田県

①[県立]
- 大館国際情報学院中学校
- 秋田南高等学校中等部
- 横手清陵学院中学校

山形県

①[県立]
- 東桜学館中学校
- 致道館中学校

福島県

①[県立]
- 会津学鳳中学校
- ふたば未来学園中学校

茨城県

①[県立]
- 日立第一高等学校附属中学校
- 太田第一高等学校附属中学校
- 水戸第一高等学校附属中学校
- 鉾田第一高等学校附属中学校
- 鹿島高等学校附属中学校
- 土浦第一高等学校附属中学校
- 竜ヶ崎第一高等学校附属中学校
- 下館第一高等学校附属中学校
- 下妻第一高等学校附属中学校
- 水海道第一高等学校附属中学校
- 勝田中等教育学校
- 並木中等教育学校
- 古河中等教育学校

栃木県

①[県立]
- 宇都宮東高等学校附属中学校
- 佐野高等学校附属中学校
- 矢板東高等学校附属中学校

群馬県

①
- [県立]中央中等教育学校
- [市立]四ツ葉学園中等教育学校
- [市立]太田中学校

埼玉県

①[県立]伊奈学園中学校
②[市立]浦和中学校
③[市立]大宮国際中等教育学校
④[市立]川口市立高等学校附属中学校

千葉県

①[県立]
- 千葉中学校
- 東葛飾中学校

②[市立]稲毛国際中等教育学校

東京都

①[国立]筑波大学附属駒場中学校
②[都立]白鷗高等学校附属中学校
③[都立]桜修館中等教育学校
④[都立]小石川中等教育学校
⑤[都立]両国高等学校附属中学校
⑥[都立]立川国際中等教育学校
⑦[都立]武蔵高等学校附属中学校
⑧[都立]大泉高等学校附属中学校
⑨[都立]富士高等学校附属中学校
⑩[都立]三鷹中等教育学校
⑪[都立]南多摩中等教育学校
⑫[区立]九段中等教育学校
⑬開成中学校
⑭麻布中学校
⑮桜蔭中学校
⑯女子学院中学校
✿⑰豊島岡女子学園中学校
⑱東京都市大学等々力中学校
⑲世田谷学園中学校
✿⑳広尾学園中学校(第2回)
✿㉑広尾学園中学校(医進・サイエンス回)
㉒渋谷教育学園渋谷中学校(第1回)
㉓渋谷教育学園渋谷中学校(第2回)
㉔東京農業大学第一高等学校中等部(2月1日 午後)
㉕東京農業大学第一高等学校中等部(2月2日 午後)

神奈川県

①[県立] 相模原中等教育学校
平塚中等教育学校
②[市立]南高等学校附属中学校
③[市立]横浜サイエンスフロンティア高等学校附属中学校
④[市立]川崎高等学校附属中学校
✿⑤聖光学院中学校
✿⑥浅野中学校
⑦洗足学園中学校
⑧法政大学第二中学校
⑨逗子開成中学校(1次)
⑩逗子開成中学校(2・3次)
⑪神奈川大学附属中学校(第1回)
⑫神奈川大学附属中学校(第2・3回)
⑬栄光学園中学校
⑭フェリス女学院中学校

新潟県

①[県立] 村上中等教育学校
柏崎翔洋中等教育学校
燕中等教育学校
津南中等教育学校
直江津中等教育学校
佐渡中等教育学校
②[市立]高志中等教育学校
③新潟第一中学校
④新潟明訓中学校

石川県

①[県立]金沢錦丘中学校
②星稜中学校

福井県

①[県立]高志中学校

山梨県

①山梨英和中学校
②山梨学院中学校
③駿台甲府中学校

長野県

①[県立] 屋代高等学校附属中学校
諏訪清陵高等学校附属中学校
②[市立]長野中学校

岐阜県

①岐阜東中学校
②鶯谷中学校
③岐阜聖徳学園大学附属中学校

静岡県

①[国立]静岡大学教育学部附属中学校
(静岡・島田・浜松)
② [県立]清水南高等学校中等部
[県立]浜松西高等学校中等部
[市立]沼津高等学校中等部
③不二聖心女子学院中学校
④日本大学三島中学校
⑤加藤学園暁秀中学校
⑥星陵中学校
⑦東海大学付属静岡翔洋高等学校中等部
⑧静岡サレジオ中学校
⑨静岡英和女学院中学校
⑩静岡雙葉中学校
⑪静岡聖光学院中学校
⑫静岡学園中学校
⑬静岡大成中学校
⑭城南静岡中学校
⑮静岡北中学校
⑯ 常葉大学附属常葉中学校
常葉大学附属橘中学校
常葉大学附属菊川中学校
⑰藤枝明誠中学校
⑱浜松開誠館中学校
⑲静岡県西遠女子学園中学校
⑳浜松日体中学校
㉑浜松学芸中学校

愛知県

①[国立]愛知教育大学附属名古屋中学校
②愛知淑徳中学校
③ 名古屋経済大学市邨中学校
名古屋経済大学高蔵中学校
④金城学院中学校
⑤椙山女学園中学校
⑥東海中学校
⑦南山中学校男子部
⑧南山中学校女子部
⑨聖霊中学校
⑩滝中学校
⑪名古屋中学校
⑫大成中学校
⑬愛知中学校
⑭星城中学校
⑮名古屋葵大学中学校
(名古屋女子大学中学校)
⑯愛知工業大学名電中学校
⑰海陽中等教育学校(特別給費生)
⑱海陽中等教育学校(Ⅰ・Ⅱ)
⑲中部大学春日丘中学校
新刊⑳名古屋国際中学校

三重県

①[国立]三重大学教育学部附属中学校
②暁中学校
③海星中学校
④四日市メリノール学院中学校
⑤高田中学校
⑥セントヨゼフ女子学園中学校
⑦三重中学校
⑧皇學館中学校
⑨鈴鹿中等教育学校
⑩津田学園中学校

滋賀県

①[国立]滋賀大学教育学部附属中学校
②[県立] 河瀬中学校
守山中学校
水口東中学校

京都府

①[国立]京都教育大学附属桃山中学校
②[府立]洛北高等学校附属中学校
③[府立]園部高等学校附属中学校
④[府立]福知山高等学校附属中学校
⑤[府立]南陽高等学校附属中学校
⑥[市立]西京高等学校附属中学校
⑦同志社中学校
⑧洛星中学校
⑨洛南高等学校附属中学校
⑩立命館中学校
⑪同志社国際中学校
⑫同志社女子中学校(前期日程)
⑬同志社女子中学校(後期日程)

大阪府

①[国立]大阪教育大学附属天王寺中学校
②[国立]大阪教育大学附属平野中学校
③[国立]大阪教育大学附属池田中学校

④[府立]富田林中学校
⑤[府立]咲くやこの花中学校
⑥[府立]水都国際中学校
⑦清風中学校
⑧高槻中学校（A日程）
⑨高槻中学校（B日程）
⑩明星中学校
⑪大阪女学院中学校
⑫大谷中学校
⑬四天王寺中学校
⑭帝塚山学院中学校
⑮大阪国際中学校
⑯大阪桐蔭中学校
⑰開明中学校
⑱関西大学第一中学校
⑲近畿大学附属中学校
⑳金蘭千里中学校
㉑金光八尾中学校
㉒清風南海中学校
㉓帝塚山学院泉ヶ丘中学校
㉔同志社香里中学校
㉕初芝立命館中学校
㉖関西大学中等部
㉗大阪星光学院中学校

兵庫県

①[国立]神戸大学附属中等教育学校
②[県立]兵庫県立大学附属中学校
③雲雀丘学園中学校
④関西学院中学部
⑤神戸女学院中学部
⑥甲陽学院中学校
⑦甲南中学校
⑧甲南女子中学校
⑨灘中学校
⑩親和中学校
⑪神戸海星女子学院中学校
⑫滝川中学校
⑬啓明学院中学校
⑭三田学園中学校
⑮淳心学院中学校
⑯仁川学院中学校
⑰六甲学院中学校
⑱須磨学園中学校（第1回入試）
⑲須磨学園中学校（第2回入試）
⑳須磨学園中学校（第3回入試）
㉑白陵中学校
㉒夙川中学校

奈良県

①[国立]奈良女子大学附属中等教育学校
②[国立]奈良教育大学附属中学校
③[県立]国際中学校
青翔中学校
④[市立]一条高等学校附属中学校
⑤帝塚山中学校
⑥東大寺学園中学校
⑦奈良学園中学校
⑧西大和学園中学校

和歌山県

①[県立]古佐田丘中学校
向陽中学校
桐蔭中学校
日高高等学校附属中学校
田辺中学校
②智辯学園和歌山中学校
③近畿大学附属和歌山中学校
④開智中学校

岡山県

①[県立]岡山操山中学校
②[県立]倉敷天城中学校
③[県立]岡山大安寺中等教育学校
④[県立]津山中学校
⑤岡山中学校
⑥清心中学校
⑦岡山白陵中学校
⑧金光学園中学校
⑨就実中学校
⑩岡山理科大学附属中学校
⑪山陽学園中学校

広島県

①[国立]広島大学附属中学校
②[国立]広島大学附属福山中学校
③[県立]広島中学校
④[県立]三次中学校
⑤[県立]広島叡智学園中学校
⑥[市立]広島中等教育学校
⑦[市立]福山中学校
⑧広島学院中学校
⑨広島女学院中学校
⑩修道中学校
⑪崇徳中学校
⑫比治山女子中学校
⑬福山暁の星女子中学校
⑭安田女子中学校
⑮広島なぎさ中学校
⑯広島城北中学校
⑰近畿大学附属広島中学校福山校
⑱盈進中学校
⑲如水館中学校
⑳ノートルダム清心中学校
㉑銀河学院中学校
㉒近畿大学附属広島中学校東広島校
㉓AICJ中学校
㉔広島国際学院中学校
㉕広島修道大学ひろしま協創中学校

山口県

①[県立]下関中等教育学校
高森みどり中学校
②野田学園中学校

徳島県

①[県立]富岡東中学校
川島中学校
城ノ内中等教育学校
②徳島文理中学校

香川県

①大手前丸亀中学校
②香川誠陵中学校

愛媛県

①[県立]今治東中等教育学校
松山西中等教育学校
②愛光中学校
③済美平成中等教育学校
④新田青雲中等教育学校

高知県

①[県立]安芸中学校
高知国際中学校
中村中学校

福岡県

①[国立]福岡教育大学附属中学校（福岡·小倉·久留米）
②[県立]
- 育徳館中学校
- 門司学園中学校
- 宗像中学校
- 嘉穂高等学校附属中学校
- 輝翔館中等教育学校

③西南学院中学校
④上智福岡中学校
⑤福岡女学院中学校
⑥福岡雙葉中学校
⑦照曜館中学校
⑧筑紫女学園中学校
⑨敬愛中学校
⑩久留米大学附設中学校
⑪飯塚日新館中学校
⑫明治学園中学校
⑬小倉日新館中学校
⑭久留米信愛中学校
⑮中村学園女子中学校
⑯福岡大学附属大濠中学校
⑰筑陽学園中学校
⑱九州国際大学付属中学校
⑲博多女子中学校
⑳東福岡自彊館中学校
㉑八女学院中学校

佐賀県

①[県立]
- 香楠中学校
- 致遠館中学校
- 唐津東中学校
- 武雄青陵中学校

②弘学館中学校
③東明館中学校
④佐賀清和中学校
⑤成穎中学校
⑥早稲田佐賀中学校

長崎県

①[県立]
- 長崎東中学校
- 佐世保北中学校
- 諫早高等学校附属中学校

②青雲中学校
③長崎南山中学校
④長崎日本大学中学校
⑤海星中学校

熊本県

①[県立]
- 玉名高等学校附属中学校
- 宇土中学校
- 八代中学校

②真和中学校
③九州学院中学校
④ルーテル学院中学校
⑤熊本信愛女学院中学校
⑥熊本マリスト学園中学校
⑦熊本学園大学付属中学校

大分県

①[県立]大分豊府中学校
②岩田中学校

宮崎県

①[県立]五ヶ瀬中等教育学校
②[県立]
- 宮崎西高等学校附属中学校
- 都城泉ヶ丘高等学校附属中学校

③宮崎日本大学中学校
④日向学院中学校
⑤宮崎第一中学校

鹿児島県

①[県立]楠隼中学校
②[市立]鹿児島玉龍中学校
③鹿児島修学館中学校
④ラ・サール中学校
⑤志學館中等部

沖縄県

①[県立]
- 与勝緑が丘中学校
- 開邦中学校
- 球陽中学校
- 名護高等学校附属桜中学校

もっと過去問シリーズ

北海道

北嶺中学校
7年分(算数・理科・社会)

静岡県

静岡大学教育学部附属中学校
(静岡·島田·浜松)
10年分(算数)

愛知県

愛知淑徳中学校
7年分(算数・理科・社会)
東海中学校
7年分(算数・理科・社会)
南山中学校男子部
7年分(算数・理科・社会)
南山中学校女子部
7年分(算数・理科・社会)
滝中学校
7年分(算数・理科・社会)
名古屋中学校
7年分(算数・理科・社会)

岡山県

岡山白陵中学校
7年分(算数・理科)

広島県

広島大学附属中学校
7年分(算数・理科・社会)
広島大学附属福山中学校
7年分(算数・理科・社会)
広島学院中学校
7年分(算数・理科・社会)
広島女学院中学校
7年分(算数・理科・社会)
修道中学校
7年分(算数・理科・社会)
ノートルダム清心中学校
7年分(算数・理科・社会)

愛媛県

愛光中学校
7年分(算数・理科・社会)

福岡県

福岡教育大学附属中学校
(福岡·小倉·久留米)
7年分(算数・理科・社会)
西南学院中学校
7年分(算数・理科・社会)
久留米大学附設中学校
7年分(算数・理科・社会)
福岡大学附属大濠中学校
7年分(算数・理科・社会)

佐賀県

早稲田佐賀中学校
7年分(算数・理科・社会)

長崎県

青雲中学校
7年分(算数・理科・社会)

鹿児島県

ラ·サール中学校
7年分(算数・理科・社会)

※もっと過去問シリーズは国語の収録はありません。

教英出版
〒422-8054
静岡県静岡市駿河区南安倍3丁目12−28
TEL 054-288-2131
FAX 054-288-2133
詳しくは教英出版で検索
教英出版　検索
URL https://kyoei-syuppan.net/

二〇二四年度

清風南海中学校入学試験問題（SG・A入試）

国語

（六〇分）

注意

① 解答用紙に受験番号、名前を記入し、受験番号シールを所定の欄《らん》にはりつけなさい。
② 答えはすべて、解答用紙の所定の欄に記入しなさい。解答欄《かいとうらん》からはみ出た場合は不正解となります。
③ 字数を数える場合、ことわりのない限り、句読点や符号《ふごう》なども一字として数えなさい。
④ 選択《せんたく》問題はすべて記号で答えなさい。
⑤ 解答用紙のみ提出しなさい。

一

次の文章を読んで、後の問いに答えなさい。

お詫び
著作権上の都合により、文章は掲載しておりません。
ご不便をおかけし、誠に申し訳ございません。
教英出版

お詫び

著作権上の都合により、文章は掲載しておりません。

ご不便をおかけし、誠に申し訳ございません。

教英出版

お詫び

著作権上の都合により、文章は掲載しておりません。

ご不便をおかけし、誠に申し訳ございません。

教英出版

（奥野《おくの》克巳《かつみ》『これからの時代を生き抜《ぬ》くための文化人類学入門』による）

問1 [a] と [b] に最も適当な語句を、それぞれ次の中から選びなさい。

a　ア 楽観的　イ 優先的　ウ 論理的　エ 後天的　オ 感情的

b　ア 尻目《しりめ》　イ ふるい　ウ 手塩　エ てんびん　オ 鼻

問2 ――①「これがプナンのやり方なのです」とありますが、どのような「やり方」ですか。その説明として最も適当なものを、次の中から選びなさい。

ア 狩《か》りに参加していなくても、地位のある人や客人には分け前を渡してもてなすこと。
イ 直接獲物を狩らなくても、その人がなしとげた成果に応じて分け前を用意すること。
ウ 狩りをするとき、必ず何かしらの役割を与えて報酬を平等に分配しようとすること。
エ 家族を一つの単位として、その中ではあらゆるものを平等かつ均等に分配すること。
オ 得たものや、そこにあるものを狩りに関わったみんなで均等に分け合おうとすること。

問３　――②「プナンの人たちは『寂しくなる』『悲しくなる』と口々に言うようになりました」とありますが、筆者はその理由をどのように考えていますか。その説明として最も適当なものを、次の中から選びなさい。

ア　プナン特有の情動のあり方を私が理解し、彼らの共感を得るように、色々と贈《おく》り物《もの》をしながら一年もの間親しく交流を重ねてきたから。

イ　プナンの人々には富が不均衡になるのを極度に避《さ》ける性質が生まれつき備わっており、非物質的な精神や感情さえもみんなで共有しているから。

ウ　プナンでは幼少期から個人での所有を認めずみんなと分け合うように育てられるうちに、感情までも周囲の人々と共有するようになっているから。

エ　プナンの社会は狩猟を中心に生活しているので、個人の能力や地位を競うという考え方よりも人間関係をよりよく結ぼうとする考えが強いから。

オ　プナンにはよきものを個人で独占せず分け合おうとする特有の情動があり、外部の人と交流した大切な出来事も、分配の対象と考えるから。

問4 ――③「私たちの社会は、競合と選抜の原理でできているのです」とありますが、どういうことですか。その説明として最も適当なものを、次の中から選びなさい。

ア　日本では子どもの所有欲を否定せずに認めて、「知識」や「能力」といった非物質的なものも個人が所有すると考えるため、力や適性を競《きそ》い合い序列《じょれつ》が生まれる仕組みになっているということ。

イ　日本では子どもの所有欲を呼び覚ます大量の商品が満ちていて、それらを獲得《かくとく》する競争において、「知識」や「能力」の高い人だけが社会的な地位を得られるシステムになっているということ。

ウ　日本では個人が自立していくことを理想としているため、多くの商品を買い集め個人で所有するようすすめられ、「知識」や「能力」も同様に独占すべきものと考えられているということ。

エ　日本では子どもの欲望を肯定《こうてい》することで社会が発展してきたので、「知識」や「能力」を共有することでよりレベルの高い競争へと駆《か》り立《た》てて、豊かさを追い求めようとしているということ。

オ　日本では所有欲を生来の自然なものとして受《う》け容《い》れ、「知識」や「能力」こそ教育で平等に身につけられる財産だと考え、みな積極的にそれらを高めていく構造になっているということ。

問5　――④「それ自体『清く尊い』努力を続けることが求められます」とありますが、かっこをつけて「清く尊い」を強調している筆者の意図として最も適当なものを、次の中から選びなさい。

ア　知識や能力は欲望があるからこそ獲得できるものなので、個人の欲望を実現するために知識や能力を高めることは何も悪いことではなく、賞賛されるべきものであるという考えを遠回しに表現している。

イ　知識や能力を基準にした競争や選抜を生き抜くことは、生き物を殺傷しながら生存競争をすることと比べれば、実際には誰も傷つくことがなくて、はるかに清らかだということを遠回しに表現している。

ウ　動機は欲望であったり、競争に勝ちぬくためだったりと競争原理に操《あやつ》られているようだが、当事者にとっては知識や能力を磨《みが》く能動的な努力は尊いものであるということを遠回しに表現している。

エ　優秀な人材は知識や能力を養い、厳しい競争を勝ちぬくことで物質的・精神的な幸福を手に入れているのだから、敗者はそれに不平を述べず敬意を表すべきだという批評を遠回しに表現している。

オ　特に努力をしなくても幸せなプナンの人たちと比べ、知識や能力を高めていくことを社会全体ですすめてきたのに、日本人が不幸せになるのは不可解だという抗議《こうぎ》を遠回しに表現している。

問6　――⑤「過剰な競争によるストレスが生み出す『心』の問題」とありますが、その具体例として適切でないものを一つ、次の中から選びなさい。

ア　就職のためにいくつもの会社の採用試験を受けるが、知人はどんどん採用される中、あまりに不採用ばかりが続くと、自信も試験を受ける気力も失ってしまう。

イ　各科目の学力を測る学校のテストの点数や順位が悪いことによって、自分の人格までも劣《おと》っているかのように扱《あつか》われたり、自分でそう感じてしまったりする。

ウ　幼い頃から競争社会に身を投じ、膨大《ぼうだい》な時間と労力を費《つい》やす中で、個人的な活動しか知らず他人と何かを共有する喜びの少なさに気づき、人生の虚《むな》しさを感じる。

エ　長らく女性の活躍《かつやく》が社会に活力をもたらすと言われてはいるが、制度の拡充《かくじゅう》や見直しは進まず、男性の価値観が主流を占《し》める社会を変えることができずにいる。

オ　ＳＮＳを中心とした人間関係でも、そこでのコミュニケーションが人脈作りの成果を競うものとされてしまっていて、気軽にやり取りを楽しめなくなる。

問7　――⑥「何も持たないことに反比例して、彼は周囲の人々から尊敬を得るのです」とありますが、その理由を五十字以内で答えなさい。

問8　次の各文を読み、本文の解説として最も適当なものを、次の中から選びなさい。

ア　プナンの文化や生活を、日本と比較《ひかく》しながら紹介《しょうかい》していき、価値観の違いや日本が抱える問題を解決する方法を示している。

イ　プナンの人々の生活を実際に体験し、未開の地で過ごすより文明化された日本社会の生活のよさをあらためて感じている。

ウ　日本社会は競争ばかりで問題を抱えているので、プナンのように闘争《とうそう》のない原始的な社会へと立《た》ち戻《もど》ることをすすめている。

エ　プナンと日本における子どもの育て方の違いを指摘《してき》し、否定されがちな日本の教育が、実は自然でよいものだと訴《うった》えている。

オ　日本ではすでに失われてしまった精神を、プナンの生活や文化に見出して、それらを学んで取《と》り戻《もど》すことをうながしている。

二　大学生の拓人《たくと》は学内の劇団に所属していた。今は演劇から離《はな》れて就職活動をしている。本文はそれに続く場面です。本文を読んで、後の問いに答えなさい。

ツイッターの自己紹介画面に映っている自分の名前。にのみやたくと@劇団プラネット。劇団の脚本《きゃくほん》を書いたり役者として舞台《ぶたい》に上がるときは、名前をひらがなで表記する。そんなダサいルールを決めたのは、初舞台《はつぶたい》を踏《ふ》んだ大学一年生の六月のころだった。

漢字をひらがなにする、たったそれだけのことで何者かになれた日々は、もう遥《はる》か昔のことのようだ。

「お前、ギンジの新しい舞台観《み》た？」

突然《とつぜん》その名前が聞こえてきて、俺《おれ》は一瞬《いっしゅん》、何も言えなくなる。

「……観てないす」

「俺ＤＶＤもらったけど、持ってく？」

うーん、と煮《に》え切《き》らない返事をして突《つ》っ伏《ぶ》したら、サワ先輩《せんぱい》は俺の手がギリギリ届かないあたりにＤＶＤを置いた。①いっそのこと俺のカバンにねじ込《こ》んでくれればいいのに、と思う。この距離《きょり》では、自分から手を伸《の》ばさないとＤＶＤに触《ふ》れられない。

拓人がひらがなにするなら俺はカタカナにする。

初舞台の直前、銀次はそう言って、ギンジ、と紙に書いた。「俺の名前、カタカナだとライバルキャラっぽくてかっこいいな」はじめは主人公と嫌《きら》い合ってるけどあとからお互《たが》いを認め合う親友になるタイプの名前って感じしねえ？　と、いつもどおり勝手にストーリーを膨《ふく》らませていくギンジについていくだけで、俺は毎日いっぱいいっぱいだった。

大学にいたころから、ギンジは自分のブログを開設していた。だけどそれは、烏丸《からすま》ギンジの演劇製作日記、とかそういうⓐありきたりなタイトルにふさわしく、自分の脚本の進行具合や劇団プラネットのちょっとしたオフショットをアップする程度のものだった。②ギンジというよりも銀次が書いているという空気があった。あのころはまだ、俺とのツーショットなんかもよく載《の》せられていて、「ファミレスで朝まで脚本会議！」なんて記事に対して、こういうがんばってますアピールだせぇからやめろよ、と面と向かってⓑ茶化《ちゃか》すことだってできた。

どうしてこんなふうになってしまったんだろう。いつからこんなふうになってしまったんだろう。

テーブルにあごを載せたまま、目線だけでＤＶＤを見る。パッケージの表面に書かれた文字を一文字ずつ読む。定期公演ＤＶＤ

烏丸ギンジ総合プロデュース劇団【毒と――そこまで読んで、また顔を突っ伏した。

新しい劇団【毒とビスケット】では、毎月、必ず公演を行います。

ギンジは、ずっと一緒に盛り上げてきた【劇団プラネット】を辞《や》めてすぐのブログ記事で、そう宣言した。

演出も脚本も自分でプロデュースする新作をつくりつづけます。僕《ぼく》はそのために劇団プラネットを辞めたし、新しい劇団を創りました。そのために今、自分にしかできない表現方法を模索《もさく》しています。舞台は無限に続いています。俺はそれをどこまでも追い続けたいんです。

その記事は、投稿《とうこう》時の日付が二〇五〇年の一月一日に設定されているから、いつまで経《た》ってもブログのトップページに堂々と表示され続ける。

③寒い、と、俺は思ってしまった。

ギンジは今、誰にも伝えなくてもいい段階のことを、この世で一番熱い言葉をかき集めて、世界中に伝えようとしている。自分にしかできない表現。舞台は無限。甘《あま》い蜜《みつ》でコーティングをしたような言葉を使って、他人に、理想の自分を想像してもらおうとしている。

想像。

想像力が足りない人ほど、他人に想像力を求める。他の人間とは違う自分を、誰かに想像してほしくてたまらないのだ。

俺は上半身を起こして、目の前のテーブルを見つめる。

学生時代に一番がんばったこと（具体的に三つ）。この業界を目指す志望動機。自分の好きなところ、嫌いなところを三つずつ。自分のキャッチコピーとその理由。そのままもう一度テーブルに突っ伏すと、模擬《もぎ》＊1ＥＳは目の近くにありすぎて、逆によく見えなくなる。【ＥＳや面接の本番に臨《のぞ》む前に、まずは自分のキーワードを書きだしてみよう！】④そんな文字が、黒目の中に溶《と》け込《こ》み、滲《にじ》み、消えていく。

いつからか俺たちは、短い言葉で自分を表現しなければならなくなった。フェイスブックやブログのトップページでは、わかりやすく、かつ簡潔に。ツイッターでは一四〇字以内で。就活の面接ではまずキーワードから。ほんの少しの言葉と小さな小さな写真のみで自分が何者であるかを語るとき、どんな言葉を取捨選択《しゅしゃせんたく》するべきなのだろうか。

「起き上がったと思ったらすぐ突っ伏したり、お前はさっきからひとりで何してんだよ」
集中しろよ、と、サワ先輩は、俺のつむじあたりをシャーペンのノック部分でコンコンとした。
「ほんとに、人間って、見せ方次第《しだい》だなって思うんすよ、俺は」
それぞれの分野のクリエイターたちでハウスシェア。クリエイティブな空間。ナントカ（@XXXXX）さんのワークショップのお手伝い。刺激《しげき》を共有。俳優さんたちと打ち合わせ。ブログの名前が【演劇製作日記】から【烏丸ギンジオフィシャルブログ】に変わり、ギンジが発するキーワードはさらに彩《いろど》りを増していった。短い短い言葉で紡《つむ》ぎ出される毎日の記録は、余分な部分が削《そ》げ落《お》ちているから、一口でもうお腹《なか》いっぱいになるくらいに、濃《こ》い味がする。
大学を辞めて、しょせん学生のサークルのひとつである劇団プラネットからも出て、演出家・脚本家《きゃくほんか》として自分で劇団を立ち上げる。どれひとつだって、俺にできることじゃない。確かにすごいことだし、俺には絶対できないことばかりだけれど、それを表現するために⑤あんなキーワードを選択《せんたく》してしまったら、実際に成《な》し遂《と》げたものの核《かく》が見えにくくなってしまう。
サワ先輩が俺の頭をつつくのをやめた。俺はまた、上半身を起こす。
「見せ方次第って？　面接の話？」
顔を見なくたって、サワ先輩がどんな表情をして俺を見ているのか、手に取るように分かる。
「……何でもないす」
どれどれ、と、サワ先輩が定位置である座椅子《ざいす》に腰《こし》かけた。絶対に模擬ESを見られたくなくて、俺はまたがばっとテーブルの上に覆《おお》いかぶさる。「そんなに見られたくないんだったら自分ちで書けや！」邪魔《じゃま》なんだよ、とサワ先輩はそう笑うけれど、こんなものどうしたって人には見せられない。
最近どう？　と聞いてくる人は、たいてい相手の近況《きんきょう》を聞きたいわけではなく、自分の近況を話したくてたまらない。ESを見せ合おうよ、と言ってきたあの子はきっと、誰かのESを参考にしたいのではない。⑥自分の完璧《かんぺき》なESを見せびらかしたくてたまらないのだ。
机に突っ伏して作った自家製の暗闇《くらやみ》の中でボタンを押《お》すと、小さな携帯《けいたい》の大きな画面が光る。四桁《けた》のパスコードをタップする。
その位置関係はもう指が覚えている。

宮本隆良《たかよし》　@takayoshi_miyamoto

休学を経て、現代総合美術館学芸員堀井さん（@earth_hori_art）運営のホームページ、「アートの扉」（http://www.……）にてコラム「センス・オブ・クリエイティブ」連載《れんさい》準備中。創造集団【世界のプロローグ】所属（第4期）。創造的な人との出会い、刺激に敏感《びんかん》。最近はコラムや評など文章を書くことに興味。人と出会い、言葉を交《か》わすことが糧《かて》になる。

*2理香《りか》さんの家で過ごした数時間のあいだで、俺は、理香さんの同居人である隆良という男のことを苦手だと思った。外見も、彼の全身を包《つつ》み込《こ》んでいる空気も、アイテムもキーワードも、なんとなく似ている気がしたからだ。

ギンジと。

気を取り直して模擬ESに向かおうとしても、どうしてもギンジのDVDのパッケージが目に入る。

ギンジが立ち上げた【毒とビスケット】という劇団名は、劇団プラネットの看板をふたりで背負っていた時代、ふたりで考えた名前だった。いつかふたりだけで何かするときが来たら、この名前で活動しようと、安い居酒屋のビールで乾杯《かんぱい》したのだ。由来なんてもう、覚えていない。単に響《ひび》きだけで決めた、中身のない劇団名。

ヴ、と短く携帯が震《ふる》えた。

【田名部瑞月《みづき》　SMS/SNS】

ホームボタンをダブルクリックして、すぐにメールを開く。

【理香が、今週末またみんなで集まらない？　って。そろそろES見せ合おーって】

り、と打《う》ち込《こ》んだだけで、了解《りょうかい》、という文字が予測変換《へんかん》されて出てきた。

こんなふうに、短い言葉を使って俺たちは日々を過ごしている。そんな日々を記録して発信していくために、最低限の言葉で自分を表現するために、捨てた言葉と拾った言葉たちがある。

「拓人、腹減らね？」

「ちくわ食ったんで」

先輩が腹空《す》かせてんだぞお、とサワ先輩がふざけてくるけれど、どう考えても極寒《ごっかん》の外には出たくないので、俺はスイッチの入っていないこたつから動いてやらない。

例えば、「夢」とか「センス」とか「最近読んだ本」とか、あるテーマを与えられて、一万字でそれを表現しなさいと言われれば、全く違う文章が生まれるだろう。だけどそれが一四〇字に制限されたとき、ギンジと隆良はきっと、同じキーワードを選択する。どんなテーマがきても、きっとふたりは、同じようなキーワードを使って相手の想像力を掻き立てようとしてくるはずだ。
　じゃあ自分はどうだろうか。この真っ白な紙の上に、どんな言葉を選択していくのだろうか。
⑦【ＥＳや面接の本番に臨む前に、まずは自分のキーワードを書きだしてみよう！】
消しゴムのカスを乗せた模擬ＥＳが、雑然としたこたつの上で、真四角の銀世界を作っている。

（朝井《あさい》リョウ『何者』新潮文庫刊による）

注　＊1　ＥＳ……就職希望者が志望する企業《きぎょう》などに学歴や志望動機、自己分析《ぶんせき》などを書いて提出する書類。
　　＊2　理香さん……友人の瑞月を介《かい》し、就職活動中に知り合った人物。

問1　〰〰ⓐ「ありきたりな」、ⓑ「茶化す」の意味として最も適当なものを、それぞれ次の中から選びなさい。

ⓐ「ありきたりな」
ア　一風変わって見える　　イ　最も適している
ウ　普通《ふつう》で珍《めずら》しくない　　エ　親しみやすい

ⓑ「茶化す」
ア　冗談《じょうだん》にしてひやかす　　イ　見下してばかにする
ウ　真剣《しんけん》に注意する　　エ　熱意をもって訴える

問2　――①「いっそのこと俺のカバンにねじ込んでくれればいいのに、と思う」とありますが、このときの拓人の心情の説明として最も適当なものを、次の中から選びなさい。

ア　仲間だったギンジのＤＶＤを受け取るかどうかもはっきりと決められず、その考えを表現することも面倒《めんどう》に思っている。
イ　ギンジの演劇に対する秀《ひい》でた才能を見せつけられることは、才能のない自分にとっては我慢《がまん》ならず、不快に思っている。
ウ　先輩から無理強《むりじ》いされてライバルのＤＶＤを見ることが、演劇への思いを再び奮い立たせる良い機会になると思っている。
エ　色々と気をつかってくれるサワ先輩だが、肝心《かんじん》なところでもう一押《ひとお》ししてくれないので、腹立たしく思っている。

問3 ――②「ギンジというよりも銀次が書いているという空気があった」とありますが、このときの拓人の心情の説明として最も適当なものを、次の中から選びなさい。

ア 銀次はまだ一人前の俳優としての水準に達しておらず、よく知っている未熟な銀次のままだとしか思えないと感じている。

イ ライバルキャラのようだと銀次は言ってくれたので、ついていくのに精一杯であっても、その差を認めたくないと思っている。

ウ 銀次が求めている理想の自己像ではなくて、交流していた当時の、等身大の銀次がブログを書いているように感じている。

エ 立派な俳優になった銀次の、ブログの中でも役者らしいアピールには嫌気《いやけ》がさすものの、これまで通りの親近感も持っている。

問4 ――③「寒い、と、俺は思ってしまった」とありますが、その理由の説明として最も適当なものを、次の中から選びなさい。

ア 投稿日時を遠い将来に設定することで、理想を追い続ける自分を演出するというギンジの手法は、個性がなくてつまらないと思えたから。

イ ギンジは演劇への熱い思いを立派に語ってはいるが、それは理想像をブログの読者に提示しているだけの独《ひと》りよがりなものだと感じたから。

ウ 強い表現で自分が目指しているものを世界中に訴えかけ、大風呂敷《おおぶろしき》を広げたのに、実際には言葉通りの活動をせずにくすぶっているだけだから。

エ 若さゆえの熱い思いを前面に押し出してアピールしたものの、結局は実現できなかった目標を、ずっと人目にさらすことになったのが無様だから。

問5　――④「そんな文字が、黒目の中に溶け込み、滲み、消えていく」とありますが、このときの拓人の様子の説明として最も適当なものを、次の中から選びなさい。

ア　夢を追い続け、今や立派な演出家・脚本家であるギンジに比べて、これまで何一つとして成し遂げていない自分が、自身を象徴《しょうちょう》するような言葉を持ち合わせているはずもなく、模擬ＥＳ作成へ無気力になっている様子。

イ　いまだ夢を追い続けるも上手《うま》くいっていないギンジに対し、自分や劇団を裏切った彼の活動を応援《おうえん》することなく馬鹿《ばか》にしてきたが、高望みをして模擬ＥＳに困る自分も彼と変わらぬことに気付き自己嫌悪《けんお》に陥《おちい》っている様子。

ウ　演劇を始めた頃と変わらず夢を追っているギンジを見ていると、望まない就職活動を続けることと、無謀《むぼう》と言われても夢を追うことの間で葛藤《かっとう》し、自分の意気地《いくじ》の無さに悔《くや》し涙《なみだ》がこぼれ落ちそうなのを我慢している様子。

エ　ギンジの自己紹介文《しょうかいぶん》を批判的にとらえているが、翻《ひるがえ》って考えてみれば自分を説明する言葉すら思いつかず、自分は何者かという本質的な問いと向き合おうとしたものの、考えがまとまらず、模擬ＥＳを眺《なが》めているだけの様子。

問6　――⑤「あんなキーワード」とは何を表していますか。その説明として最も適当なものを、次の中から選びなさい。

ア　使い古されて平凡《へいぼん》な表現となってしまい、特に何の感動も呼び覚まさない言葉たち。

イ　せっかく素晴らしい活動をしているのに、それを適切に表現できていない未熟な言葉たち。

ウ　地味で大変な演劇の活動の積み重ねに反して、やたらと大げさで華《はな》やかな言葉たち。

エ　いかにも前向きで魅力的《みりょくてき》だが、中身の伴《ともな》わない、当人の現状と結びつかない言葉たち。

問7　――⑥「自分の完璧なＥＳを見せびらかしたくてたまらないのだ」とありますが、その理由を四十字以内で説明しなさい。

問8 ―――⑦「消しゴムのカスを乗せた模擬ＥＳが、雑然としたこたつの上で、真四角の銀世界を作っている」について、教師の発問に対して生徒たち四名が意見を交わしている。本文に即《そく》した意見として**適当でない発言を一つ**、次の中から選びなさい。

教師――文庫本版では「消しゴムのカスを乗せた模擬ＥＳ」と描《えが》かれていますが、同一のシーンは発表当時、「まだ何も書かれていない模擬ＥＳ」と描かれていました。この描き方の変更《へんこう》について皆さんの意見を出し合いましょう。

ア 「まだ何も書かれていない」という表現は、拓人の主体性のなさやそれに伴う虚無《きょむ》感がよく表現されていると思うから、こちらの方が主題に合っていると思うの。

イ 私は、後者の「まだ」という言葉に、拓人のまだ見ぬ将来に対する期待が表れていて、読者に望みのある展開を予感させていると思うの。

ウ そうかな。私は「消しゴムのカスを乗せた」の方が、自分が何者かを考えあぐねている様子が描かれているので的確な表現だと思うわ。

エ 私も同感だわ。真っ白のＥＳの用紙に「消しゴムのカス」が乗る様子を雪原に雪が降り積もる様子に見立てていて、拓人の現状を表現している点も面白《おもしろ》いと思うわ。

三

次の各問いに答えなさい。

問1　次の「口」を使用した表現の意味として最も適当なものを、それぞれ次の中から選びなさい。

①　口が過ぎる　②　良薬は口に苦し　③　人の口に戸は立てられぬ

④　口さびしい　⑤　減らず口を叩《たた》く

ア　世間のうわさ話は、止めることができない。
イ　忠告は本人にとっても耳が痛く聞きづらい。
ウ　言うことも言うが、することもしっかりとする。
エ　話すべきではない失礼なことまで言ってしまう。
オ　負けおしみやでまかせを言う。
カ　口にするものがないため物足りない。

問2　次の詩において――「時計が／私を探している」とは、どういうことですか。説明しなさい。

時計

阪井《さかい》達生

お詫び

著作権上の都合により、詩は掲載しておりません。
ご不便をおかけし、誠に申し訳ございません。

教英出版

四

次の各文の――を漢字に改めなさい。ただし、必要なものには送り仮名《がな》をつけること。

① 山火事でコウサク地が減ってしまった。
② 休日にコウラク地に出かける。
③ 仏さまに花をおソナエする。
④ 学級委員にニンメイされる。
⑤ 大学でフランス語をオサメル。
⑥ ガソリンスタンドで車にキュウユする。
⑦ タンポポがグンセイしている。
⑧ 世の中に必要なものはジンアイの心である。

2024年度

清風南海中学校入学試験問題（SG・A 入試）

算　数（60分）

注意　① 解答用紙に受験番号，名前を記入し，
　　　　受験番号シールを所定の欄《らん》にはりつけなさい。
　　　② 答えはすべて，解答用紙に記入しなさい。
　　　　解答欄からはみ出た場合は不正解となります。
　　　③ 解答用紙のみ提出しなさい。
　　　④ 円周率は $\frac{22}{7}$ として計算しなさい。
　　　⑤ 円すい，三角すい，四角すいの体積は，
　　　　（体積）＝ $\frac{1}{3}$ ×（底面積）×（高さ）　として求められます。
　　　⑥ 比を答える問題は，もっとも簡単な整数の比で表しなさい。

1　□に当てはまる数を求めなさい。

(1)　$1.11 \times \left(1\frac{13}{15} - 1.2\right) \div 0.37 = \square$

(2)　$8.7 - \frac{34}{35} \div \left(4 - 3\frac{3}{16} \div 0.875 + 0.6 \times \frac{5}{14}\right) = \square$

(3)　$\left(2.4 + 1\frac{1}{3} \times \square\right) \div 3.4 = 2\frac{2}{3}$

(4)　$3\frac{3}{5} \div \left\{10 - 6.8 \times \left(1\frac{3}{4} - \square\right)\right\} = 1.125$

2 次の各問いに答えなさい。

(1) Aさんが国語，算数，理科のテストを受けました。国語と算数の平均点は76.5点，算数と理科の平均点は81点，理科と国語の平均点は73.5点でした。

① 国語と算数と理科の平均点は何点ですか。

② 算数は何点ですか。

(2) 13Lの水をすべて，A，B，Cの3つの容器に分けて注ぎます。

① Aに9.1L注ぎ，残りの水をBとCに注ぐと，BとCの水の量の比は7：6になりました。このとき，Bに入っている水の量は何Lですか。

② Aに何Lか注ぎ，残りの水をBとCの水の量が等しくなるように注ぎます。その後，AからBに0.5L，AからCに1Lの水を移すと，Aの水の量はBの水の量の3倍になりました。このとき，最後にBに入っている水の量は何Lですか。

(3) A，B，Cの3人がじゃんけんを3回した結果，次のようになりました。

（ア） Aは2連勝しました。

（イ） Bは3回ともグーを出しました。

（ウ） Cは1回目はグー，3回目はチョキを出しました。

（エ） あいこは1回ありました。

① あいこの可能性があるのは何回目と何回目ですか。

② 3回のじゃんけんでAの手の出し方は全部で何通りありますか。

(4) ボタンを押《お》すと一定の時間ごとに音がなるタイマーAとタイマーBがあります。AとBのボタンを同時に押しました。すると，36分後にAの5回目とBの10回目の音が同時になりました。ただし，AとBのボタンを同時に押した時に音がなり，その音を1回目とします。

① Aの40回目の音がなるのはボタンを押してから何時間何分後ですか。

② AとBの音を合わせて40回目の音がなるのはボタンを押してから何時間何分後ですか。ただし，同時に音がなるときは1回と数えます。

算数の試験問題は，次のページに続きます。

(5) 下の図のようなおうぎ形OAEがあり，3点B，C，Dは弧《こ》AEを4等分する点です。円周率は$\frac{22}{7}$として計算しなさい。

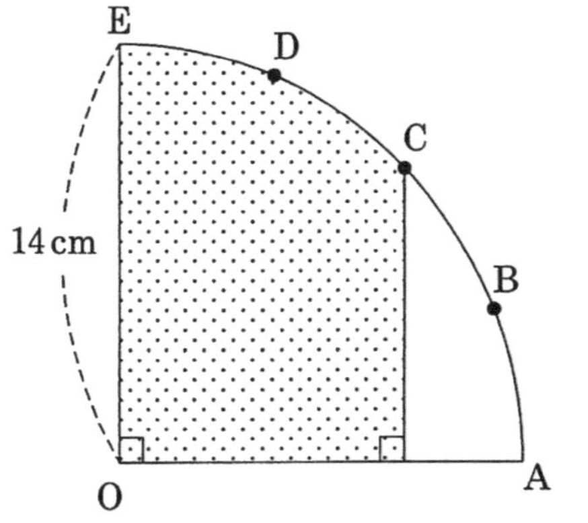

[図1]

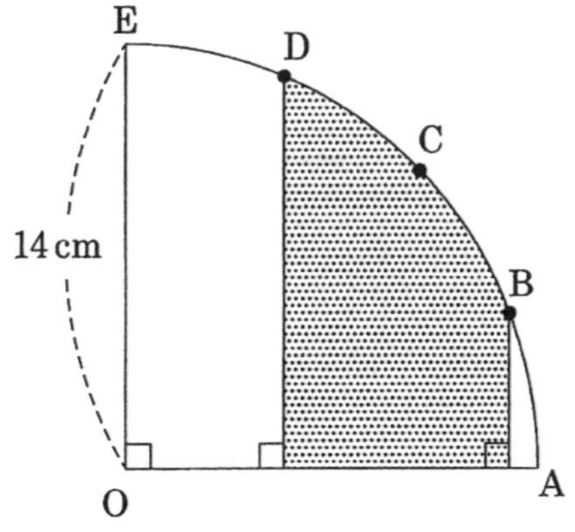

[図2]

① ［図1］の 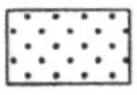 の部分の面積を求めなさい。

② ［図2］の  の部分の面積を求めなさい。

算数の試験問題は，次のページに続きます。

(6) 下の図のような直方体の箱と円柱と円すいがあります。円周率は $\frac{22}{7}$ として計算しなさい。

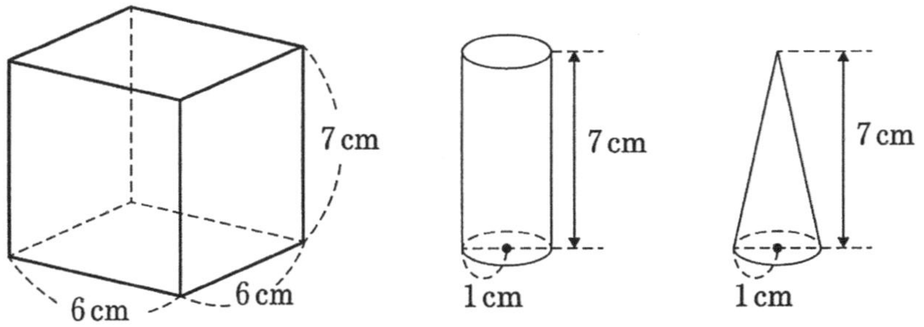

① ［図1］のように，直方体の箱の中で円柱を立てた状態で動かします。
円柱が通過できる部分の体積を求めなさい。

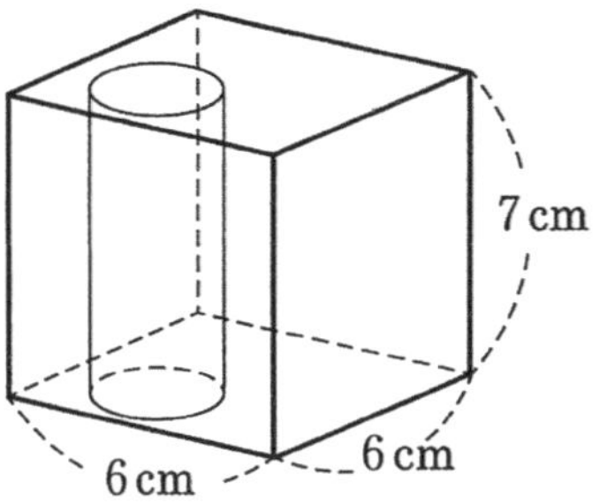

［図1］

② ［図2］のように，直方体の箱の中で円すいを立てた状態で動かします。
円すいが通過できる部分の体積を求めなさい。

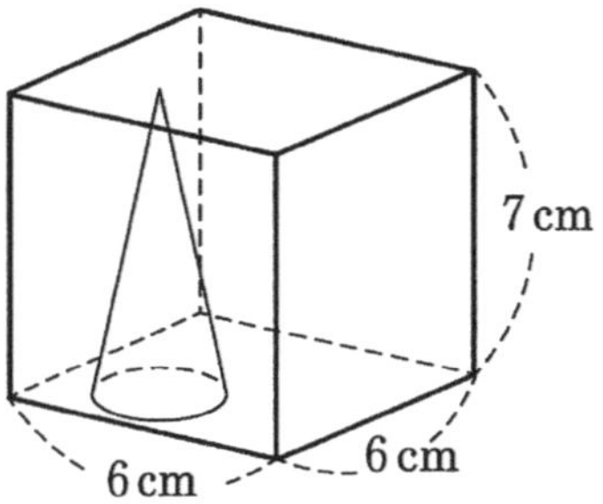

［図2］

算数の試験問題は，次のページに続きます。

3　下の図のような三角形ABCがあり，四角形DBEFは平行四辺形です。
AF：FC＝1：2のとき，次の比をもっとも簡単な整数の比で表しなさい。

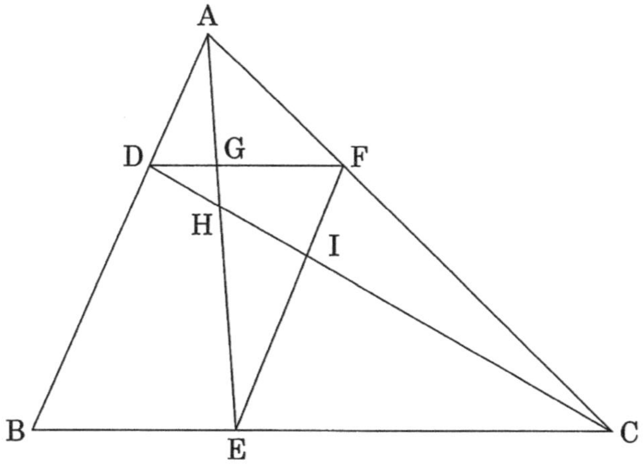

(1)　DF：BC

(2)　DG：GF

(3)　DH：HC

(4)　DH：HI：IC

(5)　(三角形ABCの面積)：(四角形GHIFの面積)

算数の試験問題は，次のページに続きます。

4 下の図のように，点Oが中心で半径が5cmの円周上に点Pがあります。2点A，BがPを同時に出発し，それぞれ一定の速さで時計回りに円周上を進みます。AはBより速く進みます。下の図のようにAとBを結ぶ太線の長さをAとBの距《きょ》離《り》とします。

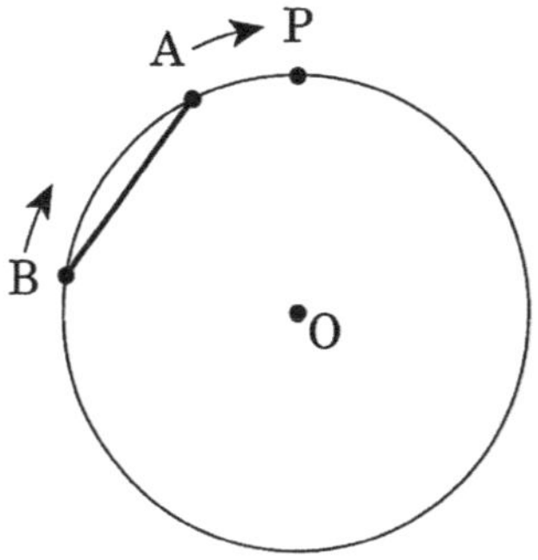

下の表は，A，BがPを出発してからの経過時間の短い順に，A，Bの位置関係をかいたものです。次の問いに答えなさい。

Pを出発してからの経過時間	A，Bの位置関係
30秒	AとBの距離が初めて5cmになる
ア 秒	AとBの距離が初めて10cmになる
イ 秒	AとBが初めて重なる

(1) A，BがPを出発してから30秒後の角AOBの大きさを，0度以上180度以下で答えなさい。

(2) ア，イ に当てはまる数を求めなさい。

(3) Aはこの円を1周するのに20秒かかります。

① Bはこの円を1周するのに何秒かかりますか。

② A，BがPを出発してから20秒後までの間に，三角形PABが二等辺三角形になることが2回あります。A，BがPを出発してから何秒後と何秒後ですか。

算数の試験問題は，次のページに続きます。

5 下の図のような大きさの異なる2つの直方体の［容器1］，［容器2］と，じゃ口A，Bがあります。Aを開くと毎秒100 cm³の水が［容器1］に注がれます。Bを開くと［容器1］に入っている水が［容器2］に一定の割合で注がれます。まずAを開き，しばらくしてBを開き，その後Aを閉じるという操作を行いました。このとき，Aを開いてからの時間と，［容器1］と［容器2］の水面の高さの差の関係は下のグラフのようになりました。ただし，［容器1］からも［容器2］からも水はあふれませんでした。次の問いに答えなさい。

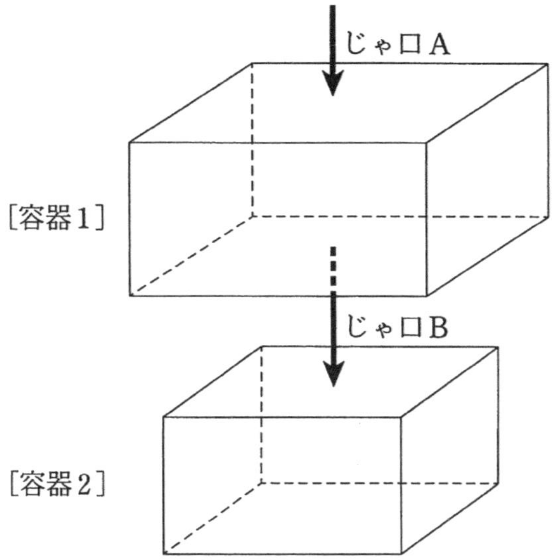

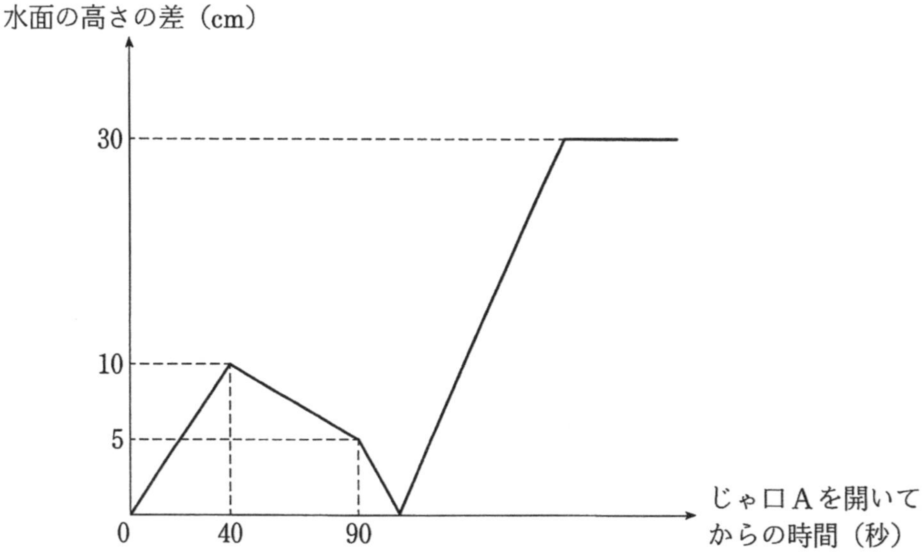

(1) ［容器1］の底面積は何cm²ですか。

(2) Aを閉じたのはAを開いてから何秒後ですか。

(3) ［容器2］の底面積は何cm²ですか。

(4) Bから注がれる水の量は毎秒何cm³ですか。この問題については，求め方も書きなさい。

算数の試験問題は，これで終わりです。

2024年度

清風南海中学校入学試験問題（SG・A 入試）

理　科（40分）

注意　①　解答用紙に受験番号，名前を記入し，
受験番号シールを所定の欄《らん》にはりつけなさい。
②　答えはすべて，解答用紙に記入しなさい。
解答欄からはみ出した場合は不正解となります。
③　字数を数える場合，ことわりのない限り，
句読点や符号《ふごう》なども一字として数えなさい。
④　解答用紙のみ提出しなさい。

1 次のⅠ・Ⅱの文章を読み，問１～問７に答えなさい。

Ⅰ　ある地点Ｐの地層《ちそう》をスケッチしたら図１のようになっていました。

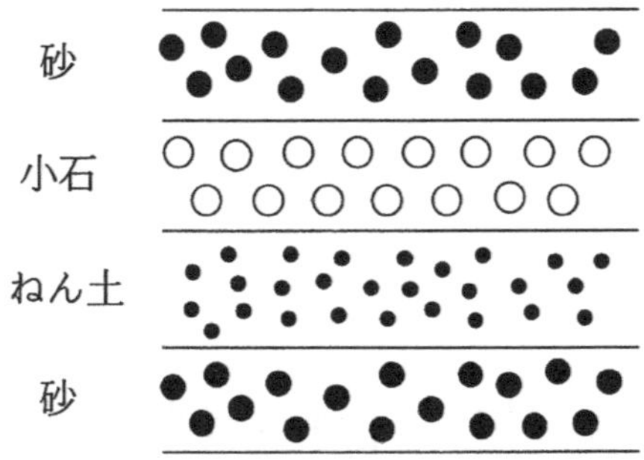

図１

問１　河口から最も遠い距離《きょり》でたい積したものは，どれですか。最も適しているものを次のア～ウの中から１つ選び，記号で答えなさい。

ア　小石　　イ　砂《すな》　　ウ　ねん土

問２　地点Ｐの地層が形成されたとき，地点Ｐと河口の距離はどのように変化しましたか。最も適しているものを次のア～クの中から１つ選び，記号で答えなさい。

ア　遠くなった　→　近くなった　→　遠くなった
イ　遠くなった　→　近くなった　→　近くなった
ウ　遠くなった　→　遠くなった　→　遠くなった
エ　遠くなった　→　遠くなった　→　近くなった
オ　近くなった　→　近くなった　→　遠くなった
カ　近くなった　→　近くなった　→　近くなった
キ　近くなった　→　遠くなった　→　遠くなった
ク　近くなった　→　遠くなった　→　近くなった

問３　地点Ｐの地層が形成されたとき，土地（海底）の運動はどのように変化しましたか。最も適しているものを次のア～カの中から１つ選び，記号で答えなさい。

ア　沈《しず》んだ　→　沈んだ　→　上昇《じょうしょう》した
イ　上昇した　→　上昇した　→　沈んだ
ウ　沈んだ　→　上昇した　→　上昇した
エ　上昇した　→　沈んだ　→　沈んだ
オ　沈んだ　→　上昇した　→　沈んだ
カ　上昇した　→　沈んだ　→　上昇した

Ⅱ　図２で示される地域《ちいき》の地層について考えます。図２中の数字は標高（海面からの高さ）を表します。Ｙに対してＸは真北，Ｗは真東，Ｚは真南に位置しています。

図２の地点Ｘと地点Ｙにおける，ボーリング調査《ちょうさ》（穴を掘《ほ》って行う調査）の結果をまとめたのが図３です。この地域では地層が切れたり曲がったりしておらず，ぎょう灰《かい》岩の層は１つしか見られません。また，地層は東西方向には傾《かたむ》いておらず，南北方向のみ一定の傾きとなっています。Ｘ－Ｙ間とＹ－Ｚ間の水平距離は等しいものとします。

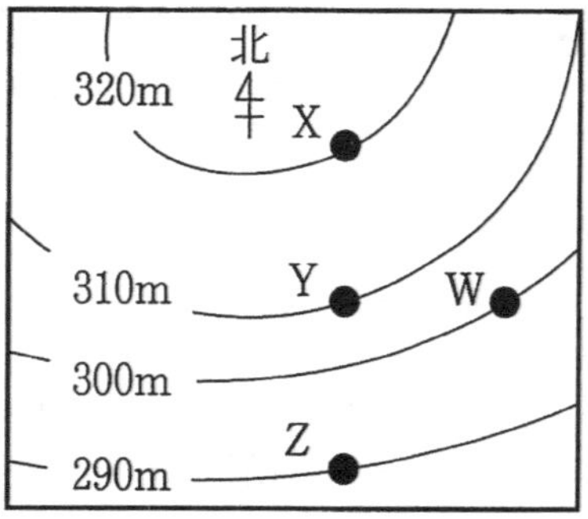

図２

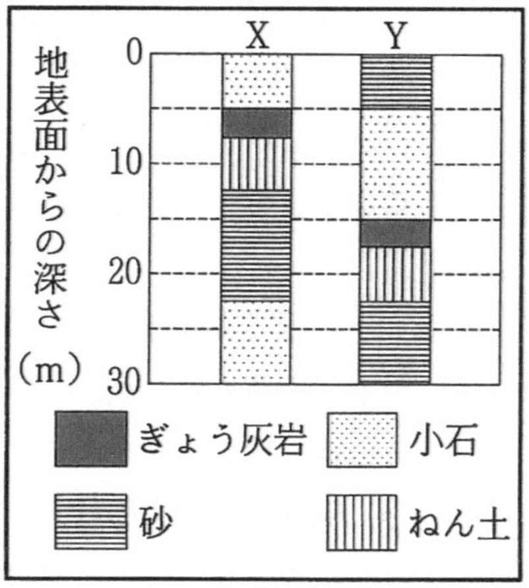

図３

問４　ぎょう灰岩がたい積した当時に起こったと考えられるものを，次のア～エの中から１つ選び，記号で答えなさい。

ア　大きな地震《じしん》があった
イ　火山の噴火《ふんか》があった
ウ　土地が海底に沈んだ
エ　海底が持ち上がって陸上に出た

問５　この地域の地層は，南北どちらの方角に向かって低くなるように傾いていますか。その方角を南か北で答えなさい。

問６　地点Ｗでぎょう灰岩の層が現れはじめるのは，地表面から何mの深さですか。

問７　地点Ｚの地表面から10mの深さの層は何ですか。最も適しているものを次のア～エの中から１つ選び，記号で答えなさい。

ア　小石　　イ　砂　　ウ　ねん土　　エ　ぎょう灰岩

2 次の文章を読み，問１～問６に答えなさい。各問題で使う糸は全て同じ種類の軽い糸で，この糸は合計300gの重さまで耐《た》え，それより大きい力がはたらくと切れてしまうものとします。

問１　重さの無視《むし》できる長さが200cmの棒《ぼう》の中心に糸の一端《いったん》を結び，もう一端を天井《てんじょう》に固定します。重さが150gのおもりAと，１個あたりの重さが10gのおもりBをたくさん用意しました。

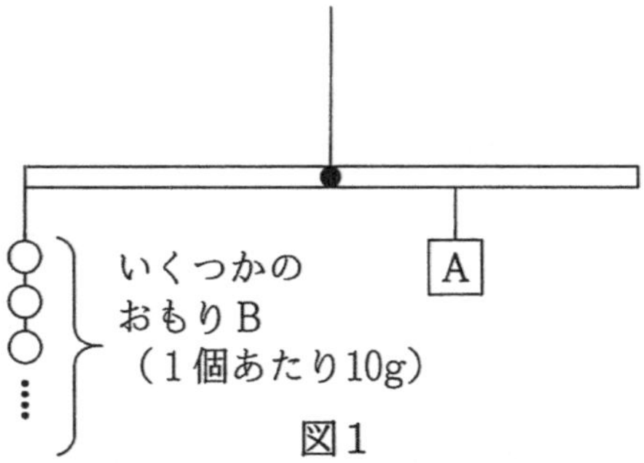

図１

図１のように，棒の中心から右に40cm離《はな》れた位置におもりAをつるし，いくつかのおもりBを棒の中心から左に100cmの位置につるすと，棒は水平を保ちました。
このときおもりBは何個つり下がっていますか。

問２　次に図１の状態から，おもりBをつるす位置を右に40cmずらしました。その後，おもりBをつるす数を変えると，図２のように棒は水平を保ちました。このとき，おもりBは何個つり下がっていますか。

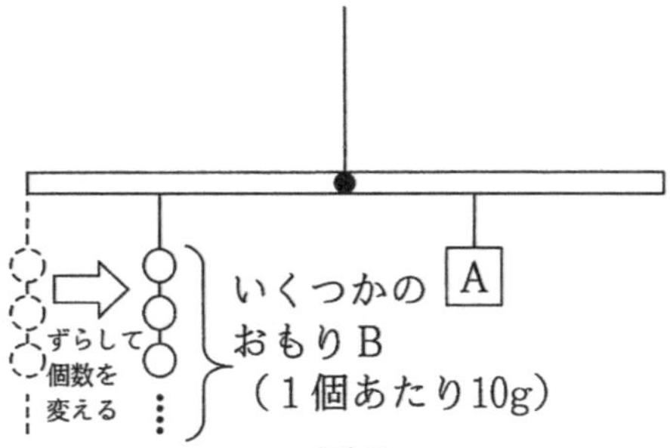

図２

問３　図２の状態からおもりBのつるす位置を変えることなく，数だけを増減させます。その後おもりAを左右のどちらかに動かし，棒が水平を保つようにしました。

（１）　おもりBの数を図２から減らしました。棒が水平を保つためには，おもりAの位置を図２の状態から左右どちら向きに動かせばよいですか。最も適しているものを次のア～ウの中から１つ選び，記号で答えなさい。

ア　左　　　イ　右　　　ウ　動かさない

（２）　おもりBを，糸が切れずに棒の水平を保つことのできる，限界の数までつるしました。棒が水平を保つには，おもりAの位置を図２の状態からどちら向きに何cm動かせばよいですか。向きと長さの両方を答え，向きについては，左か右のどちらかで答えなさい。

問4　次に，棒の重さが無視できない場合を考えます。長さが200cmで重さが125gの均一な棒，糸，いくつかのおもりBと1つのおもりCを用意し，図3のように棒が水平を保つようにしました。このときおもりCは棒の右端《はし》から50cmの位置につるしており，糸は棒の中心から右に20cmの位置に結んでいます。おもりBは棒の左端から50cmの位置に2個つるしています。おもりCの重さは何gか求めなさい。

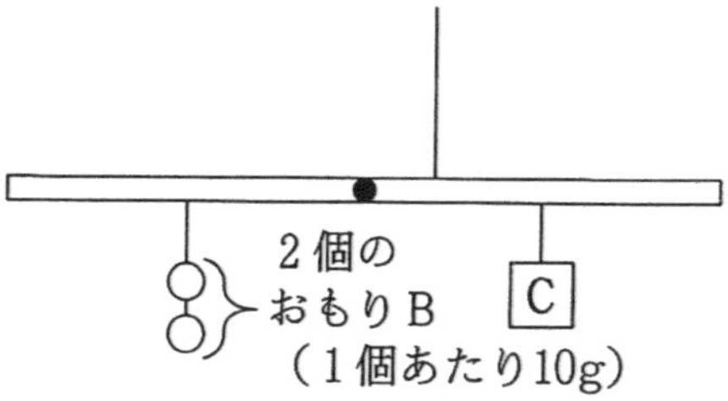

図3

問5　図3の状態からおもりCと糸の位置は変えず，おもりBの位置と数の両方を変えていきます。おもりBを，糸が切れずに棒の水平を保つことのできる限界の数までつるしました。棒が水平を保つには，おもりBは棒の中心からどちら向きに何cmの位置にあればよいですか。向きと長さの両方を答え，向きについては，左か右のどちらかで答えなさい。

問6　糸1，糸2と，長さが200cmで重さが170gの均一な棒を用意しました。図4のように，糸1の一端を棒の中心から右に20cmの位置に，糸2の一端を棒の左端から20cmの位置に結び，両方の糸がまっすぐ平行になるように，それぞれのもう一端を天井に固定しました。棒の中心におもりBをつるし，その個数を増やしていきました。どちらかの糸が切れるまで棒は水平を保ち続けるとして，次の（1），（2）に答えなさい。

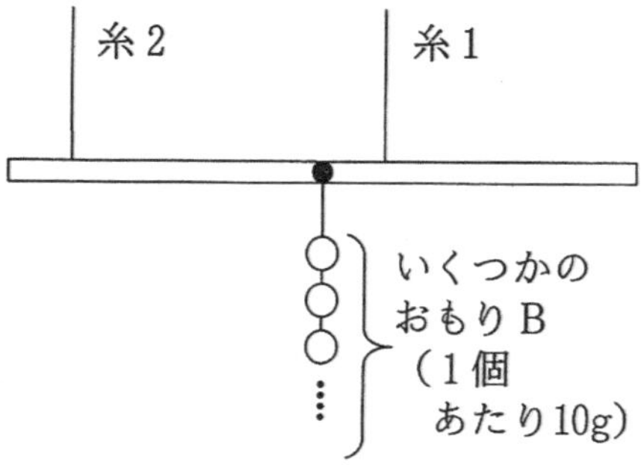

図4

（1）　おもりBの数を増やしていったとき，糸1と糸2のどちらが先に切れますか。最も適しているものを次のア～ウの中から1つ選び，記号で答えなさい。

ア　糸1が先に切れる　　イ　糸2が先に切れる　　ウ　両方同時に切れる

（2）　1個あたり1gのおもりDをたくさん用意します。おもりBを両方の糸が切れない限界の数までつり下げた後，おもりBの下におもりDをつり下げていきました。両方の糸が切れない，おもりDの限界の数を答えなさい。

理科の試験は次のページに続きます。

3 次の文章を読み，問１～問６に答えなさい。

３種類の金属A，B，Cがあります。それぞれの重さを次の表１にまとめました。

表１

	金属A	金属B	金属C
重さ	40.5g	72.0g	86.9g

メスシリンダーを用いて金属Aの体積を測定しました。まず，図１のようにメスシリンダーに水を20cm^{3}入れました。次に，そのメスシリンダーに金属Aを入れ，完全に沈《しず》めると図２のようになりました。同じように図１の状態から金属Bを入れ，完全に沈めたのが図３，金属Cを入れ，完全に沈めたのが図４とします。ただし，このメスシリンダーの単位はcm^{3}とします。

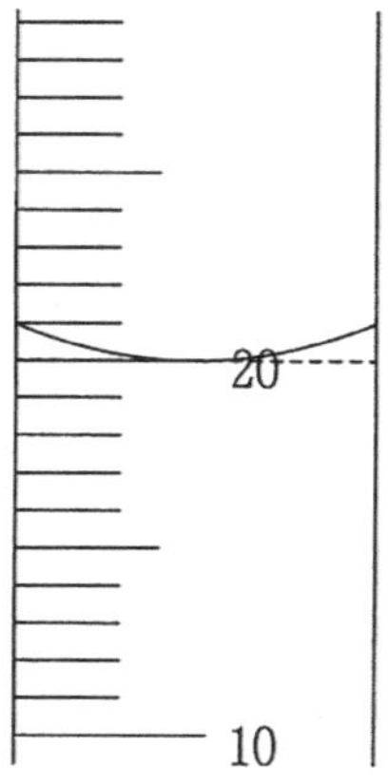

図１

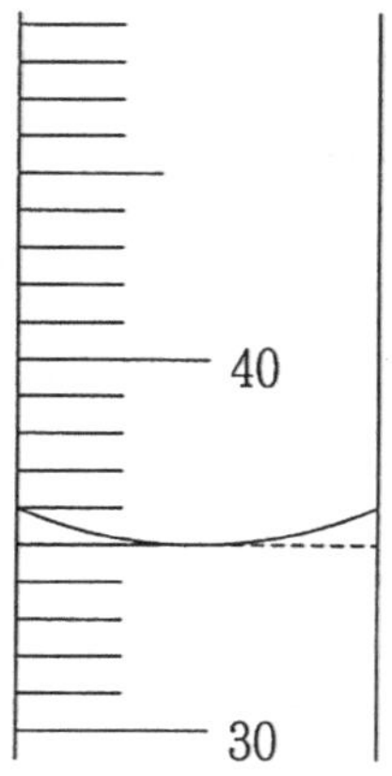

図２

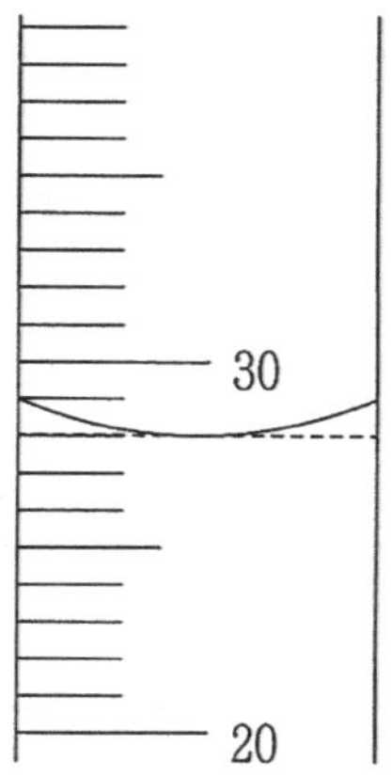

図３

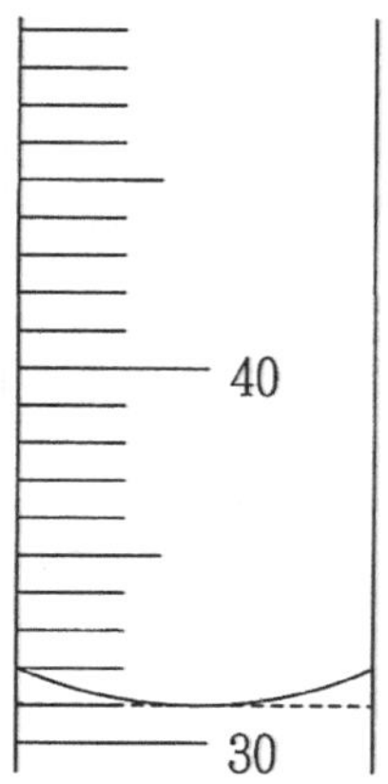

図４

問１　金属Aの体積を求めなさい。

問２　金属Aの１cm^{3}あたりの重さを求めなさい。

問３　１cm^{3}あたりの重さが大きい順に金属A，B，Cを並《なら》べました。その結果として最も適しているものを，次のア～カの中から１つ選び，記号で答えなさい。

ア　A＞B＞C　　イ　A＞C＞B　　ウ　B＞A＞C
エ　B＞C＞A　　オ　C＞A＞B　　カ　C＞B＞A

1 cm³あたりの重さに興味をもった南海さんは先生にたずねてみることにしました。

先生　「1 cm³あたりの重さのことを密度《みつど》といい，ものによって決まった値をとります。また，温度によって密度の値は変化します。」

南海さん　「温度によって密度が変化することは知っています。例えば，金属を熱すると体積が [あ] なるんですよね。なので，密度は [い] なります。」

先生　「その通りです。ただし，水の密度の温度による変化は少し特殊《とくしゅ》です。図5（g/cm³は密度の単位を示す）を見てください。水の密度は4℃で最大になります。」

南海さん　「水の密度が4℃で最大になることは重要ですか。」

先生　「もちろんです。このおかげで池や湖の水は底まで凍《こお》らず，魚は冬を越《こ》すことができます。」

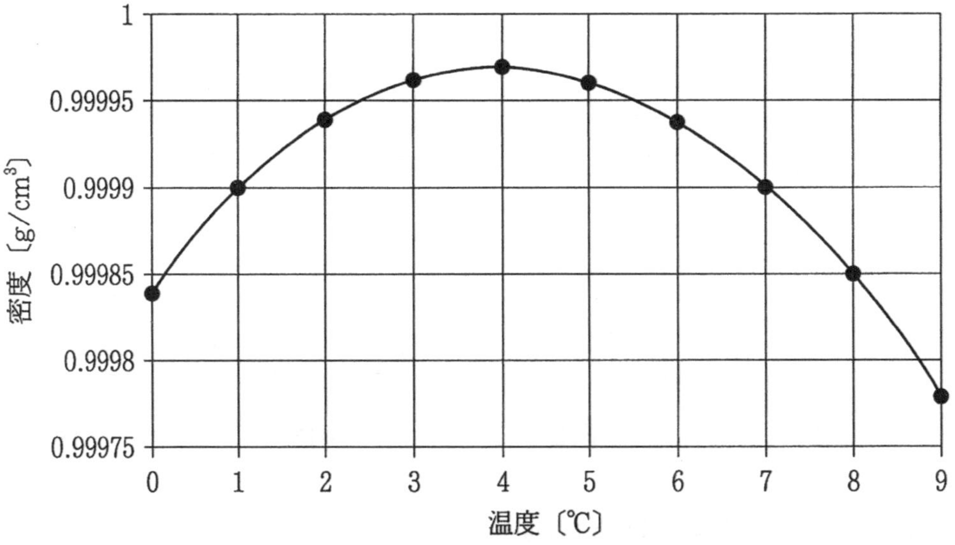

図5　温度による水の密度の変化

問4　会話文の [あ] と [い] に当てはまる語句の組み合わせを，次のア～エの中から1つ選び，記号で答えなさい。

	ア	イ	ウ	エ
[あ]	大きく	大きく	小さく	小さく
[い]	大きく	小さく	大きく	小さく

問５　次の文章は下線部について述べたものです。文章中の[え]と[か]には，あてはまる数字を答えなさい。[う]と[お]には，あてはまる語句を下の選択肢《せんたくし》ア～ウの中からそれぞれ１つずつ選び，記号で答えなさい。

水の密度が４℃で最大であることは，水中の生物の生存《せいぞん》に大きく関わっています。湖があり，冬を迎《むか》えて気温が10℃から下がっていく場合を考えてみましょう。気温の低下とともに湖の水面の温度も下がるため，密度が増加した水は底に沈み，循環《じゅんかん》が始まります。その後４℃以下では，水の密度が[う]。つまり，[え]℃以下では水の循環は起こりません。[え]℃以下では，湖の[お]付近の温度が下がっていき，やがて[か]℃になると凍りはじめます。すると，氷の下の水は，外の気温の影響《えいきょう》を受けにくくなり，液体であり続けます。その結果，生物は死なずに冬を越《こ》すことができると考えられます。

選択肢

[う]　ア　大きくなります　　イ　小さくなります　　ウ　変わりません

[お]　ア　水面　　イ　水中　　ウ　水の底

問６　材質のわからない「ものＸ」の密度の値を調べるため，あらゆる温度の水に「ものＸ」を入れました。次に示す結果をもとに，「ものＸ」の密度についてわかることとして最も適しているものを，次の選択肢ア～オの中から１つ選び，記号で答えなさい。ただし，「ものＸ」の密度は水の温度によって変化しないものとします。

（結果）

・８℃の水に入れたとき，「ものＸ」は水に沈みました。
・４℃の水に入れたとき，「ものＸ」は水に浮《う》きました。
・６℃の水に入れたとき，「ものＸ」は水に浮きました。

（選択肢）

ア　「ものＸ」の密度は0.9999g/cm^3より小さい。
イ　１℃の水に「ものＸ」を入れると，水に沈む。
ウ　１℃の水に「ものＸ」を入れると，水に浮く。
エ　３℃の水に「ものＸ」を入れると，水に沈む。
オ　３℃の水に「ものＸ」を入れると，水に浮く。

4 次の文章を読み，問１～問５に答えなさい。

植物それぞれには『好みの環境《かんきょう》』が存在《そんざい》します。例えば(1)ヒマワリと聞いたとき，よく晴れた夏の炎天下《えんてんか》に生えるヒマワリを想像しても，じめじめした深い森の中に生えるヒマワリを想像する人はあまりいないでしょう。

このような植物の『好みの環境』を決める要因に，光の強さと光合成によって作られるデンプンの量が関係しています。植物は光合成によって作ったデンプンを呼吸《こきゅう》に使うことで，生きています。そのため，(2)植物は一定以上の光の強さを受けなければ生きることができません。また，植物ごとに好みの環境が存在し，好まない環境下ではライバルとなる植物よりも成長速度が遅《おそ》くなるため，生存《せいぞん》競争に敗れ，生き残ることができなくなります。一見動かない植物も激しく生存競争をしており，その結果勝ち残った植物のイメージが我々《われわれ》の中に定着しているのです。

成長すると樹木《じゅもく》となる植物ＡおよびＢを様々な光の強さで育て，光合成や呼吸によって変化したデンプンの量を調べると，図１のようなグラフを得ることができました。なお，〔キロルクス〕は光の強さを示す単位です。

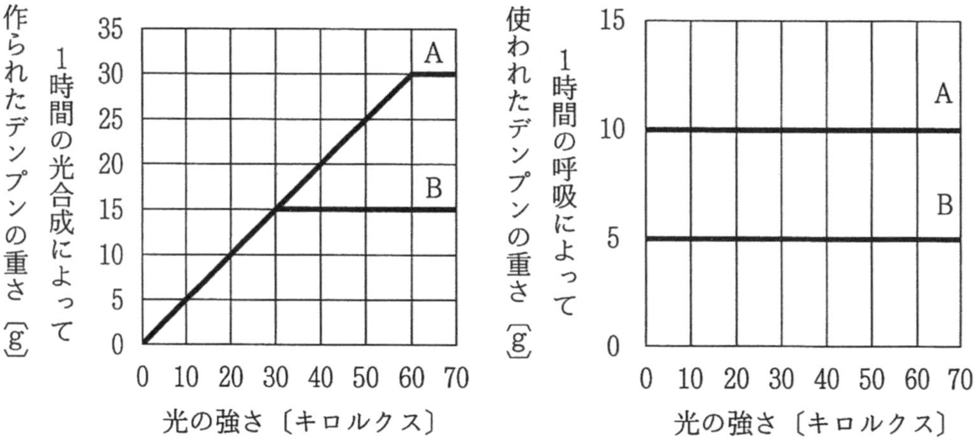

図１

問１　下線部(1)について，ヒマワリの葉や茎《くき》および根のつくりを示している図を，次のア～カの中からそれぞれ１つずつ選び，記号で答えなさい。

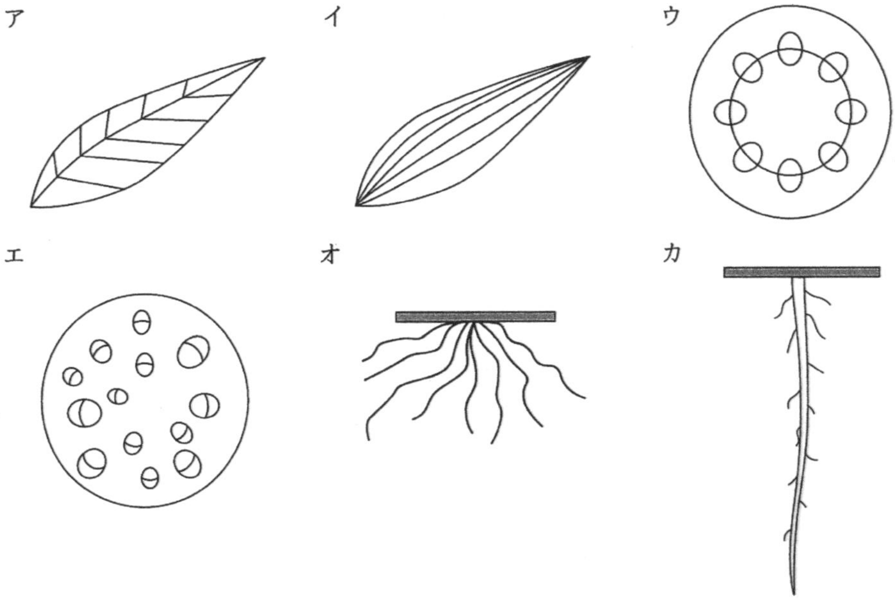

問２　下線部(2)について，同じ強さの光を当て続けて植物を育てる場合，植物Ａが生きていくために必要となる最小の光の強さ〔キロルクス〕を，図１を参考にして答えなさい。

問３　光合成と呼吸によって植物に蓄積《ちくせき》されるデンプンの重さを調べるため，光の強さを調節できる装置《そうち》に植物Ｂを入れて，24時間栽培《さいばい》しました。実験中の各時《じ》刻《こく》での光の強さを図２に示します。この24時間で，植物Ｂに蓄積されたデンプンの重さを求めなさい。

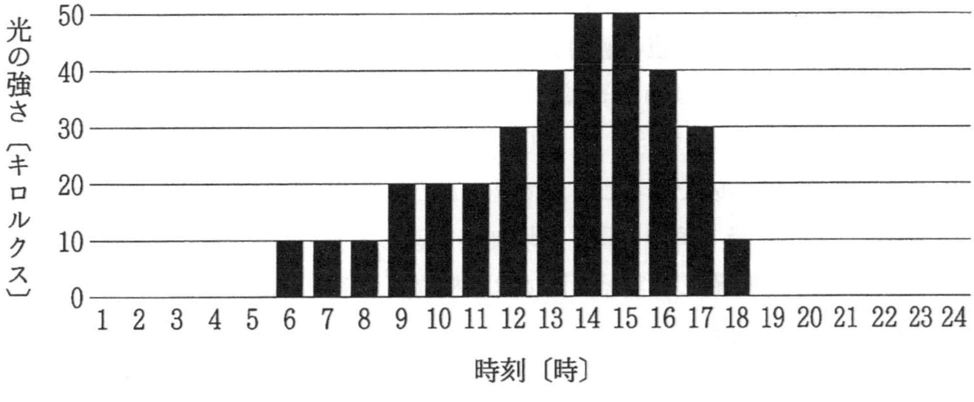

図２

問４　ある実験区画に均等な間隔《かんかく》で，植物ＡとＢの苗《なえ》を多数植林しました。この後，10年単位でこの実験区における植物の重さを調べたところ，図３のようなグラフを得ることができました。実線と破線のグラフは，植物ＡまたはＢのいずれかを示しています。なお，実験を行った期間は気温や湿度《しつど》，実験区の土壌《どじょう》中の植物の栄養に大きな変化はなく，これらが植物の重さへ与《あた》える影響《えいきょう》はありませんでした。

これについて説明した下の文章を読み，文章中の（　あ　）については，下の選択肢《せんたくし》ア～エの中から１つ選び，記号で答えなさい。（　い　），（　う　），（　え　）に関しては，それぞれＡかＢかで答えなさい。

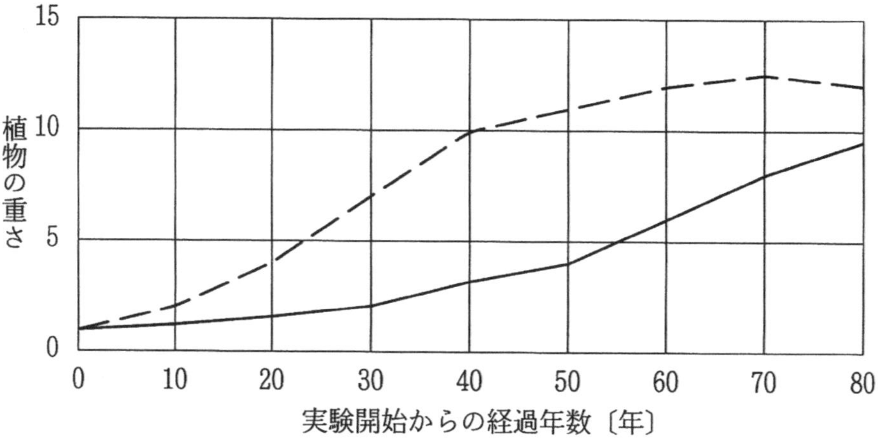

図３

実験開始直後は，植物Ａ，Ｂはともに小さく，十分な（　あ　）を利用して光合成することができます。この段階《だんかい》の条件では，植物（　い　）の方が最終的に作られるデンプンの量が多いため，成長速度が速いです。そのため，植物（　い　）の重さは他方の植物よりも重くなります。年月が経過すると，それぞれの植物が種子を作り，その種子から発芽した小さな植物が成長を始めます。この時，発芽した植物の頭上にはこれらの親の植物が存在するため，植物の種類によっては（　あ　）が不十分です。このような環境では，植物（　う　）は成長速度が遅く，場合によっては枯《か》れてしまいます。しかし，他方の植物は少ない光でも生きるために必要なデンプンを光合成で作ることができるため，次世代が大きくなり始める実験開始から30～40年以降《いこう》で植物の重さの増加が加速します。このため，100年を超《こ》えるような長い年月が経過した実験区画では，植物（　え　）のようなものばかりが見られるようになります。

（　あ　）の選択肢：ア　二酸化炭素　　イ　酸素　　ウ　土壌栄養　　エ　光

問５　実験開始から80年以降，図３のグラフはどのように変化していくと考えられますか。問４や図１を参考にして，最も適しているものを次のア〜エの中から１つ選び，記号で答えなさい。ただし，植物は期間中順調に育ち，植物の成長に影響を与えたのは問４の文章中の（　あ　）のみであったとします。

ア

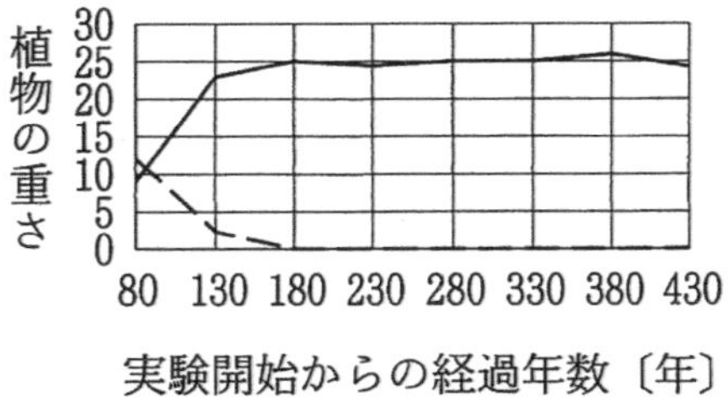

イ

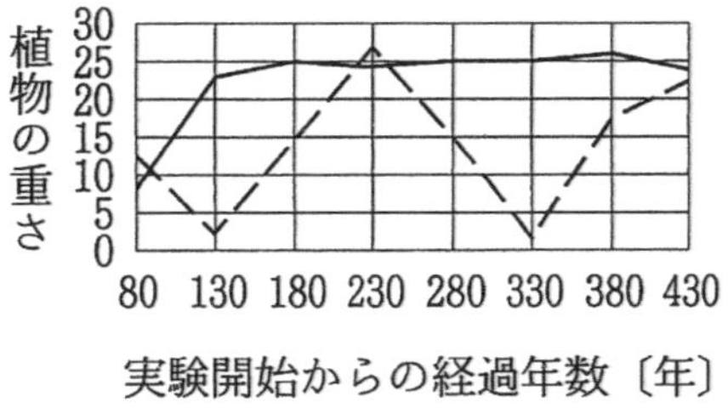

ウ

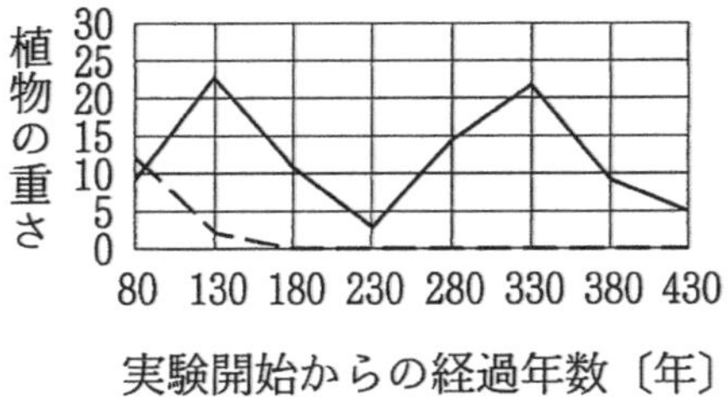

エ

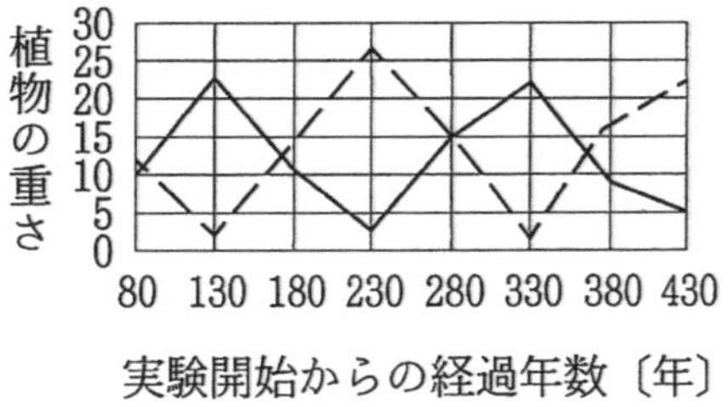

2024年度

清風南海中学校入学試験問題（Ａ入試）

社　会（40分）

注意　①　解答用紙に受験番号，名前を記入し，
受験番号シールを所定の欄《らん》にはりつけなさい。
②　答えはすべて，解答用紙に記入しなさい。
解答欄からはみ出た場合は不正解となります。
③　字数を数える場合，ことわりのない限り，
句読点や符号《ふごう》なども一字として数えなさい。
④　解答用紙のみ提出しなさい。

1 次の〔図１〕を見て，近畿地方に関するあとの問い（問１～９）に答えなさい。

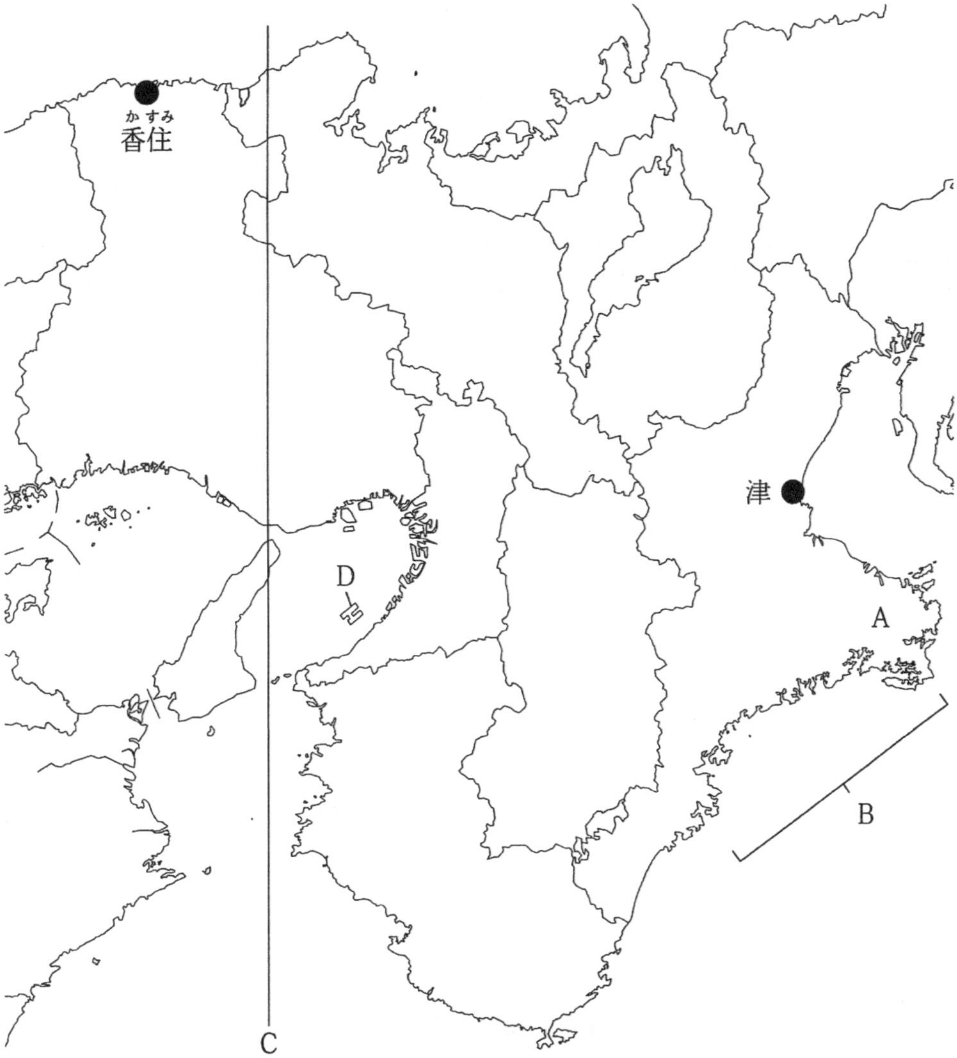

〔図１〕

問１　〔図１〕中のＡの半島名を漢字で答えなさい。

問２　〔図１〕中のＢの海岸線に関して，次の（１）・（２）の問いに答えなさい。

（１）　Ｂの海岸線は複雑に入り組んだ地形をしている。この地形の名称を答えなさい。

2024(R6) 清風南海中
教英出版

（2） 次の文章は，（1）と同様の地形がみられる県について説明したものである。説明されている県として最も適当なものを，あとのア～エのうちから1つ選び，記号で答えなさい。

この県は，広大な大陸棚を有する東シナ海に面し，数多くの島や半島が存在する。海岸線は複雑であり，海岸線の総延長は約4200kmに及ぶ。

ア．岩手県　　イ．宮城県　　ウ．愛媛県　　エ．長崎県

問3 〔図1〕中のCで示した経線は，兵庫県明石市を通る標準時子午線である。この経線の地球の真裏の経線の経度を答えなさい。なお，東経・西経を用いて答えること。

問4 〔図1〕中のDで示した関西国際空港からアメリカのロサンゼルスへ出発する飛行機がある。1月14日午後5時30分に関西国際空港を出発する飛行機はロサンゼルスに現地時間の1月14日午後12時30分に到着する。この飛行機の飛行時間を答えなさい。なお，ロサンゼルスの標準時子午線は西経120度とする。

問５　次の〔図２〕は〔図１〕中の香住と津の雨温図である。また，次の文章はこの雨温図について説明したものである。空らん（　X　）～（　Z　）に入る語句の組み合わせとして最も適当なものを，あとのア～クのうちから１つ選び，記号で答えなさい。

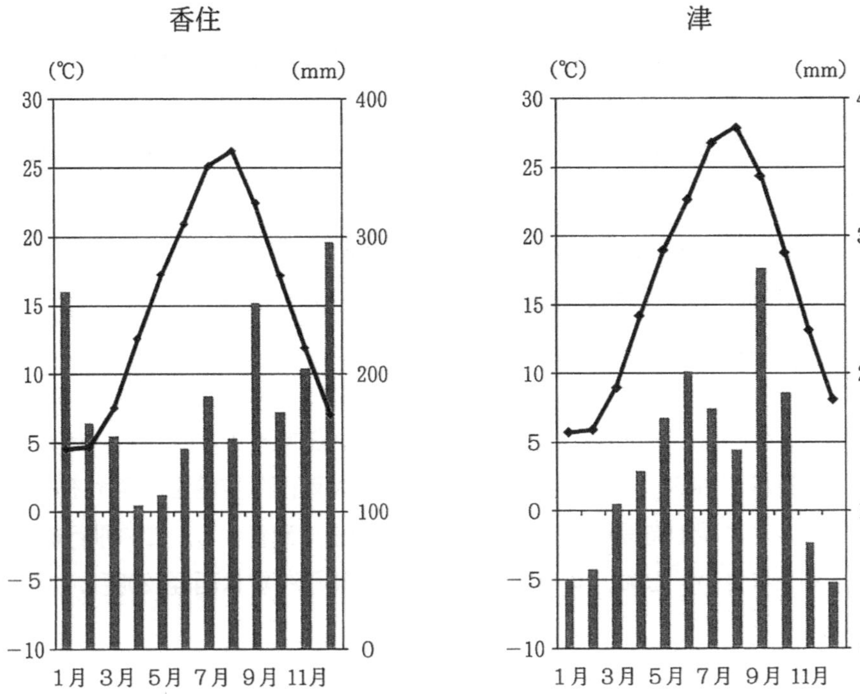

「気象庁」より作成

〔図２〕

香住は津と比べて，特に（　X　）季の降水量が多いのが特徴的である。これは（　X　）季に（　Y　）からの（　Z　）により多量の水蒸気が運ばれてくるからである。

ア．X：夏　Y：南東　Z：季節風　　イ．X：夏　Y：南東　Z：偏西風
ウ．X：夏　Y：北西　Z：季節風　　エ．X：夏　Y：北西　Z：偏西風
オ．X：冬　Y：南東　Z：季節風　　カ．X：冬　Y：南東　Z：偏西風
キ．X：冬　Y：北西　Z：季節風　　ク．X：冬　Y：北西　Z：偏西風

問6　次の〔図3〕中のⅠ～Ⅲは米・なす・みかんのいずれかにおける近畿地方の府県別の生産量を示したものである。作物名とⅠ～Ⅲとの組み合わせとして最も適当なものを，あとのア～カのうちから１つ選び，記号で答えなさい。

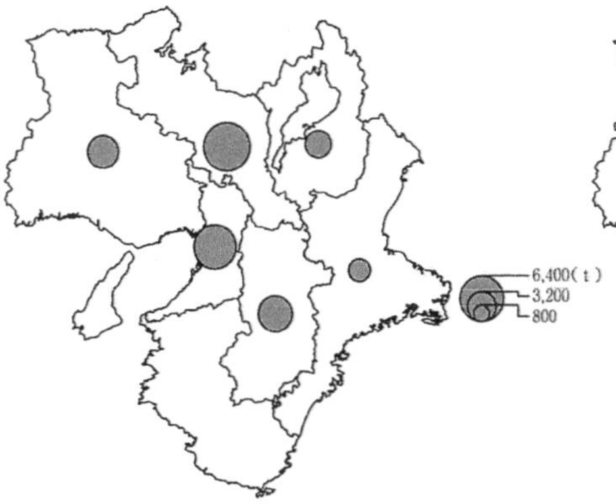

Ⅰ

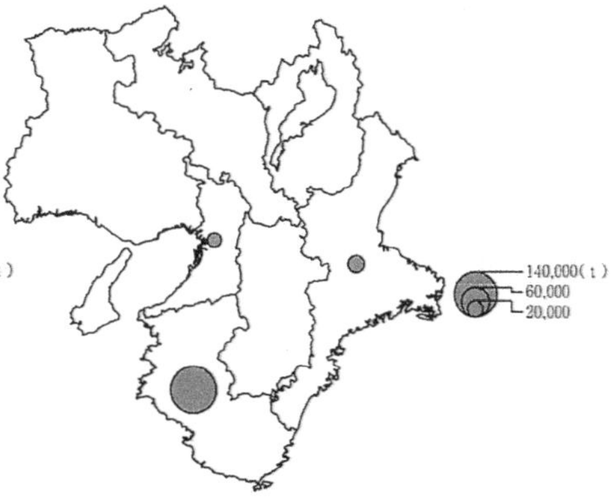

Ⅱ

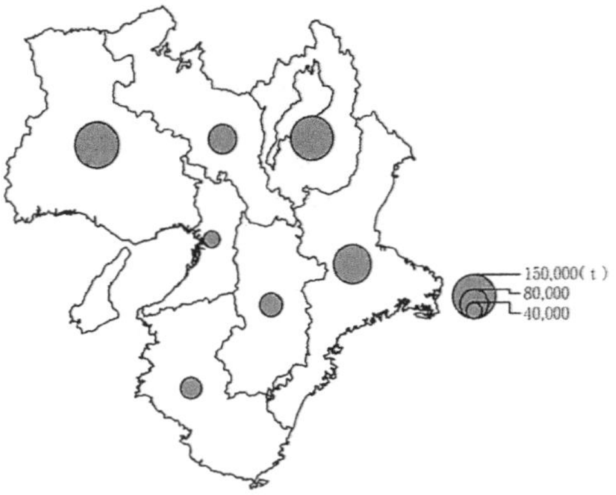

Ⅲ

統計年次は2021年　　　　『データでみる県勢2023』より作成

（注）図形がない府県は生産量がきわめて少ない状態を示す

〔図3〕

	ア	イ	ウ	エ	オ	カ
米	Ⅰ	Ⅰ	Ⅱ	Ⅱ	Ⅲ	Ⅲ
なす	Ⅱ	Ⅲ	Ⅰ	Ⅲ	Ⅰ	Ⅱ
みかん	Ⅲ	Ⅱ	Ⅲ	Ⅰ	Ⅱ	Ⅰ

問７　次の文Ⅰ・Ⅱは洪水・津波のいずれかの発生原因について説明した文である。また，あとの〔図４〕は，近畿地方の市町村界を示したものであり，〔図５〕中のＸ・Ｙは近畿地方の市町村別に洪水・津波のいずれかにおけるハザードマップをインターネット上に公開している市町村を示したものである。洪水についての説明と図の組み合わせとして最も適当なものを，次ページのア～エのうちから１つ選び，記号で答えなさい。

Ⅰ　海底を震源とした地震に伴って発生する。

Ⅱ　大雨などにより，河川の流量等が増加することに伴って発生する。

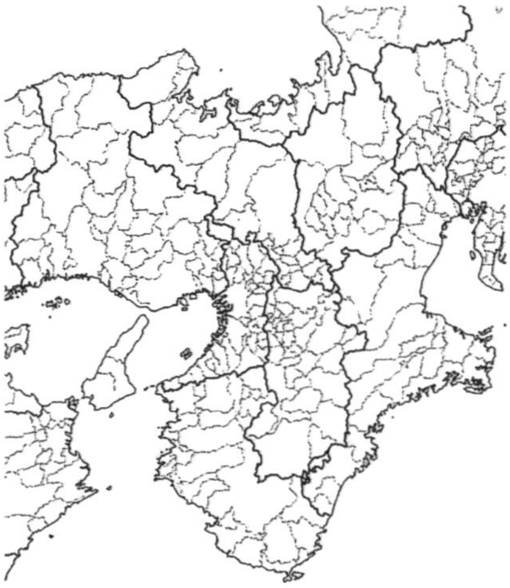

〔図４〕

Ｘ

Ｙ

国土交通省「わがまちハザードマップ」より作成

（注）塗りつぶしがない府県はハザードマップを公開している市町村がない状態を示す。

〔図５〕

	ア	イ	ウ	エ
説明	Ⅰ	Ⅰ	Ⅱ	Ⅱ
図	X	Y	X	Y

問8　近畿地方には３大工業地帯の１つである阪神工業地帯がある。次の〔図6〕は日本の工業における1955年と2019年との製造品出荷額とその内訳（%）を示したものである。〔図6〕について述べた文Ⅰ・Ⅱの正誤を判断し，その組み合わせとして最も適当なものを，あとのア～エのうちから１つ選び，記号で答えなさい。

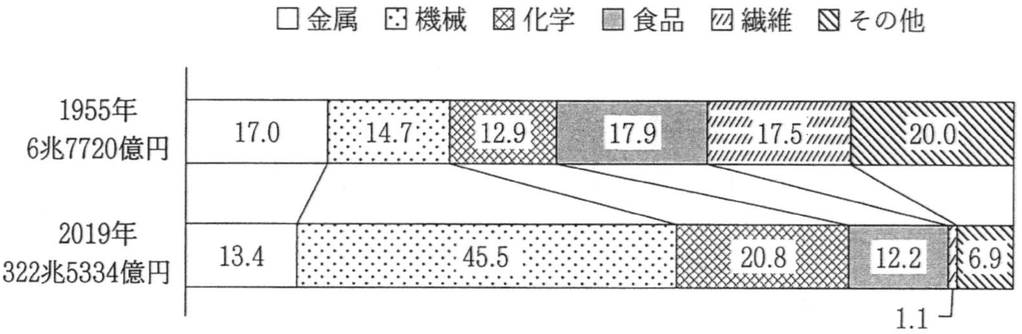

『データブック　オブ・ザ・ワールド2023』より作成

（注）内訳は合計しても100%にならない場合がある。

〔図6〕

Ⅰ　1955年と比べると2019年では，繊維工業の出荷額は大きく減少している。

Ⅱ　1955年，2019年ともに軽工業の出荷額が50%以上を占めている。

	ア	イ	ウ	エ
Ⅰ	正	正	誤	誤
Ⅱ	正	誤	正	誤

問９　近畿地方には日本を代表する貿易港が多く存在する。次の〔図７〕はアメリカ・中国・日本におけるそれぞれの国に対する輸出額（百万ドル）を示したものであり，〔図７〕中のⅠ～Ⅲはアメリカ・中国・日本のいずれかである。国名とⅠ～Ⅲとの組み合わせとして最も適当なものを，あとのア～カのうちから１つ選び，記号で答えなさい。

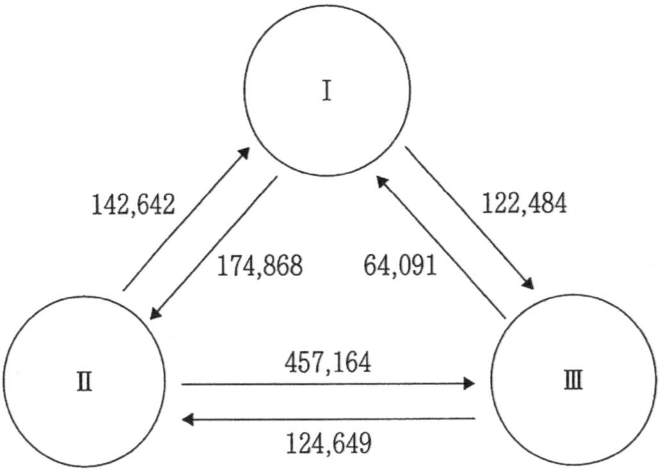

統計年次は2020年　　『データブック　オブ・ザ・ワールド2023』より作成

〔図７〕

	ア	イ	ウ	エ	オ	カ
アメリカ	Ⅰ	Ⅰ	Ⅱ	Ⅱ	Ⅲ	Ⅲ
中国	Ⅱ	Ⅲ	Ⅰ	Ⅲ	Ⅰ	Ⅱ
日本	Ⅲ	Ⅱ	Ⅲ	Ⅰ	Ⅱ	Ⅰ

2 次の文章を読み，あとの問い（問１～５）に答えなさい。

私たちの生活は陸上や海上における交通網《もう》の整備，またこのことを背景とした流通網の整備によって支えられている。

(a)７世紀中ごろ，大化の改新とよばれる政治改革によって，地方の行政区画が定められるなど，(b)律令制にもとづいた中央集権体制の国づくりが進められた。このころには海路の整備も進められ，国家に納める物品の輸送を目的として，国ごとに国《くに》津《つ》とよばれる港が整備された。７世紀後半には陸路においても本格的な整備が進み，七道とよばれる主要地点を結ぶ重要な道路が整備された。

平安時代末期には平氏と(c)源氏の争いをへて，源頼朝は鎌倉を本拠地とする武家政権をたてた。その後，鎌倉幕府は戦いに備えて，鎌倉を中心とした軍事道路「鎌倉街道」を整備した。このような道路以外に，鎌倉時代から室町時代を通じて，農業や手工業の発達とともに各地でつくられた特産品の売買がさかんになり，交通網や流通網が発達していった。

(d)江戸幕府はキリスト教の禁教政策と幕府による貿易の利益独占のため，日本人の海外渡航や貿易に制限を加え，オランダ・中国・朝鮮・琉球《りゅうきゅう》・蝦夷地《えぞち》以外との交流を閉ざした。しかし，(e)江戸時代の経済発展において交通網・流通網の整備は欠かせないものであったため，国内の交通網・流通網は整えられた。

問１　下線部（a）に関して，７世紀に起こった出来事について述べた次のⅠ・Ⅱの文の正誤を判断し，その組み合わせとして正しいものを，あとのア～エのうちから１つ選び，記号で答えなさい。

Ⅰ　日本国内では，中国にならった初めての本格的な都である藤原京に都をうつした。

Ⅱ　日本は白村江の戦いで唐と百済の連合軍に敗れた後，国の防衛に力をいれた。

	ア	イ	ウ	エ
Ⅰ	正	正	誤	誤
Ⅱ	正	誤	正	誤

問２　下線部（ｂ）に関して，律令制における農民の税負担について述べた次のⅠ・Ⅱの文の正誤を判断し，その組み合わせとして正しいものを，あとのア～エのうちから１つ選び，記号で答えなさい。

Ⅰ　租とは，収穫《しゅうかく》した稲のおよそ５割を，地方の役所に納める税負担であった。
Ⅱ　庸とは，都での労働を免除される代わりに，布を納めるという税負担であった。

	ア	イ	ウ	エ
Ⅰ	正	正	誤	誤
Ⅱ	正	誤	正	誤

問３　下線部（ｃ）に関して，源氏について述べた文として誤っているものを，次のア～エのうちから１つ選び，記号で答えなさい。

ア．源義朝は保元の乱で平清盛に敗北した。
イ．源義仲（木曽義仲）は倶利伽羅峠《くりからとうげ》の戦いで平氏に勝利した。
ウ．源義経は壇ノ浦《だんのうら》の戦いで平氏に勝利した。
エ．源頼朝は伊豆で挙兵したが，石橋山の戦いで平氏に敗北した。

二〇二四年度　清風南海中学校入学試験SG・A入試解答用紙

国語

（六〇分）

国語 2412111

受験番号

名前

一　44点

問1　a　b

問2

問3

問4

問5

問6

問7

問8

問1　ⓐ　ⓑ

問2

問3

問4

問5

問6

※120点満点

総得点

(3)	②	通り		
(4)	①	時間　　分後		
	②	時間　　分後		
(5)	①	cm^2	②	cm^2
(6)	①	cm^3	②	cm^3

3
22点

(1)	DF : BC
(2)	DG : GF
(3)	DH : HC
(4)	DH : HI : IC
(5)	三角形ABC : 四角形GHIF

(3)	cm^2
(4)	求め方 答え　毎秒　　cm^3

	cm	g
問5 向きに cm	問6（1）	問6（2） 個

3
20点

問1 cm^3	問2 g	問3
問4	問5（う）	問5（え）
問5（お）	問5（か）	問6

4
20点

問1 葉	茎	根	問2 キロルクス	問3 g
問4（あ）			問4（い）	問4（う）
問4（え）			問5	

小 計

問5 X Y

小 計

3 15点

問1

問2

問3

問4 (1)

問4 (2) と定められた。

小 計

4 20点

問1

問2

問3

問4

問5

問6

問7

小 計

2024年度 清風南海中学校入学試験Ａ入試解答用紙

社 会

（40分）

社会 2412115

受験番号	名前

※80点満点

総得点

1 30点

問１ 半島	問２ （1）
問２ （2）	問３ 度
問４ 時間	問５
問６	問７
問８	問９

小計

2 15点

問１	問２

【解答用

2024年度 清風南海中学校入学試験SG・A入試解答用紙

理 科

（40分）

理科 2412114

受 験 番 号	名 前

※80点満点

総 得 点

1
19点

問1	問2	問3
問4	問5	問6 m
問7		

2
21点

問1	問2

【解答用

2024年度 清風南海中学校入学試験SG・A入試解答用紙

算数

（60分）

算数 2412112

受験番号	名前

※120点満点

総得点	

1 20点

(1)	
(2)	
(3)	
(4)	

2 34点

(1)	①	点	②	点
(2)	①	L	②	L

4 22点

(1)		度
(2)	ア	
	イ	
(3)	①	秒
	②	秒後と　　　　秒後

5 22点

(1)	cm^2

【解答用

42

問8

18点 三

問1

①

②

③

④

⑤

問2

16点 四

① コウサク

② コウラク

③ ソナエ

④ ニンメイ

⑤ オサメル

⑥ キュウユ

⑦ グンセイ

⑧ ジンアイ

問4　下線部（d）に関して，次のⅠ～Ⅲの出来事を，年代の古い方から順に並べたものとして正しいものを，あとのア～カのうちから1つ選び，記号で答えなさい。

Ⅰ　幕府はスペイン国王からの貿易再開の要請《ようせい》を受けて，この要請について協議した。その結果，幕府は要請を拒否し，以後，スペイン船の来航を禁止した。

Ⅱ　幕府は武器の不正輸出やキリシタンの密入国が後を絶たないため，日本人の海外渡航と海外在住日本人の帰国も全面的に禁止した。

Ⅲ　幕府は「かれうた船」すなわちポルトガル船の来航を完全に禁止し，およそ100年間続いたポルトガルとの貿易が終了した。

ア．Ⅰ→Ⅱ→Ⅲ　　イ．Ⅰ→Ⅲ→Ⅱ　　ウ．Ⅱ→Ⅰ→Ⅲ

エ．Ⅱ→Ⅲ→Ⅰ　　オ．Ⅲ→Ⅰ→Ⅱ　　カ．Ⅲ→Ⅱ→Ⅰ

問5　下線部（e）に関して述べた次の文章中の空らん（　X　）・（　Y　）にあてはまる語句を，それぞれ漢字3文字で答えなさい。

陸においては，江戸と主要な地域を結ぶ五街道が整備された。五街道のうち，江戸から京都を結ぶ（　X　）の箱根に設置された関所は，通行人を厳しく取り締《し》まった。一方，経済の中心地であった大阪を中心に，全国をつなぐ航路も発達し，全国の大名たちは，大阪に設置された各藩の（　Y　）に運びこまれた年貢米や特産物を市場で売りさばいて，現金にかえた。

3 次の文章を読み，あとの問い（問１～４）に答えなさい。

卒業式の定番曲の一つ「蛍《ほたる》の光」には，一般にはあまり知られていない３番・４番の歌詞が存在している。「蛍の光」の歴史を振り返りながら，３番・４番が歌われなくなった理由を考えてみよう。

（ａ）1872年，明治政府は，６才以上の男女が小学校に通うことを定めた法令を制定した。このとき，教科の一つとして現在の音楽科に相当する「唱歌《しょうか》」が定められた。しかし，教材の準備が整っておらず，実際に唱歌教育は行われなかった。こうした状況の下，留学先のアメリカで唱歌教育の重要性を痛感した伊澤修二《いざわしゅうじ》が，1879年に音楽取調掛《とりしらべがかり》を設け楽曲製作を行った。1882年に卒業時の歌として「蛍の光」が完成し，卒業式の定番曲となった。「蛍の光」の原曲はスコットランド歌謡Auld Lang Syne（オールド・ラング・サイン）で，日本語の歌詞が付けられた。作成当時の歌詞は以下の通りである（カッコ内は現代語訳）。

１番
蛍の光　窓の雪（蛍の光や月光を窓から取り入れ）
書《ふみ》よむ月日　重ねつつ（本を読む日々を重ねていくと）
いつしか年も　すぎの戸を（いつの間にか年月は過ぎ去り）
明けてぞけさは　別れゆく（今朝は旧友との別れの日だ）
２番
とまるも行くも　限りとて（故郷にとどまる者も去り行く者も，今日限りなので）
かたみに思う　ちよろずの（互いの無数の思いを）
心のはしを　一言に（たった一言で）
さきくとばかり　歌うなり（どうか無事でと歌おう）
３番
筑紫《つくし》のきわみ　みちのおく（九州の果てでも，東北でも）
海山とおく　へだつとも（海や山で遠く隔《へだ》てられても）
その真心は　へだてなく（真心は隔てられることはない）
ひとつに尽くせ　国のため（ひたすら日本のために力を尽くせ）
４番
（ｂ）千島のおくも　沖縄も（千島列島の奥も，沖縄も）
八洲《やしま》のうちの　守りなり（日本を守るための要《かなめ》である）
至らんくにに　いさおしく（日本の支配が及ばない異国には勇敢に）
つとめよわがせ　つつがなく（力を尽くせ，わが兄弟，無事であれ）

1890年代以降，日本が東アジアにおける支配地を拡大すると，４番の最初の歌詞が「台湾の果ても樺太も」に変化した。1920年代，日本が南洋諸島にまで支配地を広げると，３番や４番の歌詞が現実にそぐわなくなり，３番と４番が省略されるようになった。1941年12月，(ｃ)日本がイギリス領マレーに侵攻すると，「蛍の光」は歌われなくなった。

1945年８月，日本はポツダム宣言を受諾して降伏し，アジア・太平洋戦争が終結した。(ｄ)連合国の占領下で，日本政府は二度と戦争を起こさないように国内の改革を行った。そうした中，文部省が1946年に作成した教科書には，国家への貢献をうたう３番と４番が削除された形で「蛍の光」が掲載《けいさい》された。その後，「蛍の光」は教科書に掲載され続け，卒業式の定番曲として現在に至っている。

問１　下線部（ａ）の法令の名称を答えなさい。

問２　下線部（ｂ）に関して，「蛍の光」の４番の歌詞に「千島のおくも沖縄も」とあるのは，明治政府が沖縄の支配をめぐってある国と対立し，沖縄が日本の領土であることを示そうとしたためだと考えられる。明治政府が沖縄の支配をめぐって対立した国として正しいものを，次のア～エのうちから１つ選び，記号で答えなさい。

ア．ロシア　　イ．イギリス　　ウ．朝鮮　　エ．中国

問３　下線部（ｃ）は，アジア・太平洋戦争の始まりとなる出来事であった。アジア・太平洋戦争に至《いた》るまでの出来事について述べた次のⅠ～Ⅲの文を，年代の古い方から順に並べたものとして正しいものを，あとのア～カのうちから１つ選び，記号で答えなさい。

Ⅰ　日本は，ドイツ・イタリアと軍事同盟を締結した。
Ⅱ　日本は，中国の首都であった南京を占領した。
Ⅲ　日本は，国際連盟からの脱退を宣言した。

ア．Ⅰ→Ⅱ→Ⅲ　　イ．Ⅰ→Ⅲ→Ⅱ　　ウ．Ⅱ→Ⅰ→Ⅲ
エ．Ⅱ→Ⅲ→Ⅰ　　オ．Ⅲ→Ⅰ→Ⅱ　　カ．Ⅲ→Ⅱ→Ⅰ

問４　下線部（d）に関して，連合国の占領下で行われた日本の戦後改革について，次の（１）・（２）の問いに答えなさい。

（１）　日本の戦後改革について述べた次のⅠ・Ⅱの文の正誤を判断し，その組み合わせとして正しいものを，あとのア～エのうちから１つ選び，記号で答えなさい。

Ⅰ　日本政府は，一定の基準以上の土地を持つ農民から土地を買い上げて小作農に安く売り払うことで，自らの農地を持つ人を増やした。

Ⅱ　日本政府は，軍隊を解散すると同時に日米安全保障条約を結んでアメリカに安全保障を委《ゆだ》ねた。

	ア	イ	ウ	エ
Ⅰ	正	正	誤	誤
Ⅱ	正	誤	正	誤

（２）　戦後改革では日本の教育制度も改革された。この教育改革により定められた日本の義務教育制度について，教育を行う機関とそれぞれの機関で教育を受ける年数に触れて，解答らんに合うように10字以上，15字以内で答えなさい。

4　次の生徒X・Yによる会話文を読み，あとの問い（問１～７）に答えなさい。

X：世界人口が80億人に達したことについて，世界では人口が増えていく地域と減っていく地域の二極化が進んでいると（a）国連人口基金は分析していたよ。日本は人口が減っていく地域なんだろうね。（b）日本の首相も「異次元の少子化対策」をするって言ってたし。

Y：（c）少子化問題は待ったなしの課題だから，今までにない対策をしていくのだろうね。対策を進めるには，結構なお金が必要になりそう。

X：（d）日本は借金がすごいって聞いたけど，そんなお金あるのかな。

Y：何かを増やすために，何かを減らすのかな。どうするんだろう。

X：そもそも，少子化って言われても，（e）学校に行くと普通に同級生がたくさんいてるし，イメージがわかないなあ。

Y：でも，テレビの番組で全校生徒が数名しかいない小学校の紹介とかしていたし，私たちの周りがすべてではないかもよ。

X：それは（f）過疎《かそ》が進んでいる地方だけの話じゃないの。

Y：どうだろうね。日本全体でどうなっているか，なぜ少子化が進んでいるとされるのか，今後どうなると考えられるのか。何かについて調べて発表するっていう学校の宿題があったから，このことについて調べてみようか。

X：そんな宿題あったね。日本のお金の状況についても一緒に調べよう。

問１　下線部（a）に関して，国連と日本のつながりについての説明として最も適当なものを，次のア～エのうちから１つ選び，記号で答えなさい。

ア．日本は国連の安全保障理事会における常任理事国の１つであり，世界各地の平和維持活動に参加してきた。しかし，対人地雷全面禁止条約を締結《ていけつ》しておらず，対人地雷の保有を続けている。

イ．日本は国連の安全保障理事会における非常任理事国の１つであり，世界各地の平和維持活動に参加してきた。対人地雷全面禁止条約を締結しており，保有していた対人地雷について処分を行った。

ウ．日本は国連の安全保障理事会における常任理事国の１つであり，世界各地の平和維持活動に参加してきた。対人地雷全面禁止条約を締結しており，保有していた対人地雷について処分を行った。

エ．日本は国連の安全保障理事会における非常任理事国の１つであり，世界各地の平和維持活動に参加してきた。しかし，対人地雷全面禁止条約を締結しておらず，対人地雷の保有を続けている。

問２　下線部（ｂ）に関して，日本の首相は国会の指名によって選ばれる。これは，日本では権力が集中しないように，内閣・国会・裁判所の三権が分立しているからである。日本の内閣・国会・裁判所の関係についての説明として正しいものを，次のア～エのうちからすべて選び，記号で答えなさい。

ア．衆議院は内閣を信頼できなければ，不信任決議案を出すことができる。

イ．内閣は天皇の国事行為への助言と承認を根拠に，参議院の解散を決めることができる。

ウ．内閣は国会が成立させた法律に対して，拒否権を行使することができる。

エ．裁判所は裁判を行う際に，法律や内閣の政治が憲法に違反していないか判断することができる。

問３　下線部（ｃ）に関して，生徒Ｘ・Ｙは少子化問題に取り組むためには，シルバー民主主義といわれる現状への対応が必要だと考えたため，次の案Ａ・Ｂを検討した。それぞれの案によって得られると考えられる効果の説明文Ⅰ・Ⅱの正誤を判断し，その組み合わせとして正しいものを，あとのア～エのうちから１つ選び，記号で答えなさい。

案Ａ　選挙での投票において，未成年の子どもを有する親には，その子の数だけ投票権を追加して与える。

案Ｂ　有権者を年齢別に若年世代・中年世代・高齢世代の３つに分ける。そして，それぞれの世代ごとに投票を行い，それぞれの世代から代表者が選ばれるように選挙する。

Ⅰ　案Ａによって，子育て世代の声を，より多く政治に反映《はんえい》できるようになる。

Ⅱ　案Ｂによって，若年世代の意見を代表する者を，一定数必ず確保できるようになる。

	ア	イ	ウ	エ
Ⅰ	正	正	誤	誤
Ⅱ	正	誤	正	誤

問4　下線部（d）に関して，日本の2023年度予算の状況についての文Ⅰ・Ⅱの正誤を判断し，その組み合わせとして正しいものを，あとのア〜エのうちから１つ選び，記号で答えなさい。

Ⅰ　消費税による税収が，税収の50%以上である。
Ⅱ　社会保障費・地方交付税交付金等・国債費の合計が，歳出の50%以上である。

	ア	イ	ウ	エ
Ⅰ	正	正	誤	誤
Ⅱ	正	誤	正	誤

問5　下線部（e）に関して，世界の子どもの10人に１人が児童労働をしているとされ，学習の機会が十分に保障されていない現状がある。次の〔メモ〕は，学校の授業でそうした現状を学んだ生徒X・Yが，子どもの権利条約についてまとめたものである。〔メモ〕中の空らん［Ⅰ］・［Ⅱ］に当てはまる語句の組み合わせとして正しいものを，あとのア〜エのうちから１つ選び，記号で答えなさい。

〔メモ〕

子どもの権利条約
〔目的〕子どもの保護と基本的人権の尊重を促進すること。
〔経緯〕1989年の［Ⅰ］で採択，日本は1994年に批准。
〔条文〕
・第１条　子どもとは，［Ⅱ］歳未満のすべての者をいう。
・第６条　子どもはみんな，人間らしく生きる権利をもっている。

	ア	イ	ウ	エ
Ⅰ	ユニセフ	ユニセフ	国連総会	国連総会
Ⅱ	18	20	18	20

問6　下線部（f）に関して，過疎の進む地方においては住民の意向を行政が十分に理解する必要があるといえる。行政機関がこれから行っていく取り組みなどを決めるときに，住民などから広く意見を集めて，最終的な決定に生かそうとするしくみのことを何というか，カタカナで答えなさい。

問７　生徒Ｘ・Ｙは宿題への取り組みとして〔図１〕～〔図３〕を集めた。〔図１〕～〔図３〕から読み取れる内容として最も適当なものを，あとのア～エのうちから１つ選び，記号で答えなさい。

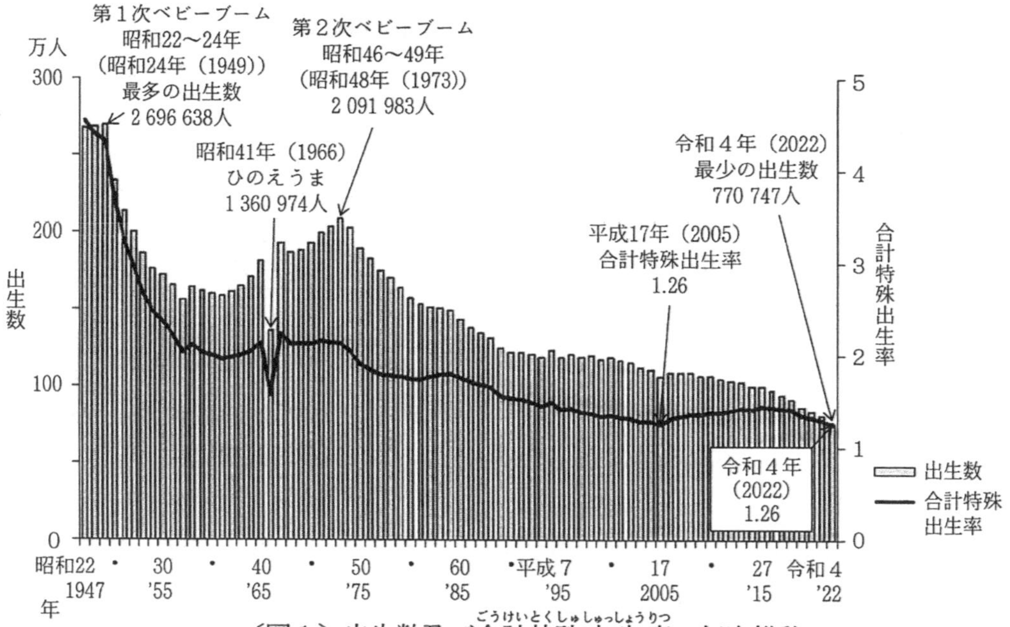

〔図１〕出生数及び合計特殊出生率《ごうけいとくしゅしゅっしょうりつ》の年次推移

出典：厚生労働省『令和４年（2022）人口動態統計月報年計』

（注）合計特殊出生率とは，１人の女性が一生の間に産むと想定される子どもの数である。

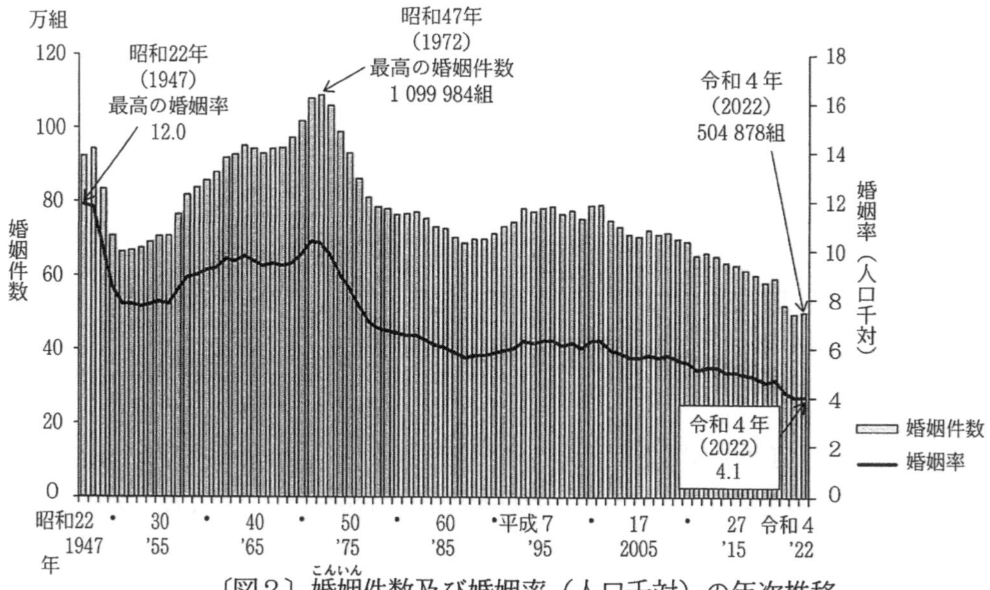

〔図２〕婚姻《こんいん》件数及び婚姻率（人口千対）の年次推移

出典：厚生労働省『令和４年（2022）人口動態統計月報年計』

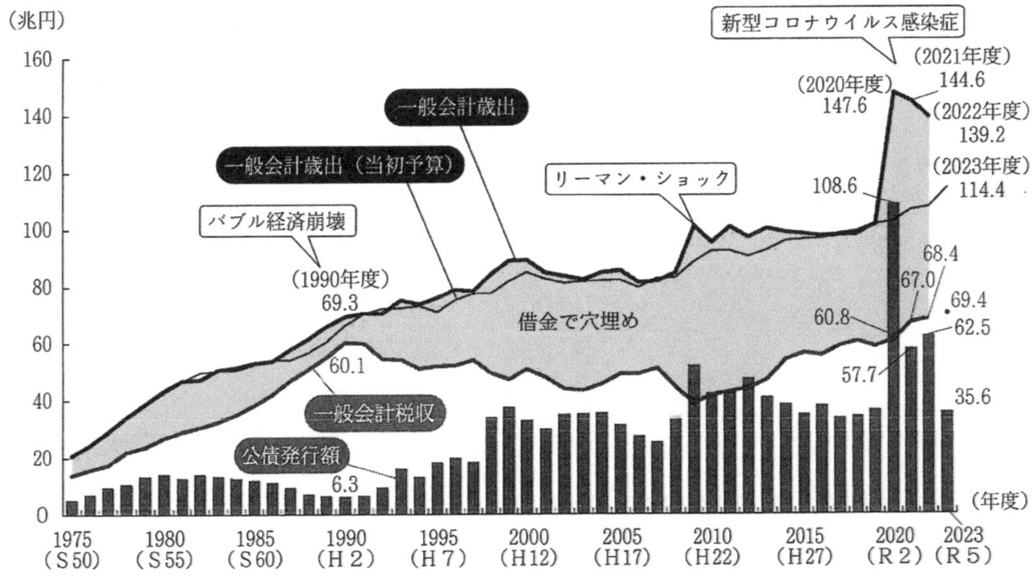

〔図３〕歳出，税収，公債発行額の年次推移

出典：財務省キッズコーナー『「税」・「財政」Ｑ＆Ａコーナー－Q13』

ア．第１次オイルショックが起きた年は第２次ベビーブームが起きており，過去最高の婚姻率を記録している。

イ．バブル経済崩壊《ほうかい》からリーマン・ショックが起きた年までの期間には，第１次ベビーブームの期間と同様に出生数が200万人を超えている年が存在している。

ウ．新型コロナウイルス感染症の流行により2020年度は，税収の大幅な落ち込みを原因として過去最大の公債発行額となっており，2020年の合計特殊出生率はひのえうまの年よりも低い数値を記録している。

エ．2022年の出生数は過去最多の出生数と比べると３分の１以下であり，2022年の婚姻件数は過去最多の婚姻件数と比べると２分の１以下である。

二〇二三年度

清風南海中学校入学試験問題（SG・A入試）

国語

（六〇分）

注意

① 解答用紙に受験番号、名前を記入し、受験番号シールを所定の欄《らん》にはりつけなさい。

② 答えはすべて、解答用紙の所定の欄に記入しなさい。

③ 字数を数える場合、ことわりのない限り、句読点や符号《ふごう》なども一字として数えなさい。

④ 選択《せんたく》問題はすべて記号で答えなさい。

⑤ 解答用紙のみ提出しなさい。

一　次の文章を読んで後の問いに答えなさい。

私たちの社会には、恋愛《れんあい》に関するいろいろな当たり前があります。

本当は人それぞれちがうのに、まことしやかに「みんなそうだ」と信じ込《こ》まされてしまうような決めつけ。違和感《いわかん》を持つ人が「自分はおかしいんじゃないだろうか」と不安になってしまうようなもの。

「恋愛は異性とするもの」というのも、①その決めつけのひとつです。

小・中学校の保健の教科書には今でも「思春期になると異性を好きになる」という記述が載《の》っています。ここでは、同性が好きな人や、恋愛をしない人の存在は「ないこと」になっています。

私は多様な性について、中学や高校に呼ばれて講演をする活動をしていますが、講演の中でよく「もしあなたが教科書会社で働いていたら、代わりになんて書きますか」と生徒のみなさんに質問をしています。

「思春期になると人を好きになります」と答える人もいれば、「本当にだれもが思春期に恋愛をするのだろうか」と考える人もいます。「好きになる相手や好きになるタイミングは人それぞれ」と書いたらどうか、*1「みんなちがってみんなよい」という名言も載せたらいいのではないか、いろいろな意見が出ます。

こうして、あぁでもない、こうでもない、と考えることが私たちの多様な性について学ぶことだと思うのですが「思春期になると異性を好きになる」で終わる授業には、②そのような余白はありません。ただ、ⓐ偏見《へんけん》が押《お》し付けられて終わるだけです。

私の友人である室井《むろい》舞花さんは、中学時代に保健の教科書のこの記述を読んだとき「自分はまちがっているんだ」と感じ、目の前が真っ暗になるぐらいショックを受けました。同級生の女の子が好きだった室井さんは、人を好きになるのはもうやめようと心に決めたそうです。

③本当は、間違《まちが》っていたのは自分ではなくて教科書だったのですが、そう気づくのには時間がかかりました。大人になった室井さんは、教科書を変えるために声をあげることにしました。

私も一緒《いっしょ》に室井さんと「教科書に*2LGBTを載せてほしい」とインターネット上で署名活動をしたり、政治家に会って話をしたりするようになりました。文部科学省は④「LGBTについて教えるのは国民の理解がないからできない」と言って私たちの訴《うった》えをしりぞけましたが、「国民の理解がないからできない」という言い方があまりに冷たく、また無責任すぎるというので、むしろ注目を集めるきっかけになりました。

微積分だって学校で教えなければ「国民が理解」することなんてないでしょう

　こうしてLGBTが教科書に載っていない、ということが新聞で大きく取り上げられ、広く知られるようになりました。教科書会社の中には英語や現代文でLGBTを扱《あつか》った文章をとりあげたり、現代社会の「公民権」の解説に黒人解放運動や女性運動とならべてLGBTの運動をとりあげたりと、工夫《くふう》する出版社もでてきました。

「人間はかならず男と女の二種類にわけられ、そのペアである異性愛だけが存在する」という考え方のことを「強制異性愛主義（ヘテロセクシズム）」といいます。

　強制異性愛主義をⓑ皮肉で描《えが》いているのが、次のページにある風刺画《ふうしが》です。⑤この風刺画は非常によくできているので二〇一四年にインターネットに投稿《とうこう》されると、SNSでたくさん拡散されました。

　ふたりのお箸《はし》が立っていると、ナイフとフォークが近づいてきて「どちらがフォークですか？」と尋《たず》ねます。質問されたお箸はもちろんお箸ですから答えようがありません。

　しかし、ナイフとフォークは、世界にはナイフとフォークの二種類しかなく、そのペアしか存在しないと信じています。目の前にあるものを受け入れようとしません。このような人は同性カップルに対《たい》して「ふたりのどちらが男役で、どちらが女役なの」と質問したりもします。カップルがいれば、どちらかが男で、どちらかが女であると強く信じているのです。

「思春期になると異性を好きになる」と書かれた教科書は、子どもたちに「世界はナイフとフォークのセットでできています」と教えているのと同じです。

　強制異性愛主義は、ほかにもいろいろな場面で見られます。日本の婚姻《こんいん》制度も、人間を戸籍《こせき》により男性と女性に二分して、男女のペアしか想定していません。男性どうし、女性どうしのペアは「想定外」とされ、法律上は「ない」ことになっています。

　街をぐるりと見渡《みわた》してみましょう。⑥なぜ、異性カップルはすぐに見つかるのに、同性カップルはほとんど見つからないのでしょうか。みなさんのまわりに、仲良く暮らしている同性カップルの大人はいますか。

　同性カップルの姿が見えない理由は「思春期になると異性を好きになる」からではありません。差別や偏見をおそれて、ほとんどの人たちが沈黙《ちんもく》しているからです。

　二〇一五年一一月、⑦東京の世《せ》田《た》谷《がや》区と渋谷《しぶや》区では、同性カップルが登録できるパートナーシップ制度の導入をはじめました。日本ではまだ同性カップルが法律上結婚《けっこん》することはできないけれど、二人が「他人」ではないことを証明するための公的書類を、自治体がはじめて発行することになりました。

この本を書いている二〇二〇年一二月現在、同性カップルが登録できるパートナーシップ制度を設ける自治体はどんどん増えていて、全国で一三〇〇組を超《こ》えるカップルが利用しています。私の住む横浜《よこはま》市では二〇一九年一二月に制度が始まり、一年間で一一〇組ほどのカップルが利用しています。地元の人たちにこの数字を伝えると「意外といるもんだね」と返事がかえってきます。

保健の教科書で「思春期になると異性を好きになる」と教えると、多様性は見えなくなります。パートナーシップ制度のような仕組みを作れば、多様性は見えるようになります。

恋愛の当たり前は、法律や自治体の制度、学校の教科書でどんなことを教えているかによっても変わります。

（遠藤《えんどう》まめた『みんな自分らしくいるためのはじめてのＬＧＢＴ』ちくまプリマー新書による）

強制異性愛主義を皮肉る風刺画

注　＊1　みんなちがってみんなよい……金子みすずの詩を意識している。

＊2　ＬＧＢＴ……同性愛者、両性愛者、性的自認の異なる者など、性的少数者の総称の一つ。

＊3　微積分……数学の一分野。

問1 ～～～ⓐ「偏見」、ⓑ「皮肉」の意味として、最も適当なものをそれぞれ次の中から選びなさい。

ⓐ「偏見」
ア 自分一人の決断　イ あさはかな見方　ウ かたよった見解
エ 示し合わせた意見　オ 多方面に通じた知識

ⓑ「皮肉」
ア 相手をからかい人目にさらすこと　イ 罪状を問いただして非難すること
ウ ささいな内容でもほめ称《たた》えること　エ 遠回しに意地悪く弱点などをつくこと
オ 広く意見を求めて尋《たず》ねること

問2 ――①「その決めつけのひとつ」とありますが、「その決めつけ」の内容を説明した一文を探し、最初の五字をぬき出して答えなさい。

問3 ――②「そのような余白」とありますが、ここではどのようなことを言っていますか。説明として最も適当なものを次の中から選びなさい。
ア LGBTの当事者の講演を聴《き》き、世の中には分類できない性があるのを学ぶということ。
イ みんなでいろんな意見を出し合いながら、多様な性のあり方について考えるということ。
ウ 自分の中の常識は間違いだったと知り、頭が真っ白になるほど衝撃《しょうげき》を受けるということ。
エ 書かれていない書き手の意図があり、教科書の内容が間違っている場合もあるということ。

問4 ――③「本当は、間違っていたのは自分ではなくて教科書だったのです」とありますが、どのような点が間違っていますか。五十字以内で説明しなさい。

問5　――④「LGBTについて教えるのは国民の理解がないからできない」とありますが、これに対する筆者の考えの説明として最も適当なものを次の中から選びなさい。

ア　国民の理解が進んでいないことであっても、教科書で教えることによって人々の意識は変わるものであるから、「LGBT」の問題に対する理解も、知らないことを教えることから取り組み始めるべきだと考えている。

イ　「LGBT」に関する内容を教科書に掲載《けいさい》することへの多くの支持を得られたにも関わらず、文部科学省の対応が無責任で衝撃を受けたが、かえって注目を集めるきっかけとなり問題を解決することができたと考えている。

ウ　「思春期になると異性を好きになる」という画一的な性への理解を一方的に押しつけるような教育を繰《く》り返《かえ》さないために、まずは文部科学省が先導して日本における「LGBT」の実態を調査していく義務があると考えている。

エ　確かに性の多様性に対する国民の理解はいまだ低いが、パートナーシップ制度を設けた世田谷区や渋谷区のように、各地域で制度を充実《じゅうじつ》させて、各個人への理解を深めた上で教科書の内容も変える必要があると考えている。

問6　――⑤「この風刺画は非常によくできている」とありますが、どのような点においてよくできていますか。説明として最も適当なものを次の中から選びなさい。

ア　人間は必ず男女のどちらかに属さなければならないという考えは、ナイフとフォークがあるのに箸を使うほど不自然であることをうまく説明している点。

イ　強制異性愛主義者は男女を固定して考えているが、箸に様々な用途《ようと》があるように、実際はその時々で性的役割は変化していってもいいのだと主張している点。

ウ　黒人解放運動や女性運動のように、違《ちが》う考えを持っていても、対話を重ねることで互《たが》いを理解し、融和的《ゆうわてき》な世界へ変えられると共存を呼びかけている点。

エ　強制異性愛主義者が自分の考えを正しいと思《おも》い込《こ》んでいて、自分とは異なる在り方の人が現実にいることを受《う》け容《い》れられないさまをよく表している点。

問7　――⑥「なぜ、異性カップルはすぐに見つかるのに、同性カップルはほとんど見つからないのでしょうか」とありますが、なぜこのような事態が起きているのですか。最も適当なものを次の中から選びなさい。

ア　誰《だれ》もが思春期前では性別に関係なく人を好きになるが、思春期になると自《おの》ずと異性を好きになる人々が増えて、カップル全体の数に対して同性愛者が少数派になってしまい、あまり目立たなくなるから。

イ　強制異性愛主義者と同じように考え行動するよう、暗黙《あんもく》のうちに強制される世の中で、同性カップルが自分たちは受けいれられないのではないかと不安になり、公共の場へ出ることをためらっているから。

ウ　日本の法律上では男性と女性に二分して性を想定しているので、同性同士のペアの存在はそもそも否定されており、存在したとしても世間から認知《にんち》されない傾向《けいこう》が強いため、じきに破局してしまうから。

エ　日本の婚姻制度も戸籍も男女のペアという異性愛カップルを前提とする中では、同性カップルがいたとしても異性愛主義者には友人関係のように見えて、カップルかどうかの見分けがつかないから。

問8　――⑦「東京の世田谷区と渋谷区では、同性カップルが登録できるパートナーシップ制度の導入をはじめました」とありますが、この話題を取り上げたのはなぜですか。その意図の説明として最も適当なものを次の中から選びなさい。

ア　ＬＧＢＴは手厚い制度の保護下でしか容認《ようにん》されないという嘆《なげ》きを訴えるため。

イ　二つの区だけが先進的かつ模範的《もはんてき》で日本は遅《おく》れていると批判するため。

ウ　制度次第《しだい》でふだんは隠《かく》されている多様性が見えてくるという例をあげるため。

エ　徐々《じょじょ》に制度も拡充《かくじゅう》してＬＧＢＴへの理解が十分に深まっていると宣伝するため。

二

絵師・*1河鍋暁斎《かわなべきょうさい》の娘《むすめ》である「とよ」は、絵を教えていた女子美術学校の教職をいったん辞《や》めることになったため、学校に置いていた荷物を片付けようと荷車の手配を弟の「記六」に頼《たの》むことにした。本文はそれに続く場面です。読んで後の問いに答えなさい。

石川光明は近年、帝室《ていしつ》技芸員や東京美術学校の教員を歴任し、仏師・高村光雲《たかむらこううん》と並ぶ彫刻家《ちょうこくか》の二大巨頭《きょとう》として名を馳《は》せている。象牙《ぞうげ》のみならず、木や石を主たる材料とする石川家であれば、確かに資材運搬《うんぱん》のため、荷車の一、二輌《りょう》置いているはずだ。

しかしながら、背に腹は代えられぬと根岸の赤羽家を訪《おとな》ったとよに、

「すまねえなあ。今ちょっと、先生のところには無沙汰《ぶさた》を続けているんだよ」

と、①記六は太い眉《まゆ》の両端《りょうたん》をわざとらしく下げた。

「あと三月、いやひと月もすりゃあ、ご勘気《かんき》も解けると思うんだ。ただそれまでは俺《おれ》が直接、荷車を借りるのはちょっとなあ」

「ご勘気って、おまえ、いったい何をしでかしたんだい」

石川光明はもともと、暁斎の旧友。暁斎から直々に頼まれて記六を弟子《でし》に加えただけに、ちょっとやそっとの不始末で記六を叱《しか》りはしないはずだ。

声を尖《とが》らせたとよに、記六はちらりと上目を遣《つか》った。

「いや、元はと言えば先生が早とちりをなさっているんだよ。出入りの石屋に支払《しはら》ってこいと預かった銭《ぜに》を、俺がうっかり預かったままにしちまったんだ。それをこちらの言い分も聞かずにいきなり怒《おこ》り出して、もはや弟子ではないとまで仰《おっしゃ》るんだから、先生も*2耄碌《もうろく》が始まっちまったのかもなあ」

②とよは思わず舌打ちをした。自堕落《じだらく》な癖《くせ》には*3しっこい弟が、そんな馬鹿馬鹿《ばかばか》しい失態を犯《おか》すはずがない。おおかた預かった銭をそのまま使《つか》い込《こ》み、それが露見《ろけん》して、破門を食《く》らったのに違いなかった。

「もちろん先生から怒られた後、すぐに銭は全額、石屋に支払ったんだぜ。けど先生と来たら、まさに生業通りの石頭でさ。俺がどれだけ謝っても、今度という今度は許さぬとお冠《かんむり》で――」

「ああ、もう。わかったよ。おまえに頼むのが間違《まちが》いだったさ」

湿《しめ》った座布団《ざぶとん》を蹴立《けた》てて立ち上がったとよに、「待っておくれよ」と③記六はあわててにじり寄った。

「人の話は最後まで聞いとくれよ。俺は役には立てないけれど、先生の元にはまだ幾人《いくにん》も弟弟子《おとうと》たちが詰《つ》めているんだ。あいつら

なら、俺が一言命じりゃあ、喜んで姉さんの手伝いをするはずさ」
「馬鹿も休み休みお言い。おまえが誤ちをした石川先生のご門下に、姉のあたしが頼《たの》み事《ごと》なんぞできるかい」
とはいえ記六からすれば、姉が人手を募《つの》っているとの口実のもと、師匠《ししょう》のご機嫌《きげん》うかがいができるまたとない好機だったのだろう。懸命《けんめい》にとよをなだめるや、すぐに女房《にょうぼう》を下谷竹《したやたけ》町の光明の家に走らせ、あっという間に弟弟子と荷車を借り受ける算段をつけてきた。
「とにかく明日の朝、女子美の正門前で待っていてくれよ。悪いようには計らやしねえからさ」
調子者の記六は、同門の間ではさぞ兄貴風を吹《ふ》かしているのだろう。そう思うと弟の顔をつぶすのも忍《しの》びない。翌朝、とよは渋々《しぶしぶ》、またも女子美術学校に向かった。
足元に伸《の》びる影《かげ》はまだ往来の向こうに至るほど長いにもかかわらず、すでに煉瓦造《れんがづく》りの門の脇《わき》にしゃがみこむ男がいる。とよの足音に、髭《ひげ》に覆《おお》われた四角い顔を上げ、「おはようござんす」と訛《なま》りのある口調で言った。
「記六さんのお姉さんでいらっしゃいますか。俺は光明先生の門下で石彫《いしぼり》をやっている、④北村直次郎《なおじろう》と申します」
弟弟子と聞いていたが、年《とし》の頃《ころ》は記六とさして変わらぬだろう。体つきこそ厳《いか》ついものの、睫毛《まつげ》の濃《こ》い黒目勝ちな目に稚気《ちき》を留《とど》めた三十男であった。
「力仕事には慣れているんで、何でも運びますよ。遠慮《えんりょ》なく仰ってください」
立ち上がれば、直次郎と名乗った男の背丈《せたけ》は優に*4六尺を超える。その癖、巨体《きょたい》に似合わぬ繊細《せんさい》な気質と見えて、*5顔料の木箱は割れぬよう他の荷の上に置き、絵皿は持参した*6反故《ほご》に一枚ずつ包んでほしい、というとよの細かな指示にも嫌《いや》な顔一つしなかった。
雪駄履《せったば》きの足を鳴らしながら、素早《すばや》くも丁寧《ていねい》な動きで荷を車に積《つ》み込《こ》み、最後に荷台全体を筵《むしろ》で覆って縄《なわ》をかけた。
ほんの一時間もかからぬ敏速《びんそく》な仕事ぶりに、*7小使の老爺《ろうや》などは使丁《してい》室の戸口で呆気《あっけ》に取られている。それに軽く手を振《ふ》り、直次郎は梶棒《かじぼう》を引いてさっさと歩き出した。
「さてと、あとはこれを茅町《かやまち》まで届けりゃいいんですよね」
「すまないねえ。本当に助かるよ」
記六に手伝いを頼んだなら、こんな早くには片付くまい。頭を下げたとよに、直次郎は四角い顔をほころばせた。
「気にしないでください。うちの先生のところには牙彫《げちょう》、木彫、石彫と色々なことをやる奴《やつ》が集まってますが、中でも俺は寒水石(大理石)彫が得意なもんで。つい先だっても、この荷車に収まらないほどでっかい石を、茨城《いばらき》の山から一人で切り出して来たんです。それに比べりゃあ、大した苦労じゃありません」
「あたしは彫刻《ちょうこく》はよくわからないんだけどさ。元の材料はそれほど大きくても、やっぱり使えるのはほんの一部なのかい」
そりゃあもう、と直次郎は⑤わが意を得たりとばかりに笑った。
「こないだ切り出した石は、等尺の佐保姫《さほひめ》像を彫《ほ》るつもりで探したんですけどね。多分、六割……いや、七割は石の目が合わないだろうから、下手をすると像を少し小さくしなきゃならないかもしれません」
石にはⓐおしなべて彫成に適した向きがあり、その目が合わない方角にはどれだけ鑿《のみ》を振るってもなだらかな面が現れない、と直次郎は語った。
春の女神《めがみ》として崇《あが》められる佐保姫は、秋の女神たる龍田《たつた》姫と対を成す神霊《しんれい》。この*8むくつけき男がそんな美しい女神を彫るかと思うと、ほほえましい気がした。
「本当は秋の太平洋画会展に出展したいんですけど、どうにも間に合いそうにないんだよなあ。せめて、来年春の東京勧業《かんぎょう》博覧会には出せればと目論《もくろ》んでいるんですが」
「そりゃ、すごい。ずいぶんな意気込《いきご》みだね」
勧業博覧会は明治十年に開催《かいさい》された第一回時から、国内の産業発展や輸出品育成を主たる目的としている。そのため展示品目はもともと水産・化学工業・土木など多種多様に亘《わた》っていたが、来年三月に上野公園一帯で開催されるそれはことに美術に主眼を置き、専用の「美術館」まで拵《こしら》える力の入れようと聞いている。
「いやいや、間に合うかは分かりませんよ。けどもしちゃんと出陳《しゅっちん》が出来れば、その時はお姉さんも是非《ぜひ》見に来てください」
照れた口調で言いながらも、直次郎の大きな唇《くちびる》は嬉《うれ》しげに緩《ゆる》んでいる。自らが作るものを鮮明《せんめい》に脳裏《のうり》に思《おも》い描《えが》いている者だけが浮《う》かべる自信溢《あふ》れる笑《え》みに、とよは⑥眩《まぶ》しさと羨《うらや》ましさが入り混じった目を向けずにはいられなかった。
とよとて二十代の頃《ころ》は、内国勧業博覧会や日本美術協会の展覧会に幾度《いくど》も絵を出してきた。だがこっそり指折り数えれば、舞《ま》い込《こ》む挿絵《さしえ》の依頼《いらい》に追われるままにそれらの展覧会に背を向け、もう十四、五年が経《た》つ。
来年度の東京勧業博覧会は東京府が主催《しゅさい》のため、とよとてその気になれば、掛幅《かけはば》や屏風《びょうぶ》を出陳出来る。とはいえ昨今隆盛《りゅうせい》の日本画とは大きく異なる自分の画風を考えると、一等二等の誉《ほま》れはおろか、三等の中でも第何座を占《し》められるか怪《あや》しい限りだ。
「石川先生のご門下から出陳するのは、あんただけかい」
「いえいえ。多分、俺以外にもあと六、七人は申《もう》し込《こ》むんじゃないですかねえ。なにせ勧業博覧会の審査《しんさ》には、光明先生も名を連ねていらっしゃるんで。ご自分の弟子がほんのわずかしか作品を出さないとあっちゃあ、先生のお立場がないでしょう」

それまで快活だった直次郎の物言いが、この時、わずかに陰《かげ》った。一瞬《いっしゅん》、その理由を考えてから、「ああ、そういうわけかい」ととよは小さくうなずいた。

「うちの記六は、作品を出すつもりがないんだね。まったく、あいつはいつまでも甘《あま》ったれなんだから」

「そ、そんなことはないと思いますよ。俺が知らないだけで、もしかしたらご自宅で俺たちが仰天《ぎょうてん》するようなものを作っていらっしゃるのかもしれないし」

同じ弟子同士である以上、直次郎とて記六の自堕落さは承知しているはずだ。それにもかかわらず兄弟子を庇《かば》う優《やさ》しさが、かえって⑦弟の情けなさを際立《きわだ》たせた。

絵を描けば顔料や墨《すみ》が手指にこびりつくように、物を作る人間は必ず身体のどこかにその痕跡《こんせき》を残す。しかし昨日顔を合わせた弟は、木くずや牙、石の欠片《かけら》一つすら、裾《すそ》にまとわりつかせていなかった。師の叱責《しっせき》を食らうや否《いな》や鑿を投げ捨て、酒浸《さけびた》りの毎日を送っていることは想像するまでもない。

そもそも勧業博覧会に作品を出そうとするだけの気構えが記六にあれば、預かった銭をくすねなぞすまい。結局、入門から二十年近くを経ながらも、記六は彫刻家としてやっていくつもりなぞ、さらさらないのだ。——いや。

唇の端《はし》が急にⓑわななく。ぐいと口を引き結んでそれを押さえつけ、自分とて弟のことは言えまい、ととよは思った。

*9周三郎《しゅうさぶろう》は己《おのれ》の絵が時代遅れと知りながら、節を枉《ま》げない。*10八十吉《やそきち》や八十五郎《やそごろう》は画風こそ暁斎のそれと異なりつつあるものの、それでも家業のかたわら絵を描き続け、展覧会にも出陣を繰り返している。

それに比べれば、自分はどうだ。ちゃんとした絵を描きたいと願いながらも日々の仕事に追われ、結局は今なお安易な挿絵ばかり手がけている。*11きくが没《ぼっ》した際の覚悟《かくご》も、今ではずいぶん昔のことのようだ。そんな己に、弟を怠惰《たいだ》と思う資格があるのだろうか。ただ写生を繰り返すことで、己の絵を描いているが如《ごと》く錯覚《さっかく》しているのではないか。

（違う。あたしは——）

がらがらと鳴る荷車の音が、急に耳に障《さわ》る。⑧道に落ちる己の影が、吸《す》い込《こ》まれるように黒かった。

（澤田瞳子《さわだとうこ》『星落ちて、なお』文藝春秋刊による）

注

＊1　河鍋暁斎……幕末から明治にかけて活躍《かつやく》した浮世絵《うきよえ》師、日本画家。

＊2　耄碌……年をとって頭脳や身体のはたらきがおとろえること。

＊3　はしっこい……「はしこい」の音変化。機転がきき、動作が素早《すばや》い様子。

＊4　六尺……一尺は約三十センチ。

＊5　顔料……絵の具、塗料《とりょう》のこと。

＊6　反故……書画などを書きそんじた不用の紙。

＊7　小使の老爺などは使丁室の……「小使」は用務員、「使丁室」は用務員室のこと（現在では用いないが、原文のままにしています）。

＊8　むくつけき……無骨な。

＊9　周三郎……とよの兄。

＊10　八十吉や八十五郎……ともに父・暁斎の弟子。

＊11　きく……とよの妹。

問1　～～～ⓐ「おしなべて」、ⓑ「わななく」の意味として、最も適当なものをそれぞれ次の中から選びなさい。

ⓐ「おしなべて」
ア　あからさまに　イ　その時々で　ウ　ごくまれに　エ　特別で　オ　すべて一様に

ⓑ「わななく」
ア　不平や怒《いか》りでとがる　イ　不安や動揺《どうよう》でふるえる　ウ　驚《おどろ》きやあきれで開く
エ　心労や悲しみで固まる　オ　喜びや楽しみでつり上がる

問2 ――①「記六は太い眉の両端をわざとらしく下げた」とありますが、この様子の説明として最も適当なものを次の中から選びなさい。

ア いつも小言ばかりのとよが珍《めずら》しく自分を頼《たよ》ってきたので、困った風を装《よそお》いながら、恩を高く売りつけようとしている。

イ 自分に落ち度があるように決めつける先生に腹立たしさを感じ、とよを味方につけ弁護してもらおうと演技している。

ウ 自分の悪行が原因で先生ともめていることを、とよに叱られたくないので、落《お》ち込《こ》んだ様子を見せようとしている。

エ 面倒《めんどう》なことをとよが持ち込んでくるのはいつものことだが、今回は先生のご勘気を理由にさりげなく断ろうとしている。

問3 ――②「とよは思わず舌打ちをした」とありますが、その理由として最も適当なものを次の中から選びなさい。

ア 自堕落なことは知っていたが、相も変わらず問題を起こして、先生に迷惑《めいわく》をかけている上に、非難まですることが腹立たしかったから。

イ 駄目《だめ》な点もあるが、はしっこい弟がつまらない失態を犯すわけもなく、先生が耄碌していると決めつけていることがいらだたしかったから。

ウ たまには弟をあてにしようと思ったけれど、いつまで経っても先生に頭が上がらず言いなりなのを見て、あまりに不甲斐《ふがい》なかったから。

エ 日頃《ひごろ》から弟が何をしても役不足なのはある程度理解していたけれど、まったく予想通りで改善をうながし続けることに疲《つか》れてしまったから。

問4 ――③「記六はあわててにじり寄った」とありますが、その理由として最も適当なものを次の中から選びなさい。

ア 駄目な自分でも頼ってくれた姉の期待に何とか応えたいから。

イ 誤解があっただけで悪いのは先生だと分かってほしかったから。

ウ 先生は無理でも弟弟子を使えるという妙案《みょうあん》を思いついたから。

エ 今回の件をきっかけに何とか先生との関係を修復したいから。

問5　――④「北村直次郎」とありますが、本文から読み取れる彼《かれ》の人物像を説明したものとして最も適当なものを次の中から選びなさい。

ア　重い荷物を軽々と運ぶ姿をさりげなく見せつけて、とよに褒《ほ》めてもらおうとするかわいらしさを持った人物。

イ　とよの気持ちを推《お》し量《はか》らずに話を遮《さえぎ》って、自分の作品の話を長々とするような自分にしか興味を持てない人物。

ウ　作品作りへの意欲が高いだけでなく、兄弟子からの頼みを快く引き受けるような周囲への思いやりのある人物。

エ　自分の作品に対する自信をもとに、兄弟子であってもその欠点を指摘《してき》するように筋の通った真面目な人物。

問6　――⑤「わが意を得たり」とありますが、どういうことですか。説明として最も適当なものを次の中から選びなさい。

ア　手早く依頼を済ませて創作活動にはげもうと思っていたが、自分の一番話したい内容をとよが問うてきたということ。

イ　自分の作りたいものを思い描いており、まさに最大の関心事である創作に関連する話をとよが振ってきたということ。

ウ　記六に面倒な仕事を頼まれたので、とよが無理に気を遣って自分の関心を得ようと雑談を持ちかけてきたということ。

エ　記六のせいで気を病《や》んでいたとよが、色々話すうちに互いに打ち解けて自分の彫刻に興味を持ってくれたということ。

問7　――⑥「眩しさと羨ましさ」とありますが、それらを感じるのはなぜですか。理由を六十字以内で説明しなさい。

問8　――⑦「弟の情けなさ」とありますが、どのような点が情けないのですか。説明として最も適当なものを次の中から選びなさい。

ア　自分の作品をつくろうという意気込みもなく、先生に怒られたままで酒浸りの毎日を送っている点。

イ　自信がないからと言って、こっそりと自宅で先生や弟弟子を驚かせようと作品を用意している点。

ウ　本当は展覧会に作品を出したいのに、いつまでも自ら作るものを思い描けずに手間取っている点。

エ　展覧会に作品を出そうという気もないくせに、先生に嘘《うそ》をついてまで金を盗《ぬす》もうとしている点。

問9 ――⑧「道に落ちる己の影が、吸い込まれるように黒かった」とありますが、この表現から読み取れるよの心情として最も適当なものを次の中から選びなさい。

ア 後進を育成する教職と創作活動を並行《へいこう》しながらも、自分なりに満足のいく絵を描けているつもりだったが、直次郎と周三郎の独自性あふれる作品や熱心に創作する姿を見て、創作に対する自己評価の甘さを恥《は》じている。

イ 記六の生き方に呆《あき》れていたが、ひたむきに創作へ打《う》ち込《こ》む石川の弟子たちと比べると、結局のところ似たもの同士の姉弟《してい》で、いつもやらないための言い訳ばかりを用意しているという卑怯《ひきょう》さを自覚し、落胆《らくたん》している。

ウ 父親ゆずりの芸術的才能が自分にあると信じてこれまでは絵を描いてきたが、本当の自分は記六と同様で創作意欲を持っていないだけでなく、そもそも才能がないことに気付いてしまい、絶望感にうちひしがれている。

エ 作品作りに本腰《ほんごし》を入れない弟とは違って、自分は創作意欲を持ち続けていると思っていたが、改めて自問するとそれを積極的に肯定《こうてい》できるだけの日々を本当に送ってきただろうかと、暗然とした気持ちになっている。

三　次の各問いに答えなさい。

問1　次の①～⑤の各文を読んで、[a]～[e]に当てはまることわざ・慣用句として最も適当なものを、後の記号からそれぞれ選びなさい。ただし、同じ記号を二度以上用いてはいけません。

①　彼の答弁を聞いてもどうも[a]。

②　こんなにたくさんの資料をすぐに仕上げるなんて[b]。

③　いい年をして後輩《こうはい》の邪魔《じゃま》をするとは[c]。

④　彼は失敗に学ばないからいつまでも[d]。

⑤　このままこうして議論ばかりしていても[e]。

ア　腑《ふ》に落ちない　　イ　埒《らち》があかない　　ウ　隅《すみ》に置けない

エ　うだつがあがらない　　オ　風上にも置けない

問2　次の詩において――「わたしのなかの／獣が暴れていて」とはどういうことですか。説明しなさい。

花占《はなうらな》い　　三角みづ紀

帰宅途中《とちゅう》の
坂をのぼる
手前の野原で
いつも花を摘《つ》む
わずかな母への贈《おく》り物《もの》

シロツメクサ
ツユクサ
ナノハナの黄色
朝顔は夕方にはしぼんでしまう

昨夜から母と話していない
わたしのなかの
獣《けもの》が暴れていて
黒ずんだ尾《お》が伸《の》びつづけ
言葉さえかすめとる

自転車を停《と》めて
いちまいいちまい花片《はなびら》を
躊躇《ちゅうちょ》なくちぎって数える

雲ひとつない
夕暮れのなかで
しぼんだ朝顔になる

四

次の各文の――を漢字に改めなさい。ただし、必要なものには送り仮名《がな》をつけること。

① 要人のケイビを強化する。
② 花壇《かだん》から雑草を取りノゾク。
③ 今度の会議に向けてヒサクを考える。
④ 今日の出来事をニッシに書く。
⑤ 時間をかけて畑をタガヤス。
⑥ 空気に触《ふ》れることでサンカする。
⑦ ヤマナシ県へと旅行に行く。
⑧ 自然のカトウを多く含んだシロップ。

2023年度

清風南海中学校入学試験問題（SG・A入試）

算　数（60分）

注意　① 解答用紙に受験番号，名前を記入し，
受験番号シールを所定の欄《らん》にはりつけなさい。

② 答えはすべて，解答用紙に記入しなさい。
解答欄からはみ出た場合は不正解となります。

③ 分度器は使ってはいけません。

④ 円周率は $\frac{22}{7}$ として計算しなさい。

⑤ 円すい，三角すい，四角すいの体積は，

(体積)＝ $\frac{1}{3}$ ×(底面積)×(高さ)　として求められます。

⑥ 比を答える問題は，もっとも簡単な整数の比で表しなさい。

⑦ 解答用紙のみ提出しなさい。

2023(R5) 清風南海中
K 教英出版

1 □ に当てはまる数を求めなさい。

(1) $\frac{1}{2} + 0.75 \div \left\{\left(3.25 - \frac{7}{10}\right) \div 1.7\right\} = \square$

(2) $0.54 \times \left\{1\frac{3}{5} \div 0.225 - \left(2\frac{1}{3} - 0.3\right) \div 6.1 \times 4\frac{2}{3}\right\} = \square$

(3) $\left(1\frac{1}{2} + \square \div 1.625\right) \times 0.1 = 0.95$

(4) $1\frac{1}{2} - \left\{2.25 - \left(\square + 1\frac{1}{6}\right) \times \frac{1}{3}\right\} \times \frac{2}{3} = \frac{1}{3}$

2 次の各問いに答えなさい。

(1) ある仕事をするのに，大人1人と子ども1人でするとちょうど24日かかり，大人2人と子ども3人でするとちょうど10日かかります。

① この仕事を大人2人と子ども2人ですると何日かかりますか。

② この仕事を子ども2人でると何日かかりますか。

(2) SさんとNさんのはじめの所持金は同じで，2人がおこづかいをもらうと，SとNの所持金の比は5：7になりました。SとNがもらったおこづかいの比は3：8でした。

① Sのはじめの所持金とSがもらったおこづかいの比をもっとも簡単な整数の比で答えなさい。

② おこづかいをもらったあと，SがNに1000円を渡《わた》しました。すると，SとNの所持金の比は1：2になりました。Sのはじめの所持金はいくらですか。

(3) 子どもにクッキーを配ります。

① 1人に4個ずつ配ると12個余り，1人に6個ずつ配ると，1個ももらえない子どもが1人いて，それ以外の子どもは6個もらえました。このとき，子どもは何人いますか。

② 1人に5個ずつ配ると17個余り，1人に8個ずつ配ると，1個ももらえない子どもが2人いて，4個未満しかもらえない子どもが1人いて，それ以外の子どもは8個もらえました。このとき，子どもは何人いますか。

(4) ある数を，連続する1以上の奇数《きすう》の和で表したときの，真ん中の数を考えます。たとえば，15は3＋5＋7と表せるので，真ん中の数は5です。

① 255を連続する3つの奇数の和で表すとき，真ん中の数を答えなさい。

② 255を連続する奇数の和で表すとき，真ん中の数として考えられるものは何通りありますか。

算数の試験問題は，次のページに続きます。

(5) 下の図のように，半径が7 cm の半円があり，弧《こ》AB の長さは16 cm です。
ただし，円周率は $\frac{22}{7}$ とします。

① （弧AB の長さ）：（弧BC の長さ）をもっとも簡単な整数の比で表しなさい。

② （の部分の面積）－（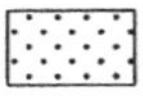の部分の面積）を求めなさい。

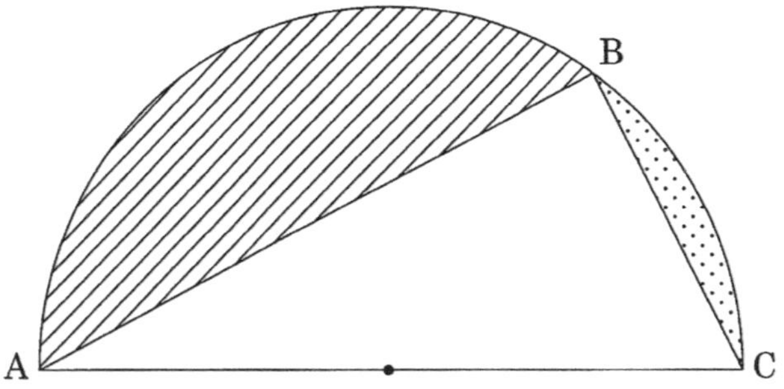

2023(R5) 清風南海中

算数の試験問題は，次のページに続きます。

(6) 高さが84cmの2つの円柱の容器ア，イがあります。アとイの底面の半径はそれぞれ5cmと10cmです。下の図のように，イの中にアを底面がぴったり重なるように入れます。アの内側の部分をA，イの内側でアの外側の部分をBとします。Aを水で満たしてから，アの側面に穴を1つ開けたところ，AとBの水面の高さの比が4：1になりました。ただし，容器の厚みと穴の大きさは考えないものとします。

① 穴は底から何cmのところにありますか。

② そのあと，容器にふたをして，水がこぼれないように上下を逆にしました。そのとき，Bの水面の高さを求めなさい。ただし，ふたの厚みは考えないものとします。

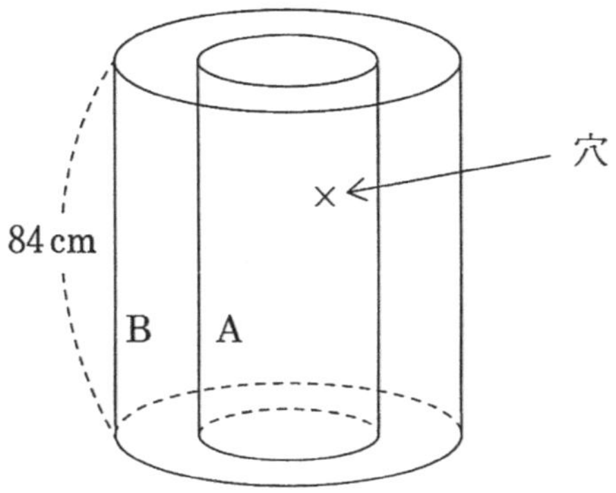

算数の試験問題は，次のページに続きます。

3 下の図のような長方形ABCDがあり，HIはABに平行で，JKはBCに平行です。AE＝10cm，AF＝15cm，AH＝CKであり，三角形AFEと三角形BCFが合同であるとき，次の問いに答えなさい。

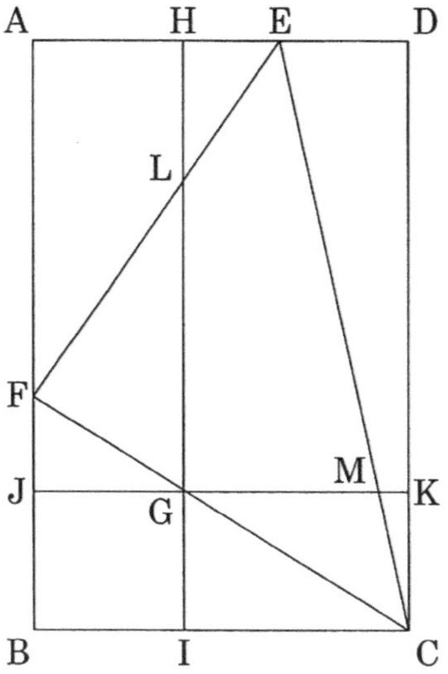

(1) FJ：JGをもっとも簡単な整数の比で表しなさい。

(2) JGの長さを求めなさい。

(3) LGの長さを求めなさい。

(4) （三角形LFGの面積）：（三角形GCMの面積）をもっとも簡単な整数の比で表しなさい。

2023(R5) 清風南海中

算数の試験問題は，次のページに続きます。

4 「仕入れ額率」とは，売り上げのうち仕入れ額が占《し》める割合のこととし，

(仕入れ額率) = (仕入れ額) ÷ (売り上げ) × 100

で計算します。

たとえば，商品Aを500円で，商品Bを2000円で仕入れ，AとBを合わせた売り上げが10000円であったとき，その売り上げに対する「仕入れ額率」は

$$(500 + 2000) \div 10000 \times 100 = 25\,(\%)$$

です。

ある店では，商品Pと商品Qを販売《はんばい》しています。仕入れたPがすべて売れたとき，Pの「仕入れ額率」は30％で，仕入れたQがすべて売れたとき，Qの「仕入れ額率」は20％です。次の問いに答えなさい。ただし，仕入れた商品は翌日以降に持ち越《こ》せないものとします。

(1) 1日目は，仕入れたPとQをすべて売り切ったところ，Pの売り上げは600円，Qの売り上げは1000円でした。この日のPとQを合わせた仕入れ額はいくらですか。

(2) 2日目は，仕入れたPとQをすべて売り切ったところ，PとQを合わせた売り上げは3000円で，その売り上げに対する「仕入れ額率」は28％でした。この日のPの売り上げはいくらですか。

(3) 3日目は，すべて売り切る予定で，Pだけを仕入れました。しかし，すべては売れなかったため，Pの売り上げは900円で，その売り上げに対する「仕入れ額率」は40％になりました。予定では，Pの売り上げはいくらでしたか。

(4) 4日目は，すべて売り切ると，PとQを合わせた売り上げに対する「仕入れ額率」が24％になる予定で，PとQを仕入れました。しかし，PもQもすべては売れなかったため，PとQを合わせた売り上げは1500円で，その売り上げに対する「仕入れ額率」は32％になりました。予定では，Pの売り上げはいくらでしたか。

算数の試験問題は，次のページに続きます。

5 ［図1］のように，途中《とちゅう》にトンネルがある円形の線路の模型があります。電車の模型A，Bはそれぞれ矢印の向きに一定の速さで走っています。Aは車両の長さが20cmで外側を，Bは車両の長さが16cmで内側を走っています。AとBは9時に地点Pですれちがい始め，その60秒後にもPですれちがい始めます。

地点QからAを見たとき，AとBがすれちがっている間やAがトンネルに入っている間は，Aの車両はBの車両やトンネルでかくれるので，「Qから見えるAの車両の長さ」は短くなります。［図2］はAとBがすれちがっている途中の図で，XとYの和が「Qから見えるAの車両の長さ」です。

グラフは9時からの経過時間と「Qから見えるAの車両の長さ」との関係を表したものです。以下の問いに答えなさい。

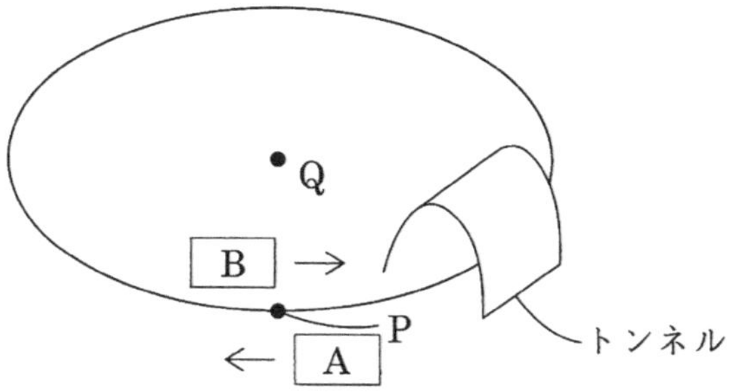

［図1］

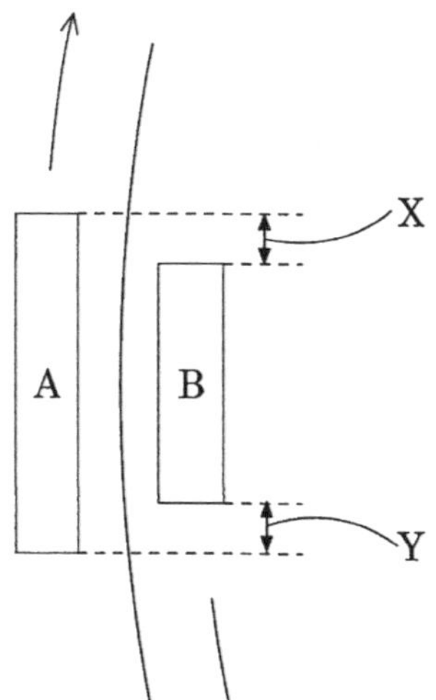

［図2］

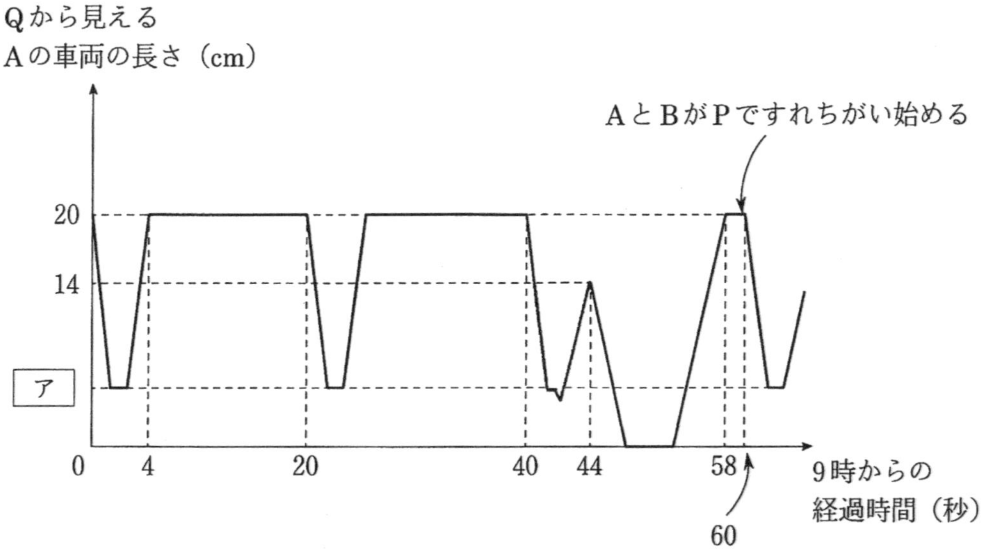

(1) ア に当てはまる数を答えなさい。

(2) Aが線路を1周する間にBは何周しますか。

(3) A，Bの速さはそれぞれ秒速何cmですか。

(4) トンネルの長さは何cmですか。この問題については，求め方も書きなさい。

算数の試験問題は，これで終わりです。

2023(R5) 清風南海中
教英出版

2023年度

清風南海中学校入学試験問題（SG・A 入試）

理　科（40分）

注意　① 解答用紙に受験番号，名前を記入し，
受験番号シールを所定の欄《らん》にはりつけなさい。

② 答えはすべて，解答用紙に記入しなさい。
解答欄からはみ出した場合は不正解となります。

③ 字数を数える場合，ことわりのない限り，
句読点や符《ふ》号《ごう》なども一字として数えなさい。

④ 解答用紙のみ提出しなさい。

1 次の文章を読み，問１～問４に答えなさい。

地球は太陽のまわりを図１のように１年かけてまわっています。また，１日の間に地球は地軸《ちじく》を中心に１回転します。地軸が少し傾《かたむ》いているため，地球と太陽の位置関係によって，太陽光の地球への当たり方が変化します。そのため，日本では四季があらわれるようになります。日本付近で地球が①の位置にいたときには，真昼には図２のように太陽光が当たります。その時の地面と太陽光の間の角度が南中高度となります。

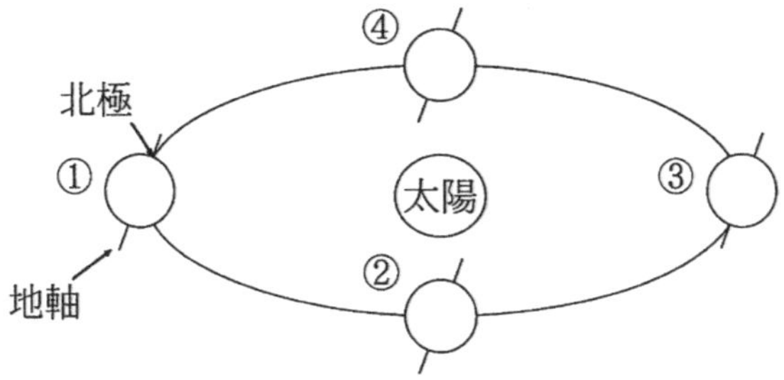

図１

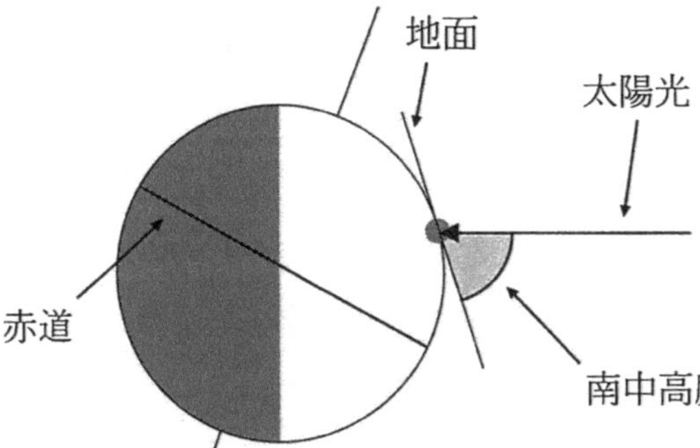

図２

問１　図１の③の位置に地球があるときの日本の季節はどれですか。最も適しているものを次のア～エの中から１つ選び，記号で答えなさい。

ア 春　　イ 夏　　ウ 秋　　エ 冬

問2　「A. 夏至《げし》の日の日本」,「B. 秋分の日の赤道」での太陽の動きとして最も適しているものを，次のア～キの中からそれぞれ１つずつ選び，記号で答えなさい。

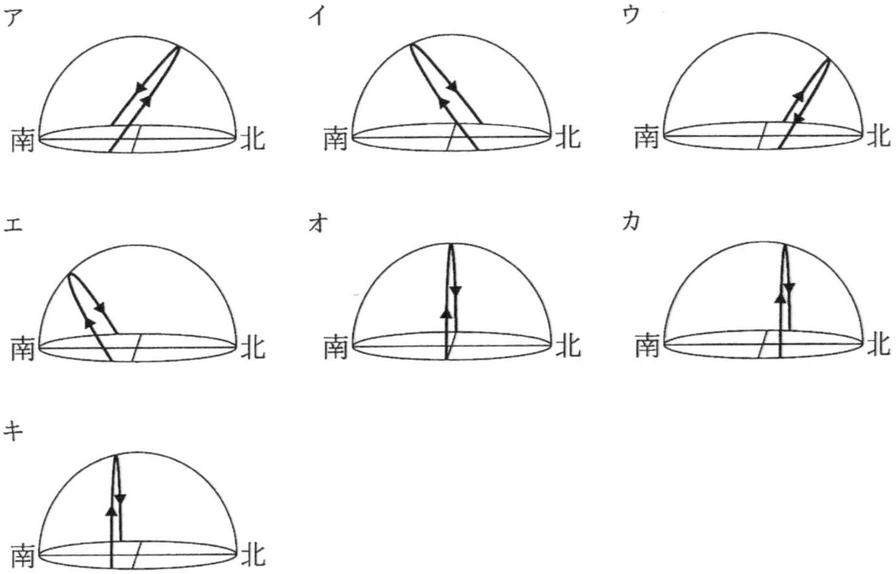

問3　夏至の日の「A. 北極」と「B. 南極」，秋分の日の「C. 北極」と「D. 南極」での太陽の動きとして最も適しているものを，次のア～エの中からそれぞれ１つずつ選び，記号で答えなさい。ただし，１日中太陽が見えない場合は解答欄《らん》に×を書きなさい。

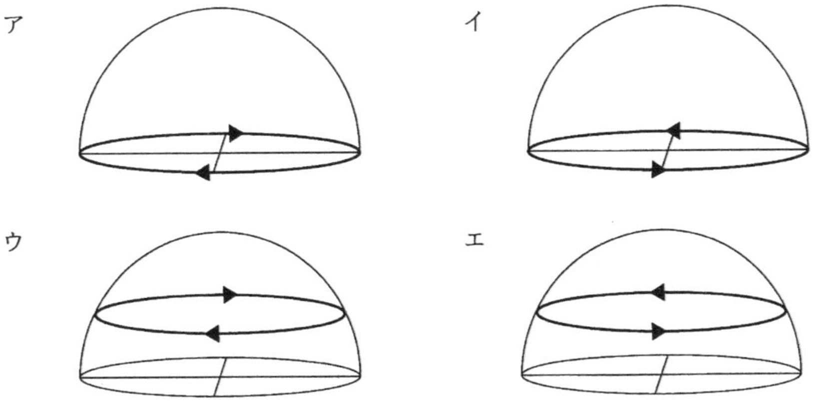

問４　赤道付近では空気は循環《じゅんかん》しています。図３は春分の日の赤道付近（北緯《ほくい》，南緯《なんい》0°～26°付近）での空気の動きを表した模式《もしき》図です。図中の⑩の地域《ちいき》は赤道直下にあります。これについて以下の（１），（２）に答えなさい。ただし，年間を通して赤道付近の空気の動きはあまり動かず安定しているものとします。

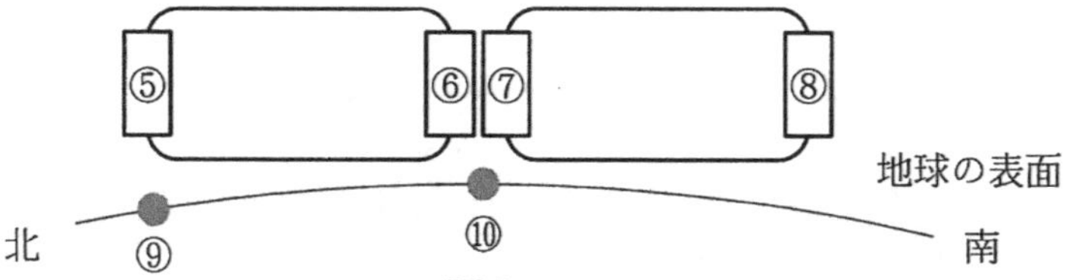

図３

（１）　赤道付近での空気の動く向きは，どのようになると考えられますか。また，赤道付近の⑥と⑦の空気は，なぜそう動くと考えられますか。空気の動く向きを次のア～エの中から，空気の動く理由を次のオ～コの中から，それぞれ１つずつ選び，記号で答えなさい。

ア

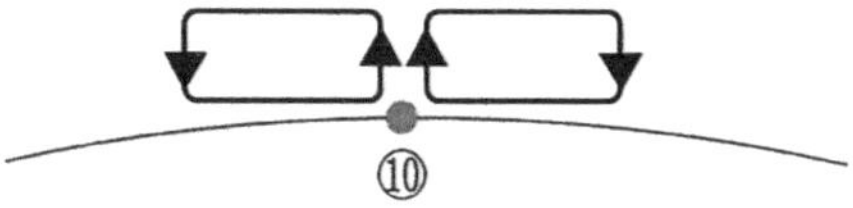

イ

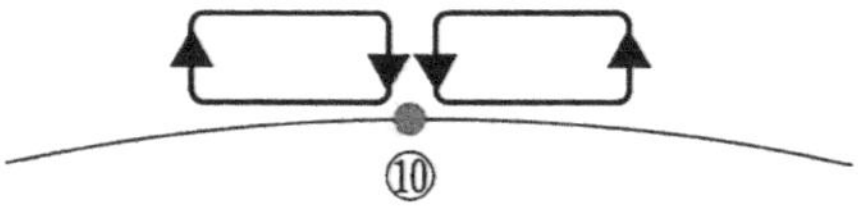

ウ

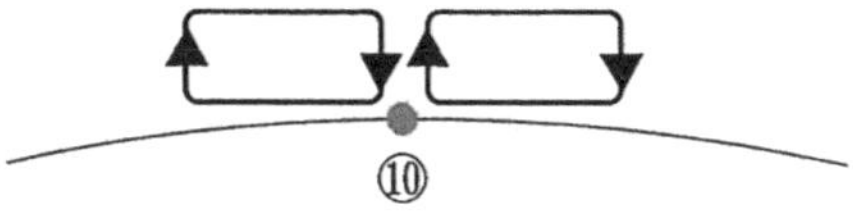

エ

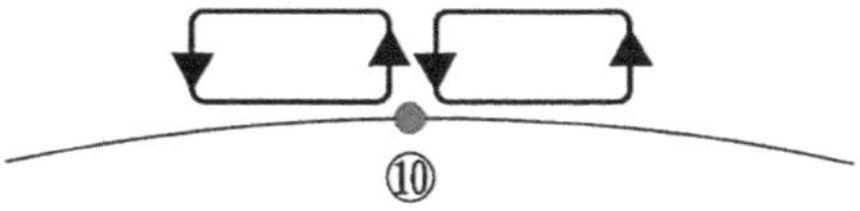

オ　地表面が暖《あたた》められて空気が軽くなるから。
カ　地表面が暖められて空気が重くなるから。
キ　地表面が冷やされて空気が軽くなるから。
ク　地表面が冷やされて空気が重くなるから。
ケ　北半球が冷やされて空気が重くなり，南半球が暖められて空気が軽くなるから。
コ　北半球が冷やされて空気が軽くなり，南半球が暖められて空気が重くなるから。

（２）　図３の⑨と⑩の地域での雨の降《ふ》りやすさについて最も適している組み合わせを，次のア～エの中から１つ選び，記号で答えなさい。

	⑨	⑩
ア	降りやすい	降りやすい
イ	降りやすい	降りにくい
ウ	降りにくい	降りやすい
エ	降りにくい	降りにくい

2　次の文章Ⅰ～Ⅲを読み，問１～問８に答えなさい。

Ⅰ　４種類の水よう液Ａ，Ｂ，Ｃ，Ｄがあります。それらは，**食塩水，炭酸水，重そう水，うすいアンモニア水のいずれか**です。水よう液Ａ～Ｄを調べると，次のような性質があることがわかりました。

水よう液Ａ：気体が発生している。においがない。
　　　　　　蒸発《じょうはつ》させると何も残らない。
水よう液Ｂ：見た目は水と変わらない。つんとしたにおいがする。
　　　　　　蒸発させると何も残らない。
水よう液Ｃ：見た目は水と変わらない。においがない。
　　　　　　蒸発させると白い固体が残る。
　　　　　　水溶液Ｃを赤色リトマス紙につけると，リトマス紙は青くなる。
水よう液Ｄ：見た目は水と変わらない。においがない。
　　　　　　蒸発させると白い固体が残る。

問１　水よう液Ａから発生した気体を集め，その中に火をつけた線香《せんこう》を入れるとどうなりますか。最も適しているものを次のア～ウの中から１つ選び，記号で答えなさい。

ア　激《はげ》しく燃えた後，消える。
イ　長時間おだやかに燃えた後，消える。
ウ　すぐに消える。

問２　水よう液Ａから発生した気体を，石灰《せっかい》水に通すとにごりました。何色ににごるか答えなさい。

問３　水よう液Ｂをリトマス紙につけるとどうなりますか。最も適しているものを次のア～ウの中から１つ選び，記号で答えなさい。

ア　赤色リトマス紙は赤いままで，青色リトマス紙も青いままである。
イ　赤色リトマス紙は青くなり，青色リトマス紙は青いままである。
ウ　赤色リトマス紙は赤いままで，青色リトマス紙は赤くなる。

問４　水よう液Ｃは何ですか。最も適しているものを次のア～エの中から１つ選び，記号で答えなさい。

ア　食塩水　　　イ　炭酸水　　　ウ　重そう水
エ　うすいアンモニア水

Ⅱ　水酸化ナトリウムは白い固体で水にとけます。水酸化ナトリウムの水よう液を，水酸化ナトリウム水よう液といい，アルカリ性を示します。

うすい水酸化ナトリウム水よう液に，鉄を加えても変化しませんが，アルミニウムを加えると，気体が発生してとけます。うすい塩酸に鉄を加えると，鉄はとけてほとんど見えなくなりました。

うすい水酸化ナトリウム水よう液とうすい塩酸を混ぜると，おたがいの性質が打ち消され，リトマス紙の色が変わらなくなっていきます。

問５　試験管にいれたうすい塩酸に鉄を加えたとき，どのような変化がありますか。最も適しているものを次のア～エの中から１つ選び，記号で答えなさい。

ア　気体は発生しない。試験管はあたたかくなる。
イ　気体は発生しない。試験管はあたたかくならない。
ウ　さかんに気体が発生する。試験管はあたたかくなる。
エ　さかんに気体が発生する。試験管はあたたかくならない。

問６　うすい塩酸に鉄がとけたあと，この水よう液を蒸発させると，色のついた固体が出てきました。この色のついた固体にうすい塩酸を加えるとどうなりますか。次のア，イのどちらか１つを選び，記号で答えなさい。

ア　気体が発生する。　　　イ　気体は発生しない。

うすい水酸化ナトリウム水よう液に，うすい塩酸を混ぜ合わせました。混ぜ合わせる水よう液の体積をいろいろと変えて，表１－１のＡ～Ｅの水よう液をつくりました。Ａ～Ｅの水よう液に，十分な量の鉄を加えて発生した気体の量を調べました。また鉄の代わりに，十分な量のアルミニウムを加えて発生した気体の量を調べました。その結果を表１－２にまとめました。

表１－１	混ぜ合わせた水よう液の体積（cm^3）				
	A	B	C	D	E
うすい水酸化ナトリウム水よう液	12.5	25	50	100	150
うすい塩酸	50	100	100	100	100

表１－２	発生した気体の体積（cm^3）				
	A	B	C	D	E
鉄を加えたとき	①	56	0	0	0
アルミニウムを加えたとき	28	56	0	②	672

問７　表１－２の①，②に当てはまる数字を答えなさい。

Ⅲ　うすい硫酸《りゅうさん》は無色とう明な水よう液で，酸性を示します。うすい硫酸に鉄やアルミニウムを加えると，気体が発生してとけます。

うすい水酸化ナトリウム水よう液とうすい硫酸を混ぜると，おたがいの性質が打ち消され，リトマス紙の色が変わらなくなっていきます。

表１－１と同じこさのうすい水酸化ナトリウム水よう液に，うすい硫酸を混ぜ合わせました。混ぜ合わせる水よう液の体積をいろいろと変えて，表２－１のＦ～Ｉの水よう液をつくりました。Ｆ～Ｉの水よう液に，十分な量の鉄を加えて発生した気体の量を調べました。また鉄の代わりに，十分な量のアルミニウムを加えて発生した気体の量を調べました。その結果を表２－２にまとめました。

表２－１	混ぜ合わせた水よう液の体積（cm^3）			
	F	G	H	I
うすい水酸化ナトリウム水よう液	6.25	12.5	25	75
うすい硫酸	12.5	25	25	25

表２－２	発生した気体の体積（cm^3）			
	F	G	H	I
鉄を加えたとき	14	28	0	0
アルミニウムを加えたとき	14	28	0	③

問８　表２－２の③に当てはまる数字を答えなさい。

3 次の文章Ⅰ～Ⅲを読み，問１～問７に答えなさい。

Ⅰ　昆虫《こんちゅう》について，以下の問に答えなさい。

問１　アブラゼミ・オニヤンマ・トノサマバッタ・タガメについて，（１），（２）のようなグループに分けました。それぞれのグループ分けに用いた基準として，最も適しているものを次のア～エの中から１つずつ選び，記号で答えなさい。

（１）〔アブラゼミ・トノサマバッタ〕 と 〔オニヤンマ・タガメ〕

（２）〔アブラゼミ・タガメ〕 と 〔オニヤンマ・トノサマバッタ〕

ア　口の形　　イ　はねの枚数《まいすう》　　ウ　主なエサの種類（食性）

エ　主な産卵《さんらん》場所

問２　問１で示された昆虫は，ふ化してから何回かの脱皮《だっぴ》を経て，さなぎにはならずに成虫まで成長します。このような成虫になるまでの過程を何と言いますか。ひらがな９文字で答えなさい。

Ⅱ　通常，動物は毎日エサを食べることで，生きるために必要なものを補充《ほじゅう》しています。そのうちの１つをＡとします。Ａは体内で使われたり，体外に捨《す》てられたりして，失われていきますが，Ａを含《ふく》むエサを食べることで補充されます。そのため，体内のＡの割合《わりあい》（こさ）は，常に一定に保たれます。

しかし，毎日食べるものの中には，体内で使われなかったり，体外に捨てられたりしないものもあります。そのうちの１つをＸとします。この場合，Ｘを含むエサを食べるたびに，体内でのＸの割合（こさ）がどんどん高まります。このように，体内でのこさが体外よりも高まることを生物濃縮《のうしゅく》と呼びます。

問３　生物濃縮は，「食べる・食べられるの関係」の中で起こります。「食べる・食べられるの関係」による生物同士のつながりを何と言いますか。ひらがな８文字で答えなさい。

問４　生物濃縮によって，体に有害な物質がたまると，イタイイタイ病や水俣《みなまた》病のような公害病が起こる場合があります。生物濃縮が直接的な原因となり，公害病を引き起こしてしまう可能性が最も高いものを，次のア～エの中から１つ選び，記号で答えなさい。

ア　ペットとして飼育していた外来生物を自然環境《かんきょう》に放す。

イ　工場排水《はいすい》を処理《しょり》せずに，河川に排出《はいしゅつ》する。

ウ　火力発電によって生じた二酸化炭素を排出する。

エ　放牧地を確保するために森林を伐採《ばっさい》する。

Ⅲ　生物濃縮を使って，動物が食べたエサの量を調べることができます。エサの中に含まれるXは生物濃縮をうけて，体外に捨てられることなく，体内にどんどんたまっていきます。そのため，動物の体内にためられたXの総量は，それまでの生活を送る中で食べたエサに含まれていたXの総量と同じです。

今，ウシとコオロギを食用に適した大きさまで育て，それぞれの体内にためられたXのこさを調べました。表1は，ウシ1頭とコオロギ1匹《ぴき》についての，体重，体内にためられたXのこさ，食べたエサの総量，エサに含まれるXのこさを示しています。ただし，食べたエサはすべて吸収《きゅうしゅう》されるものとします。

表1	体重	体内にためられたXのこさ〔ppm〕	食べたエサの総量	エサに含まれるXのこさ〔ppm〕
ウシ	800kg	0.75	20トン	0.03
コオロギ	1.5g	①	3g	0.03

表1中のppmは，100万分の1の割合を示す単位です。例えば，1000000g（1000kg）の1ppmは1gになります。表1では，エサや動物の体内に含まれるXの割合を，こさと表現しています。

問5　表1について，ウシ800kgの体内にためられたXの総量は何gになるか答えなさい。

問6　文章Ⅲの下線部の考え方を使って，表1の①に当てはまる数字を答えなさい。

食肉には，ウシなどの動物が利用されます。表1のように，1頭のウシを800kgまで育てるためには20トン（20000kg）のエサを必要とします。一方でコオロギの集団を800kg育てるために必要なエサの量は20トンよりも少ないため，新たな食料源《しょくりょうげん》として注目されています。

問7　コオロギの集団を800kg育てるために必要なエサの量は何トンになるか答えなさい。

4　次の文章を読み，問１～問６に答えなさい。

複数の豆電球と電池を使って回路を作り，豆電球の明るさを調べました。問題で使う豆電球と電池は，すべて同じ種類です。流れる電流が大きいほど豆電球は明るくなり，同じ大きさの電流が流れると明るさも同じになります。

３つの豆電球①，②，③と１つの電池を使って，図１の回路を作りました。豆電球はすべて光っています。図１の豆電球①，②，③に流れる電流の大きさの比は，①：②：③＝２：１：１でした。

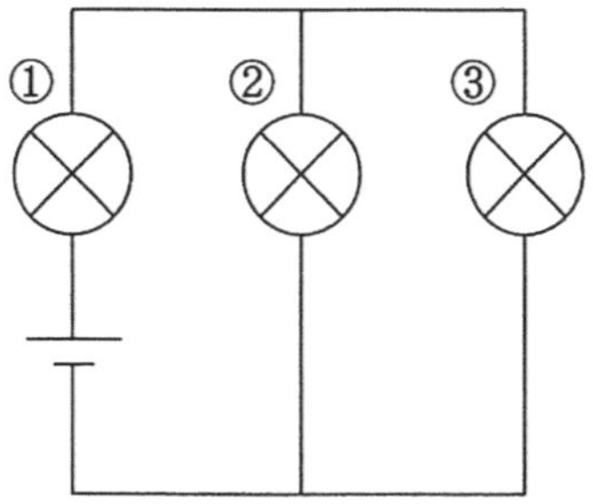

図１

問１　次に電池の場所を変えて，図２の回路を作りました。図２の豆電球はすべて光っています。図２の豆電球①，②，③の明るさについて最も適しているものを，次のア～エの中から１つ選び，記号で答えなさい。

ア　①が一番明るい
イ　②が一番明るい
ウ　③が一番明るい
エ　①，②，③の明るさはすべて同じ

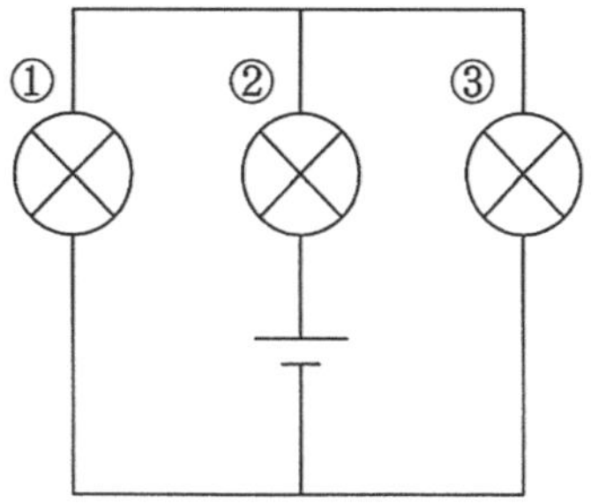

図２

問２　図１と図２で，同じ番号の豆電球（図１の①と図２の①，図１の②と図２の②，図１の③と図２の③）の明るさを，それぞれ比べました。豆電球①，②，③は，図１と図２のどちらが明るいですか。各豆電球の明るさの大小関係として最も適しているものを，次のア～ウの中からそれぞれ１つずつ選び，記号で答えなさい。

ア　図１の明るさ ＞ 図２の明るさ　　　イ　図１の明るさ ＝ 図２の明るさ
ウ　図１の明るさ ＜ 図２の明るさ

3つの豆電球①，②，③と2つの電池を使って，図3のような回路を作りました。図3の豆電球はすべて光っています。図3の回路に流れる電流は，図1，図2の回路を使って，次のように考えることができます。

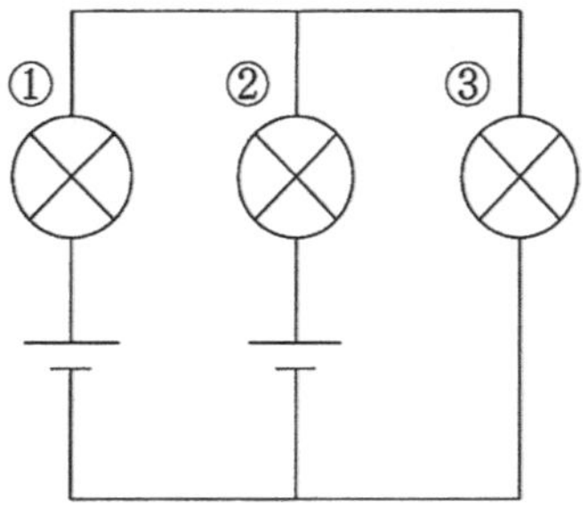

図3

【図3に流れる電流の考え方】

電池が2つの回路を考えるときは，どちらか1つの電池を残して，もう1つを取り外し，取り外した部分を導線でつないだ，電池が1つの回路を2種類考えます。

今回だと，図3の回路から電池を1つ取り外し，取り外した部分を導線でつないだものが，それぞれ図1と図2の回路になります。図1と図2に流れる電流を合わせたものが，図3に流れる電流になります。

例えば『図1の豆電球①に，上向きで大きさ2の電流』，『図2の豆電球①に，上向きで大きさ1の電流』が流れると考えたとします。この考えが正しければ，図3の豆電球①には，図1と図2の電流をたした，『上向きで大きさ3の電流』が流れることになります。

また『図1の豆電球①に，上向きで大きさ2の電流』，『図2の豆電球①に，下向きで大きさ1の電流』が流れると考えたとします。この考えが正しければ，図3の豆電球①には，図1から図2の電流を引いた，『上向きで大きさ1の電流』が流れることになります。豆電球②，③に流れる電流も同じように考えます。

図1，図2に流れる電流を正しく考えることができれば，この2つを合わせて，図3に流れる電流を計算することができます。

問3　図3の豆電球①，②，③の明るさについて最も適しているものを，次のア～エの中から1つ選び，記号で答えなさい。

ア　①が一番明るい　　イ　②が一番明るい　　ウ　③が一番明るい

エ　①，②，③の明るさはすべて同じ

問4　豆電球②は，図2と図3のどちらが明るいですか。明るさの大小関係として最も適しているものを，次のア～ウの中から1つ選び，記号で答えなさい。

ア　図2の明るさ ＞ 図3の明るさ　　イ　図2の明るさ ＝ 図3の明るさ

ウ　図2の明るさ ＜ 図3の明るさ

4つの豆電球④，⑤，⑥，⑦と1つの電池を使って，図4のような回路を作りました。また図4に電池を1つ加えて，図5のような回路を作りました。電池が2つある図5の回路は，図3の回路と同じ考え方をします。図4，図5の豆電球④，⑤，⑥，⑦は，すべて光っています。

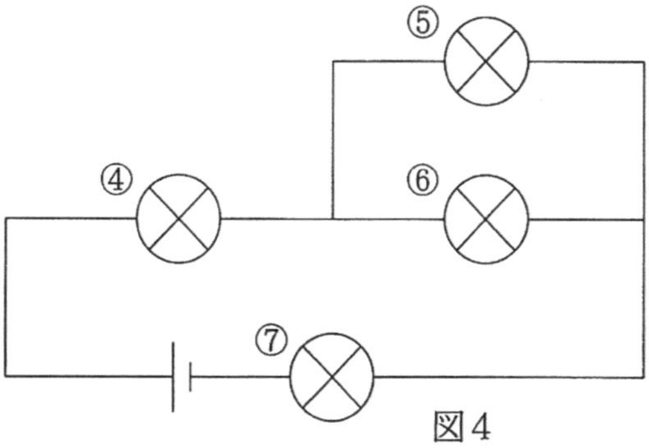

図4

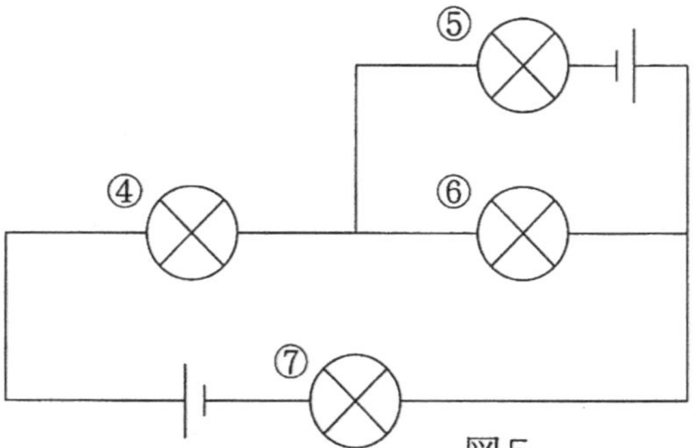

図5

問5　豆電球⑤は，図4と図5のどちらが明るいですか。明るさの大小関係として最も適しているものを，次のア～ウの中から1つ選び，記号で答えなさい。

ア　図4の明るさ ＞ 図5の明るさ　　　イ　図4の明るさ ＝ 図5の明るさ

ウ　図4の明るさ ＜ 図5の明るさ

図5から電池の向きを1つだけ変えて，図6のような回路を作りました。図6の豆電球④，⑤，⑥，⑦は，すべて光っています。

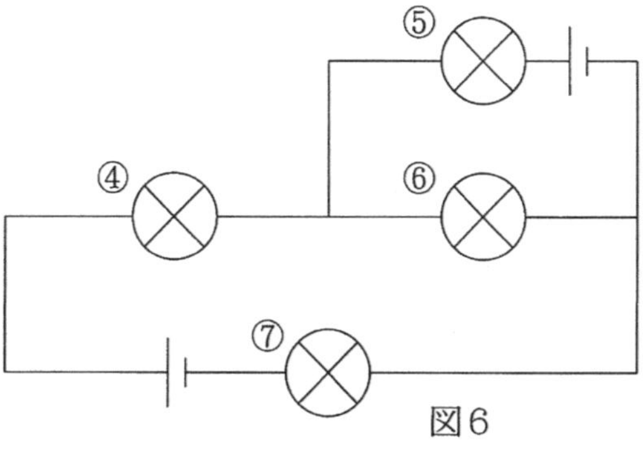

図6

問6　豆電球⑥は，図5と図6のどちらが明るいですか。明るさの大小関係として最も適しているものを，次のア～ウの中から1つ選び，記号で答えなさい。

ア　図5の明るさ ＞ 図6の明るさ　　　イ　図5の明るさ ＝ 図6の明るさ

ウ　図5の明るさ ＜ 図6の明るさ

2023年度

清風南海中学校入学試験問題（Ａ入試）

社　会（40分）

注意　①　解答用紙に受験番号，名前を記入し，
受験番号シールを所定の欄《らん》にはりつけなさい。

②　答えはすべて，解答用紙に記入しなさい。
解答欄からはみ出た場合は不正解となります。

③　字数を数える場合，ことわりのない限り，
句読点や符号《ふごう》なども一字として数えなさい。

④　解答用紙のみ提出しなさい。

2023(R5) 清風南海中
K 教英出版

1 日本と世界の第一次産業について，あとの問い（問１～７）に答えなさい。

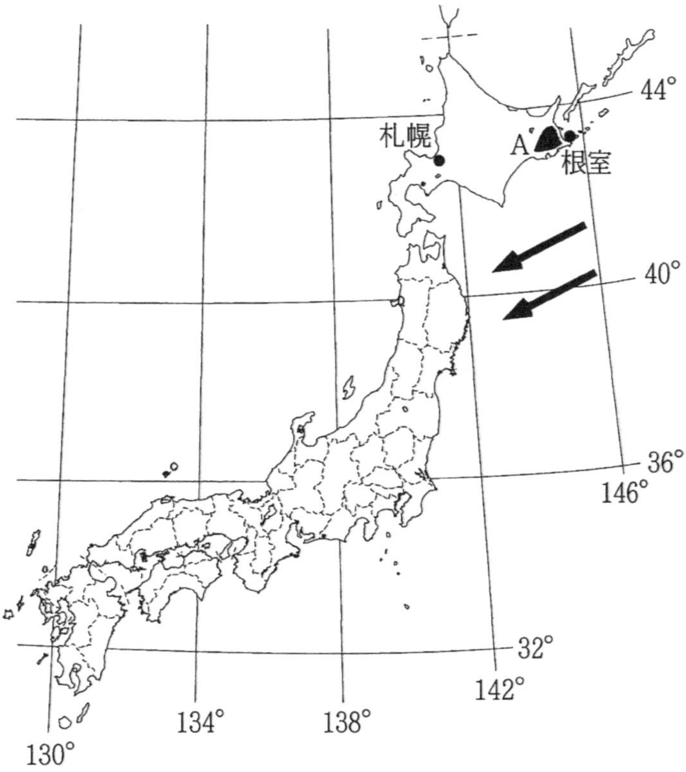

〔図１〕

問１　〔図１〕中の矢印は，初夏のころに時々吹《ふ》く風を示している。この風が吹くと太平洋岸に濃霧《のうむ》が発生し，農作物の生育が悪化し，生産量が減少する被害がでることがある。この風を何というか答えなさい。

問２　北海道東部地域について，次の（１）～（３）の問いに答えなさい。

（１）〔図１〕中のＡは火山灰が堆積《たいせき》してできた200m未満の台地である。この台地の名前を漢字で答えなさい。

（2）〔図2〕は北海道で生産量の多い生乳・大根・ねぎ・はくさいの各都府県の生産量を3段階で示している。Aの地域で行われている農牧業にもっとも関係が深いものを，〔図2〕中のア～エのうちから1つ選び，記号で答えなさい。

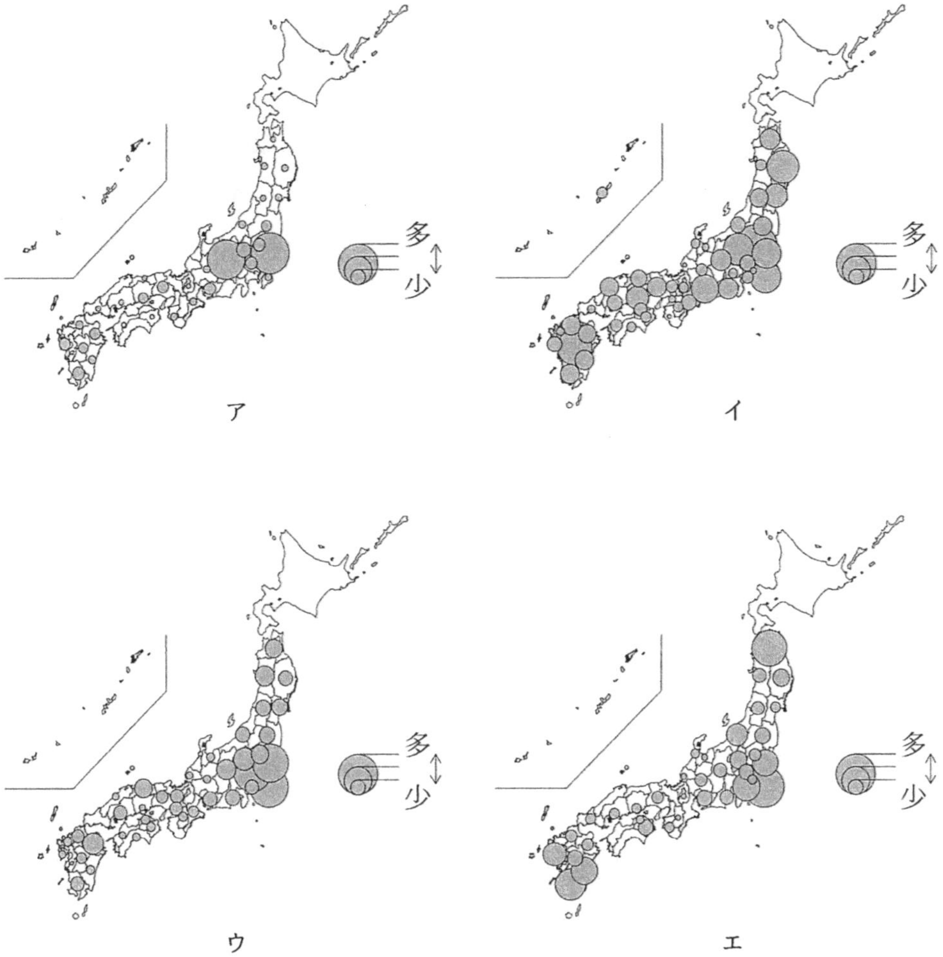

注：北海道は除いている
統計年次は2020年

『データでみる県勢2022』より作成

〔図2〕

（３）〔表１〕は根室・札幌・大阪のおおよその位置を示している。１月１日の根室の日の出時間が午前６時50分の時，札幌と大阪の日の出時間の組み合わせとして正しいものを，あとのア～エのうちから１つ選び，記号で答えなさい。

〔表１〕

各都市の緯度・経度

	北緯	東経
根室	43度	145度
札幌	43度	141度
大阪	35度	135度

	ア	イ	ウ	エ
札幌	6：50	6：50	7：06	7：06
大阪	7：05	7：30	7：05	7：30

問３　次のⅠ・Ⅱは日本の農牧業と関連産業の特徴を示している。Ⅰは水田率と７月の平均降水量に対する１月の平均降水量の割合との関係，Ⅱは都道府県人口に占《し》める50才未満の割合と製造品出荷額に占める食料品工業の割合との関係を示している。〔図３〕中のア～エは北海道・秋田県・新潟県・東京都のいずれかである。秋田県にあてはまるものを，〔図３〕中のア～エのうちから１つ選び，記号で答えなさい。

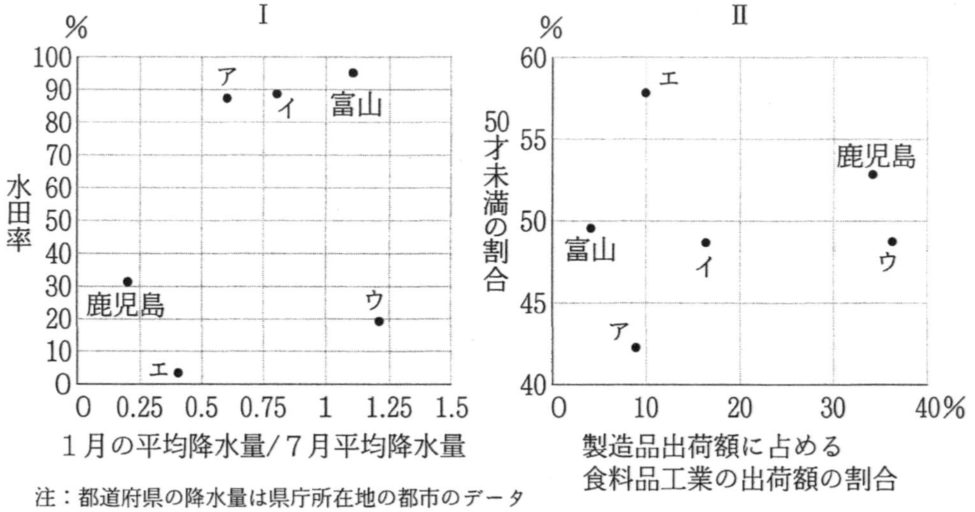

注：都道府県の降水量は県庁所在地の都市のデータ
　　水田率は農地面積に占める水田の面積の割合
　　統計年次：製造品出荷額・人口は2019年　水田率は2020年

『データでみる県勢2020』『気象庁』より作成

〔図３〕

問４　次の〔図４〕はある期間における日本の各漁業別の水あげ量の推移を示している。1985年にあてはまる時期を〔図４〕中のア～エのうちから１つ選び，記号で答えなさい。

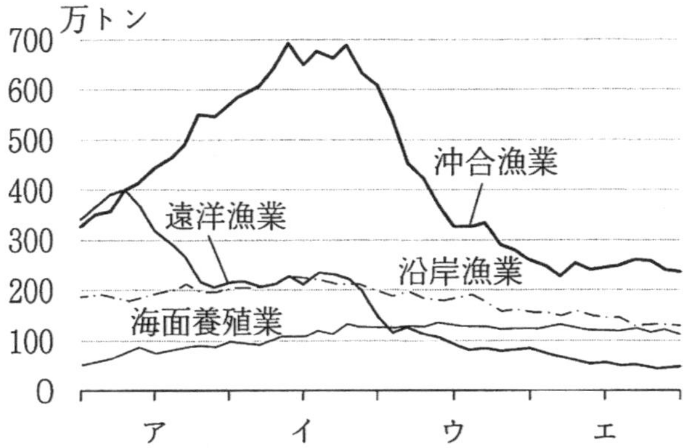

注：目盛りは５年間隔《かんかく》　　『水産白書』より作成

〔図４〕

問５　次の地図は群馬県嬬恋村《つまごいむら》の地理院地図である。この地図について，次ページの（１）・（２）の問いに答えなさい。

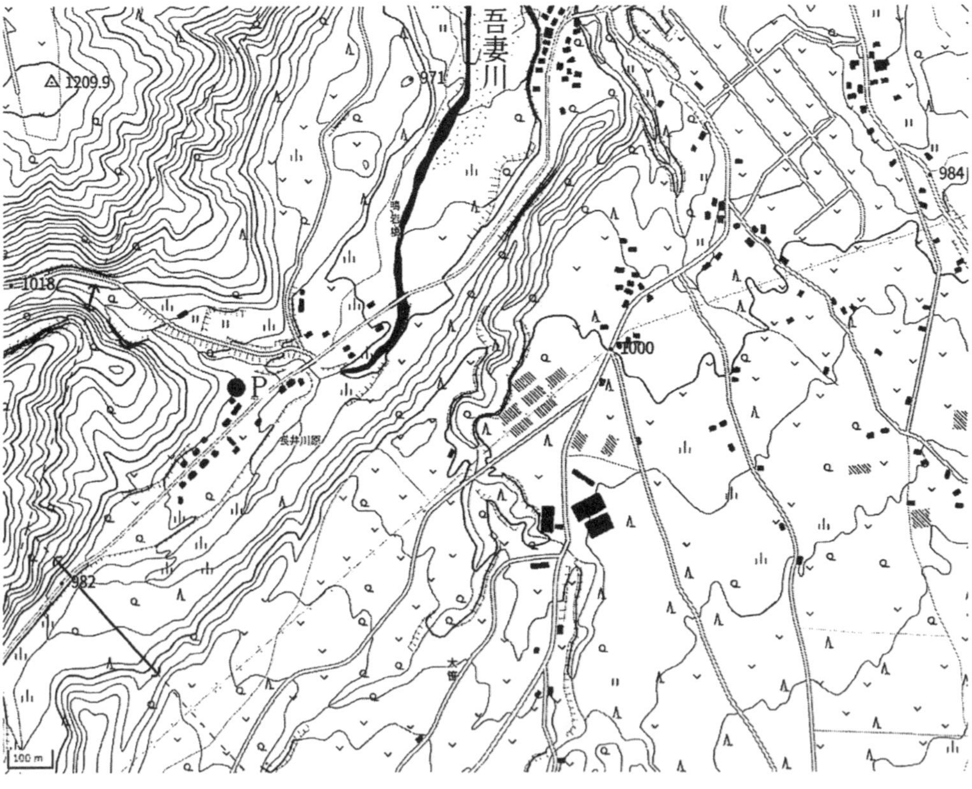

地理院地図 Vector（一部改変）より作成

（1） 次の文章は地図から読み取れる内容である。下線部ア～エのうちから誤っているものを１つ選び，記号で答えなさい。

この地域は (ァ)北から南へと流れる吾妻《あがつま》川を境にして，大きく地形と土地利用が異なる。西側は山がせまり，その斜面《しゃめん》は (ィ)針葉樹林や広葉樹林が混じる森林が主である。東側は (ゥ)急な傾斜《けいしゃ》を登ると，緩《ゆる》やかな丘陵《きゅうりょう》地形が広がり，畑に利用されているところが多く，森林は少ない。(ェ)西側の山の山頂と麓《ふもと》のＰ地点との標高差はおよそ240ｍである。

（2） 〔図５〕はこの地域で主に栽培されている作物の生産統計である。嬬恋村における，この作物の栽培，流通などについて述べた文として，最も適当なものを，あとのア～エのうちから１つ選び，記号で答えなさい。

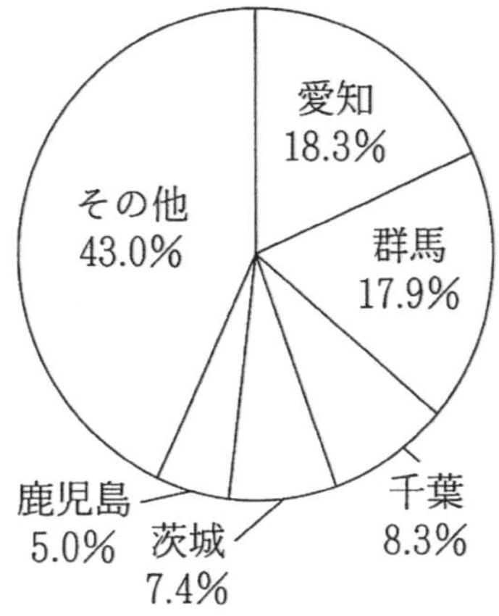

統計年次は2020年　　　　『データでみる県勢2020』より作成

〔図５〕

ア．他の産地と出荷《しゅっか》時期をずらすために，ビニールハウスで栽培している。

イ．大型の機械を使って収穫《しゅうかく》することで，人件費を節約している。

ウ．農家のかわりに農協が組織的に全国販売するため，農協に出荷する農家が多い。

エ．インターネット通販《つうはん》が発達し，村全体の収穫量《しゅうかくりょう》の約40%は海外へ輸出している。

問6　次の〔図6〕は牛肉，まぐろ，さけ・ます，木材の日本の輸入先を示している。さけ・ますに該当《がいとう》するものを，〔図6〕中のア～エのうちから1つ選び，記号で答えなさい。

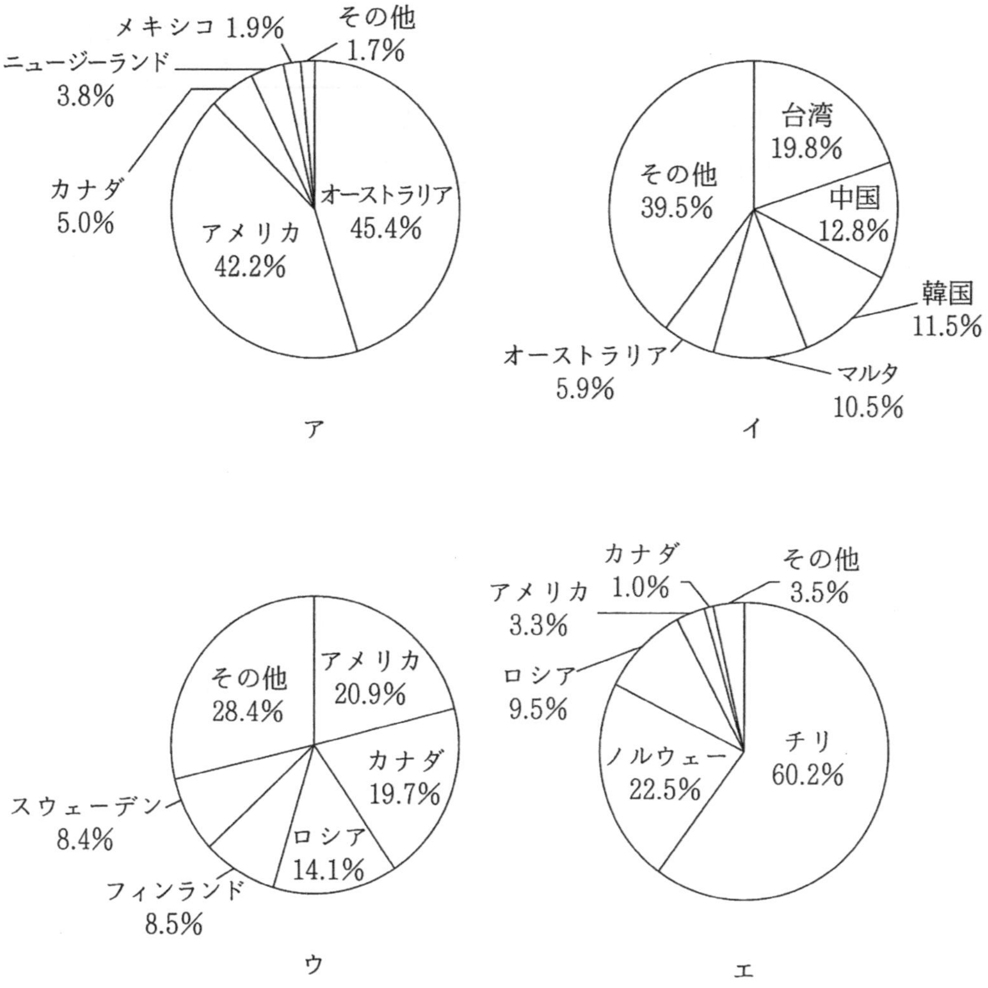

統計年次は2020年　　『データブック オブ ザ ワールド2022』より作成

〔図6〕

問７　作物は一定の気温がなければ，栽培することが難しくなる。一般的《いっぱんてき》に気温が低く，栽培が困難になる境界線を栽培限界といい，北半球では栽培北限という。次の〔図７〕のＸ～Ｚはヨーロッパにおけるオリーブ・小麦・ぶどうのいずれかの栽培北限を示している。また，〔表２〕はヨーロッパにおけるオリーブ・小麦・ぶどうの生産上位国を示している。作物とその栽培北限との組み合わせとして，最も適当なものを，あとのア～カのうちから１つ選び，記号で答えなさい。

注：ヨーロッパにウクライナやロシアを含《ふく》んでいない。

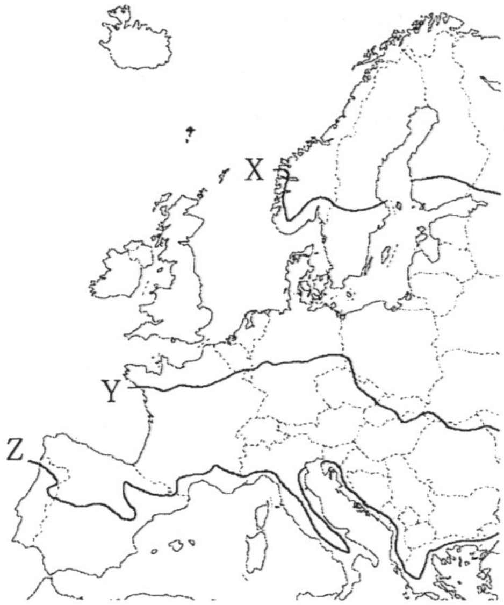

〔図７〕

〔表２〕

オリーブ（千トン）

スペイン	5,965	30.6%
イタリア	2,194	11.3%
ギリシャ	1,228	6.3%
ポルトガル	997	5.1%
その他	9,080	46.7%
世界計	19,464	

小麦（万トン）

フランス	4,060	5.3%
ドイツ	2,306	3.0%
イギリス	1,623	2.1%
ポーランド	1,081	1.4%
ルーマニア	1,030	1.3%
その他	66,477	86.8%
世界計	76,577	

ぶどう（千トン）

イタリア	7,900	10.2%
スペイン	5,745	7.4%
フランス	5,490	7.1%
ドイツ	1,125	1.5%
ポルトガル	863	1.1%
その他	56,014	72.6%
世界計	77,137	

統計年次は2019年　　『世界国勢図会2021/22』より作成

	ア	イ	ウ	エ	オ	カ
X	オリーブ	オリーブ	小　麦	小　麦	ぶどう	ぶどう
Y	小　麦	ぶどう	オリーブ	ぶどう	オリーブ	小　麦
Z	ぶどう	小　麦	ぶどう	オリーブ	小　麦	オリーブ

2 次の文章を読み，あとの問い（問１～５）に答えなさい。

古代日本においては天皇による遷都《せんと》の宣言により，天皇が政治を行う場所として都が定められた。(a)聖徳太子が摂政をつとめた推古天皇以降，ほとんどの天皇は飛鳥地方に王宮を設置し，７世紀末には，飛鳥地方の北部に藤原京が完成した。その後，(b)８世紀初めには中国の都長安を模倣《もほう》した平城京が完成した。(c)平城京において天皇による政治が行われると同時に，勢力を伸ばした藤原氏が台頭した。その後，桓武天皇は平城京で勢力を伸ばした仏教勢力の排除をめざし，平安京へ都をうつした。以後，東京に都をうつすまで，約1000年間，京は都としてあり続けた。

12世紀後半には，平氏と源氏の影響力が強くなるなか，京においての権力闘争《とうそう》に武士が介入し，武士の力が大きく認められるようになった。その後に成立した鎌倉幕府は，東国を基盤《きばん》としていたが，承久の乱や (d)元寇を背景に勢力を拡大した。14世紀，京都室町に誕生した武家政権は，守護大名による連合政権の性格をもった。大名同士の争いに将軍の後継者争いがからみ合って，京の町を主な戦場とした応仁の乱が起こり，戦国時代の幕開けとなった。この戦国時代において，16世紀半ばに勢力を拡大した人物の一人として (e)織田信長があげられる。

問１　下線部（a）に関して，この時代を飛鳥時代という。飛鳥時代について述べた次のⅠ・Ⅱの文の正誤を判断し，その組み合わせとして正しいものを，あとのア～エのうちから１つ選び，記号で答えなさい。

Ⅰ　この時代の建物の屋根は草や板を用いて仕上げており，当時，屋根に瓦《かわら》をのせている建物は存在しなかった。

Ⅱ　聖徳太子は有力豪族の蘇我氏と協力しながら，天皇中心の政治体制を目指して国家体制を整えていった。

	ア	イ	ウ	エ
Ⅰ	正	正	誤	誤
Ⅱ	正	誤	正	誤

問２　下線部（b）に関して，８世紀初めにつくられた，各地域の自然環境や地名の由来などを記した地理書を何というか，漢字で答えなさい。

問3　下線部（c）に関して，平城京・平安京における政治や文化に大きく携《たずさ》わった人物として，聖武天皇と藤原道長があげられる。聖武天皇と藤原道長について述べた文として正しいものを，次のア～エのうちから1つ選び，記号で答えなさい。

ア．聖武天皇は政治の安定を願って，たびたび都をうつし，平城京に戻《もど》ることはなかった。

イ．聖武天皇は民間で布教していた僧行基の協力を得て，東大寺の大仏をつくらせた。

ウ．藤原道長は遣唐使として阿倍仲麻呂を派遣し，唐の新しい知識を伝えさせた。

エ．藤原道長は政治の簡素化をはかるため，貴族が重視していた年中行事を廃止《はいし》した。

問4　下線部（d）に関して述べた文として正しいものを，次のア～エのうちから1つ選び，記号で答えなさい。

ア．元軍の襲来前，元の皇帝は日本に従属を求めて，鎌倉幕府に使者を送っていた。

イ．元軍が襲来した13世紀後半，鎌倉幕府は滅んだ。

ウ．元軍の襲来後，元は高麗を支配下においた。

エ．元軍の襲来後，この戦いに参加した全ての御家人に十分な恩賞が与えられた。

問5　下線部（e）に関して述べた次のⅠ・Ⅱの文の正誤を判断し，その組み合わせとして正しいものを，あとのア～エのうちから1つ選び，記号で答えなさい。

Ⅰ　織田信長が自国領土内の文化の発展に力を入れた結果，有田焼《ありたやき》などのすぐれた焼き物がつくられるようになった。

Ⅱ　織田信長は桶狭間の戦いで今川義元を破った後，浅井氏，毛利氏，武田氏など有力大名を攻め滅ぼすことに成功した。

	ア	イ	ウ	エ
Ⅰ	正	正	誤	誤
Ⅱ	正	誤	正	誤

3 次の文章を読み，あとの問い（問１～５）に答えなさい。

徳川慶喜が政権を朝廷に返上した1867年，武士による政治は終わりを告げた。そして（ａ）江戸幕府に代わり，天皇を中心とした政府が誕生した。日本は，従来の攘夷《じょうい》政策を捨て，欧米の技術・文化を受け入れてさまざまな改革を行い，（ｂ）近代国家としての道を歩み始めた。しかし，このような改革は，社会に混乱をもたらすこともあった。そうした中，政府に不満を持つ人々によって，（ｃ）憲法をつくり国会を開こうとする動きが始まったのは1870年代のことである。

その後，（ｄ）第１回衆議院議員選挙が行われたのちに開かれた帝国議会は，日本国憲法の施行まで92回開かれた。しかし，大日本帝国憲法下では（ｅ）天皇の権限が非常に強く，帝国議会には，現在の国会のように多くの権限は与えられていなかった。

問１　下線部（ａ）に関して，江戸幕府は，大名を統制するために，将軍が変わるごとに武家諸法度を出した。次の〔資料１〕は，徳川家光の時に出された武家諸法度の一部である。この資料が出された当時の状況と幕府による大名統制について述べたあとのⅠ・Ⅱの文の正誤を判断し，その組み合わせとして正しいものを，下のア～エのうちから１つ選び，記号で答えなさい。

> 一　文武弓馬の道に，ひたすら励むようにしなさい。…（中略）…武術は武家の要《かなめ》となることである。…（中略）…平和の世であっても，戦乱の世を忘れず，どうして修錬《しゅうれん》に励まないでいいことがあろうか。
>
> 一　大名は，毎年４月に参勤すること。近ごろは，参勤の人数が多すぎるので，少なくすること。これは治めている領地の無駄な出費であり，人々の苦しむところとなる。これからはふさわしい人数に減らすこと。

〔資料１〕

Ⅰ　江戸幕府にとって最大の脅威《きょうい》である豊臣氏との戦いに備えて，戦いがおこっていないときであっても，武芸の鍛錬《たんれん》に励むよう大名に命じている。

Ⅱ　江戸幕府は，各藩の経済力や軍事力が強まってきたため，参勤交代を通じて，大名の出費を増やすよう命じている。

	ア	イ	ウ	エ
Ⅰ	正	正	誤	誤
Ⅱ	正	誤	正	誤

二〇二三年度 清風南海中学校入学試験SG・A入試解答用紙

国語

（六〇分）

国語 2312111

受験番号

名前	

一 43点

問1 ⓐ ⓑ

問2

問3

問4

問5

問6

問7

問8

問1 ⓐ ⓑ

問2

問3

問4

問5

問6

※120点満点

総得点

	②	円		
(3)	①	人	②	人
(4)	①		②	通り
(5)	①	弧AB : 弧BC		
	②	cm^2		
(6)	①	cm	②	cm

3
22点

(1)	FJ : JG
(2)	cm
(3)	cm
(4)	三角形LFG : 三角形GCM

(4)	求め方
	答え cm

問5	問6	問7 ①	問7 ②
問8			

3
20点

問1（1）	問1（2）	問2
問3		問4
問5 g	問6	問7 トン

4
20点

問1	問2 豆電球①	問2 豆電球②	問2 豆電球③
問3	問4	問5	問6

3 15点

問1		問2		問3	

問4													

問5	

小　計

4 10点

問1		問2		問3	
問4		問5			

小　計

5 10点

問1	（1）		問1	（2）	
問1	（3）		問2		問3

小　計

2023(R5) 清風南海中
K 教英出版

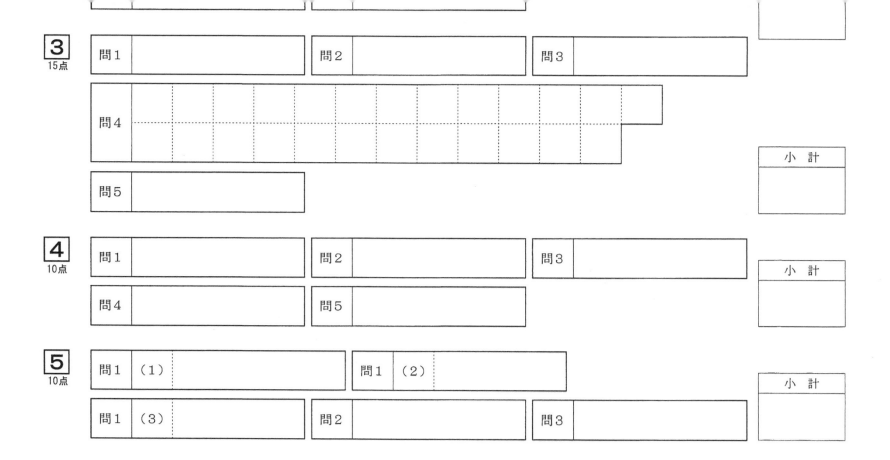

2023年度　清風南海中学校入学試験Ａ入試解答用紙

社　会

（40分）

社会 2312115

受験番号	名前

※80点満点

総得点

1

30点

問１	問２（１）	問２（２）
問２（３）	問３	問４
問５（１）	問５（２）	問６
問７		

小計

2

問１	問２	問３

【解答

2023年度 清風南海中学校入学試験SG・A入試解答用紙

理 科

（40分）

理科 2312114

受 験 番 号	名 前

※80点満点

総 得 点

1
19点

問１	問２ A	問２ B	
問３ A	問３ B	問３ C	問３ D
問４（１）動く向き	動く理由	問４（２）	

【解答

2023年度 清風南海中学校入学試験SG・A入試解答用紙

算数

算数 2312112

（60分）

受験番号	名前

※120点満点

総得点	

1 20点

(1)	
(2)	
(3)	
(4)	

2 34点

(1)	①	日	②	日
		はじめの所持金		おこづかい

4 22点

(1)	円
(2)	円
(3)	円
(4)	円

5 22点

(1)	
(2)	周
	A 秒速

【解答

43

問8

問9

18点 三

問1

a

b

c

d

e

問2

16点 四

① ケイビ

② ノゾク

③ ヒサク

④ ニッシ

⑤ タガヤス

⑥ サンカ

⑦ ヤマナシ

⑧ カトウ

問２　下線部（ｂ）に関して，次のグラフは1890年と1910年の日本の輸出品の割合を示したグラフである。このグラフのＡ～Ｄには，緑茶，生糸，綿織物，絹織物のいずれかが当てはまる。Ａに当てはまる品目を，あとのア～エのうちから１つ選び，記号で答えなさい。

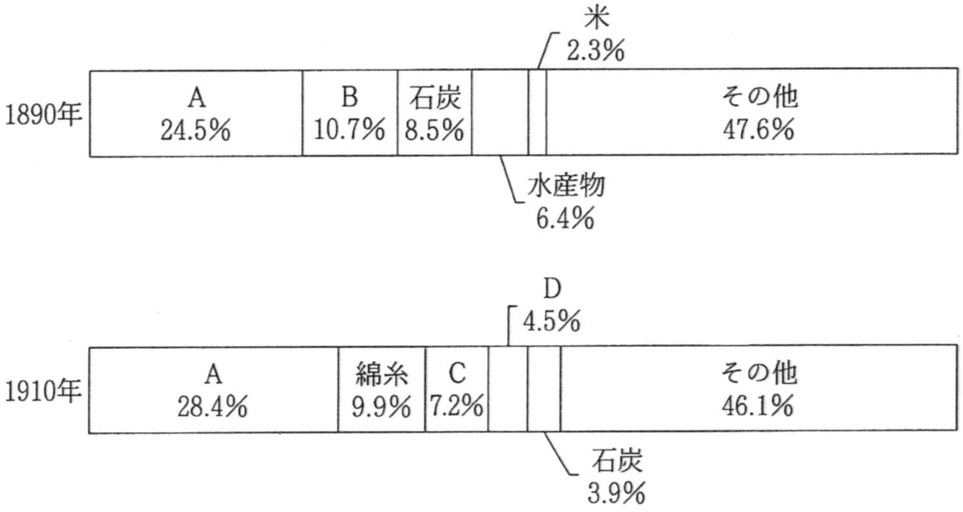

『日本貿易精覧』より作成

ア．緑茶　　　イ．生糸　　　ウ．綿織物　　　エ．絹織物問３　下線部（ｃ）に関して，次の〔資料２〕は憲法制定と国会開設にあたって天皇が出した命令である。この資料の内容として正しいものを，あとのア～エのうちから１つ選び，記号で答えなさい。

> 私は即位の初めに多くの臣下を集めて五か条の誓文を神々に誓《ちか》い，国是《こくぜ》（注１）を定め万民保全の道を求めた。幸いに先祖の霊《れい》と多くの臣下の力とによって今日の落ち着きを得た。…（中略）…内政で改革することは多い。私は今，五か条の誓文の主意を拡充し，ここに元老院を設置して立法機関とし，裁判所として大審院を設置し，知事（注２）などを集めて民情を知り，何が社会にとって利益となるかを判断し，漸次《ぜんじ》に（注３），憲法制定・国会開設を行い，皆とともに喜びを分かちたい。皆は古いことにはとらわれず，また，早まることもなく，私の考えに賛同しなさい。

〔資料２〕

（注１）五か条の誓文のこと。

（注２）政府が任命した地方長官のこと。

（注３）しだいに。だんだん。

ア．この命令中の「五か条の誓文」は，内閣総理大臣が神々に誓ったものである。

イ．この命令で，法律を制定する機関として，元老院を設置することを決定した。

ウ．この命令で，地方の事情は考慮《こうりょ》せずに，政治を行っていくことを決定した。

エ．この命令が出された年に，大日本帝国憲法が制定された。

問４　下線部（ｄ）に関して，この時の有権者の資格を，年齢，納税額に触れて20字程度で答えなさい。

問５　下線部（ｅ）に関して，天皇は，緊急勅令《きんきゅうちょくれい》を発することができる。これに関する清風さんと南海さんの会話文を読み，あとのⅠ・Ⅱの文の正誤を判断し，その組み合わせとして正しいものを，下のア～エのうちから１つ選び，記号で答えなさい。

清風さん：ぼくは大日本帝国憲法を調べて，緊急勅令について書かれてある条文を見つけてきたよ。第８条に，次のような規定があるんだ。

> 天皇は，公共の安全を保持し，またはその災厄《さいやく》を避けるため，緊急の必要により帝国議会閉会の場合において，法律に代わるべき勅令を発する。この勅令は，次の会期において，帝国議会に提出しなければならない。もし帝国議会において承諾《しょうだく》されないときは，政府は将来，勅令が効力を失うことを公布しなければならない。

南海さん：ぼくは緊急勅令の件数を調べてきたよ。明治時代から昭和時代を通して，緊急勅令が最も多く出されたのは，関東地方で大きな自然災害がおこった年なんだ。

清風さん：この時，被害を受けた人々の生活を支えるための緊急勅令が出たよね。

南海さん：それ以外にも，「朝鮮の人々が暴動を起こす」などという根拠のないうわさが流されて都市の治安が悪化したから，これに対応する緊急勅令も出されたんだよ。

Ⅰ　緊急勅令は，帝国議会がその内容を審議し，帝国議会の承諾を経た上でなければ，発令されない。

Ⅱ　最も多くの緊急勅令が出された年，関東地方で生活用品の買い占《し》めが起こったので，切符制による購入制限が設けられた。

	ア	イ	ウ	エ
Ⅰ	正	正	誤	誤
Ⅱ	正	誤	正	誤

4 次の文章を読み，あとの問い（問１～５）に答えなさい。

清南市にある市立図書館は５年前に新しく建てかえられた。多くの蔵書があるだけでなく，読書スペースも広く用意されていて，日頃から多くの市民に利用されている。小学６年生の風間さんと海野さんは，この市立図書館がどのようにして設置されたのかに興味を持ち，市役所で（ａ）取材をすることにした。〔資料１〕はそのときの風間さんの取材メモである。また２人は図書館でも取材をし，図書館の人から，昨年度に来館した人を年代別に分けた「年代別来館者割合」（〔資料２〕）と，貸し出された本の数を年代別に分けた「年代別貸出年間本数」（〔資料３〕）を教えてもらった。２人はこれから，（ｂ）市議会との関わりについても詳《くわ》しく調べ，まとめたことをクラスで発表しようと思っている。

風間さんの取材メモ ① 読書スペースを広くして欲しいという要望が，市長の元に届けられたことがきっかけで検討が始められた。 ② 計画案の作成には，地域の学校の先生や保護者の代表者なども加わった委員会が設置された。 ③ 図書館では図書の貸し出しだけでなく，子どもへの絵本の読み聞かせ会が定期的に開かれている。 ④ 建設のための予算は市議会で案が作られた後，市役所の話し合いによって決定された。 ⑤ 建設にはたくさんのお金が必要なので，国や都道府県から補助金をもらっている。

〔資料１〕

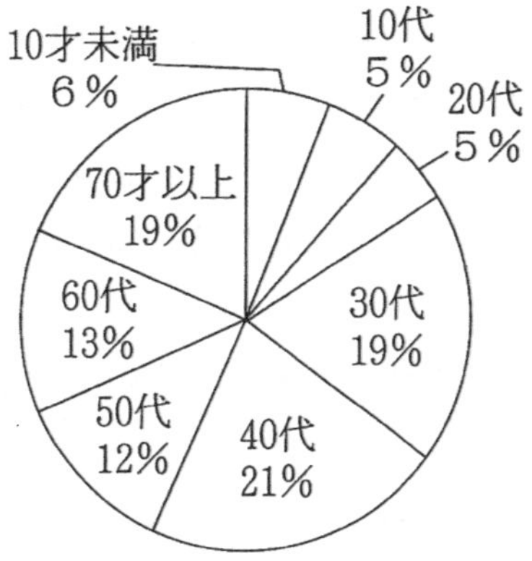

〔資料２〕年代別来館者割合

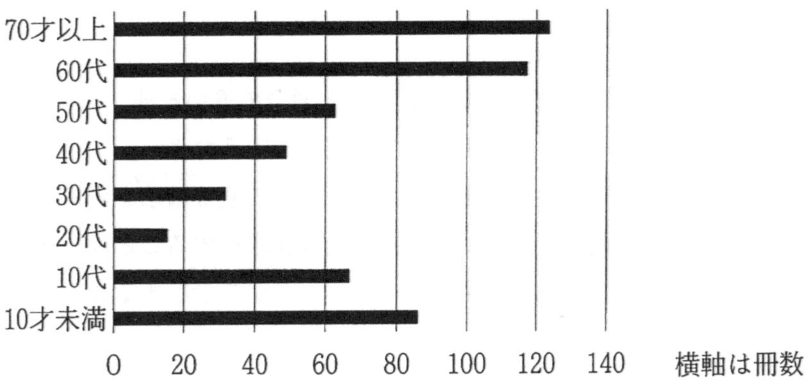

〔資料３〕年代別貸出年間本数（一人あたり平均）

問１　〔資料１〕の取材メモの中には，明らかに聞き間違えて書いたと思われるものが１つある。①〜⑤のうちから１つ選び，記号で答えなさい。

問２　風間さんと海野さんの２人は，〔資料２〕・〔資料３〕をもとにクラスで発表することになった。発表する内容として最も適当なものを，次のア〜エのうちから１つ選び，記号で答えなさい。

ア．年代別来館者割合では「50代」以上が過半数を占めている。

イ．年代別来館者割合が最も高い年代は，年代別貸出年間本数の一人あたり平均においても最も多い。

ウ．「20代」以上の年代別貸出年間本数の一人あたり平均では，年代が高くなるにつれて本数も多くなっている。

エ．年代別貸出年間本数の一人あたり平均において，「10才未満」は「40代」よりも少なくなっている。

問３　下線部（ａ）について，取材をするときに気をつけなければならないこととして適当なものを，次のア～オのうちからすべて選び，記号で答えなさい。

ア．調べたい内容を事前に電話などで伝え，取材できるかを確認する。

イ．相手の都合を聞いた上で，訪ねる日時を決め，取材に行く人数を伝えておく。

ウ．事前に質問項目を用意しておき，その場で思いついた質問はしてはならない。

エ．相手の話を正しく聞き取ることが大切なので，相手の同意がなくても録音するようにする。

オ．取材のあとは，相手の仕事の迷惑になるので，手紙やメールでお礼を伝えてはならない。

問４　下線部（ｂ）について，市議会と国会の違いを述べた文として正しいものを，次のア～エのうちから１つ選び，記号で答えなさい。

ア．住民が市議会議員を辞めさせるための直接請求《せいきゅう》をすることはできるが，国民が国会議員を辞めさせるための直接請求をすることはできない。

イ．国会は衆議院・参議院ともに，本会議を傍聴《ぼうちょう》することが出来るが，市議会を傍聴することは出来ない。

ウ．国会議員を選ぶ選挙で投票できる年齢は18才以上であり，市議会議員を選ぶ選挙で投票できる年齢は20才以上である。

エ．市議会議員も参議院議員も任期は６年であるが，衆議院議員の任期は４年である。

問５　日本国憲法には地方自治について書かれた条文がある。次の条文中の空らんに入る語句を漢字で答えなさい。

第 94 条 　地方公共団体は，その財産を管理し，事務を処理し，及び行政を執行《しっこう》する権《けん》能《のう》を有し，法律の範囲内で（　　　）を制定することができる。

5 次の詩は，2022年６月23日に行われた沖縄全戦没者追悼式《せんぼつしゃついとうしき》で沖縄市に住む小学２年生の児童が朗読したものである。これを読み，あとの問い（問１～３）に答えなさい。

こわいをしって　（a）へいわがわかった
びじゅつかんへおでかけ　おじいちゃんや　おばあちゃんも　いっしょに
みんなお出かけ　うれしいな
こわくてかなしい絵だった　たくさんの人がしんでいた
小さな赤ちゃんやおかあさん　風ぐるまや　チョウチョの絵もあったけど
とてもかなしい絵だった
おかあさんが　（b）七十七年前の　（c）おきなわの絵だと言った
ほんとうにあったことなのだ
　　（中略）
こわいよ　かなしいよ　かわいそうだよ
せんそうのはんたいはなに？　へいわ？　へいわってなに？
きゅうにこわくなって　おかあさんにくっついた　あたたかくてほっとした
これがへいわなのかな
　　（中略）
せんそうがこわいから　へいわをつかみたい
ずっとポケットにいれてもっておく
ぜったいおとさないように　なくさないように　わすれないように
こわいをしって　へいわがわかった

問１　下線部（a）について，次の（1）～（3）の問いに答えなさい。
（1）　日本国憲法第９条は平和主義の考えを具体的に記したものである。条文中の空らんに入る語句を漢字で答えなさい。

> 第９条
> ①　日本国民は，正義と秩序《ちつじょ》を基調とする国際平和を誠実に希求し，国権の発動たる戦争と，武力による威嚇《いかく》又は武力の行使は，国際紛争《ふんそう》を解決する手段としては，永久にこれを放棄する。
> ②　前項《ぜんこう》の目的を達するため，陸海空軍その他の（　　　）は，これを保持しない。国の交戦権は，これを認めない。

（2） 世界の平和と安全を守るための組織として国際連合がある。国際連合について述べた文として正しいものを，次のア～エのうちから1つ選び，記号で答えなさい。

ア．現在の日本の国連分担金の割合は，アメリカについで加盟国中2番目に多くなっている。

イ．WHOは教育・科学・文化などを通じて国家間の協力を促進《そくしん》し，世界の平和と安全をはかる国連機関である。

ウ．国連総会はすべての加盟国で構成され，各国がそれぞれ1票の投票権を持っている。

エ．日本は，今までに国連安全保障理事会の非常任理事国に選ばれたことがない。

（3） 非核保有国とNGO団体が条約交渉《こうしょう》を推進し，2017年に核兵器禁止条約が国連で採択《さいたく》された。この活動が評価されノーベル平和賞を受賞したNGO団体の名称《めいしょう》と，条約に対する日本の対応の組み合わせとして正しいものを，次のア～エのうちから1つ選び，記号で答えなさい。

ア．ICAN　日本は核兵器禁止条約を批准《ひじゅん》している。

イ．ICAN　日本は核兵器禁止条約を批准していない。

ウ．IAEA　日本は核兵器禁止条約を批准している。

エ．IAEA　日本は核兵器禁止条約を批准していない。

問2　下線部（b）について，この詩がよまれた2022年から77年前（1945年）の日本について述べたⅠ・Ⅱの文の正誤を判断し，その組み合わせとして正しいものをあとのア～エのうちから1つ選び，記号で答えなさい。

Ⅰ　この年に信教の自由や思想・良心の自由を保障した日本国憲法が公布され，翌年の5月に施行された。

Ⅱ　この年に制定された法律により，男女普通選挙が実現し，企業の募集や採用において女性を差別することも禁止された。

	ア	イ	ウ	エ
Ⅰ	正	正	誤	誤
Ⅱ	正	誤	正	誤

問３　下線部（ｃ）について，2022年９月11日に沖縄県知事選が投開票された。ここでは米軍基地の移設問題が争点のひとつになっていたが，この問題について述べた文として正しいものを，次のア～エのうちから１つ選び，記号で答えなさい。

ア．宜野湾《ぎのわん》市の中心部にある普天間《ふてんま》飛行場を，沿岸部の辺野古《へのこ》に移設することを認めるかどうか。

イ．宜野湾市の中心部にある辺野古飛行場を，沿岸部の普天間に移設することを認めるかどうか。

ウ．沿岸部にある普天間飛行場を，宜野湾市の中心部にある辺野古に移設することを認めるかどうか。

エ．沿岸部にある辺野古飛行場を，宜野湾市の中心部にある普天間に移設することを認めるかどうか。

二〇二二年度

清風南海中学校入学試験問題（SG・A入試）

国語

（六〇分）

注意

① 解答用紙に受験番号、名前を記入し、受験番号シールを所定の欄《らん》にはりつけなさい。

② 答えはすべて、解答用紙の所定の欄に記入しなさい。

③ 字数を数える場合、ことわりのない限り、句読点や符号《ふごう》なども一字として数えなさい。

④ 選択《せんたく》問題はすべて記号で答えなさい。

⑤ 解答用紙のみ提出しなさい。

2022(R4) 清風南海中
教英出版

一　次の文章を読んで後の問いに答えなさい。

心理学の世界では長年、楽観主義者が成功しやすく、悲観主義者が失敗しやすいと考えられてきました。それは、「ポジティブ思考が善で、ネガティブ思考が悪」という一般的《いっぱんてき》な考え方と同じです。

［ A ］、近年、悲観主義者のなかにも、「物事を悪いほうに考える」ことで成功している人がある程度いることがわかってきました。そういった傾向《けいこう》にある人は、前にある行動でうまくいったとしても、「前にうまくいったから、今度もうまくいく」とは考えないで、これから迎《むか》える状況《じょうきょう》に対して、最悪の事態を想定します。*冒頭《ぼうとう》でとりあげたA子さんのように、最悪の事態をあらゆる角度から悲観的に想像しては、失敗を想定するのです。そういった考え方をする人を心理学では、防衛的悲観主義者といいます。また、こうした考え方を防衛的悲観主義と呼びます。

このような防衛的悲観主義は、とりわけ、不安傾向が強い人に有効な心理的作戦となりうるのです。

防衛的悲観主義が「物事を悪いほうに考える」ことで成功する理由には、二つのポイントがあります。

まず一つ目は、悲観的に考えることで、不安をコントロールできる点です。

不安はパフォーマンスを阻害《そがい》する大きな要因の一つです。不安が生じると、向かうべき課題に集中できなくなります。不安に押《お》しつぶされてしまって、本来の実力が発揮できなかったという経験は、誰《だれ》にもあるでしょう。防衛的悲観主義者は、とりわけ不安が強い傾向にあるのです。

このパフォーマンスの障害となる「不安」という感情は、これから遭遇《そうぐう》する状況では何が起こるのかわからないといった思いから、生まれるものです。失敗するのか、それとも成功するのか、自分が赤《あか》っ恥《ぱじ》をかくのか、はたまた［ X ］を浴びるのかがわからないから不安になるのです。

［ B ］、これから起こることに多少なりとも確信を持つことができれば、その不安はずいぶんと和《やわ》らぐでしょう。もちろん、それですべての不安がなくなるわけではありませんが、結果があらかじめイメージできていれば、ある程度、落ち着いて取り組むことができるはずです。

楽観主義の人は「自分は成功するにちがいない」という確信をもち、自分が成功するのか、それとも失敗するのかについては考えないのです。考えると不安がおそってくるからです。

極力結果について考えることを避け、ただやるべきことをやるだけ。これが楽観主義者が使う心理的作戦になります。さらには、彼《かれ》らは本番前には、音楽を聴《き》いてリラックスしたり、読書をして気晴らしをしたりすることが多いです。本番前には、不安に対処するのではなく、不安が生じることを避けようとするのです。

これに対して、防衛的悲観主義の人は、これから遭遇する状況において「悪い結果が出るにちがいない」と確信します。そう考えることで、何が起こるのかわからない不安から逃《のが》れることができるからです。「良い結果が出る」ではなく「悪い結果が出る」と予想することで、成功しなくてはいけないというプレッシャーからも解放されることになります。くり返しいいますが、防衛的悲観主義の人は、ことさら不安傾向が強いから、このように考えるのです。

[C]、防衛的悲観主義者が最悪な事態を予想するのは、自分の目標の障害になる不安をコントロールするためと言えます。

さらには、こういった心理的作戦には、②とても魅力的《みりょくてき》なメリットがあります。「自分は失敗するにちがいない」とあらかじめ予想しておくことによって、実際に失敗した時のショックを和らげることができるのです。

読者のみなさんにも経験があるのではないでしょうか。成功を期待していて失敗するよりも、あらかじめ失敗を予想しておいてその通りになるほうが、ショックが少なかったという経験を。

防衛的悲観主義の人が用いる悲観的思考は、実際に失敗したときに落《お》ち込《こ》まずにすむ緩衝材《かんしょうざい》（クッション）となっているのです。

自分が傷つくことをあらかじめ防衛しておくことが、「防衛的悲観主義」とよばれる理由でもあります。もちろん、そうした考えでも、実際に失敗すると、がっかりすることもありますが、現実を受け止め、次に頑張《がんば》ろうとするやる気までは奪《うば》われないですむのです。

「物事を悪いほうに考える」ことで成功する二つ目のポイントは、予想できる最悪の事態を見越《みこ》して、それを避ける最大の努力を行うというプロセスにあります。悪いほう、悪いほうへと予想し、考えられる結果を鮮明《せんめい》に思《おも》い浮《う》かべることによって、その対策を練りあげ、実行に移すことができるのです。

防衛的悲観主義は、これから起こる出来事を、うんざりするほど悪いほう悪いほうに想像してしまいます。それはもう名人かと思うほど、ありとあらゆる失敗の可能性を考えることができるのです。

冒頭にあげたA子さんは、「話す内容を忘れて、頭の中が真っ白になるのではないか」、「自分の声が小さくて、友だちが聞き取れないのではないか」、「準備が十分ではないと、先生に怒《おこ》られるのではないか」、「質問に答えられないのではないか」といったように、来る日も来る日も悲観的に失敗の可能性を考え続けていました。

しかし、このネガティブ思考は、③ただのネガティブ思考ではありません。彼らは、ありとあらゆる失敗の状況をイメージ・トレーニングしているからです。考えられる限りのネガティブな結果を具体的に想像することによって、おのずとやるべきことは見えてきます。

[D]、具体的な対策が定まると、防衛的悲観主義者といえども、もう迷いはありません。あとはただやるべきことに集中するだけです。たとえば、A子さんは失敗を想定した後、自宅で何度も何度も発表の練習をくり返し、来《きた》るべき質問を想定した回答例を作り、家族をクラスのみんなに見立てて、質疑応答の練習をするでしょう。

その時には、不安もすっかり忘れているにちがいありません。

こうして、用意周到《よういしゅうとう》に準備ができた防衛的悲観主義の人は文字通り、「何が起きても大丈夫《だいじょうぶ》」という自信のもとで、積極的な態度で本番を迎えることができます。

どんな事態が起きても、それに対処すべき[Y]が頭の中にクリアに入っているので、何も恐《おそ》れることはありません。まさに不安に打ち勝った状態です。

ここでA子さんの発表の結果をお伝えしましょう。悪いほう、悪いほうに想像し、徹底的《てっていてき》にその対策を練りあげたA子さんは、本番を迎える頃《ころ》にはその心配事に対する不安をコントロールし、そして本番では立派な成果を収めたのです。

そんなA子さんですが、④次にまたみんなの前で発表を行う時には、同じ不安におそわれてしまいます。「前にもうまくいったし、今度もうまくいく」とは安易に考えない防衛的悲観主義者は、悪い事態を予想することで不安になってはしまいますが、その不安を否定するのではなく逆に利用してやる気を高め、悪い事態を避ける最大限の努力をすることで目標達成につなげるのです。

ただし、悲観主義者がみんな、防衛的悲観主義者というわけではありません。防衛的な働きをしない、ただの悲観主義者もいます。

⑤では、ただの悲観主義者（ここでは「真の悲観主義者」と呼ぶことにします）と防衛的悲観主義者の違《ちが》いは何でしょうか？

違いを考えるためには、まず、両者で同じところを見つけておく必要があります。両者ともに悲観主義には違いありませんのて試験で悪い点数をとるだろうとか、試合で失敗するだろうとか、友人関係はうまくいかないだろうとか、自分のこれからの行動の結果について、悲観的に予想します。あらかじめ失敗を予想することで、不安を和らげるというプロセスは、真の悲観主義者も防衛的悲観主義者も変わりはありません。

　両者の決定的な違いは、先に説明した、予想できる最悪の事態を見越して、それを避ける最大の努力を行うというプロセスにあります。つまり、これから行うことに対して、防衛的悲観主義者は入念に準備をしますが、真の悲観主義者は準備することはありません。

　そのため、防衛的悲観主義者は成功しやすいですが、真の悲観主義者は成功しにくいのです。

また、行動の結果、成功したときのとらえ方も両者では異なります。

　何かがうまくいった（たとえば、努力して試験の成績が良かった）とき、防衛的悲観主義者はその結果をきちんと受けとめますが、真の悲観主義者は受けとめません。具体的には、「その結果はたまたまだよ」とか「何かの間違《まちが》いに違いない」と考え、現実を正しく受け入れないのです。

　何かがうまくいかず、失敗したときも、両者の捉《とら》え方は異なります。真の悲観主義者は、自分が失敗したときには「自分の能力が足りないからだ」とか「どうせ努力なんかしたって、何にも変わらない」と考えます。クヨクヨ考えるだけで、次（未来）に向かって動き出そうとはしません。

　一方で、防衛的悲観主義者は、失敗したときにはその現実をきちんと受けとめ、同じ失敗を二度とくり返さないように、将来の目標に向けて万全《ばんぜん》の準備をします。

　防衛的悲観主義は、いわゆる悲観主義者のように、過ぎ去ってしまったことを決してクヨクヨ考えるのではなく、常に未来（目標）のことを考えているのです。

（外山美樹『勉強する気はなぜ起こらないのか』ちくまプリマー新書による）

注　冒頭でとりあげたA子さん……本文より前の部分で、人前で発表することになったA子さんの話がとりあげられている。

問1　［X］には「社会の注目の的となる。」という意味の語が、［Y］には「将来の姿。未来図。計画。」という意味の語が入る。最も適当なものをそれぞれ次の中から選びなさい。

［X］　ア　逆光　イ　後光　ウ　脚光《きゃっこう》　エ　外光　オ　眼光

［Y］　ア　青写真　イ　壁《かべ》時計　ウ　つり鐘《がね》　エ　縄《なわ》ばしご　オ　調味料

問2　［A］から［D］に最も適当な語を、それぞれ次の中から選びなさい。（ただし、同じ記号を二度以上用いることはありません。）

ア　そして　イ　ところが　ウ　なぜなら　エ　つまり　オ　もし

問3　＝＝＝「『物事を悪いほうに考える』ことで成功している」とありますが、その理由を六十字以内で説明しなさい。

問4　――①「これが楽観主義者が使う心理的作戦になります」とありますが、「これ」が指す内容の説明として最も適当なものを次の中から選びなさい。

ア　自分の中にある不安を鎮《しず》めるため、直前は好きな音楽や読書で気をまぎらわすこと。

イ　本当は不安を抱《かか》えているので、自分の成功するイメージを強く、繰《く》り返《かえ》し念じること。

ウ　失敗のイメージがそもそも頭に思い浮かばないほど、自分の才能を強く信じること。

エ　不安が生じるのを避けるため、結果が失敗に終わる可能性を考えないようにすること。

問5　――②「とても魅力的なメリット」とありますが、その説明として最も適当なものを次の中から選びなさい。

ア　先に自分が傷つくことを想定しておけば、実際に失敗しても全く気にならない点。

イ　失敗したときのショックを軽減し、次に頑張ろうという気持ちは残せる点。

ウ　失敗することを織りこみずみなので、無理に頑張らず、気楽でいられる点。

エ　最初から失敗すると覚悟《かくご》しており、後はどん底から上がるだけと開き直れる点。

問6 ――③「ただのネガティブ思考ではありません」とありますが、その理由として最も適当なものを次の中から選びなさい。

ア　一見するとネガティブ思考に見えるが、実は物事を成功させるポジティブ思考であるから。

イ　自分が失敗する嫌《いや》なイメージすらも、ありのままに受け止める強さを持っているから。

ウ　普通《ふつう》では考えられないほど入念に失敗例を考え、やるべきことを見出《みいだ》しているから。

エ　実際には気にするほどでもない失敗まで想定し、自ら好んでその失敗に陥《おちい》っていくから。

問7 ――④「次にまたみんなの前で発表を行う時には、同じ不安におそわれてしまいます」とありますが、その理由の説明として最も適当なものを次の中から選びなさい。

ア　防衛的悲観主義者は、一つの成功体験を得ても安心することができず、再び失敗することを想像してしまうから。

イ　防衛的悲観主義者は、心配事に対する不安をコントロールできており、不安こそが成功の道だと分かっているから。

ウ　防衛的悲観主義者は、自分が成功したという満足から生じる油断を恐れるあまり、不安からずっと逃れられないから。

エ　防衛的悲観主義者は、立派な成果をあげても、人からねたまれるのではないかという別の不安を抱《いだ》くようになるから。

問8 ――⑤「では、ただの悲観主義者（ここでは『真の悲観主義者』と呼ぶことにします）と防衛的悲観主義者の違いは何でしょうか？」とありますが、その違いの説明として最も適当なものを次の中から選びなさい。

ア　防衛的悲観主義者は予想した様々な事態に対応できる能力を身に付けるための努力をおしまないが、ただの悲観主義者は失敗した場合にどういう態度をとるべきかを考えることに集中して、具体的な行動に移せないという違い。

イ　防衛的悲観主義者は過去の失敗と照らし合わせて今後自分がとるべき行動を自分で決めることができるが、ただの悲観主義者は過去の失敗の原因をよく分析《ぶんせき》せず、今後どうすべきかを他人からの指示に頼《たよ》ってしまうという違い。

ウ　防衛的悲観主義者は同じ失敗を繰り返さないように失敗についての分析をかかさないが、ただの悲観主義者は失敗する可能性があることについては考えず、失敗の要因への対策をしないため、何度も失敗を繰り返すという違い。

エ　防衛的悲観主義者は予想される最悪の事態を避けるための事前の努力をおしまず、たとえ失敗しても次の目標にむけて努力するが、ただの悲観主義者は過ぎ去ったことを考えるだけで失敗を回避する行動をしないという違い。

□二 次の文章を読んで後の問いに答えなさい。

お詫び

著作権上の都合により、文章は掲載しておりません。
ご不便をおかけし、誠に申し訳ございません。

教英出版

お詫び

著作権上の都合により、文章は掲載しておりません。
ご不便をおかけし、誠に申し訳ございません。

教英出版

お詫び

著作権上の都合により、文章は掲載しておりません。
ご不便をおかけし、誠に申し訳ございません。

教英出版

お詫び

著作権上の都合により、文章は掲載しておりません。
ご不便をおかけし、誠に申し訳ございません。

教英出版

（シャロン・M・ドレイパー／訳　横山和江『キャラメル色のわたし』による）

注　＊1　オプション……機械製品などの購入《こうにゅう》時に、追加で注文する付属品やサービス。
＊2　ターゲット……スーパーマーケットの名前。
＊3　クールエイド……ジュースの名前。
＊4　イマーニ……学校の親友。後のヘザーも同じ。

問1　～～～ⓐ「率直に」、ⓑ「上の空」の意味として最も適当なものを、それぞれ次の中から選びなさい。

ⓐ「率直に」
ア　ほがらかに　イ　遠慮《えんりょ》がちに　ウ　腹立たしげに
エ　おそるおそる　オ　飾《かざ》り気《け》なしに

ⓑ「上の空」
ア　自分の理解力を超《こ》え、頭に入らないさま
イ　他のことに心が奪われ、集中しないさま
ウ　抽象的《ちゅうしょうてき》な内容で、よく分からないさま
エ　たいそう陽気になり、うきうきしたさま
オ　丁重《ていちょう》に扱われ、気持ちが高ぶるさま

問2　――①「気の毒なパパ」とありますが、どのような点が「気の毒」なのか、その説明として最も適当なものを次の中から選びなさい。

ア　服を着くずしてもう少しリラックスしたらいいのに、そうはできない点。

イ　家族と過ごす時は普段《ふだん》通りにしてほしいのに、無理に社長のふりをしている点。

ウ　見た目ばかりを気にして、Tシャツやジーンズの良さを理解できない点。

エ　高級品を身につけ、見せつけたいというファッション哲学を持っている点。

問3　――②「わたしたちは一番いいかっこうをするのが重要だとわたしは思っているんだ」とありますが、何のために「いいかっこう」をしているのですか。その説明として最も適当なものを次の中から選びなさい。

ア　世間が持っている黒人に対しての偏見や、そこから発する災《わざわ》いから身を守るため。

イ　世間では黒人が劣《おと》っていると考えられがちだが、実際は白人より優秀《ゆうしゅう》だと示すため。

ウ　肌の色は大した問題ではなく、本当に大事なのは資産の有無《うむ》だと考えているため。

エ　黒人の側から服装や態度を改めることで、白人にみとめられようとしているため。

問4　――③「クールエイドにいろいろな味があるのと同じようなものだ」とはどういうことですか。その説明として最も適当なものを次の中から選びなさい。

ア　ある商品で人気の味も不人気の味もあるのと同じように、人間の能力にもそれぞれ優劣《ゆうれつ》が存在するものだということ。

イ　どんな味の商品でも消化してしまえばみな同じであるように、大切なのは自分のためになる人間かどうかだということ。

ウ　ある商品で様々な味があるように、どんな人種も人間という点はみな同じであり、色々な個性を持っているということ。

エ　どんな味の商品か分からないのに見た目で判断されてしまうように、人間も最初は見た目の要素が重要だということ。

問5　――④「まさにそのことをね」とありますが、「そのこと」とは何のことですか。四十字以内で説明しなさい。

問6 ―――⑤「頭のなかでなにかがはじける感じがして、ターゲットの魔法が少しずつ消えていく」とはどのような様子を表現していますか。その説明として最も適当なものを次の中から選びなさい。

ア 公平ではないお店の対応に強い怒りを感じ、あらゆる商品の品質がなんとなく疑わしく感じられる様子。
イ 不都合な真実を教えられたが、瞬時《しゅんじ》にそれを解決する方法を思いつき、うまく伝えようと考えている様子。
ウ 不公平な社会の現状を思い知らされ、ターゲットが実は恐ろしい場所なのではないかとおびえる様子。
エ 今まで知らなかった事実を知らされ、魅力的なお店だと単純に思いこんでいた気持ちがさめていく様子。

問7 ―――⑥「パパはばかな子だなあという表情をした」とありますが、この時の心情を表した言葉として最も適当なものを次の中から選びなさい。

ア あきらめ　イ 親愛　ウ あわれみ　エ 歓喜《かんき》　オ さげすみ

問8 ―――⑦「ママは、警備員がけっして目をつけないタイプの人だ」とはどういうことですか。その説明として最も適当なものを次の中から選びなさい。

ア ママの色白さやきれいな金髪を好きだったし、周囲もそう感じているのだと何の疑問もなく喜んでいたが、そこにも人種に関する意識が隠《かく》れていると気づいたということ。
イ ママはパパと違って服装がカジュアルだし、しゃれのきいたTシャツを着たりしているうえにとびっきりの美人だから、みんなが安心して迎《むか》え入《い》れるのだと理解したということ。
ウ ママは色白できれいな金色の髪なので、どんな人からも差別的に見られることは考えられず、いつもご機嫌《きげん》で暮らしていられるから少しうらやましく感じているということ。
エ ママはモデルかと思われるくらいに色白で金髪の美人だから、パパのように自分の人種を過剰《かじょう》に気にして、他人の視線を誤解するような必然性もないのだと悟《さと》ったということ。

問9　次の各鑑賞文を読んで、**適当でないものを一つ**選びなさい。

ア　イザベラは父との買い物という日常生活のなかで、自分がこれまではあまり意識していなかった、社会に根強く残っている人種差別に気づかされる。

イ　文章に巧《たく》みなたとえをちりばめて、現代社会で大きな問題となっている白人優位主義を大げさに描写《びょうしゃ》することで、ユーモアたっぷりに批判している。

ウ　物語は終始イザベラの視点で語られており、父との軽妙《けいみょう》な会話を通じて、親子の仲の良さや、イザベラが利発な子どもであることが描写されている。

エ　白人と黒人の両親から生まれ、肌の色をきっかけに自分の存在について考えていくイザベラを『キャラメル色のわたし』という題名で表現している。

三　次の各問いに答えなさい。

問1　——のことばのうち、使い方に**誤りのあるもの**を一つ、それぞれ選びなさい。

①
ア　美しい夕焼けに目を奪われる。
イ　どんな時でも甘《あま》いものに目がない。
ウ　彼の言動は目に浮《う》かぶものがある。
エ　怪《あや》しい動きはないか目を光らせる。

②
ア　予定の金額から足が向いてしまった。
イ　他人の足を引っぱるべきではない。
ウ　今週末は京都へ足を運ぶつもりだ。
エ　油断をして足をすくわれる。

③
ア　不況《ふきょう》の旅行会社が息を吹《ふ》き返《かえ》す。
イ　ぶつかりかけて思わず息をのんだ。
ウ　息を潜《ひそ》めて通り過ぎるのを待った。
エ　試験会場の雰囲気《ふんいき》に息を切らす。

④
ア　感動的な実話に胸を打たれた。
イ　遠足の日は雨の予報で胸をこがした。
ウ　何とか間に合って胸をなでおろした。
エ　予想外の指摘《してき》に胸をつかれた。

⑤
ア　信じていたのに手のひらを返された。
イ　この仕事からは手をこまねくつもりだ。
ウ　接戦で手に汗握《あせにぎ》る試合展開だった。
エ　怒り出した彼はもう手がつけられない。

問2　次の短歌について、——の気持ちを説明しなさい。

五線紙にのりさう《そう》だなと聞いてゐ《い》る遠い電話に弾《はず》むきみの声　　小野茂樹

注　五線紙……楽譜《がくふ》用紙

四

次の各文の――を漢字に改めなさい。ただし、必要なものには送り仮名《がな》をつけること。

① 高いココロザシを持つ。

② 三年間、愛をハグクミ、結婚《けっこん》した。

③ 六月は、ニュウバイの季節だ。

④ 材料費があがって、サイサンがとれないだろう。

⑤ 敗戦は監督《かんとく》である私のフトクのいたすところです。

⑥ 首相が初めてのカクギを開く。

⑦ 作品が世間にミトメられる。

⑧ 祖父のこじんまりとしたキョシツをそうじする。

2022年度

清風南海中学校入学試験問題（SG・A入試）

算　数（60分）

注意　① 解答用紙に受験番号，名前を記入し，
受験番号シールを所定の欄《らん》にはりつけなさい。

② 答えはすべて，解答用紙に記入しなさい。
解答欄からはみ出た場合は不正解となります。

③ 分度器は使ってはいけません。

④ 円周率は $\frac{22}{7}$ として計算しなさい。

⑤ 円すい，三角すい，四角すいの体積は，

（体積）＝ $\frac{1}{3}$ ×（底面積）×（高さ）　として求められます。

⑥ 比を答える問題は，もっとも簡単な整数の比で表しなさい。

⑦ 解答用紙のみ提出しなさい。

1 (1), (2)は計算しなさい。(3), (4)は □ に当てはまる数を求めなさい。

(1) $10\frac{2}{7}\div\left(2+1\frac{5}{7}\times\frac{5}{6}\right)$

(2) $8.6-\left\{0.61+\left(2-1\frac{3}{11}\right)\times 2\frac{3}{4}\right\}\div 0.725$

(3) $1.2\div\left(\square\div 0.625+\frac{2}{5}\right)=1\frac{2}{3}$

(4) $5.6\times\left(4\frac{3}{4}\div 7.6+5.125\right)-8\div\left(1-\square\right)=0.2$

2 次の各問いに答えなさい。

(1) ある商品に原価の45％の利益を見《み》込《こ》んで定価をつけて売りましたが，売れなかったので，定価の2割引きで売ったところ640円の利益が出ました。この商品の原価はいくらですか。

(2) A，B，Cの3人の身長測定の結果，次のことがわかりました。

- AはBより10cm高い
- CはBより8cm高い
- AとBとCの平均は146cm

① Bの身長は何cmですか。

さらに，D，Eの2人の身長測定の結果，次のことがわかりました。

- EはDより4cm高い
- AとBとDの平均はDとEの平均に等しい

② Dの身長は何cmですか。

(3) どこかの位に少なくとも1つ3がある整数を考えます。

① 1から100までの中に，このような整数は何個ありますか。

② 1から1000までの中に，このような整数は何個ありますか。

(4) 途中《とちゅう》にいくつか駅がある1周90kmの線路があります。電車A，Bは，それぞれこの線路を一定の速さで走り，どちらもすべての駅で30秒間停車します。Aの速さは時速54kmで，Aが駅Pを出発してから，線路を1周して再びPに到着《とうちゃく》するまでに1時間49分かかります。

① Pを含《ふく》めて，駅の数はいくつですか。

② BがPを出発してから，線路を3周してPに到着するまでに4時間13分かかります。Bの速さは時速何kmですか。

算数の試験問題は，次のページに続きます。

(5) 半径1cmの円を次の図形の外側にそって1周転がしたとき，円が通過した部分の面積を求めなさい。ただし，円周率は$\frac{22}{7}$とします。

① ［図1］のような一辺の長さが6cmの正六角形

② ［図2］のような半径が6cmの円を6等分してできる円周の一部を6つつなげた図形

［図1］

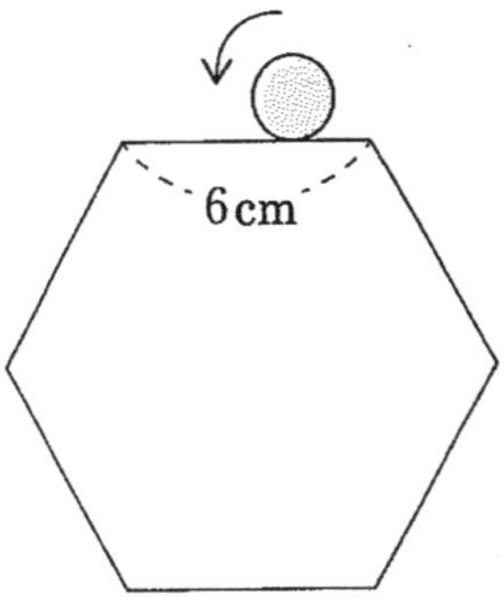

［図2］

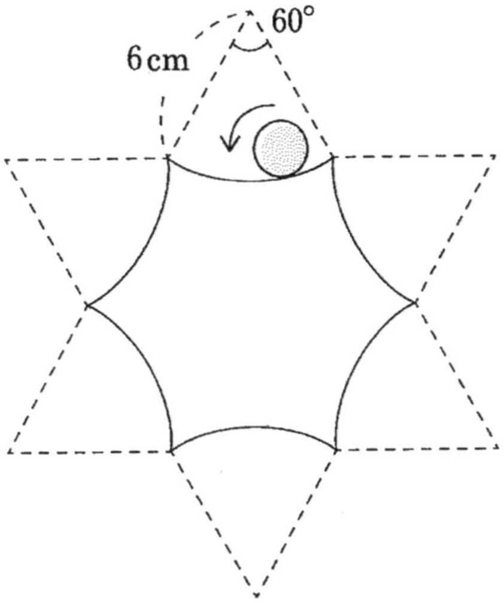

算数の試験問題は，次のページに続きます。

(6) 円周率を$\frac{22}{7}$として，次の問いに答えなさい。

① ［図1］のような長方形を直線ℓを軸《じく》として，1回転させてできる立体の体積を求めなさい。

② ［図2］のような直方体ABCDEFGHから直方体をくりぬいた立体Sがあります。ACとBDの交わる点Pを通り，面ABCDに垂直な直線をmとします。くりぬいた直方体は高さが7cmで，底面の正方形の対角線の交わる点はPと一致《いっち》しています。Sを直線mを軸として1回転させるとき，Sが通過した部分の体積を求めなさい。

［図1］

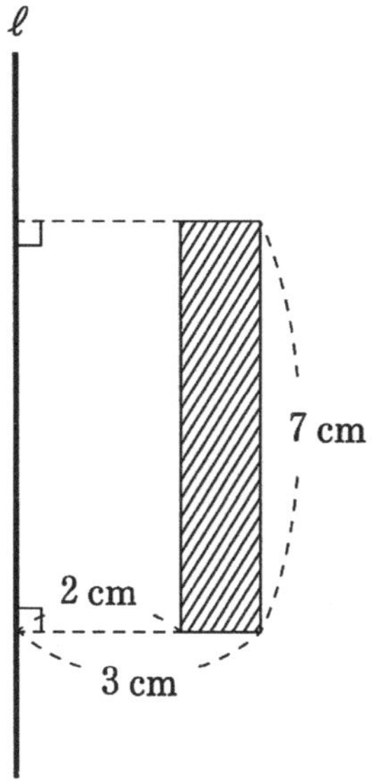

［図2］

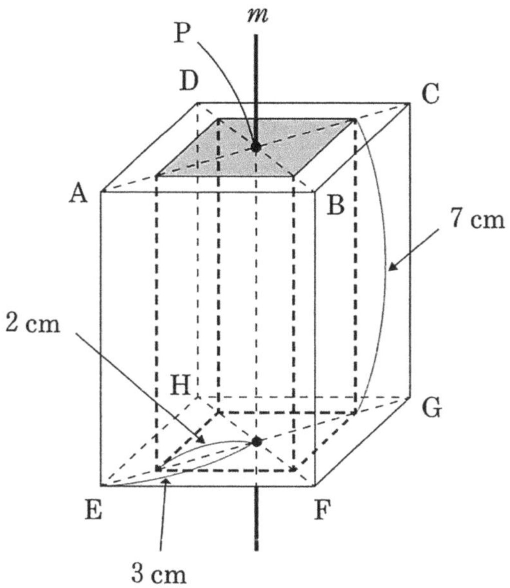

算数の試験問題は，次のページに続きます。

3 下の図の四角形ABCDは，ADとBCが平行な台形です。また，ABとFEは平行で，三角形ABGの面積は36 cm²，三角形GBEの面積は24 cm²，三角形CFEの面積は30 cm²です。次の問いに答えなさい。

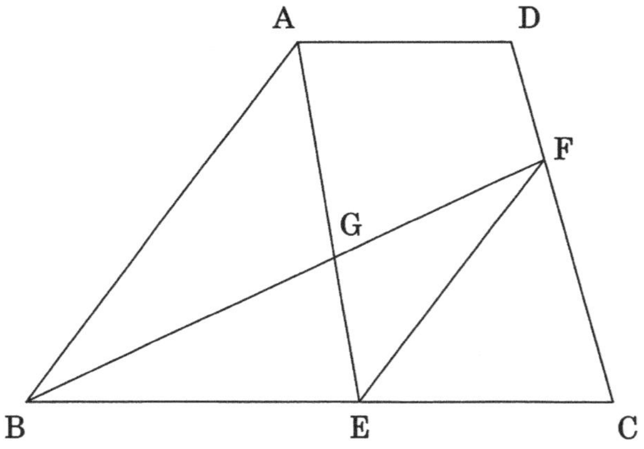

(1) AG：GEをもっとも簡単な整数の比で答えなさい。

(2) 三角形GEFの面積を求めなさい。

(3) BE：ECをもっとも簡単な整数の比で答えなさい。

(4) 三角形DECの面積を求めなさい。

(5) AD：BCをもっとも簡単な整数の比で答えなさい。

算数の試験問題は，次のページに続きます。

4 2以上の整数Nに対して，≪N≫はNの約数のうち，大きい方から数えて2番目の数を表すことにします。たとえば，6の約数は1，2，3，6なので≪6≫＝3となり，5の約数は1，5なので≪5≫＝1となります。次の問いに答えなさい。

(1) ≪105≫を求めなさい。

(2) ≪A≫＝17となる整数Aはいくつありますか。

(3) ≪2≫＋≪4≫＋≪6≫＋……＋≪96≫＋≪98≫＋≪100≫を求めなさい。

(4) ≪3≫＋≪6≫＋≪9≫＋……＋≪294≫＋≪297≫＋≪300≫を求めなさい。この問題については，求め方も書きなさい。

算数の試験問題は，次のページに続きます。

5 下の図のような直方体の容器が，まっすぐに立っている長方形の仕切りによって，底面がXとYの2つの部分に分けられています。仕切りの高さは20cmで，XとYは同じ面積です。給水管Aは Xの部分の上から毎秒20mL，給水管BはYの部分の上から毎秒10mL水を入れることができます。また，排水《はいすい》管《かん》CはXの部分，排水管DはYの部分にあり，栓《せん》を開くとそれぞれ毎秒25mL排水することができます。

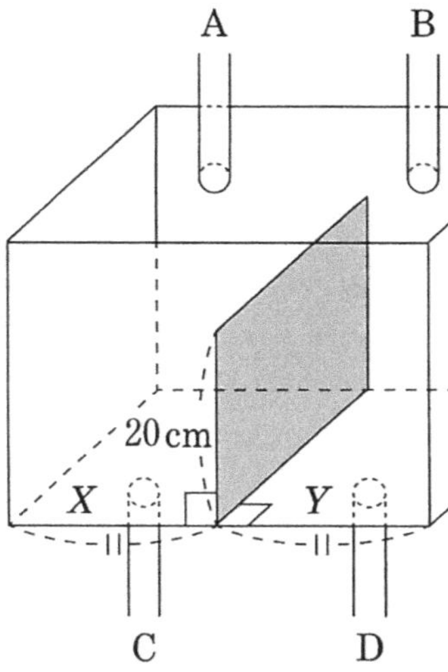

初めはC，Dの栓が閉じた状態で，A，Bから水を入れます。水を入れ始めてから30秒後にCの栓を開いた後，しばらくしてからDの栓を開きました。下のグラフは，水を入れ始めてからの時間とYの部分の水面の高さの関係を表しています。次の問いに答えなさい。

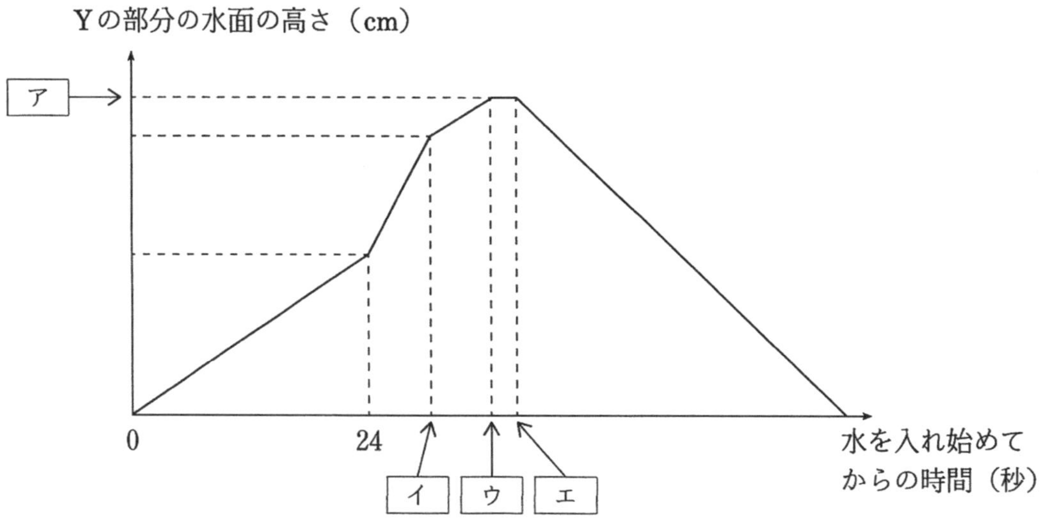

(1) [ア]，[イ] に当てはまる数をそれぞれ求めなさい。

(2) [イ] 秒後にYの部分に入っている水の量は何mLですか。

(3) [ウ] に当てはまる数を求めなさい。

(4) Xの部分の水面の高さと，Yの部分の水面の高さが初めて同じになるのは水を入れ始めてから何秒後ですか。

(5) Yの部分が空になってから60秒後にXの部分が空になりました。[エ] に当てはまる数を求めなさい。

算数の試験問題は，これで終わりです。

2022(R4) 清風南海中
K 教英出版

2022年度

清風南海中学校入学試験問題（SG・A 入試）

理　科（40分）

注意　①　解答用紙に受験番号，名前を記入し，
　　　　受験番号シールを所定の欄《らん》にはりつけなさい。
　　　②　答えはすべて，解答用紙に記入しなさい。
　　　　解答欄からはみ出した場合は不正解となります。
　　　③　字数を数える場合，ことわりのない限り，
　　　　句読点や符号《ふごう》なども一字として数えなさい。
　　　④　解答用紙のみ提出しなさい。

1　次の植物に関する文章A，Bを読み，問１～問４に答えなさい。

A　地球上の様々な場所で，多種多様な植物が生息しています。

問１　文中の下線部に関連し，次の植物ａ～ｈについて，以下の（１）～（３）に答えなさい。

ａ　イチョウ　　ｂ　スギナ　　ｃ　アサガオ　　ｄ　ソテツ
ｅ　タンポポ　　ｆ　エンドウ　　ｇ　ゼニゴケ　　ｈ　イネ

（１）種子植物として**適切でないもの**をａ～ｈの中から**すべて**選び，記号で答えなさい。

（２）合弁花に分類される植物として適切なものをａ～ｈの中から**すべて**選び，記号で答えなさい。

（３）植物ｆの花のつくりについて，各部位の正しい数を表している組み合わせとして最も適切なものを次の表中のア～クの中から１つだけ選び，記号で答えなさい。

	ア	イ	ウ	エ	オ	カ	キ	ク
めしべ	0	0	1	1	0	0	1	1
おしべ	9	9	9	9	10	10	10	10
花弁	5	3	5	3	5	3	5	3
がく	5	3	5	3	5	3	5	3

B　植物は生息している地域の環境《かんきょう》変化を敏感《びんかん》に感じ取ります。その環境変化の１つに，日照時間の長さ（以下，日長とする）があります。例えば，オナモミは日長を感知することで花を咲《さ》かせるかどうかを決めます。そこで，オナモミを使い，日長の変化を感知する部位を調べる実験（実験Ⅰ），また日長の変化が開花に与《あた》える影響《えいきょう》を調べる実験（実験Ⅱ）を行いました。なお，これらの実験は25℃に保った部屋で行いました。

実験Ⅰ

次の図1は，実験に使ったオナモミの様子を表したものです。オナモミを1日中光（強い光）のあたる明るい部屋に置き，数週間育てたところ，開花しませんでした。そこで，このオナモミを，光を通さない黒い袋《ふくろ》を使って，毎日次の①～⑥の条件を保ち，数週間育てました。その結果，下の表1のようになりました。表1中の実験条件の  は黒い袋で覆《おお》った場所，結果の○は開花したこと，×は開花しなかったことを表しています。また，今回の実験でオナモミは葉を取り除いても枯《か》れなかったものとします。

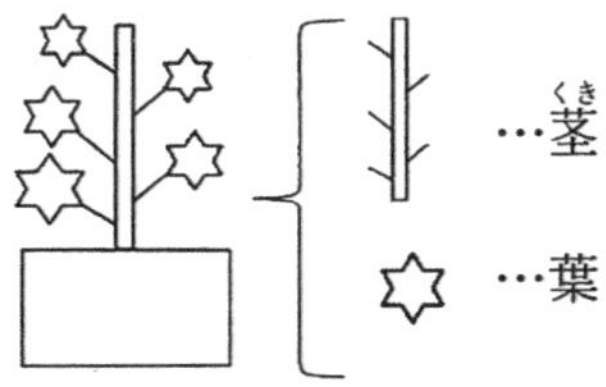

図1

実験条件

① 全体を黒い袋で半日覆った。その後袋を外して半日育てた。

② すべての葉を黒い袋で半日覆った。その後袋を外して半日育てた。

③ 1枚の葉を黒い袋で半日覆った。その後袋を外して半日育てた。

④ 茎の部分のみ黒い袋で半日覆った。その後袋を外して半日育てた。

⑤ 葉をすべて取り除き，黒い袋で覆わずに育てた。

⑥ 葉をすべて取り除き，全体を黒い袋で半日覆った。その後袋を外して半日育てた。

表1

	①	②	③	④	⑤	⑥
実験条件	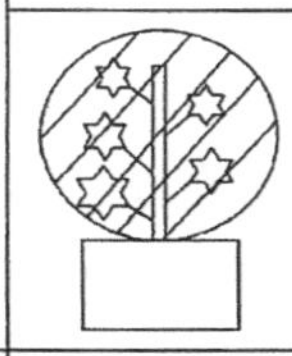	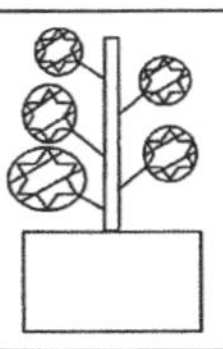	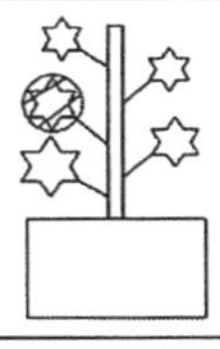	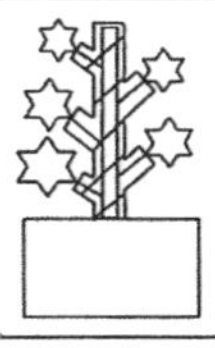	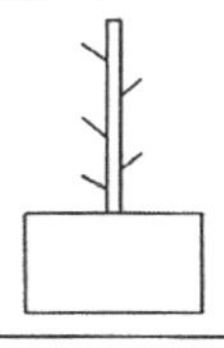	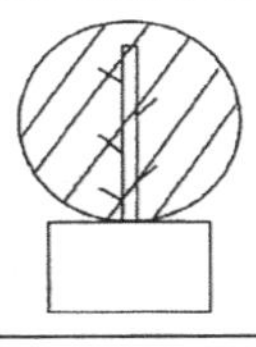
結果	○	○	○	×	×	×

問2 この実験から，日長の感知を行っている部位はどこであると考えられますか。最も適切なものを次のア～ウの中から1つだけ選び，記号で答えなさい。

ア 茎と葉　　イ 茎　　ウ 葉

問３　葉を１枚だけ残してそれ以外の葉をすべて取り除き，前ページの実験条件③と同じようにして育てました。この条件で数週間育てると，どのような結果になりますか。最も適切なものを次のア，イから１つだけ選び，記号で答えなさい。

ア　開花する　　　イ　開花しない

実験Ⅱ

真っ暗な部屋にオナモミを置き，次の図２のように１日の中で光（強い光）をあてる時間を変化させて数週間育てました。図中の□は光をあてた時間帯，■は真っ暗な時間帯を表しています。なお，結果の○は開花したこと，×は開花しなかったことを表しています。

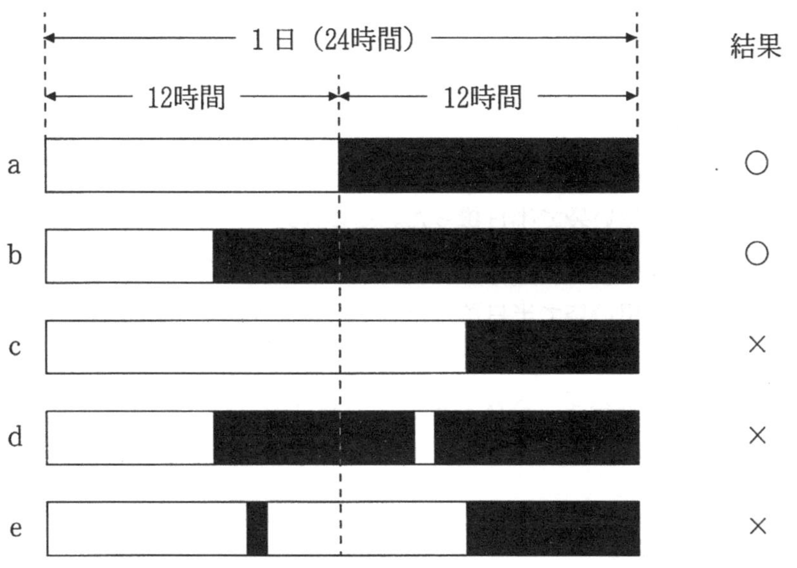

図２

問４　実験Ⅱの結果から，開花に関して正しいことを述べている文はどれですか。最も適切なものを次のア～オの中から１つだけ選び，記号で答えなさい。

ア　一定以上の連続した光のあたる時間があれば開花する。

イ　一定以上の連続した光のあたらない時間があれば開花する。

ウ　光のあたらない時間が光のあたる時間よりも長くなれば開花する。

エ　光のあたらない時間が光のあたる時間よりも短くなれば開花する。

オ　日長の変化に関係なく開花する。

理科の試験は次のページに続きます。

2 次の文章を読み，問１～問６に答えなさい。割り切れない場合は，小数第２位を四捨五入して小数第１位まで答えなさい。

電子はかりの上に水を入れた容器を置きました。細くて軽い棒の先に立方体を取り付け，棒の上端《じょうたん》を持って水中にゆっくりと沈《しず》めていきます。棒に取り付ける立方体を変えて，同様のことを繰《く》り返し，電子はかりの示す値がどう変化するかを調べます。右の図はその様子を示したものです。立方体の下面と水面は常に平行になっており，容器の側面や底が立方体と触《ふ》れることはありません。水面から立方体の下面までの深さをｈ〔cm〕とします。立方体を沈めていないときの，容器と水を合わせた重さは常に800gです。

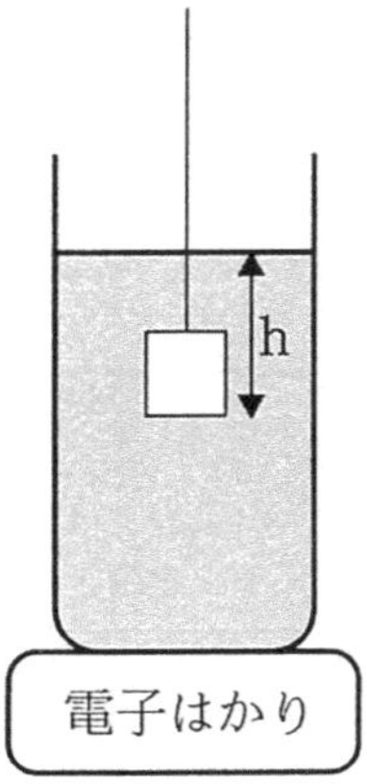

１辺の長さが４cmで重さが32gの立方体Ａを水中に沈めました。表１はＡを沈めたときのｈの値と，電子はかりの示す値との関係を示したものです。立方体の上面が水面より上にあるときは，ｈの値が大きくなると，一定の割合で電子はかりの値は増加します。立方体をすべて水中に沈めると，それ以降，ｈの値が大きくなっても電子はかりの値は変化しませんでした。

立方体が水中にあるとき，立方体は水から，浮力《ふりょく》と呼ばれる力を上向きに受けます。浮力は**水中に沈んでいる立方体の体積に比例し，電子はかりの示す値は，浮力の分だけ増加**します。

表１　Ａを沈めたときのｈと電子はかりの値の関係

ｈの値〔cm〕	0	0.5	1	1.5	2	2.5	3	3.5	4	4.5	5
電子はかりの値〔ｇ〕	800	808	816	824	832	840	848	856	864	864	864

2022(R4) 清風南海中
教英出版

問1　**Aの重さと浮力の大きさが等しければ**，棒を静かに離《はな》したときAは静止します。Aが静止するhの値を答えなさい。

問2　1 cm^3あたりの重さがAと同じで，1辺の長さが2 cmの立方体Bを水中に沈めました。表2はBを沈めたときのhの値と，電子はかりの示す値との関係を示したものです。表1を参考にして，表2の空欄《くうらん》（ア）（イ）に当てはまる数値を答えなさい。

表2　Bを沈めたときのhと電子はかりの値の関係

hの値〔cm〕	0	（ア）	（イ）	3
電子はかりの値〔g〕	800	802	804	808

問3　1 cm^3あたりの重さがAと同じで，1辺の長さがa〔cm〕の立方体Cを水中に沈めました。hの値が3のとき，棒を静かに離すとCは静止しました。aの値を答えなさい。

問4　1 cm^3あたりの重さがAの1.5倍で，1辺の長さが4 cmの立方体Dを水中に沈めました。棒を静かに離すとDが静止するhの値を答えなさい。静止しない場合は，答えに×と答えなさい。

問5　1辺の長さがb〔cm〕の立方体Eがあります。Eを水中にすべて沈めた状態で棒を静かに離すと，Eは静止しました。Eの1 cm^3あたりの重さを，bを使わずに答えなさい。

問6　次のア〜オの立方体を水中にすべて沈めました。棒を静かに離したとき，上向きに動き出すものはどれですか。当てはまる記号を**すべて**選び，記号で答えなさい。

ア　1辺の長さが3 cmで重さが20gの立方体

イ　1辺の長さが5 cmで重さが100gの立方体

ウ　1辺の長さが6 cmで重さが200gの立方体

エ　1辺の長さが3 cmで重さが30gの立方体

オ　1辺の長さが4 cmで重さが80gの立方体

3 次の気体に関する実験についての文章を読み，問１～問７に答えなさい。

現在では，気体を集めるとき，水に溶《と》けにくい気体であれば水上置かん法で集めますが，かつては，A水ではなく常温で液体の金属である水銀をつかって気体を集めていました。今回は，水銀をつかって５種類の気体（水素，ちっ素，酸素，アンモニア，二酸化炭素）の体積と重さの関係を実験により求めていきたいと思います。

実験の手順は，次のとおりです。気体の入ったボンベの重さをはかり，図１のような装置を組み立てます。水そうには水銀を入れ，気体の正確な体積をはかることができる器具Xを水銀で満たしてから逆さまにします。そこへボンベから気体の一部を放出させます。器具Xにたまった気体の体積と放出後のボンベの重さをはかります。結果を表１にまとめました。

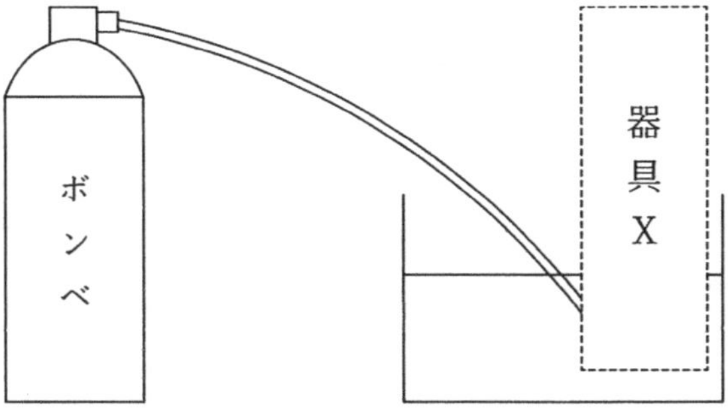

図１

表１

	水素	ちっ素	酸素	アンモニア	二酸化炭素
放出前の重さ〔g〕	323.230	300.100	203.570	240.100	112.368
放出後の重さ〔g〕	323.160	299.850	203.144	239.950	111.600
器具X内の体積〔cm^3〕	750	200	300	200	400

問1　文章中の下線部Aについて，水でなく水銀を使うと，集めることができる気体の種類が増えます。それは，どのような特徴《とくちょう》をもつ気体ですか。その特徴として最も適切なものを，次のア～カの中から１つだけ選び，記号で答えなさい。

ア　金属を溶かす　　　　イ　色がついている

ウ　水に溶けやすい　　　エ　特有のにおいがする

オ　空気より軽い　　　　カ　空気より重い

問2　器具Xの名前を答えなさい。

問3　水素の１Lあたりの重さを，小数第４位を四捨五入して，小数第３位まで求めなさい。

空気のボンベは市《し》販《はん》されていないので，用意した気体から「$_B$<u>仮の空気</u>」をつくりました。

問4　上の文中の下線部Bについて，「仮の空気」は次のようにつくります。次の文章を参考に，気体１Lあたりの重さ（g）を，小数第３位を四捨五入して，小数第２位まで求めなさい。

空気は，ちっ素が約80％と酸素が約20％からできています。そこで，これら２種類の気体のボンベを用意して，体積の比が４：１（＝ちっ素：酸素）となるように器具Xに注入すれば，仮の空気をつくることができます。

問5　酸素は，仮の空気を１としたとき，何倍の重さになりますか。小数第３位を四捨五入して，小数第２位まで求めなさい。

問４では，成分とその割合から気体１Ｌあたりの重さを求めることができました。この考え方を使えば，いくつかの気体が混ざった場合でも，その割合を求めることができます。そこで，次のような実験をしました。

無色透明《とうめい》なポリエチレンの袋《ふくろ》２枚（Ｙ・Ｚ）を用意し，それぞれの袋に酸素と二酸化炭素を１：４（体積比）で混ぜた気体だけを入れます。袋Ｙには何も入れず，袋Ｚには植物を入れて，両方の袋を長時間日光がよく当たるところに放置します。そして，図２のようにそれぞれの袋に入った気体を，器具Ｘを使って$200cm^3$とりだし，前後の重さを調べて，結果を表２にまとめました。なお，この実験での植物による蒸散の影響《えいきょう》はないものとし，袋の中の成分で変化したものは２種類の気体のみとします。

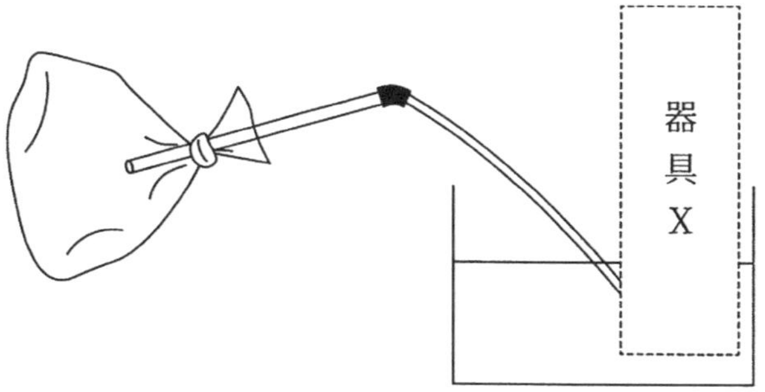

図２

表２

	袋Ｙ	袋Ｚ
放出前の重さ〔ｇ〕	300.654	330.580
放出後の重さ〔ｇ〕	300.290	330.236

問６　放置した後の袋Ｚ内の酸素と二酸化炭素の体積比を答えなさい。

問７　この実験から，袋ＹとＺ中の気体の重さの変化が異なることがわかります。異なった理由として最も適切なものを，次のア～エの中から１つだけ選び，記号で答えなさい。

ア　植物の呼吸によりできる二酸化炭素より，光合成によりできる酸素の方が多かったから。

イ　植物の呼吸によりできる酸素より，光合成によりできる二酸化炭素の方が多かったから。

ウ　植物の光合成によりできる二酸化炭素より，呼吸によりできる酸素の方が多かったから。

エ　植物の光合成によりできる酸素より，呼吸によりできる二酸化炭素の方が多かったから。

4 次の文章を読み，問１～問７に答えなさい。なお，問題内の画像（雲画像）は全て上が北の方を向いています。また，画像は全て太陽光による観測で，太陽の光が届いていない場所は雲などが画像に写りません。（画像は気象庁または情報通信研究機構のホームページより参照の上，一部は加工をしています。）

気象庁は，$_{\text{A}}$気象衛星ひまわりを用いて，雲などの観測を宇宙からも行っています。この衛星は，東経約140度の赤道上空約36,000kmから常に日本付近を観測し，太平洋や$_{\text{B}}$南半球のオーストラリアも観測することができます。これにより台風（図１）や低気圧，前線といった$_{\text{C}}$気象現象などを，連続して観測することができます。

図２・図３は気象衛星から地球全体をとらえた画像です。図２は正午近くの画像なので地球が全て見えていますが，$_{\text{D}}$図３は真夜中の画像なので太陽の光が届かず地球の姿を見ることができません。

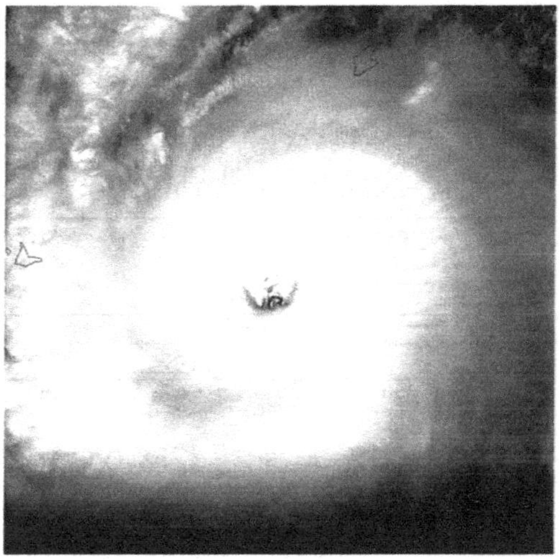

図１　2016年10月３日の台風（台風第18号）

図２　2017年９月23日11時50分（日本時間）

図３　2017年９月23日０時０分（日本時間）

問１　文章中の下線部Ａの気象衛星の動きとして正しいものを，次のア～オの中から１つだけ選び，記号で答えなさい。

ア　月の周りを24時間で１周する　　イ　月の周りを28日で１周する

ウ　地球の周りを24時間で１周する　　エ　地球の周りを28日で１周する

オ　地球の周りを１時間で１周する

問２　文章中の下線部Ｂより，気象衛星は南半球も観測できます。図４はオーストラリア付近で発生したサイクロン（オーストラリアでは台風のことをサイクロンと呼びます）の画像です。図１を参考にサイクロン周辺の地表付近での風の動きとして正しいものを，次のア～エの中から１つだけ選び，記号で答えなさい。

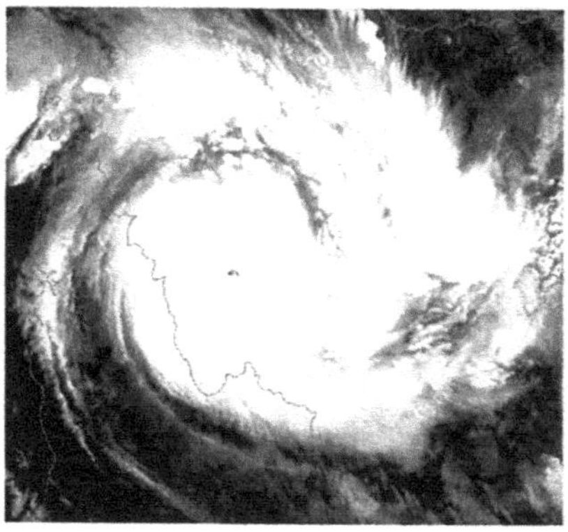

図４　2019年３月19日のサイクロン（トレバー）

ア　　　　イ　　　　ウ　　　　エ

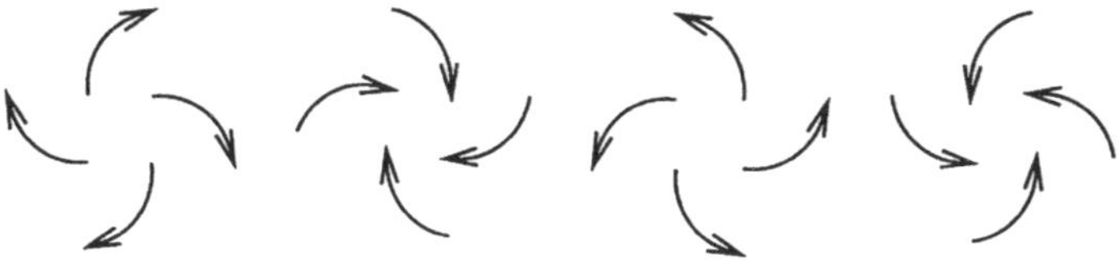

日本付近の台風の場合，台風の進む向きの右側では特に強い風が吹《ふ》きます。その理由は，台風の進む向きと中心へ吹《ふ》き込《こ》む風の向きが同じになるからです。

問３　図４のサイクロンは，西向き（図５の矢印の向き）に進んでいます。このとき，最も風が強く吹くと思われる場所を，図５のア～オの中から１つだけ選び，記号で答えなさい。

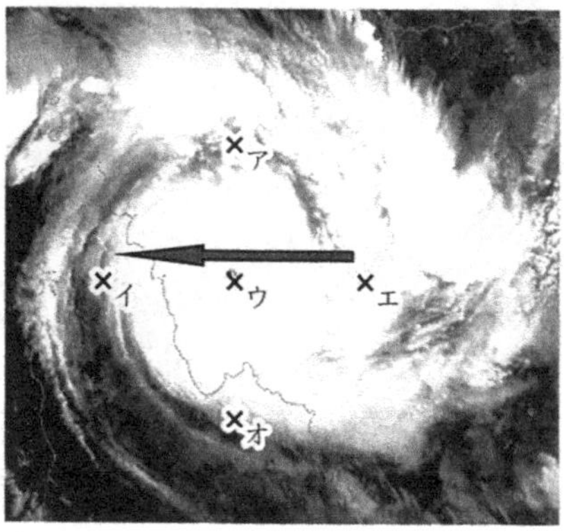

図５　2019年３月19日のサイクロン（トレバー）

問4　文章中の下線部Cより，北半球の夏至の頃《ころ》に日本付近でよく見られる気象現象をとらえた画像として，最も適切なものを，次のア〜エの中から1つだけ選び，記号で答えなさい。

ア

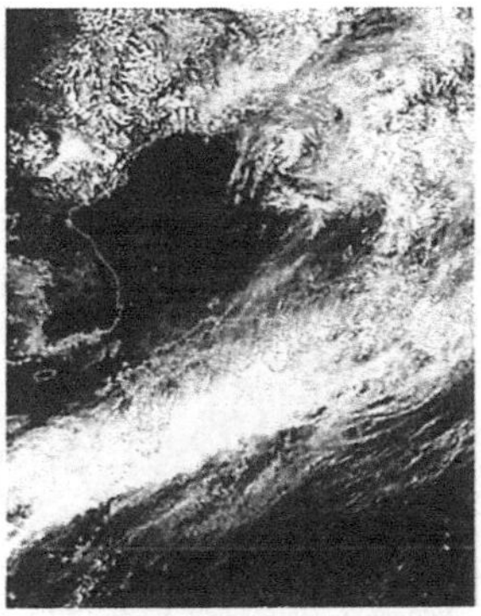

イ

ウ

エ

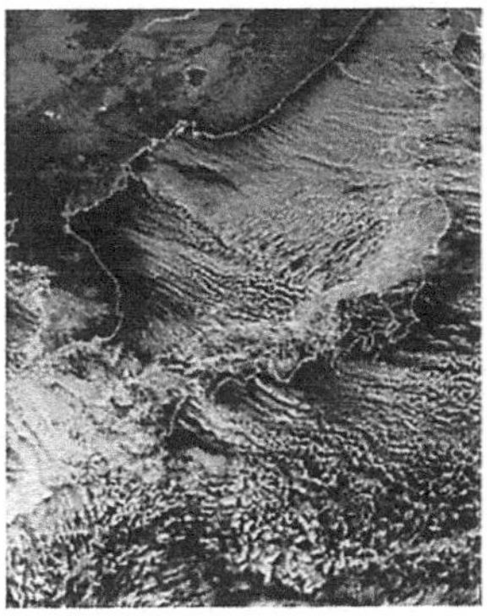

問5　気象衛星では，気象現象以外にも火山が噴火《ふんか》したときの噴煙《ふんえん》の様子も観測できます。図6は西之島《にしのしま》が噴火したときに噴煙をとらえた画像です。噴煙が西之島から白く雲のように，島から左上の方へのびている様子が分かります。このときの西之島周辺の風向きとして最も適切なものを，次のア〜エの中から1つだけ選び，記号で答えなさい。

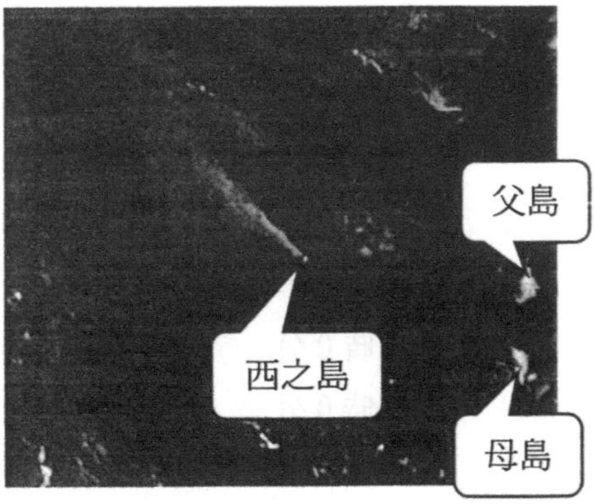

図6　西之島 気象衛星ひまわり8号で観測された火山灰をふくむ噴煙

ア　北東　　イ　北西　　ウ　南西　　エ　南東

問6　文章中の下線部Dのとき，太陽・地球・気象衛星の位置関係は順番に一直線上に並んでいます。図7は，図2・図3と同じ日に撮影《さつえい》された画像です。図7のとき，太陽・地球・気象衛星（それぞれ，(太)・(地)・(気)と示します）の位置関係として，北極側から見て正しく表しているものを，次の［位置の選択肢《し》］ア～エの中から1つだけ選び，記号で答えなさい。ただし，天体間や天体と衛星間の距離《きょり》については考えないものとします。また，図7を撮影した時刻（日本時間）として最も適切なものを，次の［時刻の選択肢］オ～コの中から1つだけ選び，記号で答えなさい。

図7　2017年9月23日のある時刻

［位置の選択肢］

ア　(気)　(地)
　　　　　(太)

イ　(地)　(気)
　　(太)

ウ　(地)　(太)
　　　　　(気)

エ　(太)　(地)
　　(気)

［時刻の選択肢］

オ　3時0分　　カ　6時0分　　キ　9時0分
ク　15時0分　　ケ　18時0分　　コ　21時0分

問７　2017年12月21日18時０分（日本時間）に撮影された画像を，次のア～カの中から１つだけ選び，記号で答えなさい。

ア

イ

ウ

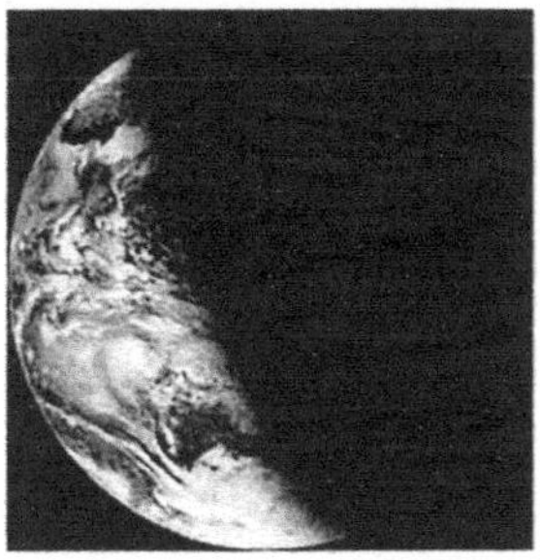

エ

オ

カ

2022年度

清風南海中学校入学試験問題（Ａ入試）

社　会（40分）

注意　①　解答用紙に受験番号，名前を記入し，
　　　　　受験番号シールを所定の欄《らん》にはりつけなさい。
　　　②　答えはすべて，解答用紙に記入しなさい。
　　　　　解答欄からはみ出た場合は不正解となります。
　　　③　字数を数える場合，ことわりのない限り，
　　　　　句読点や符号《ふごう》なども一字として数えなさい。
　　　④　解答用紙のみ提出しなさい。

2022(R4) 清風南海中
K 教英出版

1 次の〔図1〕を見て，あとの問い（問１～10）に答えなさい。

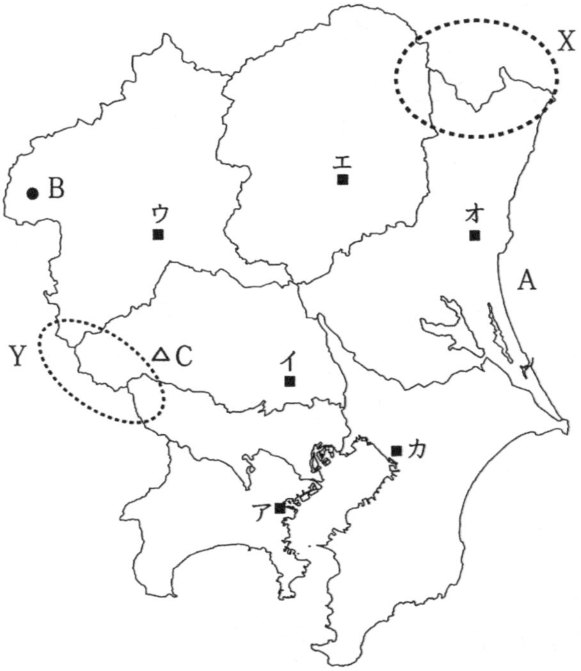

〔図１〕

問１　関東地方と都県境を接する県として適当でないものを，次のア～エのうちから１つ選び，記号で答えなさい。

ア．山梨県　　イ．山形県　　ウ．長野県　　エ．新潟県

問２　〔図１〕のア～カはいずれも県庁所在地である。下の文はそのうちのいずれかの県庁所在地について説明したものである。その県庁所在地をア～カのうちから１つ選び，記号で答えなさい。また，その県庁所在地名を漢字で答えなさい。

「この都市は県行政の中心地であるが人口は県内１位ではなく，県内交通の拠点となっている隣の都市の方が人口が多い。関東地方最大の河川が市域を流れている。」

問3　〔図1〕のX，Y地域について説明した文の組み合わせのうち，正しいものをア～エのうちから1つ選び，記号で答えなさい。

	X地域	Y地域
ア	低い山が多い。火山は無い。	高い山が多い。火山は無い。
イ	低い山が多い。火山が見られる。	高い山が多い。火山が見られる。
ウ	高い山が多い。火山は無い。	低い山が多い。火山は無い。
エ	高い山が多い。火山が見られる。	低い山が多い。火山が見られる。

問4　日本列島は南北に長いため，地域によって農業の特徴が大きく異なる。次のグラフ〔図2〕は，千葉県，長野県，岩手県，滋賀県の農業種類別生産額割合を表したものである。このうち関東地方に属する千葉県はどれか。図中ア～エのうちから1つ選び，記号で答えなさい。

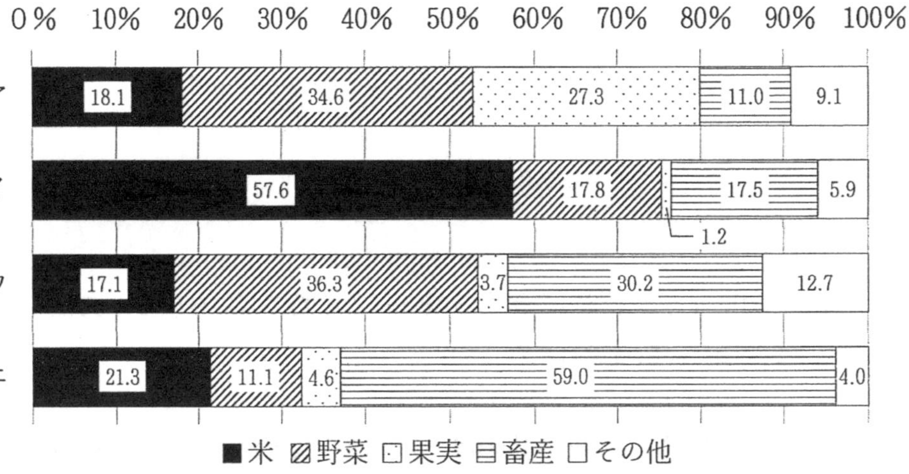

単位：％ 『県勢2021』より作成

〔図2〕

問5　〔図1〕のA付近の海岸線はほぼ南北にまっすぐ長く伸びている。茨城県と神奈川県の海岸線を比較してみると，一見茨城県の方が長く見えるが，実際に両県の海岸線の長さを測量すると，神奈川県の方が茨城県よりも2倍以上長い。これは，神奈川県の一部の海岸線が出入りの多い海岸線を含んでいるためである。このことをふまえて，次の4つの県のうち，最も海岸線が長い県はどれか。次のア～エのうちから1つ選び，記号で答えなさい。

ア．福島県　　イ．静岡県　　ウ．兵庫県　　エ．長崎県問６　〔図１〕のＢでは高原の冷涼な気候を利用して，ある作物の栽培が盛んであり，Ｂ地域を含む県は生産量全国１位である。その作物は次の写真のうちのどれか。最も適当なものを，ア～エのうちから１つ選び，記号で答えなさい。

ア

イ

ウ

エ

問７　〔図１〕のＣではある地下資源を産出している。その地下資源の主な用途として最も適当なものを，次のア～エのうちから１つ選び，記号で答えなさい。

ア．自動車の車体表面を構成する板や鉄道の線路などに使用される。

イ．建物の骨組みや橋脚，堤防などを補強したり，道路の舗装《ほそう》などにも使用されることがある。

ウ．火力発電所やボイラーの燃料として使用される。

エ．陶器やガラスの添加剤《てんかざい》として使用されるほか，携帯用電池や自動車バッテリー用にも使用される。

問８　関東地方では昔から地震や水害など多くの自然災害を経験してきたため，様々な防災に対する取り組みを行っている。自然災害による被害について述べた文として適当でないものを，次のア～エのうちから１つ選び、記号で答えなさい。

ア．集中豪雨によって河川の堤防が決壊すると，特に河川周辺の低地では家屋が流されたり，農地に土砂が大量にたい積したりすることがある。

イ．特に雨が少ない年は，人口が集中している東京周辺の市街地では，渇水《かっすい》のために水道水の取水制限が行われたりすることがある。

ウ．大地震が起こった場合，沿岸部に高潮が押し寄せ，家屋が押し流される危険性がある。

エ．大地震が起こった場合，埋め立て地や平野部で液状化が起こり，建物が傾いたり，砂や水が噴き出したりする可能性がある。

問９　次の〔表１〕は，関東地方で生産が盛んな農作物の生産量上位５都道府県を表したものである。表中のア～エは，ばれいしょ，はくさい，メロン，日本なしのいずれかである。このうち，はくさいはどれか。ア～エのうちから１つ選び，記号で答えなさい。

〔表１〕

	ア		イ		ウ		エ	
1	茨城	24.1	北海道	78.8	長野	26.6	茨城	9.5
2	熊本	15.6	鹿児島	4.0	茨城	26.0	千葉	9.2
3	北海道	15.0	長崎	3.8	群馬	3.4	栃木	8.6
4	山形	7.2	茨城	2.0	北海道	2.9	福島	7.6
5	青森	6.8	千葉	1.2	埼玉	2.6	鳥取	7.0

単位：％　『県勢 2021』より作成

問10　近年，東京都に様々なものが集中し，東京一極集中という言葉がよく使われるようになっている。次のグラフ〔図３〕は，都道府県別のデータで東京都が全国一位の項目を４つ選び，上位５都道府県の全国に占める割合を表したものである。図中のア～エはそれぞれ年間小売業販売額，年間卸売業販売額，航空旅客輸送人数，年間広告業売上高のうちのいずれかである。このうち年間小売業販売額を表しているものはどれか。ア～エのうちから１つ選び，記号で答えなさい。

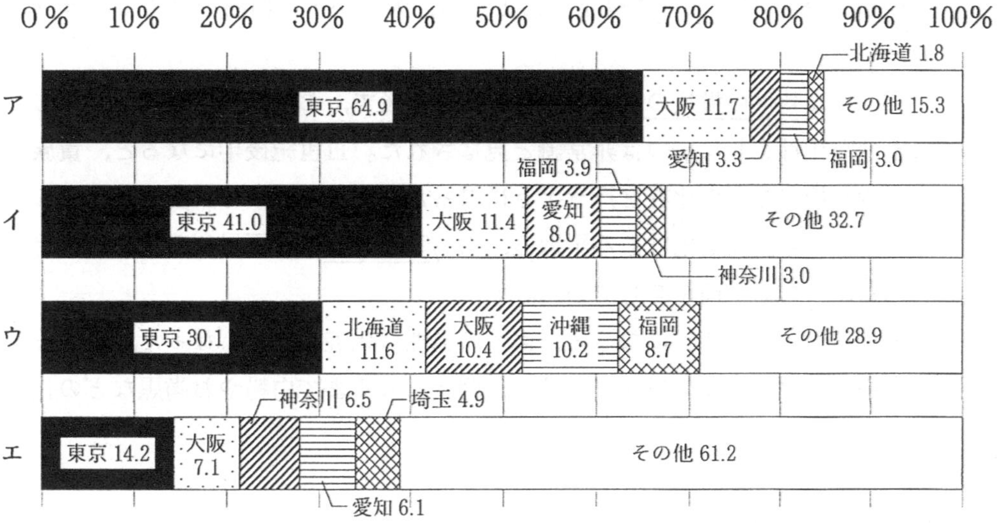

単位：％　『県勢2021』より作成

〔図３〕

2 次の文章を読んで，あとの問い（問１～５）に答えなさい。

日本の化粧は，顔やからだに塗る赤，眉やお歯黒の黒，白粉《おしろい》の白の三色を基本として発達した。化粧に関する最も古い記述は，３世紀の日本の様子を記した『魏志』倭人伝に残されている。これによると，日本人は，顔やからだに赤い顔料を塗《ぬ》っていたり，歯を黒く染めたりしていた。(ａ)５～６世紀の人物埴輪には，目のまわりや頬《ほお》に赤色をほどこしたものがある。白粉が初めて登場するのは，７世紀末で，ある僧が白色の粉を（ｂ)持統天皇に献上《けんじょう》したところ，天皇がその白粉をほめて，ほうびを与えたという。

(ｃ)平安時代の貴族の女性たちは，10歳前後で，お歯黒や眉化粧をしており，貴族の女性が化粧をしないのは非常識と見なされた。11世紀後半になると，貴族の男性も白粉やお歯黒などの化粧を行うようになった。化粧の習慣は，貴族だけでなく武士にも広まり，平清盛の甥《おい》である平敦盛《あつもり》，（ｄ)室町幕府の将軍足利義政の次男足利義尚《よしひさ》や（ｅ)豊臣秀吉もお歯黒をしていた。

ところが，江戸時代になると，武士の男性は化粧をしなくなった。その一方，伝統文化を継承する天皇や貴族の男性は，明治に入るまで白粉やお歯黒などの化粧を続けた。

問１　下線部（ａ）に関して，５世紀ごろの日本の様子を示す遺跡や建築物として最も適当なものを，次ページのア～エのうちから１つ選び，記号で答えなさい。

ア．青森県にある大型掘立柱建物などが発掘された遺跡

イ．佐賀県にある集落の周りに壕《ほり》をめぐらせた大規模な集落跡が発見された遺跡

ウ．大阪府にある日本最大の古墳

エ．奈良県にある聖武天皇の遺品などが納められた建物

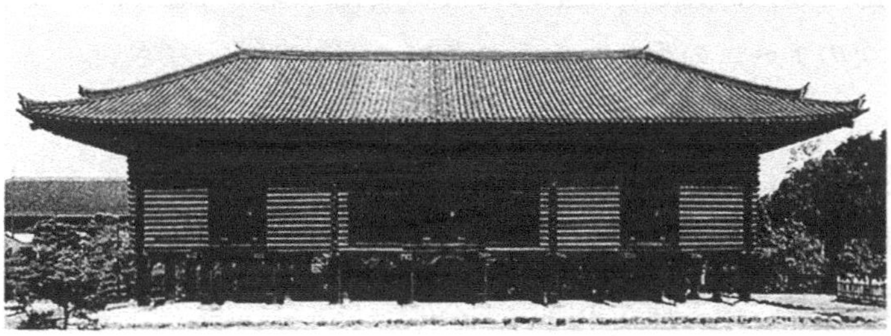

問２　下線部（ｂ）に関して，持統天皇の頃，中国の制度を手本とした日本で最初の本格的な都が完成した。この都の名称と都の構造を示した図の組み合わせとして正しいものを，あとのア～エのうちから１つ選び，記号で答えなさい。

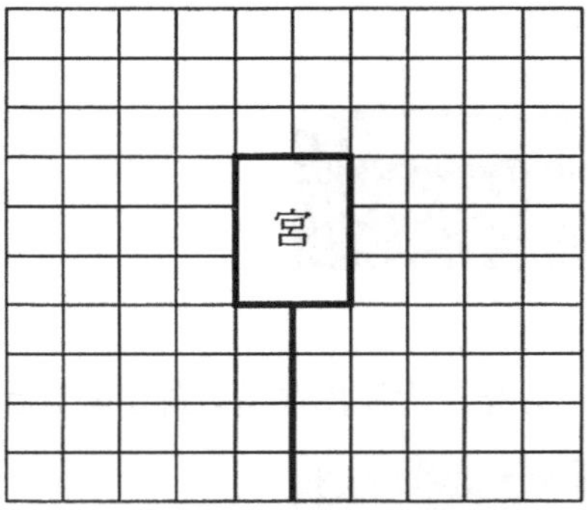

〔図A〕

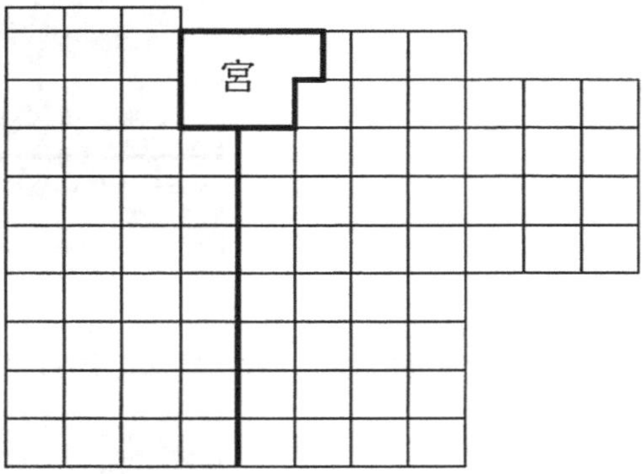

〔図B〕

ア．藤原京―〔図A〕　　イ．平城京―〔図A〕
ウ．藤原京―〔図B〕　　エ．平城京―〔図B〕

問３　下線部（ｃ）に関して，平安時代の女性について述べた次のⅠ・Ⅱの文の正誤を判断し，その組み合わせとして正しいものを，あとのア～エのうちから１つ選び，記号で答えなさい。

Ⅰ　紫式部は，当時の貴族社会を舞台とした『源氏物語』を書いた。
Ⅱ　平安時代の女性たちは，かな文字を用いて文学作品を書いた。

	ア	イ	ウ	エ
Ⅰ	正	正	誤	誤
Ⅱ	正	誤	正	誤

問４　下線部（ｄ）に関して，室町時代の文化について述べた文として誤っているものを，次のア～エのうちから１つ選び，記号で答えなさい。

ア．足利義満は京都の北山に金閣を建てた。
イ．観阿弥と世阿弥は能を完成した。
ウ．雪舟は墨一色で描く水墨画を大成した。
エ．奥州藤原氏は中尊寺金色堂を建てた。

問5　下線部（e）に関して，南海さんは，豊臣秀吉が実施した政策について授業で発表することになり，刀狩令に関する次の〔資料1〕を作成した。資料中の空らん［ X ］に入る適当な内容を10字以内で答えなさい。

◆ 豊臣秀吉の刀狩令

・刀狩令の内容

百姓から刀・やり・鉄砲を取り上げ，京都に新しい大仏を建設する際に用いる釘《くぎ》にする。

しかし，大仏の釘を作るというのは，百姓の協力を促す建て前であった。

→ 秀吉のねらいは，百姓を農業に専念させて，［ X ］ことにあった。

・結果：刀狩と太閤検地によって百姓と武士身分が区別されるようになった。

〔資料1〕

3 次の文章を読み，あとの問い（問１～４）に答えなさい。

19世紀半ば，ペリーは（ａ）アメリカの東海岸を出発し，江戸湾の入り口である浦賀にたどりついて日本に開国を迫《せま》った。その翌年，（ｂ）日米和親条約が締結され，日本は長年の鎖国体制を転換するにいたった。

その後，明治政府は富国強兵を目指し，殖産興業を推進《すいしん》するためにアメリカからもお雇《やと》い外国人とよばれる外国人教師を雇用して，様々な分野での影響を受けた。日露戦争後，アメリカは日本が南満州への支配拡大をしようとしたことに反対し，日米関係は悪化した。しかし，（ｃ）大正時代，第一次世界大戦後の世界的な協調体制のなかで，日本はアメリカと比較的良好な関係を保つことができた。

昭和に入ると，（ｄ）柳条湖事件から始まった日中両軍の衝突は，盧溝橋《ろこうきょう》事件を境に激化，さらに日本はアメリカとの戦争にも突入した。ミッドウェー海戦での日本敗北からアメリカ軍の反攻が始まり，1945年にはアメリカとの戦争に終止符がうたれた。

問１　下線部（ａ）に関して，日本とアメリカの関係について述べた文として誤っているものを，次のア～エのうちから１つ選び，記号で答えなさい。

ア．岩倉使節団は条約改正のためアメリカに渡ったが，交渉は不成功に終わった。

イ．日本はアメリカの仲立ちによって，日清戦争を終結させた。

ウ．日中戦争時，アメリカは日本軍への抵抗を続ける中国を支援した。

エ．ドイツが連合国に敗北した後，アメリカは日本に原子爆弾を投下した。

問２　下線部（ｂ）について，次の（１）・（２）の問いに答えなさい。

（１）　この条約の締結により，函館港が開かれることとなった。函館港がある北海道はかつて蝦夷地とよばれ，この地で生活するアイヌと「ある藩」が江戸幕府から交易を認められていた。この藩名を解答らんに合うように，漢字で答えなさい。

二〇二二年度　清風南海中学校入学試験SG・A入試解答用紙

国語

（六〇分）

国語 2212111

受験番号

名前

45点　一

- 問1：X　Y
- 問2：A　B　C　D
- 問3
- 問4
- 問5
- 問6
- 問7
- 問8

総得点

※120点満点

(3)	①	個	②	個
(4)	①	駅	②	時速　　km
(5)	①	cm^2	②	cm^2
(6)	①	cm^3	②	cm^3

3

22点

(1)	AG : GE
(2)	cm^2
(3)	BE : EC
(4)	cm^2
(5)	AD : BC

(4)	
	答え

5

22点

(1)	ア		イ	
(2)	mL			
(3)				
(4)	秒後			
(5)				

3
21点

問1	問2	問3 g
問4 g	問5 倍	問6　酸素　：　二酸化炭素 ＝　　　　：
問7		

4
20点

問1	問2	問3
問4	問5	
問6　位置	時刻	問7

小 計

問5

3 15点

問1

問2 （1） 藩

問2 （2）

小 計

問3

問4

4 10点

問1

問2 （1）

問2 （2）

小 計

問3

問4

5 10点

問1

問2

問3

小 計

問4

問5

2022年度 清風南海中学校入学試験Ａ入試解答用紙

社 会

（40分）

社会 2212115

受 験 番 号	名 前

※80点満点

総 得 点

1

30点

問1		問2	記号		市
問3		問4		問5	
問6		問7		問8	
問9		問10			

小 計

2

問1		問2		問3	

【解答

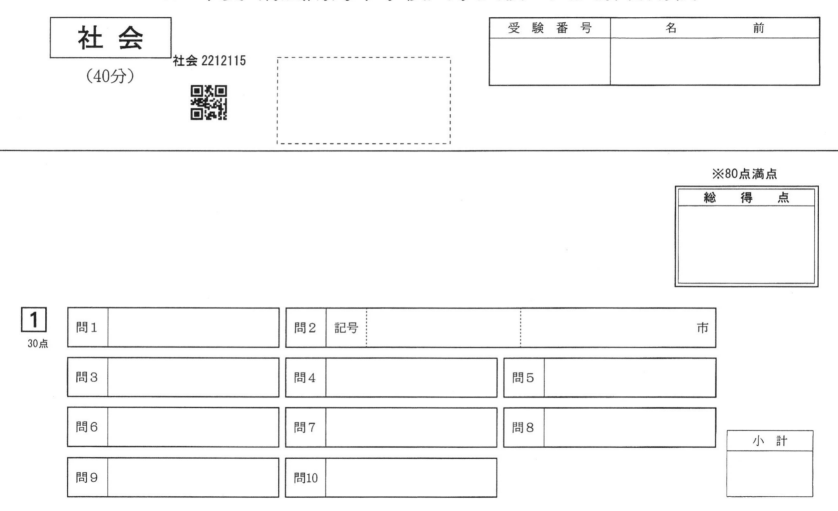

2022年度 清風南海中学校入学試験SG・A入試解答用紙

理　科

（40分）

理科 2212114

受　験　番　号	名　　　前

※80点満点

総　得　点

1

18点

問1（1）	問1（2）	問1（3）
問2	問3	問4

2

21点

問1 cm	問2（ア） cm	問2（イ） cm
問3	問4	問5

2022年度 清風南海中学校入学試験SG・A入試解答用紙

算 数

（60分）

算数 2212112

受 験 番 号	名 前

※120点満点

総 得 点	

1 20点

(1)	
(2)	
(3)	
(4)	

2 34点

(1)	円

4 22点

(1)	
(2)	個
(3)	
	求め方

【解答

40点 二

問5

問6

問7

問8

問9

19点 三

問1

①

②

③

④

⑤

問2

16点 四

① ココロザシ

② ハグクミ

③ ニュウバイ

④ サイサン

⑤ フトク

⑥ カクギ

⑦ ミトメ

⑧ キョシツ

（2） この条約が結ばれるよりも前から，欧米諸国の船が日本近海に出現していた。18世紀後半から19世紀前半における日本国内の様子について述べた次のⅠ・Ⅱの文の正誤を判断し，その組み合わせとして正しいものを，あとのア～エのうちから１つ選び，記号で答えなさい。

Ⅰ 大塩平八郎は商人から米を取り上げ，ききんに苦しむ人たちに分け与えるため，江戸で反乱を起こした。

Ⅱ 「読み・書き・そろばん」など日常生活に役立つ知識を教えた寺子屋は，その多くが大きな都市に設けられ，農村ではほとんどみられなかった。

	ア	イ	ウ	エ
Ⅰ	正	正	誤	誤
Ⅱ	正	誤	正	誤

問３ 下線部（ｃ）に関して，大正時代に日本国内で起こった出来事について述べた次のⅠ・Ⅱの文の正誤を判断し，その組み合わせとして正しいものを，あとのア～エのうちから１つ選び，記号で答えなさい。

Ⅰ 富山県から始まった，米の安売りを求める民衆運動はラジオ放送によって全国へ伝えられた。

Ⅱ 女性の地位向上を目的とした全国水平社が結成され，就職や結婚における女性に対する差別解消をめざした。

	ア	イ	ウ	エ
Ⅰ	正	正	誤	誤
Ⅱ	正	誤	正	誤

問４　下線部（ｄ）に関して，この期間に日本国内で起こった次のⅠ～Ⅲの出来事を，年代の古い方から順に並べたものとして正しいものを，あとのア～カのうちから１つ選び，記号で答えなさい。

Ⅰ　政府に不満をもつ軍人たちが，総理大臣らを殺害した五・一五事件を起こした。

Ⅱ　戦争に必要な物資や労働力を動員できる権限を，政府に与えた法律が成立した。

Ⅲ　砂糖や米などの生活必需品が配給制となった。

ア．Ⅰ→Ⅱ→Ⅲ　　イ．Ⅰ→Ⅲ→Ⅱ　　ウ．Ⅱ→Ⅰ→Ⅲ

エ．Ⅱ→Ⅲ→Ⅰ　　オ．Ⅲ→Ⅰ→Ⅱ　　カ．Ⅲ→Ⅱ→Ⅰ

4 次の文章を読み，あとの問い（問１～４）に答えなさい。

（ａ）Ｇｏｏｇｌｅの元トップはこう言う。「私たちはビッグデータの時代にいる。ビッグデータを理解するには統計のプロ（データサイエンティスト）が必要だ。そうした，データを良く分析できる者が勝利する。」

どんな分野の議論においても，（ｂ）データを集めて分析することで最速で最善の答えを出すことができると考えられるからだろう。少なくとも，個人の単なる経験や感覚に頼るよりは最善であるといえるだろう。もし，あなた自身やあなたの家族の命を含めた，数十万人の命がかかった選択を，何の根拠《こんきょ》もなく権力者個人の意見で決められるとしたらどう感じるだろうか。判断を誤れば数十万人の命が失われる意思決定，そのような場面は物語のなかだけだ，と考えるかもしれない。しかし現実に，例えば（ｃ）公衆衛生といった領域《りょういき》においてはごく自然に行われている。

原因不明の疾病《しっぺい》を防止するための学問を「疫学《えきがく》」というが，世界の疫学研究の始まりは，19世紀のロンドンでコレラという疾病に対して行われたものである。当時のロンドンは，急激な人口の増加に都市の発達が追いつかず，下水も整備されないためにごみや汚物が街中に放置されてひどい臭《にお》いを放っていた。そのような状況下でコレラが流行していたため，ある人物はコレラを減らせると考えて街に消臭剤《しょうしゅうざい》をまくことを進めたし，ある役人は街中から汚物を取り除けばよいと考えて飲用にも使用する川へ汚物を流すことを進めた。結果は，時間と労力のムダか，むしろ有害だったか，である。

では，どうすべきだったのか。「疫学の父」と呼ばれるジョン・スノウという人物は，コレラにかかった人とかかってない人の違いを調べて，そうした人たちの生活に関するデータを集めて分析をした。その結果，ある水道会社の水を使うことを止めて，違う水道会社の水を使うように主張した。実はこの使うことを止められた水道会社は，前述の汚物を流されている川から採水《さいすい》していたのであり，街中から汚物を取り除けばコレラが減ると考えて川に流すことを進めた役人は，意図せずに効率的にコレラ患者を拡大再生産するしくみを作り上げてしまっていたのである。

疫学という，データと統計分析に基《もと》づき判断するという考え方は，スノウの発見から100年ほどかけて，医学の領域で欠くことのできないものとなった。現在の医療で最も重要な考え方としてＥＢＭ，日本語で言うと科学的根拠に基づく医療という考え方がある。医師の経験と勘《かん》だけでなく，きちんとしたデータとその分析結果に基づいて適切な判断をすべき，というものが現在の医学の主流の考え方となっている。そして，統計学の活用は医学だけでなく，教育やスポーツ，経済の分野にも進んできているのである。

問１　下線部（ａ）に関して，Ｇｏｏｇｌｅなど４つの巨大ＩＴ企業は，世界にその存在感を示す企業の代名詞となっている。これら４つの企業の頭文字を組み合わせて総称《そうしょう》した呼び方として最も適当なものを，次のア～カのうちから１つ選び，記号で答えなさい。

ア．ＧＰＩＦ　　イ．ＧＡＴＴ　　ウ．ＭＤＧｓ
エ．ＢＬＯＧ　　オ．ＧＡＦＡ　　カ．ＰＩＧＳ

問２　下線部（ｂ）に関して，次の（１）・（２）の問いに答えなさい。

（１）　分析対象となる多数のデータのなかから，データの一部を選んで分析することをサンプル調査という。サンプル調査は，対象となるものを全て調べる全数調査に比べて手間や費用を省くことができるが，誤差が生じないようにサンプルは偏《かたよ》らないように選ぶ必要がある。次のⅠ・Ⅱのカードは，調査したい項目と調査する方法をまとめたものである。Ⅰ・Ⅱのカードの説明として最も適当なものを，あとのア～エのうちから１つ選び，記号で答えなさい。

Ⅰ

調査項目：ある農家が肥料Ａ・肥料Ｂと小麦の収穫量の関連性を調査する。
調査方法：保有農地を均等に10000分割したなかから，無作為（注）に選んだ100か所は肥料Ａを使用し，別の無作為に選んだ100か所は肥料Ｂを使用して，収穫量の違いを分析する。
（注）選《え》り分《わ》けないで，意図しないで，の意味。

Ⅱ

調査項目：日本の有権者における現在の内閣支持率を調査する。
調査方法：回答率が高いと考えられる，国会議事堂周辺で開催されている反政府集会の出席者全員から，今の内閣を支持するかどうかのアンケートを取り，得られた回答を集計する。

ア．Ⅰ・Ⅱともに，サンプル調査として適当である。
イ．Ⅰはサンプル調査として適当であるが，Ⅱは適当ではない。
ウ．Ⅰはサンプル調査として適当ではないが，Ⅱは適当である。
エ．Ⅰ・Ⅱともに，サンプル調査として適当ではない。

（2） 集めたデータを分析する際は，慎重《しんちょう》な判断が必要となる。次の①～③のデータから判断したⅠ・Ⅱの文が常に正しいといえるかどうかを判断し，正誤の組み合わせとして正しいものを，あとのア～エのうちから１つ選び，記号で答えなさい。

① 男子生徒同士で比べると，Ａ中学校の平均点はＢ中学校より５点高い。
② 女子生徒同士で比べると，Ａ中学校の平均点はＢ中学校より５点高い。
③ Ａ中学校・Ｂ中学校ともに全校生徒数は200人であり、男子生徒と女子生徒が通う共学校である。

Ⅰ Ａ中学校とＢ中学校の全校生徒の平均点を比較すると，Ａ中学校の平均点はＢ中学校より高い。
Ⅱ Ａ中学校とＢ中学校の全校生徒の平均点を比較すると，Ａ中学校の平均点とＢ中学校の平均点の差は５点である。

	ア	イ	ウ	エ
Ⅰ	正	正	誤	誤
Ⅱ	正	誤	正	誤

問３ 下線部（ｃ）に関して，世界の公衆衛生を担当する組織のテドロス事務局長は2020年３月11日，新型コロナウイルスの感染拡大について，世界的な流行を意味するパンデミックであるとの認識を示した。1948年，すべての人々の健康を増進《ぞうしん》し保護するため，互いに他の国々と協力する目的で設立された世界の公衆衛生を担当する組織の名称を，アルファベット大文字３文字で答えなさい。

問4　本文の内容に合う記述として最も適当でないものを，次のア〜エのうちから1つ選び，記号で答えなさい。

ア．世界をリードする人のなかには，データを活用できて統計に詳《くわ》しい者が今後の世界で活躍すると考える人がいる。

イ．人々の健康に関する問題や経済に関わる問題など幅広い内容について，統計を踏まえて考えることで，適切な判断が可能となる。

ウ．疫学の研究を行う際には，熟練《じゅくれん》した医師の経験と勘から導き出された治療法を，多く医師の間で共有することが重要である。

エ．疾病対策のために良かれと思って行った対処法が，逆に多くの人々を感染させることにつながる場合もありえる。

5 次の文章は，2020年11月に放送されたラジオ番組「柴田《しばた》阿弥《あみ》とオテンキのりのジャパン5.0」で放送された内容の一部を書き起こしたものである。これを読み，あとの問い（問１～５）に答えなさい。なお，入試問題を作成するにあたり，一部書き改めたところがある。

柴田　今日のゲストは，最高裁判所刑事局第二課長の市原志都《しづ》さんです。市原さんは裁判官として，ついこの間まで法廷《ほうてい》で裁判をされていたそうです。まずは，裁判員制度が始まった背景を教えてください。

市原　国民の皆さんに裁判に参加していただくことで裁判の進め方やその内容に皆さんの視点や感覚が反映されるとともに，実際に参加して頂くことで裁判がより身近に感じられて司法への信頼が高まっていくことが期待されて始まりました。

柴田　裁判員が参加する裁判はどのような時におこなわれますか？

市原　[　　　　X　　　　]

柴田　誰でも裁判員になる可能性があるのですか？

市原　はい。（　Y　）歳以上で選挙権のある方は，原則どなたでも選ばれる可能性があります。

柴田　でも，裁判員になれない職業があるのですね？

市原　はい。裁判員になることができない職業としては，例えば，司法関係者や自衛官などが挙《あ》げられます。

柴田　辞退もできるのでしょうか？

市原　はい。70歳以上の方，学生のほか，例えば (a)子育てや介護でお忙しい方などは辞退することができます。

柴田　仕事が忙しいというのは辞退の理由になりますか？

市原　それだけでは辞退できませんが，重要な仕事があり，ご自身が処理しなければ事業に大きな損害が生じる場合には，辞退が認められます。

柴田　最終的には，くじで，原則，（　Z　）人の裁判員が選ばれるのですよね？

市原　はい。それに加え，数人の補充《ほじゅう》裁判員も選ばれます。

柴田　(b)法律の知識は必要ですか？

市原　いえ，法律の知識や事前の勉強は必要ありません。

柴田　裁判員になったことは誰かに話してもよいのでしょうか？

市原　裁判員候補者や裁判員になったことを家族などに話したり，仕事の日程調整のために会社の上司などに報告したりすることは問題ありませんが，例えばＳＮＳで公表するなど，不特定多数の人に伝えることは禁止されています。ただし，選任手続きで裁判員に選ばれなかった場合や，裁判員としての職務が終わった後であれば，公《おおやけ》にしても問題ありません。

柴田　裁判員としての仕事が終わった後なら裁判員としての経験を話してもよいのですね？

市原　はい。評議《ひょうぎ》（注）の中で話したことは，率直《そっちょく》な意見交換を確保するために秘密にしていただく必要がありますが，公開の法廷で見聞きした事件の内容や，判決の結論，あるいは裁判員として裁判に参加した感想や経験談などは，話していただいて問題ありません。これから裁判員になる可能性のある方々のためにも，裁判員を務めた率直な感想や経験談を周りの方々に積極的にお話しいただきたいです。

（注）裁判官と裁判員が，被告人が有罪かどうか，また，有罪であれば，量刑《りょうけい》（刑の種類や程度）をどうするか話し合うこと。

問１　本文中の空らん［ X ］にあてはまる最も適当な文を，次のア～エのうちから１つ選び，記号で答えなさい。

ア．たとえば，個人間でおこった遺産《いさん》相続に関する問題などの，個人にとって重要な問題を，地方裁判所で裁判するときにおこなわれます。

イ．たとえば，個人間でおこった遺産相続に関する問題などの，個人にとって重要な問題を，高等裁判所で裁判するときにおこなわれます。

ウ．たとえば，強盗《ごうとう》が人にけがをさせた事件などの，国民の関心の高い重大な事件を，地方裁判所で裁判するときにおこなわれます。

エ．たとえば，強盗が人にけがをさせた事件などの，国民の関心の高い重大な事件を，高等裁判所で裁判するときにおこなわれます。

問２　下線部（ａ）に関して，社会福祉や介護保険制度を担当する日本の省庁として最も適当なものを，次のア～エのうちから１つ選び，記号で答えなさい。

ア．厚生労働省　　イ．文部科学省　　ウ．経済産業省　　エ．環境省問３　下線部（ｂ）に関して，日本において立法権を担う機関についての説明として正しいものを，次のア～エのうちから１つ選び，記号で答えなさい。

ア．この組織は，裁判官をやめさせるかどうかの裁判をすることができる。
イ．この組織は，最高裁判所の長官を指名し，任命することができる。
ウ．この組織は，条例が憲法に違反していないかを判断することができる。
エ．この組織は，内閣総理大臣を指名し，任命することができる。

問４　本文中の空らん（　Ｙ　）・（　Ｚ　）にあてはまる数字の組み合わせとして正しいものを，次のア～エのうちから１つ選び，記号で答えなさい。

ア．Ｙ－20　Ｚ－３　　イ．Ｙ－18　Ｚ－３
ウ．Ｙ－20　Ｚ－６　　エ．Ｙ－18　Ｚ－６

問５　本文の内容について述べた次のⅠ・Ⅱの文の正誤を判断し，その組み合わせとして正しいものを，あとのア～エのうちから１つ選び，記号で答えなさい。

Ⅰ　国民の視点を裁判に反映させる観点から，裁判員は，会社員や弁護士など，さまざまな仕事にたずさわる人物から選ばれる。
Ⅱ　裁判員裁判が終わった後であれば，裁判官と行った量刑についての議論の内容や，裁判員としての経験・感想について，他の人に話してもよい。

	ア	イ	ウ	エ
Ⅰ	正	正	誤	誤
Ⅱ	正	誤	正	誤

2022(R4) 清風南海中
K 教英出版

二〇二一年度

清風南海中学校入学試験問題（ＳＧ・Ａ入試）

国語

（六〇分）

注意

① 解答用紙に受験番号、名前を記入し、受験番号シールを所定の欄《らん》にはりつけなさい。
問題用紙には受験番号を記入しなさい。

② 答えはすべて、解答用紙の所定の欄に記入しなさい。

③ 字数を数える場合、ことわりのない限り、句読点や符号《ふごう》なども一字として数えなさい。

④ 選択《せんたく》問題はすべて記号で答えなさい。

⑤ 解答用紙、問題用紙の両方とも提出しなさい。

受験番号

一

次の文章を読んで後の問いに答えなさい。

著作権に関係する弊社の都合により本文は省略いたします。

教英出版編集部

著作権に関係する弊社の都合により
本文は省略いたします。

教英出版編集部

（本郷和人『日本史でたどるニッポン』ちくまプリマー新書による）

注　＊1　固定観念……常に心の中にあって、離れることのできない考え方。
　　＊2　止揚……二つの考えを一段階上のレベルで統一すること。

問1　［Ⅰ］～［Ⅳ］にあてはまる語句として最も適当なものを、それぞれ次の中から選びなさい。（ただし、同じ記号を二度以上用いてはいけません。）

ア　でも　　イ　たとえば　　ウ　つまり　　エ　そして　　オ　もし

問2　［a］・［b］にあてはまる語句として最も適当なものを、それぞれ次の中から選びなさい。

a　ア　専念　　イ　失念　　ウ　祈念《きねん》　　エ　観念　　オ　懸念《けねん》

b　ア　大黒柱　　イ　屋台骨　　ウ　床《とこ》の間　　エ　垣根《かきね》　　オ　天井《てんじょう》

問3　――①「キリスト教を禁じていたと思います」とありますが、その理由として最も適当なものを次の中から選びなさい。

ア　キリスト教は、日本の伝統である阿弥陀信仰と類似《るいじ》しており、他の宗教の教えと棲み分けが出来ずに、激しく対立する危険があるから。

イ　キリスト教に改宗した大名が貿易を独占《どくせん》して富を得ることで、社会的に影響《えいきょう》力を持ち始め、政治に介入《かいにゅう》して混乱を招く可能性があるから。

ウ　キリスト教が広まると、戦国大名に匹敵《ひってき》するほどの勢力を持った一向宗のように、人々が世俗《せぞく》の権力者に強く反抗《はんこう》する可能性があるから。

エ　キリスト教のように唯一《ゆいいつ》の神だけを認めて信仰する一向宗が、宗教の世界と武士による政治的な支配体系の分断を要求する危険があるから。

問4　――②「そういう考えを理解できなかった」とありますが、その説明として最も適当なものを次の中から選びなさい。

ア　禅宗の、特定の考えへのこだわりを捨て次元の高い判断にいたろうとする教えが理解できず、すべての価値を否定するものだと誤解していた。

イ　禅宗の、古くからある伝統的な権威を否定し、新たな価値の発見を肯定《こうてい》するという考えが理解できず、虚無を重要視する教えだと誤解していた。

ウ　禅宗の、すべての権威や価値を否定することで虚無を探し求めようとする考えが理解できず、矛盾や対立を生み出す教えだと誤解していた。

エ　禅宗の、否定する行為自体を「無」ととらえようとする独自の考え方が理解できず、ヘーゲルの弁証法と全く同じ悪魔の教えだと誤解していた。

問5　――③「ヨーロッパの古い都市」についての説明として最も適当なものを次の中から選びなさい。

ア　市庁舎、市場に加えて、教会を中心に成立していることから、身分の上下によって住む場所が決められていたと言える。

イ　政治、経済、宗教の要となる施設を中心に成立していることから、守秘義務をもつ人々が一ヵ所に住んでいたと言える。

ウ　市庁舎、市場、教会が中心地にあることから、人々は日常的に権力者の堕落や悪事を直接見聞きする機会があったと言える。

エ　政治、経済を支える施設に加え、教会も中心地にあることから、日々の営みの中に人々の救いが組み込《こ》まれていたと言える。

問6 ――④「個人の自由」とありますが、プロテスタントが罪の告白を「個人の自由」として認めたのはなぜですか。その理由の説明として最も適当なものを次の中から選びなさい。

ア　キリスト教はカトリックとプロテスタントの二つに分かれ、宗教者に対する考え方は対立していたが、罪の告白に対する考え方は共通すると人々に示したかったから。

イ　教会の堕落は神と人間の間に宗教者がいることだと批判した上で、多くの人々が告白さえすれば神は罪を許してくれると安易に信じることはよくないと考えたから。

ウ　直接つながるはずの神と人間の間に、宗教者がいることを批判する一方で、罪を告白し許されることにより安心を得ようとする人がいることを受け入れていたから。

エ　罪の告白は確かに気持ちを楽にするが、堕落した司祭は守秘義務を破る危険性があるので、個々の信者がそれぞれで秘密の管理をせねばならないと伝えたかったから。

問7 ══X「キリスト教のほうが優勢かなと思います」とありますが、筆者はなぜそのように言うのですか。六十字以内で説明しなさい。

二

次の文章を読んで後の問いに答えなさい。

いちばん奥《おく》の空間は物置だった。壁《かべ》一面に棚《たな》が作られ、たくさんの木箱や段ボール箱が置いてある。

部屋の中央には大きなビニール袋《ぶくろ》に入った赤やピンク、黄色や緑に染められた大量の羊毛が積み上げてあった。カラフルな綿菓《わたが》子《し》の山のようだ。

「これはおじいちゃんが染めた毛？」

「そうだ。裕子先生のオーダーで染めてある」

小型の台車を出し、棚の中段にある木箱を祖父は次々と移し始めた。

「美緒に頼《たの》みたいのはこの箱を……どうした？」

作業の手を止め、祖父は不思議そうな顔をした。

色とりどりの羊毛の袋に吸い寄せられるようにして、美緒は近付く。このなかに飛び込《こ》んだら、どんなに気持ちがいいだろう？

「なんだか綿菓子？　雲みたいだなって思って」

祖父がくすっと笑い、腕《うで》を組んだ。

「考えていることがわかったぞ。たしかに美緒のお父さんも私も子どもの頃《ころ》にやった。いいぞ、雲にもぐって。最高の気分転換《てんかん》だ」

ふかふかした羊毛の山に美緒はそっと飛び込む。一瞬《いっしゅん》、身体が沈《しず》んだが、すぐにふわりと浮《う》き上がった。軽く手足を動かすと、身体が宙に浮いているみたいだ。

雲に寝転《ねころ》んだら、きっとこんな感じだ。寝返りを打つと、袋からこぼれ落ちたピンクの羊毛がふわりと顔に落ちてきた。

その毛をつまむと、①言えなかった言葉が声になった。

「おじいちゃんはどうしていつも……何も聞かないの？」

「聞いてほしいのか？　それなら聞くが」

「いいです、やっぱり。大丈夫《だいじょうぶ》」

「何が大丈夫なんだ？　何に対して大丈夫と言っているんだ？」

思わぬ問いかけに、②美緒は手にした羊毛を花占《はなうらな》いのようにむしる。

「ただ、そう思っただけ。大丈夫、まだ大丈夫。口癖みたいなもの」

「本当に大丈夫なら、わざわざ言わないものだ。気に掛《か》かっていることがあるんだろう」

ピンクの羊毛にふうっと息を吐《は》く。毛は舞《ま》い上がり、ピンク色の雲がいくつも宙に浮かんだ。

心の奥から、自然に言葉が浮かんできた。

「おじいちゃん、③私ね、笑いが顔にくっついているの。仮面みたいにペタッと貼《は》り付いてる。楽しくなくても笑う。つらくても笑う。笑っちゃいけないときも無意識にへらへら笑ってる。頭、おかしいよね」

「そんなふうに言うものじゃない。いつからだ？」

目を閉じて力を抜《ぬ》き、美緒は羊毛に身をゆだねてみる。

気持ちが楽になってきた。

「わかんない。でも小学生の頃から、かな。人の目が怖《こわ》い。不機嫌《ふきげん》な人が怖い。だから嫌《きら》われないように『オールウェイズ　スマイル』。いつもニコニコしてた。そうしたら私には何を言っても大丈夫、怒《おこ》らないって思われて、きつい冗談《じょうだん》を言われるようになって……」

脂足《あぶらあし》、アビーと呼ばれた声がよみがえる。

その呼び方は好きではないと、勇気を振《ふ》り絞《しぼ》って言ってみた。しかし「本当に脂足だったら逆にそういうこと絶対言えないって」とみんなは笑っていた。

「そういう冗談を言う人たちは、私のことを『いじられキャラ』で、バラエティなら『おいしいポジション』って言う。でも、私、テレビの人じゃないから、いじられるの、つらい。でもそれを言ったら居場所がなくなる。だからまた笑ってる……。『オールウェイズ　スマイル』。そのうち学校に行くと、おなかが下るようになった。満員電車に乗るとトイレに行きたくなる。もらしたらどうしよう。毎日そればっかり考えてた」

「それはつらいな」

祖父の声のあたたかさに、美緒は薄目《うすめ》を開ける。気持ちのいいお湯に浮かんでいるみたいだ。

「それでね……ひきこもって。駄目《だめ》だなって思うの。逃《に》げてばかりで。甲羅《こうら》に頭をひっこめているばかりじゃ何も解決しないのに」

それは亀《かめ》のことか、と祖父がのんびりと言う。

「固い甲羅があるのなら、頭を引き込めてもいいだろう。棒で殴《なぐ》る輩《やから》が外にいるのに、わざわざ頭を出して殴られにいくこともないぞ」

祖父が台車を押《お》して、棚の前から離《はな》れていった。

「待って、おじいちゃん。手伝います」

羊毛のなかから出て、美緒は台車に手を伸《の》ばす。

「それなら一服つけてから作業をするか。ソファの近くにこれを運んでおいてくれ」

屛風《びょうぶ》で囲った寝室《しんしつ》に祖父が入っていった。窓を開ける音がして、甘《あま》い香《かお》りがかすかに漂《ただよ》ってきた。

祖父の煙草《たばこ》はこの部屋と同じ、謎《なぞ》めいた香りがする。

祖父が発送する荷物は大量のスプーンだった。長年、日本と世界のさまざまな土地に行くたびにこつこつ集めてきたもので、木材や金属などでつくられたものが一本ずつ仕切られたケースに整然と納まっていた。

（中略）

「どうしてスプーンを集めたの？」

「口当たりの良さを追求したかったのと、あとはバランスだな。良い職人が削《けず》ったさじは軽くて美しい。手に持ったときのバランスが気持ちいいんだ。そのさじで食事をすると軽《かろ》やかでな。天上の食べものを口にしている気分になる。同じことは私たちの仕事にも言える」

「スプーンと布って、全然別物っぽく思えるけど……」

祖父が手を止めると、奥の部屋に歩いていった。すぐに戻《もど》ってくると、手には紺色《こんいろ》のジャケットを抱《かか》えていた。生地《きじ》は＊ホームスパンだ。

「おじいちゃんのジャケット？」

「そうだ。お祖母《ばあ》ちゃんが織ったものだ。持ってごらん」

渡《わた》されたジャケットは、見た目よりうんと軽く感じた。

「あれ？　軽いね」

「それでもダウンジャケットにくらべると若干《じゃっかん》重いがな」

　ジャケットを羽織ってみるようにと祖父がすすめた。

　袖《そで》に腕を通したとたん、「あれ？」と再び声が出た。手で感じた重量が身体に伝わってこない。肩《かた》にも背中にも重みがかからず、着心地《きごこち》がたいそう軽やかだ。それなのに服に守られている安心感がある。

「手で持ったときより、うんと軽い」

「手紡《つむ》ぎ、手織りの糸は空気をたくさんはらむから軽くて温かい。身体に触《ふ》れる布の感触《かんしょく》が柔《やわ》らかいから、着心地が軽快になる。さじにかぎらず、良い職人の仕事は調和と均衡《きんこう》が取れていて心地よいんだ。音楽で言えば」

「ハーモニー？　もしかして」

「そうだ、よくわかったな」

「私、中学からずっと合唱部に入ってたの」

　祖父にジャケットを返すと、ⓐ慈《いつく》しむようにして大きな手が生地《きじ》を撫《な》でた。

「美緒は音楽が好きなんだな」

　あらためて考えると、合唱はそれほど好きでもなかった。

　熱心に部に勧誘《かんゆう》されたことが嬉《うれ》しかった。合唱部はみんな仲が良さそうに見えたから、その輪に入っていると安心できただけだ。

「部活、そんなに好きじゃなかったかも。なんか……私って本当に駄目だな」

　ジャケットを傍《かたわ》らに置くと、祖父がスプーンの梱包《こんぽう》作業に戻《もど》った。

「この間、汚毛《おもう》を洗っただろう？　どうだった？　ずいぶんフンをいやがっていたが」

「臭《くさ》いと思ったけど、洗い上がりを見たら気分が上がった。真っ白でフカフカしてて。いいかも、って思った。汚毛、好きかも」

　そうだろう、と祖父が面白《おもしろ》そうに言った。

「美緒も似たようなものだ。自分の性分《しょうぶん》について考えるのは良いことだが、悪いところばかりを見るのは、汚毛のフンばかり見るのと同じことだ」

　祖父が何を言い出したのかわからず、美緒は作業の手を止める。赤い漆塗《うるしぬ》りのスプーンを取り、祖父が軽く振《ふ》る。

「学校に行こうとすると腹を壊《こわ》す。それほどの繊細《せんさい》さがある。良いも悪いもない。駄目でもない。そういう性分が自分のなかにある。ただ、それだけだ。それが許せないと責めるより、一度、丁寧《ていねい》に自分の全体を洗ってみて、その性分を活《い》かす方向を考えたらどうだ？」

「活かすって？　どういうこと？　そんなのできるわけないよ」

「そうだろうか？　繊細な性分は、人の気持ちのⓑあやをすくいとれる。ものごとを注意深く見られるし、集中すれば思わぬ力を発揮することもある。へこみとは、逆から見れば突出《とっしゅつ》した場所だ。悪い所ばかり見ていないで、自分の良い点も探してみたらどうだ？」

「ない。そんなの」

「即答《そくとう》だな」

　祖父がスプーンに目を落とした。

「だって、ないから。自分のことだから、よくわかってる」

　それは本当か、と祖父が声を強めた。

「本当に自分のことを知っているか？　何が好きだ？　どんな色、どんな感触、どんな味や音、香りが好きだ。何をするとお前の心は喜ぶ？　心の底からわくわくするものは何だ」

「待って。そんなの急にいっぱい聞かれても」

「ほら、何も知らない。いやなところなら、いくらでもあげられるのに」

　からかうような祖父の口調に、美緒は顔をしかめる。

「そんなしかめ面《つら》をしないで、自分はどんな『好き』でできているのか探して、身体の中も外もそれで満たしてみろ」

「好きなことばっかりしてたら駄目にならない？　苦手なことは鍛《きた》えて克服《こくふく》しないと……」

「なら聞くが。責めてばかりで向上したのか？　鍛えたつもりが壊れてしまった。それがお前の腹じゃないのか。大事なもののための我慢《がまん》は自分を磨《みが》く。ただ、つらいだけの我慢は命が削られていくだけだ」

　祖父がテーブルに並べたスプーンを指差した。

④「手始めに、気に入ったさじがあったら、それで食事をしてみろ。良いさじで食物を口に運ぶ感触をとことん味わってごらん」

「えっ、でも……」

戸惑《とまど》いながらも梱包していないスプーンと、コレクションが納まった箱を美緒は一つずつ見る。祖父が集めたものは、どれも色や形が美しい。そしておそらく外見のほかにも祖父の心をとらえた何かがある――。しだいに興味がわいてきて、次々とスプーンが入った箱を開けて見る。

木材、金属、動物の角。さまざまな材質のスプーンを持ったあと、最後に残った箱を開けた。

赤や黒、赤紫色《あかむらさきいろ》に塗《ぬ》られた木製のスプーンが出てきた。

無地もあるが、金箔《きんぱく》などで模様が描《えが》かれたものや、虹色《にじいろ》に輝《かがや》く装飾《そうしょく》が施《ほどこ》されているものもある。

一本、一本見ていくなかで、シンプルな黒塗りのスプーンに心惹《こころひ》かれた。手にすると、スプーンの先から柄《え》に向かって、真珠色《しんじゅいろ》の光が走った。

「おじいちゃん、これはうるし？」

祖父はうなずいた。

「これがいい。これが好き。おじいちゃん、このスプーンをください」

「美緒はこれが好きか。どうしてこれを選んだ？」

「直感？　何かいい感じ」

祖父の目がやさしげにゆるんだ。目を細めるとやさしく見えるところは、太一と似ている。

ほめられているような眼差《まなざ》しに心が弾《はず》み、黒いスプーンを見る。

幼い頃、壁にかかった視力検査表で視力を調べられたことがある。

黒いスプーンを右目に当て、おどけてみた。

「視力検査……」

一瞬、不審《ふしん》そうな顔をしたが、祖父はすぐに横を向いた。口もとに軽くこぶしを当てて、笑っている。

おどけた自分が猛烈《もうれつ》に恥《は》ずかしくなり、美緒はスプーンを握《にぎ》った手を膝《ひざ》に置く。

⑤<u>たいして面白くもないだろうに、祖父は目を細めてまだ笑っていた。</u>

（伊吹有喜『雲を紡《つむ》ぐ』文藝春秋刊による）

注　＊　ホームスパン……手織りの毛織物。

問1 ⓐ「慈しむ」、ⓑ「あや」の本文中で使われている意味として、最も適当なものをそれぞれ次の中から選びなさい。

ⓐ「慈しむ」

ア はかないものだと心をくだく　イ 高価なものだと丁寧に扱《あつか》う

ウ 愛《いと》おしいものだとかわいがる　エ ふびんなものだとあわれむ

ⓑ「あや」

ア 人に言えないコンプレックス　イ 複雑なニュアンス

ウ ほどよいセンス　エ 隠《かく》されたイメージ

問2 ――①「言えなかった言葉が声になった」のはなぜですか。その理由として最も適当なものを次の中から選びなさい。

ア やわらかな羊毛と同じように、自分の欠点も取《と》り除《のぞ》けると思えたから。

イ 言われた通り羊毛に飛び込んでみると、祖父への恐《おそ》れがなくなったから。

ウ 色とりどりの羊毛を見ていると、いろいろなことが思い出されたから。

エ 雲のような羊毛に身をうずめると、張り詰《つ》めていた気持ちが緩《ゆる》んだから。

問3 ――②「美緒は手にした羊毛を花占いのようにむしる」とありますが、美緒はなぜこのような反応をしたのですか。その理由として最も適当なものを次の中から選びなさい。

ア 今までは笑顔で「大丈夫」と返事をすればどんな場面でも切り抜けられたのに、「何に対して大丈夫なのか」と普段《ふだん》とは違う強い語調で質問してきた祖父の様子に、もう逃げられないと思ったから。

イ いつもならば笑顔を浮かべ「大丈夫」と口にしていれば何事もなく話が流れていくのに、「何が大丈夫なのか」と祖父が重ねて問うことに驚《おどろ》き、どう答えればよいのかと戸惑ってしまったから。

ウ いさかいを起こさずに過ごしたいのでいつも「大丈夫」と笑って平気なふりをしていた、と勇気を振りしぼって告白したのに、祖父の態度が意外にそっけないもので、がっかりしたから。

エ 「大丈夫」と答えて笑ってさえいれば何でもやり過ごせるという信念で生きてきたが、祖父の問いかけに対してうまく答えられなかったので、その信念は誤りかもしれないと考え始めたから。

問4 ——③「私ね、笑いが顔にくっついているの」とありますが、このときの美緒の説明として最も適当なものを次の中から選びなさい。

ア 人の目が気になり、嫌われないようにするために、いやなことがあったとしても自分の感情を押し殺して常に笑っているが、そういう自分を否定的にとらえている。

イ 周囲からどう思われているかを気にするあまり、笑いたくなくても無意識に笑顔を浮かべているが、生きていくために試行錯誤《さくご》する自分を前向きにとらえている。

ウ 他人から傷つけられることを恐れて笑い続けるようになったが、そうすればどんな言葉をかけられても平気でいられるようになった自分をずるい人間だと感じている。

エ 周囲からの評価に対して自信が持てず楽しそうに笑ってみせているが、本当は暗い性格だということを隠しているので、そういう自分に後ろめたさを感じている。

問5 ——④「手始めに、気に入ったさじがあったら、それで食事をしてみろ。良いさじで食物を口に運ぶ感触をとことん味わってごらん」とありますが、「気に入ったさじ」探しを促《うなが》した祖父の思いはどのようなものだと考えられますか。本文全体を参考にして六十字以内で説明しなさい。

問6 ——⑤「たいして面白くもないだろうに、祖父は目を細めてまだ笑っていた」とありますが、祖父が「笑っていた」のはなぜですか。その理由として最も適当なものを次の中から選びなさい。

ア 辛《つら》い過去に苦しむ美緒に貴重なスプーンを贈《おく》るとあっさり気を取り直したので、心配しすぎていたとおかしくなったから。

イ 自分の助言に素直《すなお》に応じてくれなかった美緒が、自分を笑わせるためにあえてばかげた振る舞いをしたことに驚いたから。

ウ 視力検査のまねは周りをよく見ることが出来ていなかったという美緒の反省だと思い、孫の成長を喜ばしく思ったから。

エ 人から嫌われないように感情を隠してきた美緒が、ふざけた振る舞いまで見せられるようになったことを嬉しく思ったから。

問7　本文中の表現について説明したものとして最も適当なものを次の中から選びなさい。

ア　49行目や88行目のような、会話をしている最中に祖父が別の作業をし始める描写《びょうしゃ》は、最終的に美緒が自分一人で問題を解決していかなければならないということを示している。

イ　56行目や66行目で「スプーン」や「ジャケット」といった職人の手による品物が登場するが、祖父が心の込もったものに愛情を注ぎ、豊かな人生を送ってきたことを間接的に表現している。

ウ　95行目や107行目から始まる台詞《せりふ》は、句点や読点が多く含《ふく》まれているが、思い悩《なや》む美緒の顔色をうかがいながら遠慮《えんりょ》がちに言葉を選んでいる祖父の様子が描かれている。

エ　119行目から126行目にかけて色とりどりのスプーンを挙げているのは、美緒の辛く暗い日常が、この後虹のように輝かしいものへと変化していくことを暗示している。

三　次の各問いに答えなさい。

問1　次の□に入る慣用句・ことわざとして、最も適当なものをそれぞれ次の中から選びなさい。

①　□というから、つらくても続けなさい。

ア　仏の顔も三度　　イ　三つ子の魂《たましい》百まで

ウ　三人寄れば文殊《もんじゅ》の知恵《ちえ》　　エ　石の上にも三年

②　最初の予算よりだいぶ□。

ア　足が重い　　イ　足がついた

ウ　足が出た　　エ　足を引っ張る

③　本人の居ないところで強がっても□にすぎない。

ア　負け犬の遠吠《とおぼ》え　　イ　虎《とら》の威《い》を借る狐《きつね》

ウ　はとに豆鉄砲《でっぽう》　　エ　やぶ蛇《へび》

④　本来のポジションにもどしたら□のように生き生きしている。

ア　水を得た魚　　イ　青菜に塩

ウ　渡《わた》りに船　　エ　住めば都

⑤　何度手紙を出しても□だ。まったく返事がない。

ア　木に竹を接《つ》ぐ　　イ　猫《ねこ》に小判

ウ　あぶはち取らず　　エ　なしのつぶて

問2　次の詩について、——「用意してきた原稿を読み直した」のはなぜですか。その理由を説明しなさい。

放流

アーサー・ビナード

（『釣り上げては』より）

四　次の各文の――部を漢字に改めなさい。ただし、必要なものには送り仮名をつけること。

① 結婚《けっこん》をゼンテイに付き合う。
② ハイスイの陣《じん》で臨《のぞ》む。
③ 本のカントウにあいさつ文をのせる。
④ 医学のソウソウ期に活躍《かつやく》をする。
⑤ 大工をセイギョウとしている。
⑥ 社会のコンカンをゆるがす大事件。
⑦ 環境《かんきょう》保護と開発とがキョウゴウする。
⑧ 友人からのタヨリが届く。

2021年度

清風南海中学校入学試験問題（SG・A入試）

算　数（60分）

注意　① 解答用紙に受験番号，名前を記入し，
受験番号シールを所定の欄《らん》にはりつけなさい。
問題用紙には受験番号を記入しなさい。

② 答えはすべて，解答用紙に記入しなさい。
解答欄からはみ出た場合は不正解となります。

③ 分度器は使ってはいけません。

④ 円周率は $\frac{22}{7}$ として計算しなさい。

⑤ 円すい，三角すい，四角すいの体積は，

（体積）＝ $\frac{1}{3}$ ×（底面積）×（高さ）　として求められます。

⑥ 比を答える問題は，もっとも簡単な整数の比で表しなさい。

⑦ 解答用紙，問題用紙の両方とも提出しなさい。

受験番号	

1 (1), (2)は計算しなさい。(3), (4)は $\square$ に当てはまる数を求めなさい。

(1) $4.25-2\frac{1}{2}\div\left\{3\frac{1}{2}-\left(0.3+1\frac{1}{5}\right)\right\}$

(2) $4.7\div\left(7-2\times3\frac{7}{18}+\frac{2}{3}\div0.375\right)-\frac{7}{20}$

(3) $\left(4-2\frac{1}{2}\times\square\right)\div5\frac{3}{4}=\frac{1}{3}$

(4) $2.75\div\left\{4.8\times\left(\square-\frac{13}{14}\right)-2\right\}=0.875$

2 次の各問いに答えなさい。

(1) 長さが6cmの紙が20枚あり，下の図のように紙のはしを重ねてまっすぐにつなげます。

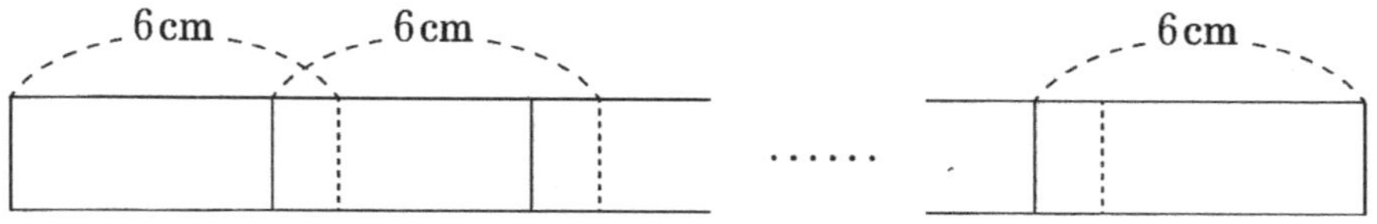

① この紙のはしを1cmずつ重ねて20枚をまっすぐにつなげると，つなげた紙の長さは何cmになりますか。

② 重ねる幅《はば》をすべて同じ長さにして20枚をまっすぐにつなげると，つなげた紙の長さは95.3cmになりました。紙は何cmずつ重ねましたか。

(2) 1周55mの池の周りを，Aくんは分速64mで，Bくんはある一定の速さで歩きました。2人がスタート地点から同じ向きに同時に歩き始め，BくんがAくんを2回追い抜くまでにちょうど5分かかりました。

① Bくんの歩く速さは分速何mですか。

② 2人がスタート地点から反対向きに同時に歩き始めたとすると，3回目に2人がすれ違うのは，出発してから何分何秒後ですか。

(3) 1から100までの数字が書かれたカードが1枚ずつ合計100枚あります。最初に，3の倍数が書かれたカードを取り除きます。次に，残ったカードのうち5の倍数が書かれたカードを赤で塗《ぬ》り，そのカードを取り除きます。最後に，残ったカードのうち偶数《ぐうすう》が書かれたカードを青で塗ります。

① 赤で塗られたカードは何枚ありますか。

② 青で塗られたカードは何枚ありますか。

算数の試験問題は，次のページに続きます。

(4) 120 mLの水を3つのコップA，B，Cに分けました。A，B，Cに次の操作を行います。

［操作1］ AからBに水を10 mL移す。

［操作2］ Bに入っている水の量の$\frac{1}{3}$をCに移す。

［操作3］ Cに40 mLの水が残るようにCからAに水を移す。

① ［操作1］→［操作2］→［操作3］の順で操作を行った結果，A，B，Cに入っている水の量が同じになりました。最初にBに入っていた水の量を求めなさい。

② ［操作1］→［操作2］→［操作3］→［操作1］→［操作2］→［操作3］の順で操作を行った結果，A，B，Cに入っている水の量が同じになりました。最初にBに入っていた水の量を求めなさい。

(5) 下の図のように，一辺の長さが6 cmの正三角形ABCと一辺の長さが4 cmの正三角形PQRがあり，最初は点Pと点Aは重なっています。ここから，正三角形PQRが正三角形ABCのまわりを時計回りにすべることなく回転し，正三角形PQRの頂点が初めて点Bと重なるまで移動しました。

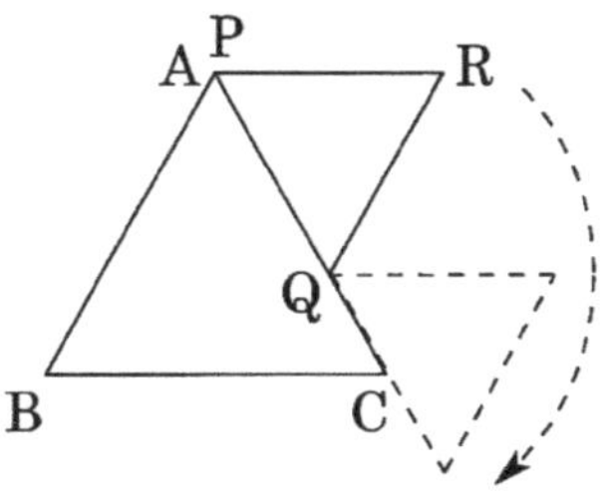

① 正三角形PQRの頂点が初めて点Bと重なったときの図として正しいものを次の（ア）～（エ）から一つ選びなさい。

（ア）
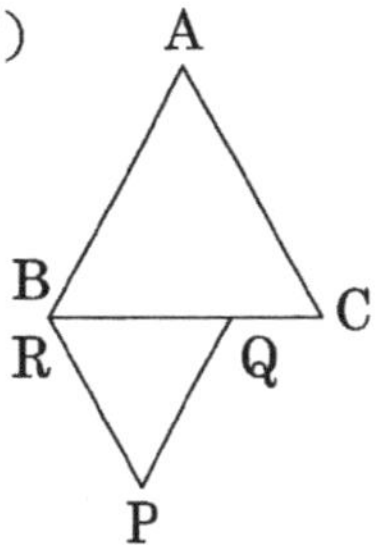

（イ）
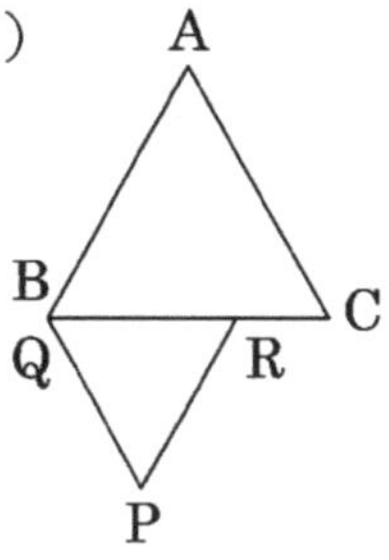

（ウ）
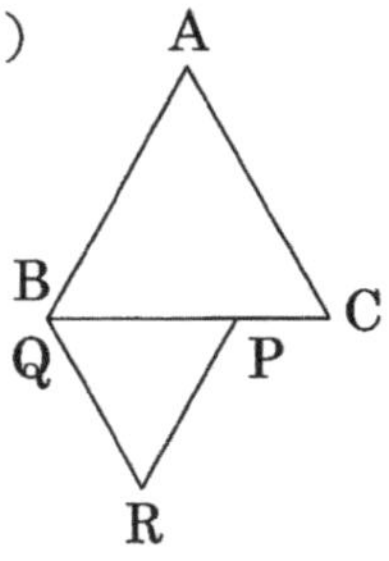

（エ）
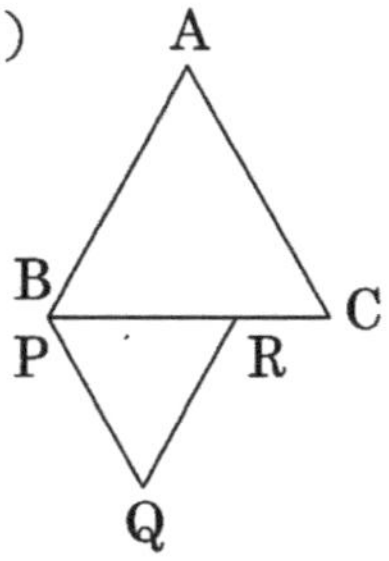

② 点Qが通ったあとの長さを求めなさい。ただし，円周率は$\frac{22}{7}$とします。

算数の試験問題は，次のページに続きます。

(6) 下の図の立体は正六角柱で，その体積は60 cm^3です。

① この正六角柱を3点A，C，Iを通る平面で切ってできる三角柱ABCGHIの体積を求めなさい。

② IJの真ん中の点をMとします。この正六角柱を3点A，C，Mを通る平面で切るとき，点Bを含《ふく》む立体の体積を求めなさい。

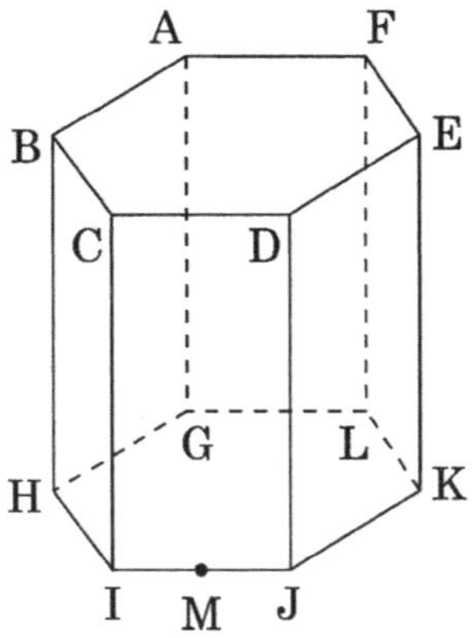

算数の試験問題は，次のページに続きます。

3 下の図のような平行四辺形ABCDがあり，AE：EB＝2：1，
BF：FG：GC＝1：1：1です。次の比をもっとも簡単な整数の比で表しなさい。

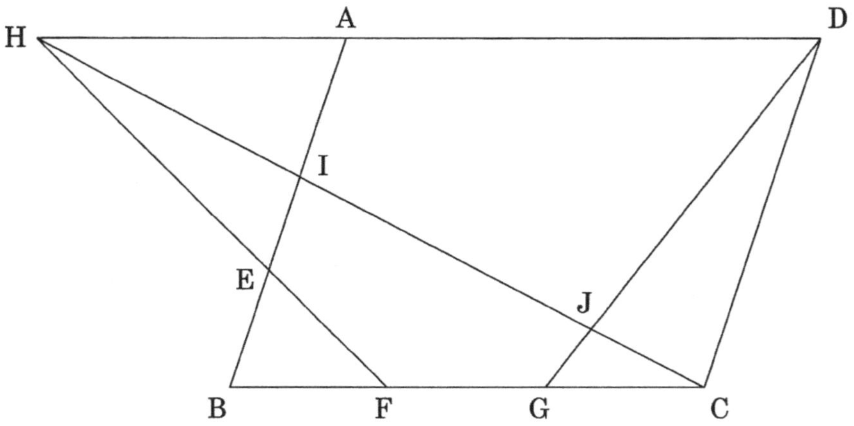

(1) HA：BF

(2) HI：IC

(3) HJ：JC

(4) HI：IJ：JC

点Dと点Iを結んで，三角形DIJを作ります。
(5) （三角形DIJの面積）：（平行四辺形ABCDの面積）

算数の試験問題は，次のページに続きます。

4 あるクラスで，計算問題100問を5日間で解くという宿題が出されました。1日に何問解くかはそれぞれの生徒に任されていますが，毎日，その日までに解いた問題数の合計のグラフをかくように先生に指示されています。例えば，1日20問ずつ解いた場合，グラフは下のようになります。

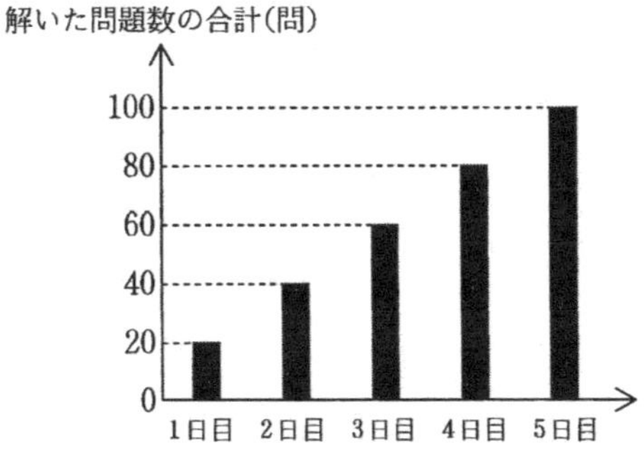

(1) Aさんは，1日目に40問，2日目に30問，3日目に20問，4日目に5問，5日目に5問解きました。Aさんがかいたグラフはどれですか。次の（ア）～（エ）から一つ選びなさい。

（ア）
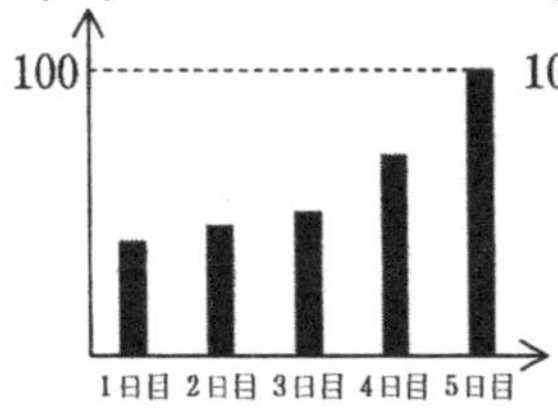

（イ）
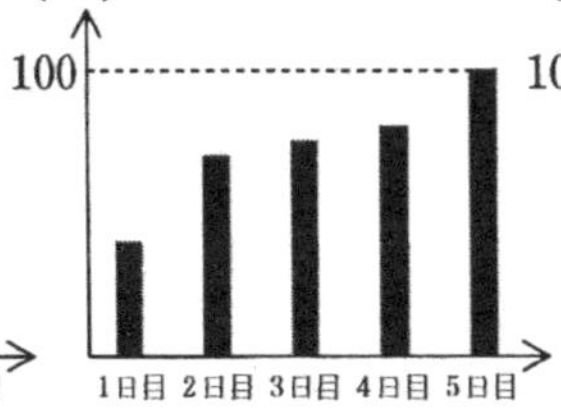

（ウ）
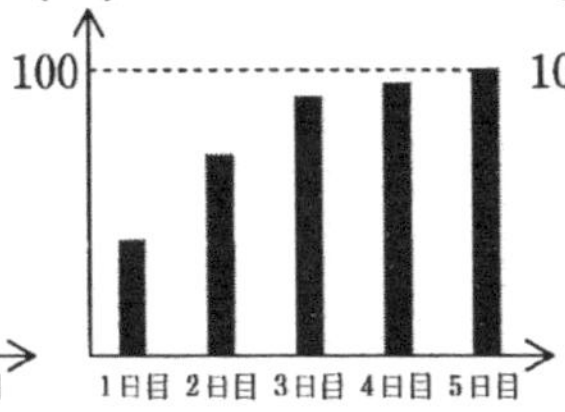

（エ）
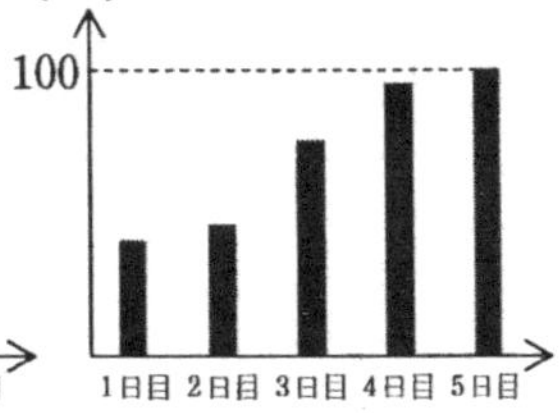

(2) Bさんは下のようなグラフをかきました。あ：い＝1：8で，Bさんが5日目に解いた問題数は36問でした。

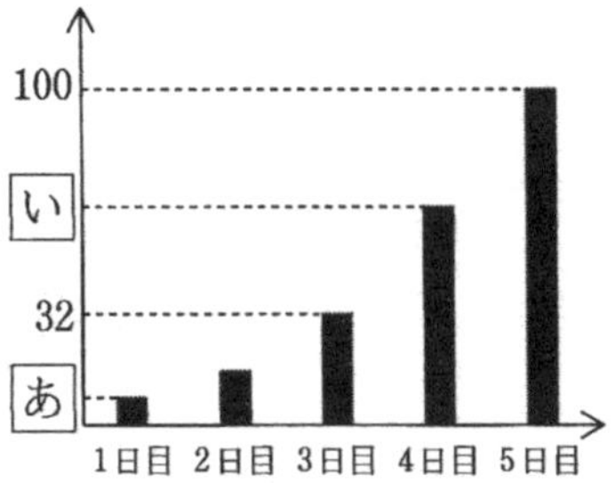

① あ に当てはまる数を答えなさい。

② Bさんは，2日目より3日目の方が10問多く解きました。Bさんが3日目に解いた問題数を答えなさい。

(3)　Cさんは1，3，4日目にグラフをかくことを忘れていたので，下のようなグラフになりました。Cさんは5日間のうち1日目以外の4日は同じ問題数を解いています。Cさんが1日目に解いた問題数を答えなさい。この問題については，求め方も書きなさい。

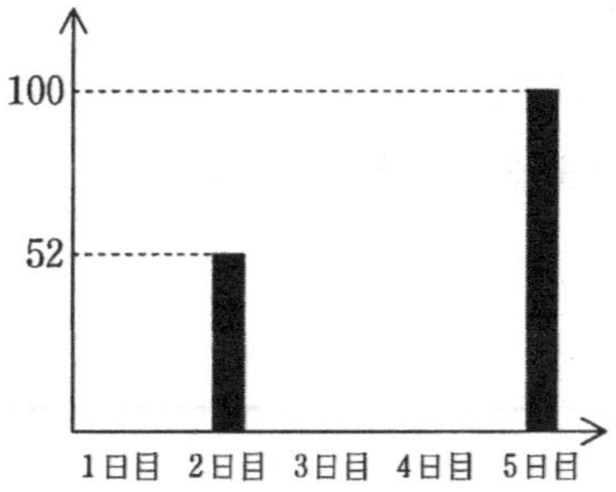

(4)　Dさんは下のようなグラフをかきました。グラフの印がついている部分は長さが同じであることを表しています。Dさんが解いた問題数は2日目がもっとも少なく，3日目がもっとも多くなりました。また，3日目に解いた問題数は2日目の9倍でした。Dさんが3日目に解いた問題数を答えなさい。ただし，答えは2通りあります。

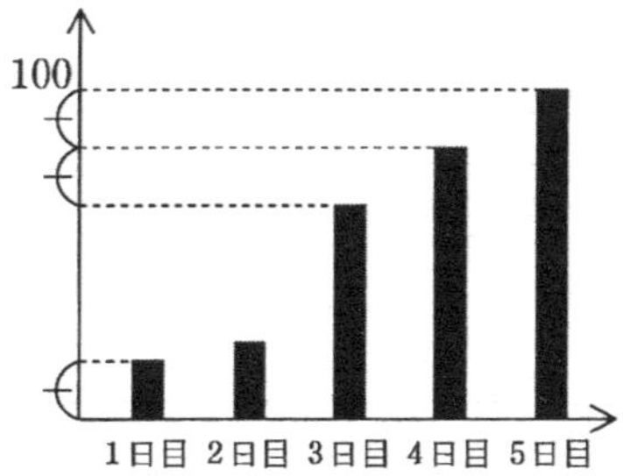

算数の試験問題は，次のページに続きます。

5 下の［図1］のように，AB＝16cm，BC＝24cmの長方形ABCDと，一辺の長さが5cmの正方形EFGHがあり，その対角線の交わる点をPとします。
点Pが長方形ABCDの辺上をA→B→Cの順に毎秒10cmの速さで動き，それに合わせて正方形EFGHも動きます。このとき，EFとADは常に平行です。また，点Qは正方形EFGHの辺上をEから時計周りに毎秒5cmの速さで動きます。
初め，点PはA，点QはEの位置にいて，同時に動き始めます。［図2］は点が動き始めてから1秒後の図です。次の問いに答えなさい。ただし，点PがCについたとき，点Pと点Qは止まるものとします。

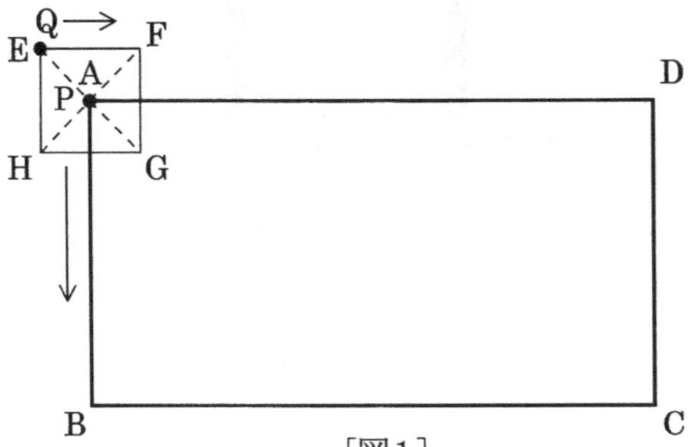

［図1］

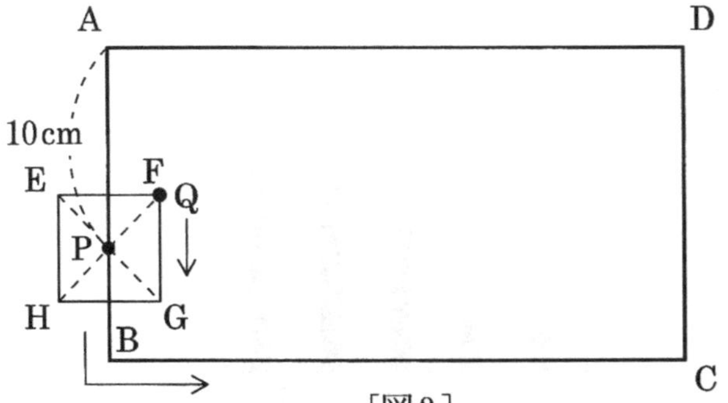

［図2］

(1) 点PがCについたとき，点Qは正方形EFGHのどの頂点にいますか。

(2) 点PがBにきたとき，三角形ADQの面積を求めなさい。

(3) 点Qが辺BC上にくるのは点が動き始めてから何秒後ですか。ただし，答えは2通りあります。

(4) 三角形ABQの面積が80cm^2になるのは点が動き始めてから何秒後ですか。

算数の試験問題は，これで終わりです。

2021(R3) 清風南海中ＳＧ・Ａ
教英出版

2021年度

清風南海中学校入学試験問題（SG・A 入試）

理　科（40分）

注意　①　解答用紙に受験番号，名前を記入し，
受験番号シールを所定の欄《らん》にはりつけなさい。
問題用紙には受験番号を記入しなさい。
②　答えはすべて，解答用紙に記入しなさい。
解答欄からはみ出した場合は不正解となります。
③　字数を数える場合，ことわりのない限り，
句読点や符号《ふごう》なども一字として数えなさい。
④　解答用紙，問題用紙の両方とも提出しなさい。

受験番号	

1 地震《じしん》について，問１～問６に答えなさい。

問１　次の①～⑤は地震に関する語句を説明したものです。これらの説明文を表す語句として最も適切なものはどれですか。下のア～カのうちからそれぞれ１つずつ選び，記号で答えなさい。

①　地震の規模の大きさを表したもの
②　ある場所での地震による揺《ゆ》れの大きさを10段階で表したもの
③　海底を震源《しんげん》とする地震が起きると発生する大きな波のこと
④　大きな地震の後に続く小さな地震のこと
⑤　地下で大きな力がはたらき，生じた大地のずれのこと

ア　震度	イ　津波《つなみ》	ウ　断層
エ　マグニチュード	オ　余震《よしん》	カ　液状化現象

震源から伝わる地震波には，性質の異なる２種類の波（波１と波２）があります。波１が伝わる速さは7.5km/秒，波２が伝わる速さは3.5km/秒です。それぞれの地震波が伝わると揺れを引き起こします。震源から，52.5km離《はな》れた地点では，はじめに小さな揺れが続き，次に大きな揺れが観測されました。

問２　波１と波２では，どちらの揺れが大きいですか。解答欄《らん》の波１・波２のどちらかを〇で囲みなさい。

問３　地震が起こってから，この地点で最初に揺れが観測されるまでに何秒かかるか求めなさい。

問４　この地点で小さな揺れが何秒続くか求めなさい。

問５　震源から157.5km離れた地点では，小さな揺れが何秒続くか求めなさい。

問６　小さな揺れが16秒続いた場所がありました。この場所は震源から何kmの距《きょ》離《り》にあるか求めなさい。

理科の試験は次のページに続きます。

2 次の文章を読み，問１～問６に答えなさい。

わたしたちの身のまわりには，さまざまな水溶液《すいようえき》があります。水溶液の性質（酸性，中性，アルカリ性；以後，液性という）を決めるとき，pH（ピー・エイチ）とよばれる値があります。水溶液のpHの値は０～14の範囲《はんい》で表されるものが多く，たとえば，純粋《じゅんすい》な水のpHは７で，中性を示します。この水に，気体Ｘを溶《と》かすと塩酸ができますが，この気体を溶かしていくと，pHの値は小さくなっていきます。一方，水酸化ナトリウムを少しずつ溶かしていくと，値は大きくなっていきます。たとえば，２％水酸化ナトリウム水溶液のpHは13.7となります。

水溶液のおおよそのpHの値を知るために用いられるもののひとつに，pH指示薬（以後，指示薬という）があります。指示薬は，特定のpHの範囲で色が変化することがわかっています。これを変色域といいます。たとえば，フェノールフタレインでは，pHが8.2より小さい水溶液では無色ですが，pHが8.2から10.1へかけて赤色が濃《こ》くなっていき，それ以上のpHでは一定の赤色となります。下の表は，指示薬とそのpHの変色域，色の変化についてまとめたものです。

pH指示薬	変色域	色の変化
クレゾールレッド	0.8 ～ 1.8	赤色～黄色
メチルオレンジ	3.1 ～ 4.4	赤色～黄色
メチルレッド	4.2 ～ 6.3	赤色～黄色
チモールブルー	8.0 ～ 9.6	黄色～青色
フェノールフタレイン	8.2 ～ 10.1	無色～赤色

問１　赤色のリトマス紙に，ある水溶液をつけたところ，色の変化はみられませんでした。この水溶液の液性について最も適切なものを，次のア～エのうちから１つ選び，記号で答えなさい。

ア　この水溶液の液性は中性である。

イ　この水溶液の液性は酸性である。

ウ　この水溶液の液性はアルカリ性である。

エ　この水溶液の液性は，これだけでは判断できない。

問２　下線部について，気体Ｘとは何か答えなさい。

問3　次の文の［1］～［3］にあてはまる語句の組み合わせとして最も適切なものを，下の表のア～クのうちから1つ選び，記号で答えなさい。

水溶液の液性の強さを表すpHの値は，酸性を示す水溶液では溶けているものの濃さが［1］ほど値は［2］くなり，より強い酸性の水溶液であるといえます。また，アルカリ性は，その値がより［3］い水溶液ほど強いアルカリ性の水溶液であるといえます。

	［1］	［2］	［3］
ア	こい	大き	大き
イ	こい	大き	小さ
ウ	こい	小さ	大き
エ	こい	小さ	小さ
オ	うすい	大き	大き
カ	うすい	大き	小さ
キ	うすい	小さ	大き
ク	うすい	小さ	小さ

問4　水500gをつかって，pHが13.7の水酸化ナトリウム水溶液をつくるには，水酸化ナトリウムは何g必要ですか。ただし，答えが割り切れない場合は，小数第2位を四捨五入して，小数第1位まで答えなさい。

問5　ある水溶液Yに，チモールブルーを加えたところ黄色に変色しました。この水溶液について述べた文として正しいものを，次のア～オのうちから**2つ**選び，解答欄《らん》の記号を○で囲みなさい。

ア　水溶液Yの液性は，酸性または中性のいずれかである。
イ　水溶液Yの液性は，アルカリ性または中性のいずれかである。
ウ　水溶液Yに，フェノールフタレインを加えても赤色に変色しない。
エ　水溶液Yに，クレゾールレッドを加えると赤色に変色する。
オ　水溶液Yに，メチルレッドを加えても黄色に変色するか判断できない。

問6　フェノールフタレインを加えるとほぼ赤色に変化し，チモールブルーでは青色を示す水溶液のpHはいくらになりますか。小数第1位を四捨五入して，整数値で答えなさい。

3　春先になると，キャベツ畑で白いチョウの成虫が飛《と》んでいる様子を見ることがあります。キャベツ畑の周辺で散歩している２人の会話を読んで，問１～問４に答えなさい。

南海さん：白いチョウがたくさん飛んでるよ。

清風君　：おそらくモンシロチョウだよ。

南海さん：モンシロチョウについて詳《くわ》しく教えて。

清風君　：モンシロチョウはこん虫の仲間で，大人つまり成虫になるとその名の通り小さな黒い斑点《はんてん》模様がある白い翅《はね》をつけるんだよ。

南海さん：子どもの時はどんな様子かな。

清風君　：子どものときは幼虫といって，A卵から出てきたものが１齢《れい》幼虫と呼ばれるんだ。１齢幼虫は，アブラナの仲間の葉などを食べて成長・脱皮《だっぴ》を繰《く》り返《かえ》し，最終的に５齢幼虫まで成長するよ。

南海さん：５齢幼虫は脱皮して成虫になるのかな。

清風君　：正しくいうと５齢幼虫は脱皮をしてさなぎになって，さらにB脱皮して成虫になるんだ。

南海さん：そうなんだ。確かさなぎってほとんど動かない状態だったよね。

清風君　：そうだよ。幼虫のうちにたくさん栄養を取っているから，水やエサなど取らなくても大丈夫なんだ。

南海さん：ところで成虫はどんな生活をしているのかな。

清風君　：花の蜜《みつ》を吸って生活し，交尾《こうび》をするんだ。C精子と卵が結びつき，メスは卵を生み一生を終えるよ。

南海さん：モンシロチョウにちょっと興味が出てきたから，家に帰ったら図鑑《ずかん》で色々調べてみたいな。

清風君　：良ければ僕《ぼく》も手伝うよ。

南海さん：ありがとう。

問１　会話中の下線部Ａ～Ｃを，それぞれ次の指定された文字数の**ひらがな**で言い換《か》えなさい。

Ａ：２文字　　Ｂ：２文字　　Ｃ：４文字

問2　モンシロチョウについて，次の（1）～（3）に答えなさい。

（1）　幼虫が食べる植物の葉として**適切でないもの**を，次のア～エのうちから1つ選び，記号で答えなさい。

ア　ナズナ　　イ　ブロッコリー　　ウ　ダイコン　　エ　レタス

（2）　卵から出た後，成虫になるまでに脱皮する回数として最も適切なものを，次のア～オのうちから1つ選び，記号で答えなさい。

ア　4回　　イ　5回　　ウ　6回　　エ　7回　　オ　8回

（3）　成虫の口の形として最も適切なものを，次のア～エのうちから1つ選び，記号で答えなさい。ただし，図の倍率は一定ではありません。

ア

イ

ウ

エ

南海さんが図鑑でモンシロチョウについて調べてみると，次のことが分かりました。

・オスは，メスを見つけると近づいて交尾しようとする。

・オスは，性別を見分けるために紫外線《しがいせん》を利用する。

・翅の白い部分は，オスの場合は紫外線を吸収しやすいが，メスの場合は紫外線をよく反射する。

・メスの場合，幼虫期に光をあまり当てずに低い温度のもとで育てて成虫になると，翅は黒っぽい春秋型の翅となる。逆に，光をたくさん当てて高い温度のもとで育てると，春秋型より白っぽい夏型の翅となる。

問３　次の（１），（２）に答えなさい。

（１）　オスとメスのモンシロチョウを紫外線カメラ（紫外線のみを写すカメラ）で撮影《さつえい》しました。その結果，下の写真のようになりました。このうちオスの写真はア，イのどちらですか。記号で答えなさい。なお，紫外線カメラでは紫外線量が多い場合は白く，少ない場合は黒く写ります。

ア　　　　イ

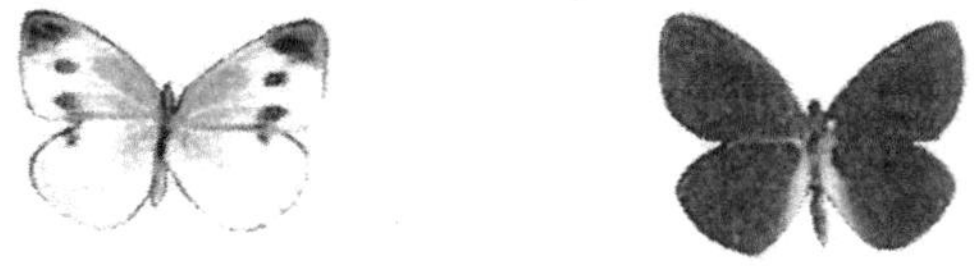

写真　紫外線カメラで撮影したもの

（２）　春秋型と夏型のメスをそれぞれ紫外線カメラで撮影《さつえい》した場合，より白っぽく写るのは，春秋型，夏型のどちらですか。解答欄《らん》の春秋型・夏型のどちらかを選び，○で囲みなさい。

問４　次の文を読み，下の（１），（２）に答えなさい。

モンシロチョウの翅の白い部分には紫外線の吸収や反射に関わる成分Ｘ，Ｙ，Ｚが含《ふく》まれています。さなぎの中で翅ができるとき，はじめ成分Ｘが成分Ｙに変化し，その後成分Ｙが成分Ｚへと変化します。

今，オスとメスそれぞれ10頭のモンシロチョウのさなぎに対して，将来翅になる部分に成分Ｘを入れました。１頭あたりの成分Ｘを入れた量を100とします。その後，さなぎから出てきた成虫１頭あたりの翅に含まれる成分Ｘ，Ｙ，Ｚの平均値を調べると下の表のようになりました。

		成分Ｘ	成分Ｙ	成分Ｚ	成分Ｘ，Ｙ，Ｚの合計
さなぎ	オス	100	0	0	100
	メス	100	0	0	100
↓成虫	オス	68	24	8	100
	メス	25	49	26	100

（１）　成分Ｘ，Ｙ，Ｚのうち，１つは紫外線をよく吸収しますが，残りは紫外線を反射します。紫外線を吸収するのはどれですか。解答欄の成分Ｘ・成分Ｙ・成分Ｚから１つ選び，○で囲みなさい。

成分の変化のしやすさは，下の式で計算します。なお，成分の変化のしやすさは性別によって異なることが分かっています。

$$\text{成分の変化のしやすさ}=\frac{\text{変化を起こした量}}{\text{変化を起こす直前の量}}$$

（２）　次のア～エについて，表をもとに成分の変化のしやすさを計算し，最も大きい値の記号とその数値および，最も小さい値の記号とその数値をそれぞれ答えなさい。ただし，答えが割り切れない場合は，小数第３位を四捨五入して，小数第２位まで答えなさい。

ア　オスの成分Ｘから成分Ｙ　　イ　オスの成分Ｙから成分Ｚ

ウ　メスの成分Ｘから成分Ｙ　　エ　メスの成分Ｙから成分Ｚ

4 同じ太さの材質でできたばねＡ，Ｂがあります。これらのばねにそれぞれおもりをつるし，ばねの長さとおもりの重さとの関係を調べ，グラフにすると，図１のようになりました。これについて，問１～問５に答えなさい。ばねの重さは考えないものとします。

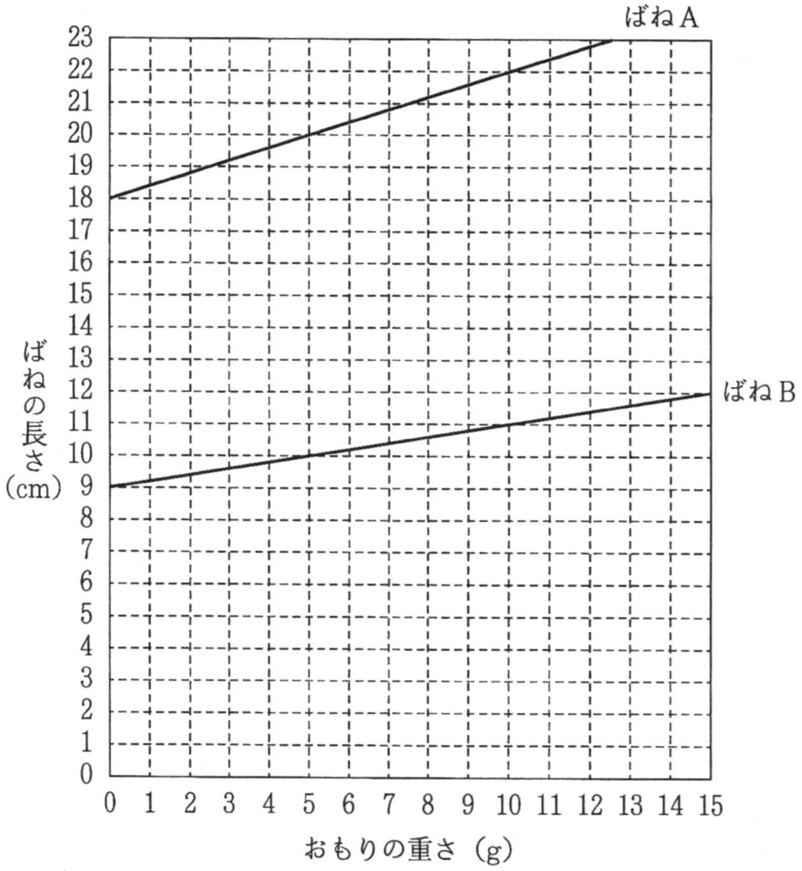

図１

図２

問１　ばねＡ，Ｂに同じ重さのおもりをつりさげます。ばねＡの伸《の》びは，ばねＢの伸びの何倍になりますか。

問２　ばねＡとＢを図２のようにつなぎ，天井《てんじょう》からつりさげ，ばねＢの下端《かたん》に重さ20gのおもりをつけます。ばねＡとＢの長さをそれぞれ求めなさい。

ばねＡとＢの下端にそれぞれ重さ10gのおもりをつけ，ばねの上端《じょうたん》を重さ100gで，長さが100cmの棒に取りつけます。ばねＡの上端は，棒の左端《ひだりはし》から10cmのところに，ばねＢの上端は棒の右端《みぎはし》から10cmのところにそれぞれ取りつけます。棒の両端《りょうたん》を手で支え，棒を水平にした状態で持ち上げます。このとき，棒の下面と床《ゆか》との距離《きょり》は25cmです。

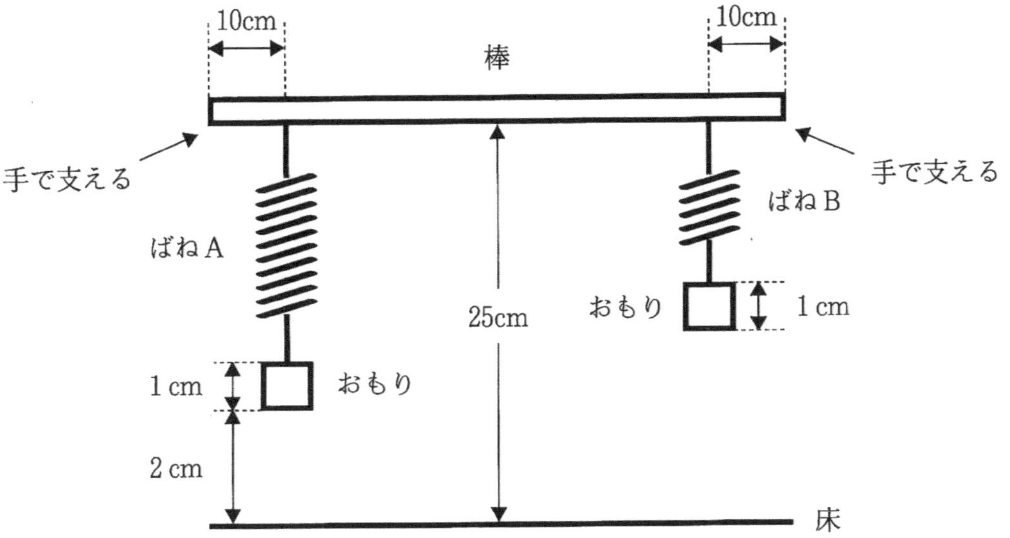

図３

問３　図３の状態で，棒の右端を支える力の大きさは何gのおもりの重さに相当しますか。また，左端を支える力の大きさは何gのおもりの重さに相当しますか。それぞれ求めなさい。ただし，棒の重さは均一でたわまないものとします。

図３の状態からゆっくりと棒を水平にしたままで下げます。以下の問いでは，おもりの高さを１cmとします。

問４　棒の下面と床との距離が21cmのとき，

①　ばねＡの長さを求めなさい。

②　ばねＡが棒を引く力の大きさは，何gのおもりの重さに相当しますか。

③　棒の右端を支える力の大きさは，何gのおもりの重さに相当しますか。

④　棒の左端を支える力の大きさは，何gのおもりの重さに相当しますか。

問５　棒の下面と床との距離が19cmのとき，

①　棒の右端を支える力の大きさは，何gのおもりの重さに相当しますか。

②　棒の左端を支える力の大きさは，何gのおもりの重さに相当しますか。

2021年度

清風南海中学校入学試験問題（Ａ入試）

社　会（40分）

注意　① 解答用紙に受験番号，名前を記入し，
受験番号シールを所定の欄《らん》にはりつけなさい。
問題用紙には受験番号を記入しなさい。

② 答えはすべて，解答用紙に記入しなさい。
解答欄からはみ出た場合は不正解となります。

③ 字数を数える場合，ことわりのない限り，
句読点や符《ふ》号《ごう》なども一字として数えなさい。

④ 解答用紙，問題用紙の両方とも提出しなさい。

受験番号	

1 〔図1〕中の1～4で示した大井川《おおいがわ》・木曽川《きそがわ》・信濃川《しなのがわ》・利根川《とねがわ》について述べたA～Dの文章を読み，あとの問い（問1～10）に答えなさい。

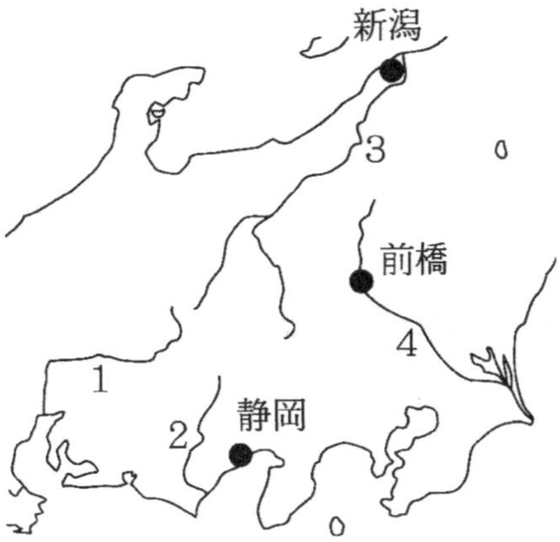

〔図1〕

A　(ⅰ)南アルプスの間ノ岳《あいのだけ》南斜面に源流があり，南へ流れる。上流部は深い渓谷《けいこく》で畑薙《はたなぎ》・井川《いかわ》などの大きなダムがあり，(a)水力発電が行われている。河川沿いの斜面には(b)茶畑が点在し，河口の西側の牧ノ原は茶の生産が盛んである。江戸時代，川の下流部では渡船《とせん》や橋がなく，渡ることが困難となっていた。

B　秩父《ちちぶ》山地の甲武信ヶ岳《こぶしがたけ》に源流がある千曲川《ちくまがわ》に，(ⅱ)北アルプスに源流がある犀川《さいかわ》が長野盆地で合流し，丘陵地帯を抜けて（　あ　）平野を流れる日本最長の川である。県境を越えて下流側の県で川の名前が変わる。上流部の高原地帯では(c)高原野菜の産地があり，長野盆地では果樹栽培が盛んである。（　あ　）平野は水田が広がるが，洪水が多く，近年も洪水で大きな被害が発生した。

C　北アルプスの南部に源流があり，(ⅲ)中央アルプスとの間を南西に流れる。濃《のう》尾《び》平野の入り口で飛騨川《ひだがわ》と合流し，海へ注ぐ。下流部は(d)洪水が多発する地域で，独特の集落が見られる。この川からかんがい用水を知多半島へ引き，(e)農業用水・工業用水・生活用水に利用されている。

D　（　あ　）山脈に源流があり，坂東太郎とよばれる日本最大の流域面積をほこる川である。古くは荒川《あらかわ》や入間川《いるまがわ》を合わせて現在の江戸川《えどがわ》の流路を流れていた。江戸時代に水害対策と米作を振興《しんこう》するため，渡良瀬川《わたらせがわ》や鬼怒川《きぬがわ》，（　い　），北浦《きたうら》などを結びつけて新しい流路を作り太平洋に流した。流域には複数のダムがあり，電源・水源地帯として重要な役割をはたしている。

問1　Cの河川にあてはまるものを〔図1〕中の1～4のうちから1つ選び，数字で答えなさい。

問2　次のP～Rは〔図1〕中の静岡・新潟・前橋の雨温図である。P～Rと都市との組み合わせとして正しいものを，あとのア～カのうちから1つ選び，記号で答えなさい。

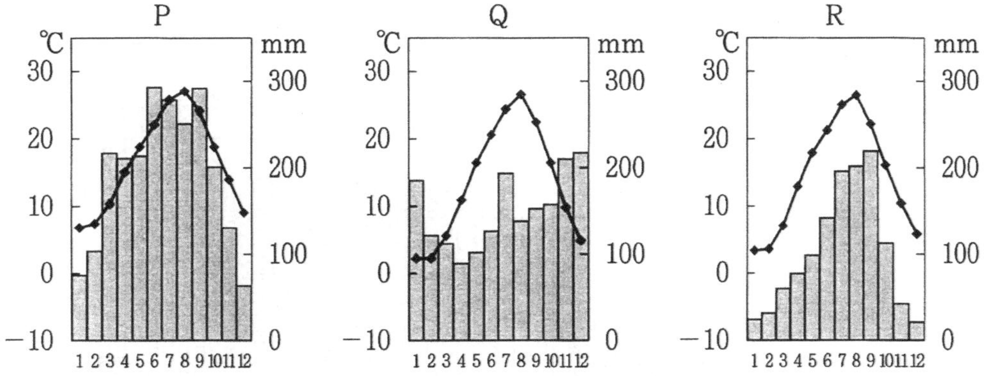

気象庁より

	ア	イ	ウ	エ	オ	カ
P	静　岡	静　岡	新　潟	新　潟	前　橋	前　橋
Q	新　潟	前　橋	静　岡	前　橋	静　岡	新　潟
R	前　橋	新　潟	前　橋	静　岡	新　潟	静　岡

問3　空らん（　あ　）に共通してあてはまる語句を漢字で答えなさい。

問4　空らん（　い　）には日本で2番目の面積の湖が入る。この湖はかつては海だったところが土砂の堆積によって切り離されてできた。この湖と同じでき方の湖として最も適当なものを，次のア～エのうちから1つ選び，記号で答えなさい。

ア．猪苗代湖《いなわしろこ》　　イ．サロマ湖　　ウ．屈斜路湖《くっしゃろこ》　　エ．琵琶湖《びわこ》

問5　波線部（ⅰ）～（ⅲ）に関して，北アルプス・中央アルプス・南アルプスは山脈の別称である。それぞれの別称と実際の山脈名との組み合わせとして正しいものを，次のア～カのうちから1つ選び，記号で答えなさい。

	ア	イ	ウ	エ	オ	カ
北アルプス	木曽山脈	木曽山脈	飛驒山脈	飛驒山脈	赤石山脈	赤石山脈
中央アルプス	飛驒山脈	赤石山脈	木曽山脈	赤石山脈	木曽山脈	飛驒山脈
南アルプス	赤石山脈	飛驒山脈	赤石山脈	木曽山脈	飛驒山脈	木曽山脈

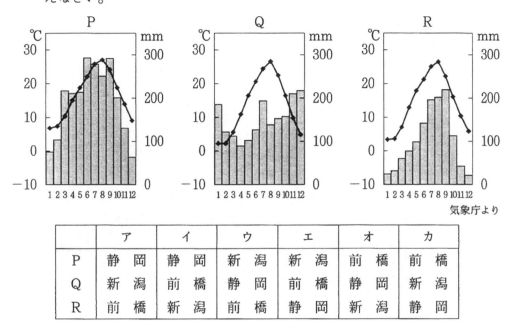

問6　下線部（a）に関して，日本の発電はＬＮＧ火力発電，石油火力発電，石炭火力発電，水力発電，原子力発電，新電力によって行われている。〔図2〕はそれらの発電割合の推移を示している。水力発電にあてはまるものを，〔図2〕中のア～オのうちから1つ選び，記号で答えなさい。

注　ＬＮＧは液化天然ガスのこと

新電力は太陽光発電や風力発電など

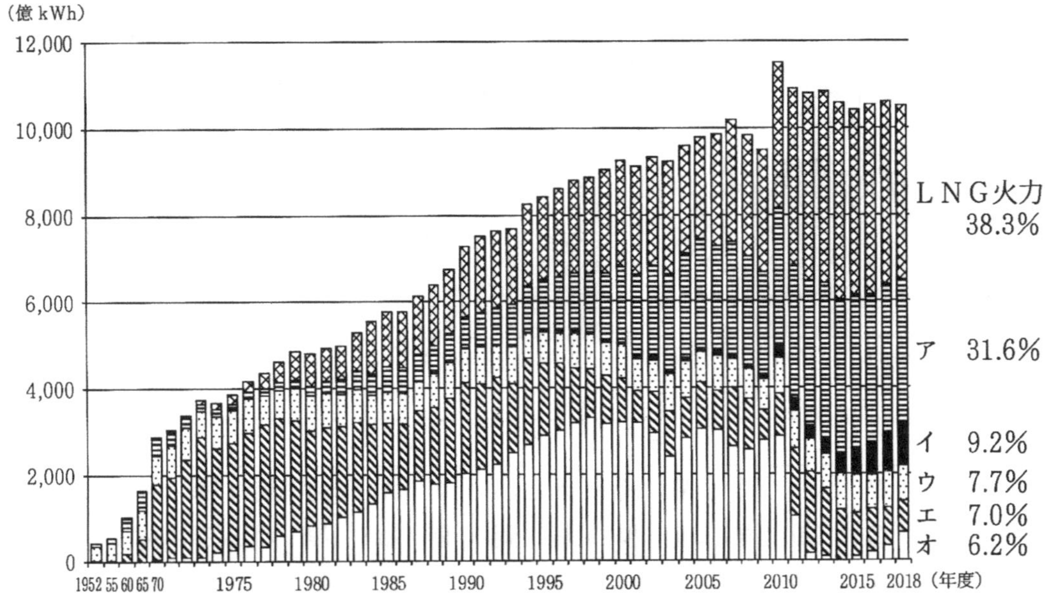

*注　記号のあとの割合は2018年度のものである　　　『エネルギー白書 2020』より

〔図2〕

問7　下線部（b）に関して，次の〔表1〕はいちご，茶，みかん，メロンの生産量上位の都道府県を示している。茶にあてはまるものを，〔表1〕中のア～エのうちから1つ選び，記号で答えなさい。

〔表1〕

ア

茨城	40,200
北海道	21,700
熊本	20,900
山形	11,000
青森	9,710
愛知	8,480
千葉	7,340
静岡	7,290

イ

和歌山	155,600
静岡	114,500
愛媛	113,500
熊本	90,400
長崎	49,700
佐賀	48,500
愛知	29,400
広島	23,700

ウ

栃木	24,900
福岡	15,500
静岡	10,800
熊本	10,600
長崎	9,790
愛知	9,670
茨城	9,150
佐賀	7,390

エ

静岡	33,400
鹿児島	28,100
三重	6,240
宮崎	3,800
京都	3,070
福岡	1,890
佐賀	1,270
熊本	1,260

統計年次は2018年　単位：トン　　　『作物統計』より

問8　下線部（c）に関して，大阪市中央市場に入荷するキャベツは月によって入荷する産地が異なる。次の〔図3〕は2月，5月，8月，11月の大阪市中央市場に入荷したキャベツの産地上位3県を示している。それぞれの月の入荷先を正しく示しているものを，〔図3〕中のア～エのうちから1つ選び，記号で答えなさい。

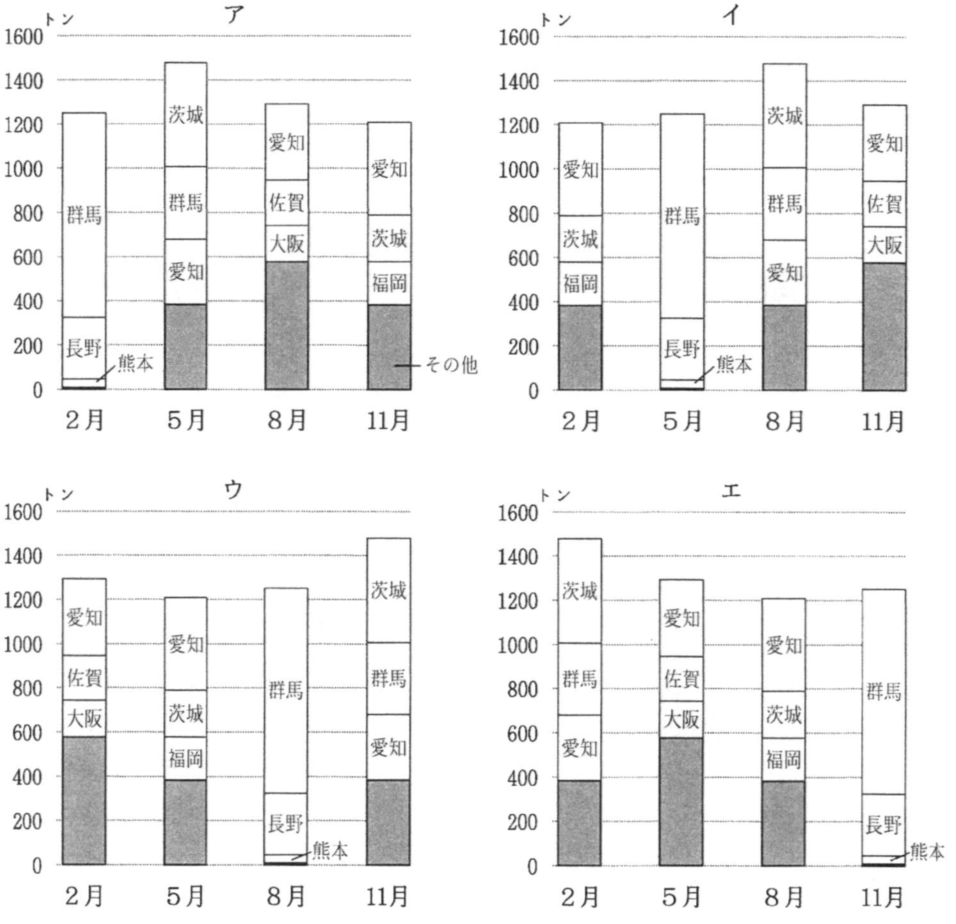

統計年次は2019年　　　　『大阪市中央市場資料』より

〔図3〕

問9　下線部（d）に関して，独特の集落は，洪水の被害を軽減するため堤防で集落を囲っている。このように堤防で囲われた集落を何というか，漢字2文字で答えなさい。

問10　下線部（ｅ）に関して，次の〔図４〕中のＸ～Ｚは都道府県別の農業用水・工業用水・生活用水の使用量を３段階に分けて示したものである。Ｘ～Ｚと用水の種類との組み合わせとして正しいものを，あとのア～カのうちから１つ選び，記号で答えなさい。

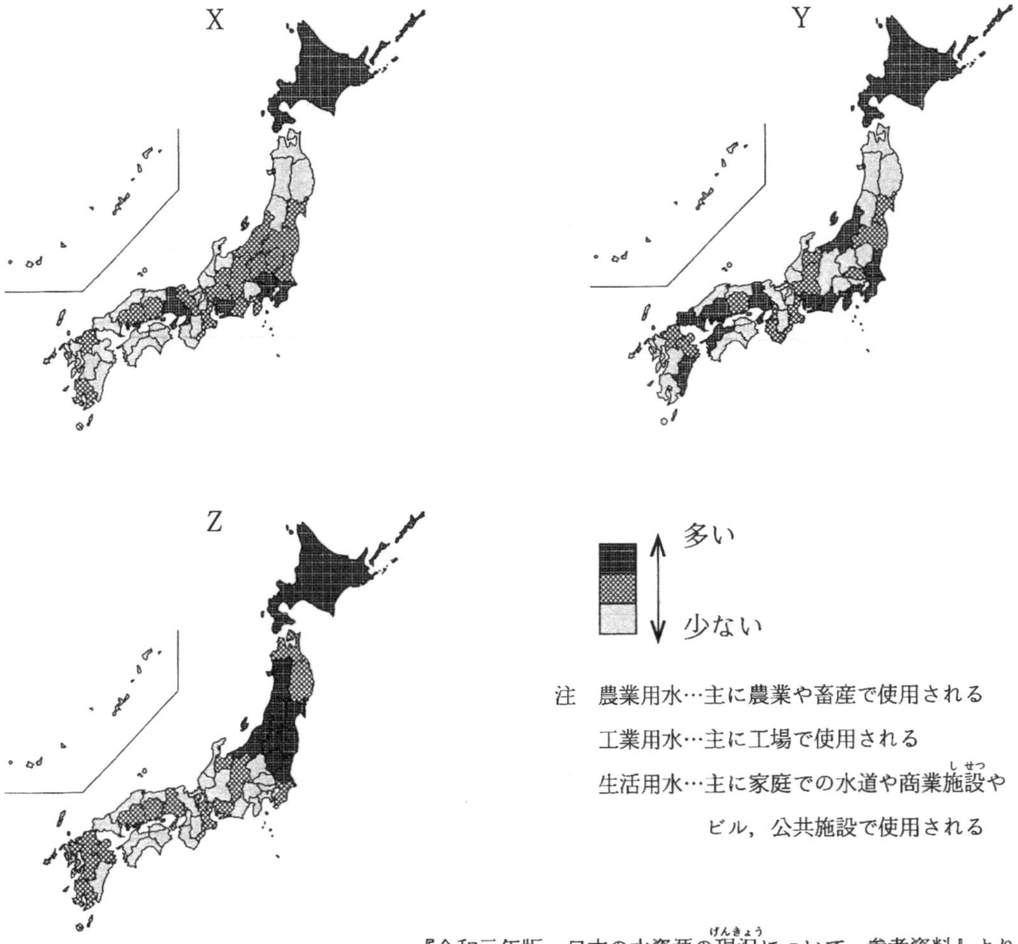

注　農業用水…主に農業や畜産で使用される
工業用水…主に工場で使用される
生活用水…主に家庭での水道や商業施設《しせつ》やビル，公共施設で使用される

『令和元年版　日本の水資源の現況《げんきょう》について　参考資料』より

〔図４〕

	ア	イ	ウ	エ	オ	カ
X	農業用水	農業用水	工業用水	工業用水	生活用水	生活用水
Y	工業用水	生活用水	農業用水	生活用水	農業用水	工業用水
Z	生活用水	工業用水	生活用水	農業用水	工業用水	農業用水

2 次の文章を読み，あとの問い（問１～５）に答えなさい。

古来より，とんぼは日本人にとって身近な昆虫であった。たとえば，島根県の加茂《かも》岩倉《いわくら》遺跡から見つかる（a）銅たくには，とんぼが飛んでいる様子が描かれている。とんぼの複眼を模したガラス玉である「とんぼ玉」は，奈良時代にその製法が伝わったとされ，（b）正倉院に，その製法書とともに多数納められている。

奈良時代から（c）平安時代初期にかけては，「とんぼ玉」は仏教美術の装飾などによく用いられた。

（d）室町時代には，飛んできたとんぼを真っ二つにしたことに由来する「蜻蛉切《とんぼぎり》」という槍《やり》がつくられ，（e）戦国時代に活躍した武将である本多忠勝《ほんだただかつ》に愛用されたことがよく知られている。

問１　下線部（a）に関して，銅たくの写真として正しいものを，次のア～エのうちから１つ選び，記号で答えなさい。

ア

イ

ウ

エ

問２　下線部（ｂ）に関して，正倉院について述べた次のⅠ・Ⅱの文の正誤を判断し，その組み合わせとして正しいものを，あとのア～エのうちから１つ選び，記号で答えなさい。

Ⅰ　正倉院に納められている品物の中には，海外の文化の影響を受けたものも見られる。

Ⅱ　正倉院は，三角形の木材を積み上げてつくる書院造と呼ばれる構造をとっている。

	ア	イ	ウ	エ
Ⅰ	正	正	誤	誤
Ⅱ	正	誤	正	誤

問３　下線部（ｃ）に関して，平安時代に成立した何枚もの着物を重ね着した，宮廷《きゅうてい》における女性の正装の名称を漢字で答えなさい。

問４　下線部（ｄ）に関して，町衆《まちしゅう》の手によって祇園祭が復興された時期として正しいものを，次のア～エのうちから１つ選び，記号で答えなさい。

	↕ ア
1338年	足利尊氏が征夷大将軍に就任した。
	↕ イ
1392年	足利義満が南朝と北朝を統一した。
	↕ ウ
1477年	応仁の乱が終息した。
	↕ エ

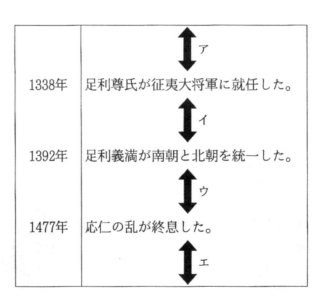

問5　下線部（e）に関して，次の〔史料1〕は，戦国時代に活躍したある大名が出した命令である。この大名と史料について述べたものとして最も適当なものを，あとのア～エのうちから1つ選び，記号で答えなさい。なお，史料は書き改めたところがある。

一　この町を楽市とした上は，いろいろな座（注1）は撤廃《てっぱい》し，税はすべて免除する。
一　京都へ行ったり，京都から来たりする商人は，上海道《かみかいどう》（注2）を通ってはならず，上り下りともにこの町に泊まるようにしなさい。
一　普請《ふしん》（注3）は免除する。ただし，この町の城主が出陣している時や在京などの時は，合力《ごうりき》（注4）すること。
一　馬を売買する商人は，国中の馬を売買する時，かならずこの町で売買すること。

天正五年六月　日　　（天下布武の朱印（注5））

〔史料1〕

（注1）商売を独占できる特権を持った商工業者の集まりのこと。
（注2）中山道のこと。
（注3）建築・土木工事のために城下町に住む人々を動員すること。
（注4）力を貸すこと。
（注5）将軍や武将が，出した文書に対して押した朱色の判のこと。

ア．この命令を出した人物は，農民から刀や槍を取り上げる命令も出した。
イ．史料中の「上海道」とは，現在の愛知県や静岡県を通り，京都につながる街道であった。
ウ．「この町」の城主が「この町」に不在の場合は，城下町に住む人々は建築・土木工事の仕事を負担するものとされた。
エ．この命令により，「この町」の商工業者は，すべての商品を国中で自由に売買できるようになった。

3 次の文章を読んで，あとの問い（問１～５）に答えなさい。

今日の国際社会は，国家と国家の間に国境がある。しかし，感染症に国境はない。どこかの国で感染症が発生すれば，人やモノの移動に伴い，感染症は簡単に国境をこえてしまう。現在は，過去のさまざまな取り組みにもとづき，感染症に対して，国境をこえた協力体制が築かれている。この国際協力体制を国際保健またはグローバル・ヘルスと呼ぶ。この仕組みができた経緯《けいい》を，確認していこう。

感染症対策のため国家間での協力が始まったのは，（ａ）ペスト（黒死病《こくしびょう》）の流行に直面したヨーロッパであった。その後，ヨーロッパの国々の間で，チフスや（ｂ）コレラに共同で対応するための国際衛生会議が定期的に開催されるようになり，1903年に史上初の国際衛生協定が結ばれた。しかし，これらはあくまでヨーロッパ内部の枠組みであった。（ｃ）明治時代の日本でもコレラやチフスが蔓延《まんえん》しており，日本政府も対策を行ったが，感染を抑《おさ》えることは出来なかった。感染症は平時《へいじ》でも脅威《きょうい》だが，戦時中は感染の危険性がより高まり，戦局に大きな影響を与える。実際，（ｄ）第一次世界大戦の戦中・戦後におけるインフルエンザ（スペイン風邪）の流行は各国に大きな打撃を与えた。この経験は国際保健協力の重要性を認識させ，（ｅ）第一次世界大戦後，世界の平和を維持するために作られた国際的な組織の下で公衆衛生に関して，各国が協力する事業が展開された。その活動は第二次世界大戦後，世界保健機関に引《ひ》き継《つ》がれ，現在に至《いた》っている。

問１　下線部（ａ）に関して，ペスト菌を発見した人物を，次のア～エのうちから１つ選び，記号で答えなさい。

ア．前野良沢　　イ．緒方洪庵　　ウ．北里柴三郎　　エ．野口英世

問２　下線部（ｂ）に関して，日本で初めてコレラが流行したのは19世紀である。19世紀の出来事として正しいものを，次のア～エのうちから１つ選び，記号で答えなさい。

ア．徳川家光が，３代将軍に就任した。
イ．徳川綱吉が，５代将軍に就任した。
ウ．松平定信が，寛政の改革を行った。
エ．水野忠邦が，天保の改革を行った。

二〇二一年度 清風南海中学校入学試験SG・A入試解答用紙

国語

（六〇分）

国語 2112111

受験番号

名前

一 44点

問1 Ⅰ Ⅱ Ⅲ Ⅳ

問2 a b

問3

問4

問5

問6

問7

※120点満点

総得点

二

問1 ⓐ ⓑ

問2

問3

問4

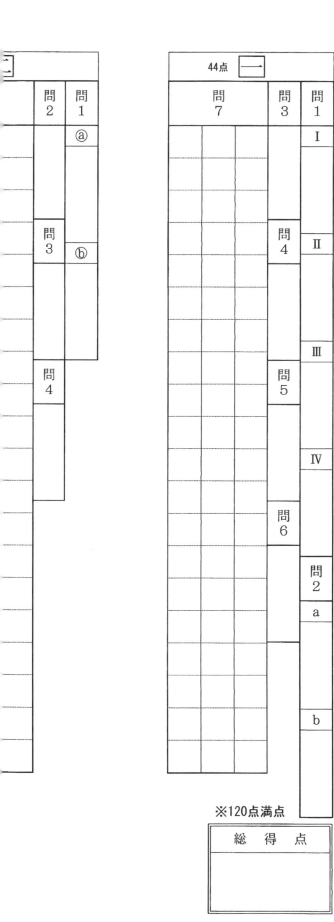

(3)	①	枚
	②	枚
(4)	①	mL
	②	mL
(5)	①	
	②	cm
(6)	①	cm^3
	②	cm^3

	問
(4)	問
	問

3

22点

(1)	HA	:	BF		
(2)	HI	:	IC		
(3)	HJ	:	JC		
(4)	HI	:	IJ	:	JC
(5)	三角形DIJ	:	平行四辺形ABCD		

5

22点

(1)	頂点
(2)	cm^2
(3)	秒後
	秒後
(4)	秒後

ア　イ　ウ　エ　オ	

3

18点

問１ A	問１ B	問１ C	
問２（１）	問２（２）	問２（３）	
問３（１）	問３（２） 春秋型　夏型	問４（１） 成分Ｘ　成分Ｙ　成分Ｚ	
問４（２）最も**大きい**値の**記号**	問４（２）最も**大きい**値の**数値**	問４（２）最も**小さい**値の**記号**	問４（２）最も**小さい**値の**数値**

4

22点

問１ 倍	問２ ばねＡ cm	問２ ばねＢ cm	
問３ 右端 g	問３ 左端 g	問４ ① cm	問４ ② g
問４ ③ g	問４ ④ g	問５ ① g	問５ ② g

問4 問5

3 15点

問1 問2 問3 小計

問4

問5

4 10点

問1 問2 （1） 問2 （2） 小計

問3 問4 X Y

5 10点

問1 問2 問3 県 小計

問4 問5

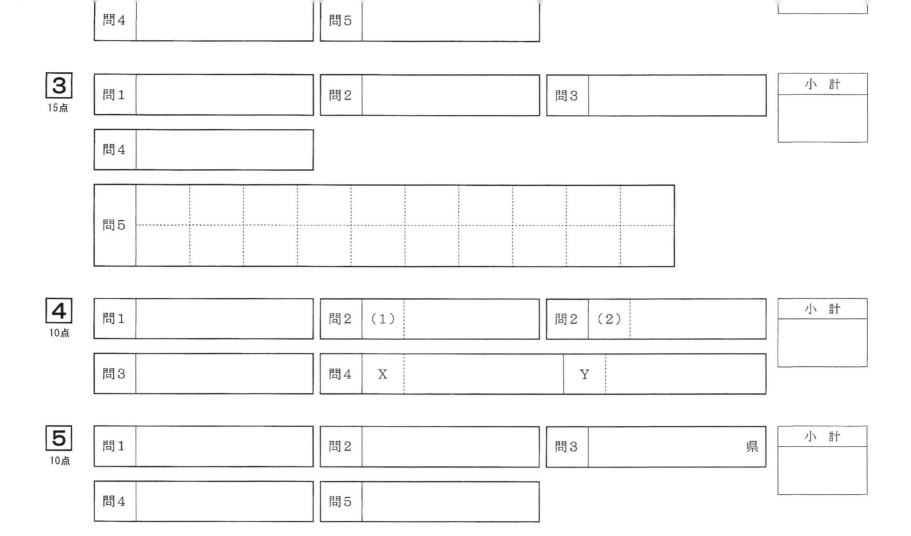

2021年度 清風南海中学校入学試験A入試解答用紙

社 会

（40分）

社会 2112115

受 験 番 号	名 前

※80点満点

総 得 点

1

30点

問1		問2		問3	
問4		問5		問6	
問7		問8			
問9		問10			

小 計

【解答

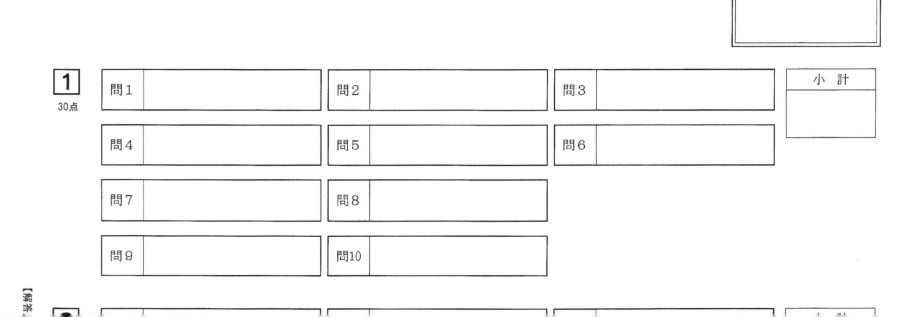

2021年度 清風南海中学校入学試験SG・A入試解答用紙

理 科

（40分）　理科 2112114

受験番号	名前

※80点満点

総得点

1

20点

問1 ①	問1 ②	問1 ③	問1 ④
問1 ⑤	問2 波1　波2	問3 秒	
問4 秒	問5 秒	問6 km	

2

問1	問2	問3	問4

【解答

2021年度 清風南海中学校入学試験SG・A入試解答用紙

算数

（60分）

算数 2112112

受験番号	名前

※120点満点

総得点	

1

20点

(1)	
(2)	
(3)	
(4)	

2

34点

(1)	①	cm
	②	cm
(2)	①	分速　　　m

4

22点

(1)		
(2)	①	
	②	問
	求め方	

【解答

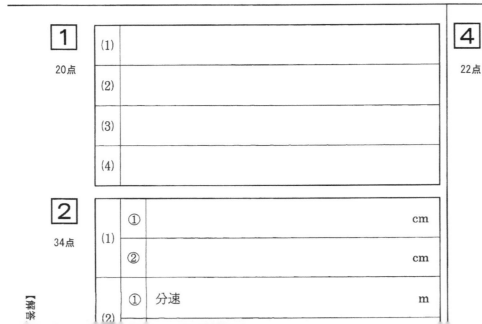

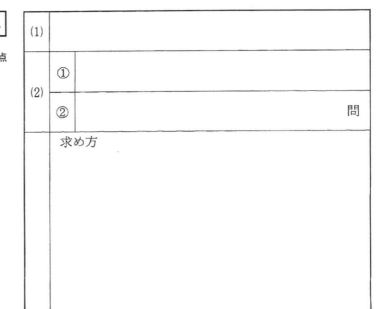

問6

問7

19点 三

問1

①

②

③

④

⑤

問2

16点 四

① ゼンテイ

② ハイスイ

③ カントウ

④ ソウソウ

⑤ セイギョウ

⑥ コンカン

⑦ キョウゴウ

⑧ タヨリ

問3　下線部（c）に関して，日清戦争後の出来事に関する次の〔史料1〕を読み，史料中の空らん[A]に入る語句とその場所を下の〔地図1〕中から選び，その組み合わせとして正しいものを，下のア〜ケのうちから1つ選び，記号で答えなさい。

ロシアは日本が清国に要求した講和条件を考慮した。講和条約の内容に含まれている[A]を日本が支配することは，清国の都である北京を危険にさらすだけではなく，朝鮮の独立を実質的に無効化してしまうことになり，東アジアの平和を脅《おびや》かすことになる。従って，ロシアは，日本に[A]を支配することをあきらめるよう勧告する。

〔史料1〕

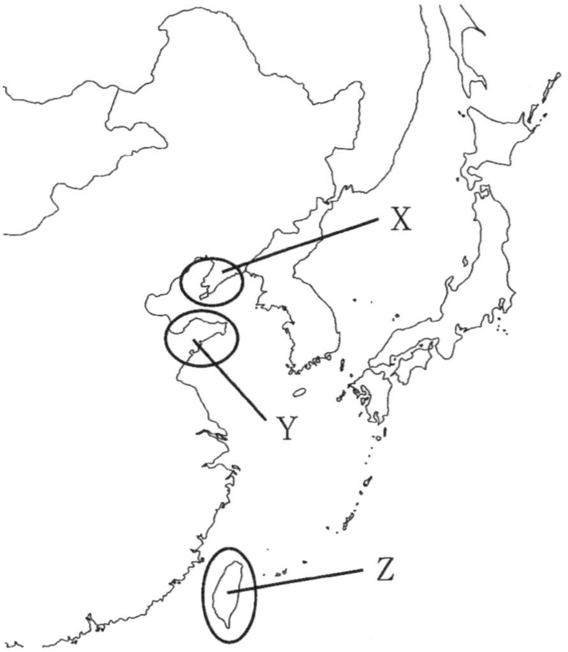

〔地図1〕

ア．語句—リャオトン（遼東）半島　　場所—X
イ．語句—リャオトン（遼東）半島　　場所—Y
ウ．語句—リャオトン（遼東）半島　　場所—Z
エ．語句—シャントン（山東）半島　　場所—X
オ．語句—シャントン（山東）半島　　場所—Y
カ．語句—シャントン（山東）半島　　場所—Z
キ．語句—台湾　　場所—X
ク．語句—台湾　　場所—Y
ケ．語句—台湾　　場所—Z

問４　下線部（ｄ）に関して，日本におけるインフルエンザ（スペイン風邪）の流行は，前流行（1918年秋から1919年春まで）と後流行（1919年冬から1920年春）に分けることができる。〔図１〕・〔図２〕について述べた次のⅠ・Ⅱの文の正誤を判断し，その組み合わせとして正しいものを，次ページのア～エのうちから１つ選び，記号で答えなさい。

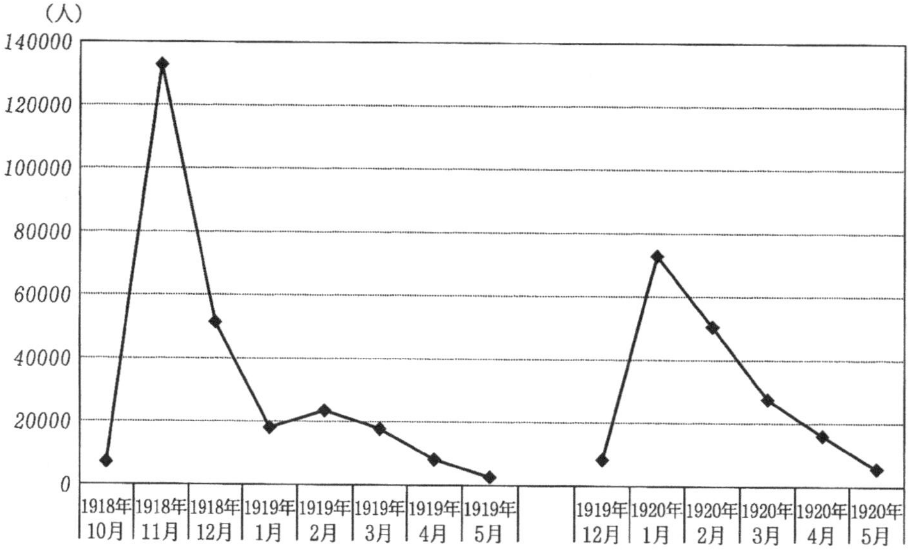

『日本を襲ったスペイン・インフルエンザ』より

〔図１〕日本全国の月別インフルエンザ死亡者数（1918～1920年）

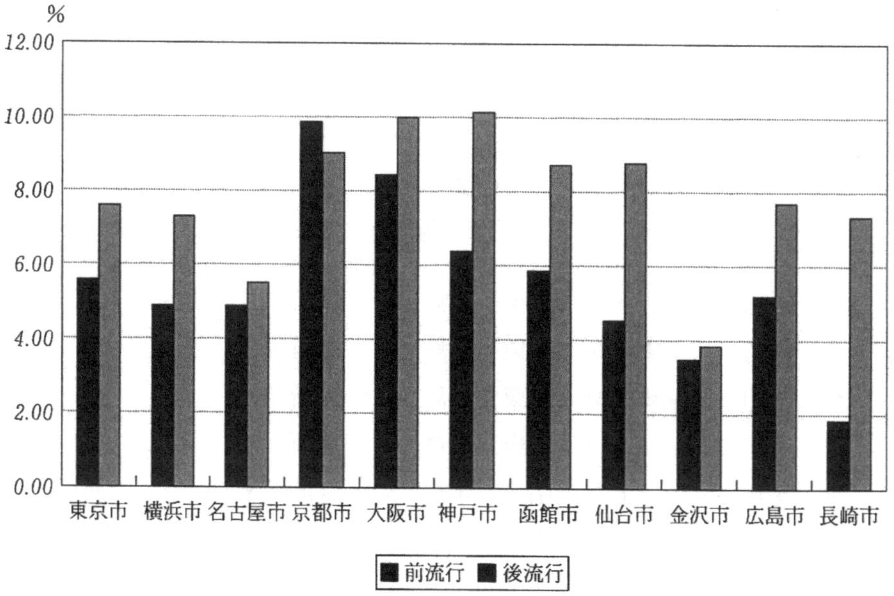

『日本を襲ったスペイン・インフルエンザ』より

〔図２〕11都市のインフルエンザ死亡率（1918～1920年）

Ⅰ．日本全国の月別のインフルエンザ死亡者数が最も多いのは，1918年11月である。

Ⅱ．11都市のインフルエンザ死亡率から考えると，前流行の方が後流行よりも死亡率が高いと判断できる。

	ア	イ	ウ	エ
Ⅰ	正	正	誤	誤
Ⅱ	正	誤	正	誤

問５　下線部（ｅ）に関して，1933年に日本は下線部（ｅ）の組織からの脱退を正式に通告した。日本がこの組織から脱退した理由を，この組織の正式名称（漢字４文字）と次の〔地図２〕中 B の国名（漢字）を必ず用いて，20字以内で説明しなさい。

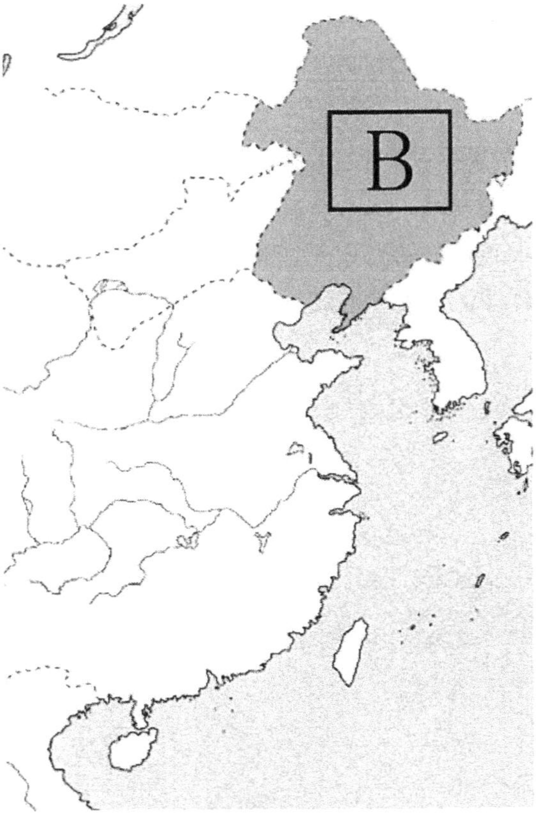

〔地図２〕

4 次の文章は，2020年６月11日付け日本経済新聞朝刊に掲載《けいさい》されたコラムである。文章を読み，あとの問い（問１～４）に答えなさい。なお，文章は入試問題作成にあたって一部表現を改めている。

米国社会経済史の研究者，本田創造さんのロングセラー「アメリカ黒人の歴史」は，ある (a)黒人青年のエピソードから始まる。18歳の彼は，白人女性への暴行と警官の殺害容疑《ようぎ》で逮捕された。現場から走り去ったのと同型の車を所有していたのだ。物的証拠は何もない。

顔見知りだった被害女性は「彼は犯人ではない」とはっきり証言している。しかし青年は自白調書《じはくちょうしょ》に署名を強いられて死刑となった。91年刊の改訂版《かいていばん》のまえがきで本田さんは，次の世代が新たな米国黒人史をつむぐことで，本書が「無用のものになる日」が来ると希望を託《たく》した。

それからおよそ30年，18歳の黒人青年による (b)ネット上の投稿が注目されている。自分の命を守るため子供のころから母に教えられてきたという。町中でポケットに手を入れない，買わない商品に手を触れない，警察の職務質問に反論しない――。(c)日常的に偏見の目にさらされるとはどういうことか。その不安と恐怖を思う。

米国で黒人男性が暴行され死亡したのを機に (d)差別に反対する声が世界各地であがる。人種にとどまらず，あらゆるヘイトや経済格差による分断が深まって多くの人が人ごとでないと感じるのだろう。沈黙は罪だ。キング牧師にならい連帯を呼びかける，そんな叫びに再び沈黙すれば，新たな歴史の幕開けは遠いものになる。

問1　下線部（a）に関して，次の詩は黒人詩人ラングストン・ヒューズ（1902〜67年）の「アメリカを再びアメリカにしよう」（木島始訳）である。ヒューズの詩と本文から読み取れる内容として最も適当なものを，あとのア〜エのうちから1つ選び，記号で答えなさい。

黒いアフリカの海岸からひっぺがされて
僕はきたのだ
「自由の母国」をつくるために
自由の？
おお，アメリカを再びアメリカにしよう
いまだ一度もなったことはないのだが
だが，必ずやなるにちがいない国土にしよう
「あらゆる」人が自由な国土に
僕のものと言える国土に
貧乏人の，インディアンの，黒ん坊の，「僕」の——
おお，そうだ
僕はかくさず言おう
アメリカはこの僕にアメリカであったことがない
けれど，僕はここに誓うのだ
アメリカはそうなると！
永生の種子
その夢は僕の心臓ふかくよこたわる

ア．ヒューズにとって，アメリカは万人にとって自由な国であるという現実への理解があり，深い感謝の気持ちがある。
イ．アメリカは現実として人種間の差別が存在しているが，ヒューズには万人にとって自由な国という未来への強い思いがある。
ウ．万人にとって自由な国であるアメリカとは，ヒューズの没後に現実のものとなり，人種差別のない現在の姿となってあらわれている。
エ．ヒューズの誓いはアメリカの黒人社会において受け継がれ，黒人差別に反対する動きはアメリカ国内においてのみ起こっている。

問2　下線部（b）に関して，次の（1）・（2）の問いに答えなさい。

（1）次の〔表1〕は，世界各国のインターネット利用者率などについてまとめた表である。〔表1〕から読み取れる内容として適当でないものを，あとのア～エのうちから1つ選び，記号で答えなさい。

〔表1〕

国名	面積（万km^2）	人口（万人）	一人当たり国民総所得（ドル）	ブロードバンド※1普及率（%）	インターネット利用者率（%）	携帯電話普及率※2（%）	固定電話普及率（%）
日本	37.8	12,478	38,520	31.8	84.6	135.5	50.2
中国	960.0	143,378	8,690	27.7	54.3	103.4	13.6
インド	328.7	136,642	1,790	1.3	34.5	87.3	1.7
カナダ	998.5	3,741	42,790	37.9	91.0	86.3	39.4
メキシコ	196.4	12,758	8,610	13.6	63.9	91.6	16.6
アメリカ	983.4	32,907	59,160	33.3	87.3	123.0	35.8
フランス	64.1	6,735	38,160	43.9	80.5	106.4	59.7
ドイツ	35.7	8,352	43,700	40.2	84.4	132.7	53.7
オランダ	4.2	1,710	46,910	42.8	93.2	120.6	38.5
イギリス	24.2	6,753	40,600	39.0	94.6	118.5	48.2

『ITU World Telecommunication/ICT Indicators 2019』
『データブック・オブ・ザ・ワールド 2020』より
統計年次は人口は2019年，その他は2017年

※1　ブロードバンド：高速で大容量の情報が送受信できる通信網
※2　一人で2台持っている場合などもあり，100%を超える場合がある

ア．すべての国で固定電話普及率よりも携帯電話普及率，インターネット利用者率の方が高い数値となっている。

イ．インターネット利用者率が最も低い国は，一人当たり国民総所得が最も低い数値となっている国である。

ウ．ブロードバンド普及率の下位3国は，一人当たり国民総所得の下位3国と同じである。

エ．人口が多い国ほど一人当たり国民総所得は低くなっており，面積が大きな国ほどブロードバンド普及率が低くなっている。

（2）情報機器を利用して様々な情報を得ることが可能な人とそうでない人との間に生活水準の格差が生じることが心配されている。こうした格差を何というか最も適当なものを，次のア～エのうちから1つ選び，記号で答えなさい。

ア．ソーシャル・ディスタンス　　　イ．メディア・リテラシー
ウ．デジタル・デバイド　　　　　　エ．バーチャル・リアリティー

問３　下線部（c）に関して，公正な社会をつくるための理論を考えた一人にロールズというアメリカの学者がいる。ロールズは，公正な社会とは何かを考えるために必要な次の［条件］を，あらかじめ設定した。次の［条件］を読み，ロールズの考える公正な社会の姿を説明している文として最も適当なものを，あとのア～エのうちから１つ選び，記号で答えなさい。

［条件］

①現実では，人には能力・地位・生まれた境遇などについて差が存在するが，そうした能力・地位・生まれた境遇などといった自分の情報について，誰もわからないという状況を仮定する。 ②人は自分の境遇をより良くすることだけを考える。 ③不平等が大きくなる社会を認めると，自分が少数派や社会的に差別を受けるなどの不利な立場だった場合に不利益を受ける。

ロールズの考える公正な社会

社会的に有利な立場の人も不利な立場の人も，同じ立場にした状態で競い合うことができるようにする。そのうえで，同じような条件で競い合った結果として，能力・地位・自らの境遇などに差がつくことを人は受け入れる。

ア．社会的に不利な立場の人々を救うために，すべての人が完全に平等な結果を受け取ることのみを認める社会。
イ．生まれた境遇が有利だった人々だけで競い合い，その結果としてつくりあげられた世の中を優先的に認める社会。
ウ．個人の自由を最大限に守るため，人々のもって生まれた立場を変えることなく自由な競争を認める社会。
エ．人々には平等な競争の機会が与えられて，競争した結果として生まれる格差であれば認める社会。

問４　下線部（d）に関して，日本国憲法においても差別の禁止が定められている。次の日本国憲法の条文中の空らんにあてはまる語句を，それぞれ漢字で答えなさい。

第14条　すべて国民は，（　Ｘ　）の下に平等であつて，人種，信条，（　Ｙ　），社会的身分又は門地により，政治的，経済的又は社会的関係において，差別されない。

5 次の文章を読み，あとの問い（問１～５）に答えなさい。

（a）第二次世界大戦に敗れた日本は，アメリカを中心とする連合国軍に占領され，日本政府はその指示のもとで（b）民主的な社会をつくるための改革を進めていった。日本は1951年，アメリカで開かれた講和会議で世界48か国と平和条約を結び，翌年に独立を回復した。また平和条約と同時に日米安全保障条約が結ばれ，日本の安全と東アジアの平和を守るという理由で，独立後も（c）アメリカ軍が日本各地にとどまった。日本はアメリカとの軍事や経済の結びつきを強めながら（d）急速に産業を発展させていった。1964年にはアジアで初となる東京オリンピックが開かれた。終戦から20年足らずで国際的な大会を開くことができるまでになった。日本は戦後，急速な発展を成し遂《と》げる中で世界の先進国の１つとなり（e）これからも国際社会の中で大きな役割を果たすことが期待されている。

問１　下線部（a）に関連して，1945年８月６日，アメリカ軍による広島への原子爆弾の投下によって，多くの犠牲者《ぎせいしゃ》が出た。戦後，アメリカ大統領で広島を訪れた大統領はいなかった。しかし2016年，初めてアメリカ大統領として広島を訪れ，慰霊碑《いれいひ》に花を供え，原子爆弾の被害者と対面をした大統領がいる。この大統領として正しい人物を，次のア～エのうちから１つ選び，記号で答えなさい。

ア．クリントン　　イ．トランプ　　ウ．オバマ　　エ．ブッシュ

問２　下線部（b）に関して，このとき行われた改革について述べた文として誤っているものを，次のア～エのうちから１つ選び，記号で答えなさい。

ア．公職選挙法が改正され，18歳以上のすべての男女に選挙権が認められた。

イ．日本国憲法が公布され，その中で，国のありかたを決める権利は国民にあると規定された。

ウ．小学校６年間，中学校３年間の９年間を義務教育とした。

エ．農地改革が行われ，多くの農民が自分の土地をもつようになった。

問３　下線部（c）に関して，現在でもアメリカ軍の基地は日本国内に存在している。現在，最も多くのアメリカ軍基地がある県名を漢字で答えなさい。

問４　下線部（ｄ）に関して，高度経済成長期とよばれるこの時期について述べた文として誤っているものを，次のア～エのうちから１つ選び，記号で答えなさい。

ア．新幹線や高速道路が整備されていった。

イ．テレビや洗濯機，冷蔵庫などの電化製品が普及していった。

ウ．若者が地方から都会の工場や会社に集団で就職した。

エ．科学技術の力で公害問題が解決された。

問５　下線部（ｅ）に関連して，近年，ノーベル賞を受賞する日本人や日本の出身者も数多く見られる。人物とその受賞についての組み合わせとして正しいものを，次のア～エのうちから１つ選び，記号で答えなさい。

ア．本庶《ほんじょ》佑《たすく》　：　物理学賞

イ．カズオ・イシグロ　：　平和賞

ウ．山中《やまなか》伸《しん》弥《や》　：　生理学・医学賞

エ．梶《かじ》田《た》隆章《たかあき》　：　化学賞

二〇二〇年度

清風南海中学校入学試験問題（ＳＧ・Ａ入試）

国語

（六〇分）

注意

① 解答用紙に受験番号、名前を記入し、受験番号シールを所定の欄《らん》にはりつけなさい。
問題用紙には受験番号を記入しなさい。

② 答えはすべて、解答用紙の所定の欄に記入しなさい。解答欄からはみ出た場合は不正解となります。

③ 字数を数える場合、ことわりのない限り、句読点や符号《ふごう》なども一字として数えなさい。

④ 選択《せんたく》問題はすべて記号で答えなさい。

⑤ 解答用紙、問題冊子の両方とも提出しなさい。

受験番号

一　次の文章を読んで、後の問いに答えなさい。

大学での初回講義で①「美術史とは何だと思うか」と学生に尋《たず》ねたことがあるのですが、ある芸術作品があるとして、それは「なんというタイトル」の作品で「誰《だれ》が」「何年に」つくったかを覚えるものかなぁ、という反応がたいてい返ってきます。つまりは、高校における歴史授業のテスト勉強の記憶《きおく》があまりに強いのか、「何年に」「どことどこの国が」「何という戦場」で戦って「何々条約」を結んだといったⓐ塩梅《あんばい》に、やたらとデータを暗記するだけのものというイメージを持っているのです。

データの蓄積《ちくせき》が悪いとはもちろん言いません。ある程度必要なのは確かです。しかし、たとえば先ほどの「何々戦争」のようなケースにおいて、「なぜその二国が戦う必要があったのか」、さらには「その結果がその後の社会にいかなる影響《えいきょう》を及《およ》ぼしたのか」といった、事象の構造を理解するところまで考えたことのある新入生を、私はほとんど見たことがありません。そこまで求められてこなかったのですから当然です。しかしより重要なのは、単なる固有名詞や年号を暗記することよりも、構造について思考することにこそあるはずです。

美術史でも同じです。先の例でいえば、「なぜそのような作品がその時代にその地域で描《えが》かれたのか」、また「なぜそのような様式がその時代にその地域で流行したのか」という点を思考することこそ、「美術史」という学問でなされるべき内容なのです。

さて美術史講義をうけはじめた学生が次に抱《いだ》く疑問は、②「こんなこと学んでいったい何になるのか」というものです。よくわかります。実は私自身も過去に同じ疑問を抱いた経験があるからです。これがたとえば医学であれば、病で苦しんでいる人を助けるといったような、ごくわかりやすい〝意義〟を即座《そくざ》に見出《みいだ》すことができます。一方、美術史の場合は簡単ではありません。まあ、人文系の分野は多かれ少なかれそのようなものかもしれませんが。

鍵《かぎ》は、*1〝識字率〟というパラメーターにあります。一般的《いっぱんてき》に私たちは、ふだん話したり聴《き》いたりしている〝言語〟を、書いたり読んだりすることもできます。しかし、たとえば一〇〇〇年前のヨーロッパなどでは、政治を動かしているような上流階級や、教会で働いている人、あるいは法律や商売に深く関わっている人でないかぎり、自分が話している言葉であっても、書くことはおろかほとんど読むことさえできません。私たちは非常に恵《めぐ》まれた時代に生きていて、そしてこのような時代は人類の長い歴史の中ではごくごく最近になってからのことでしかありません。

現代であれば、私が皆《みな》さんに話していることは、こうして文字にすればすぐ読めてしまいます。しかし、たとえば昔の西洋世界で本など読めたのは社会のごくごく一部の層にすぎません。では大衆に伝えたいことがあれば何を用いたか――それが絵画だったのです。つまり絵画は、今よりもっと「何かを誰かに伝えるためのもの」という機能を強く持っていました。個人が、ごく私的な趣《しゅ》味《み》のためだけに自由に絵を描くという行為《こうい》は、ごく近代的なものにすぎません。であれば、私たちがもし過去の社会のことを知りたいと思えば、テレビやラジオの無い時代における最大のメディアだった絵画にあたる必要があるのは当然ですね。

絵にこめられたメッセージを読みとってはじめて、私たちはその絵が描かれた当時の人々の考え方を理解することができます。つまり美術史とは、美術作品を介《かい》して「人間を知る」ことを最終的な目的としており、その作業はひいては「自分自身のことを知る」ことにいつかはつながるでしょう。だからこそ、美術史は*2哲学《てつがく》の側面を有しています。そのため、たとえば私は勤務している大学で哲学科に所属しています。もちろん、美術〝史〟というからには歴史学の一部でもあるため、大学によっては史学科に美術史教員が所属しているところも多いです。

名称《めいしょう》にこだわってもあまり意味はありませんが、より正確に定義すれば、哲学の一分野としての側面を「美学」とよび、より歴史学的側面が強い「美術史」とあわせた境界領域を、「芸術学」という*3上位概念《がいねん》であらわします（これと異なる区分の仕方もあります）。さらに付け足すと、おおまかに言うと「美術」とは絵画と彫刻《ちょうこく》、建築や工芸などの〝造形芸術〟を指し、これに音楽や文学、映画などを足したものを「芸術」と総称《そうしょう》します。つまり「芸術学」では、人類の文化的行為によって生じたあらゆるものを考察対象としています。ということは、たとえば芸術の中には小説も入りますが、美術の中には含《ふく》まれないことになります。本書で頻出《ひんしゅつ》する「　P　作品」「　Q　作品」「　R　作品」（←範囲《はんい》の小さな順に並べてあります）という用語には、それぞれ含まれている範囲の違《ちが》いがあるのです。

繰《く》り返せば、美術史とは、人間（とその社会）をより深く理解するための学問のひとつです。この遠いゴールに近づくためにはさまざまなⓑアプローチがありますが、美術史では、人類の長い歴史のほとんどで最大のメディアだったからこそ、美術作品をそのための手掛《てが》かりとしているわけです。

先に述べた説明を言い換《か》えれば、美術史とは「昔の人々にとっての重要な言語の一種」ということができます。それなら、他の国の人と話して、その人のことやその国を理解しようと思えば、当然ながらその国の言葉を話す必要があるわけですから、美術でも同様に、「その人たちの言語」を解さなければなりません。もちろん、日本語や英語といった音声言語のことではなく、絵をコミュニケーション手段として用いる「視覚言語」のことです。ところが、③ことはそう単純ではありません。

たとえば、私が「ドラえもん」と声に出して言ったとします。皆さんの頭の中には、きっとおなじみのあの丸い顔が浮《う》かんできたはずです。私の頭の中にあるイメージが、正しく皆さんに伝わったということですから、コミュニケーションが成立したと言えます。何をあたりまえのことを、と思われるかもしれませんが、たとえば皆さんがアメリカ人であれば、よほどのマニアでもないかぎり、いかなるイメージも頭に浮かんでこないはずです。たとえ日本人でも、もし皆さんが戦前に生きる人であれば、やはり何も浮かびません。

つまり私の中では、伝えようとしたドラえもんのイメージが「ドラえもん」という音声と繋《つな》がっているのですが、皆さんもこの結びつきを共有しているからこそ、コミュニケーションが成立できたのです。言い換えれば、その両者が結びついているという④約束事（コードと呼びます）を、情報の送り手と受け手とが共有する必要があるわけです。

コードを共有するためには、たとえば現代の別々の国に生きる人の間であれば、お互《たが》いの言語の辞書があれば会話の際に大いなる助けとなるはずです。しかし、昔の美術作品を〝読む〟ための辞書には、残念ながらまだ「これぞ完全版！」と呼べるようなものがありません。遠い国のことだから、あるいは遠い昔のことだからという理由だけでなく、現代とはそもそも文化が大きく異なっているせいです。人々が置かれている状況《じょうきょう》も大きく違えば、宗教観*4も死生観も異なります。社会の構造も何もかもが今とは別物なのですから、人々の考え方も大きく異なるのは当然と言えるでしょう。

結果的に、昔の芸術作品はわからないことだらけです。失われて久しいコードを再び手にしないと、絵を〝読む〟ことはできないわけですから、いろいろと調べてコードを再発掘《さいはっくつ》する作業が不可欠です。この再発掘作業のことを「図像学《ずぞうがく》（イコノグラフィー）」と呼びます。あとで実際に例をみてみましょう。

図像学は絵を読むための［ X ］作りにあたりますから、美術史でももちろん重要な位置を占《し》めています。ただ、図像学だけが美術史ですべきことというわけではありません。すでに述べたように、「なぜその作品がその時代にその地域で描かれたのか」、また「なぜある様式がその時代にその地域で流行したのか」という点を思考することこそ、「美術史」という学問の中心課題なのですから、かなりの作業は一枚の絵を読んだ先にあることになります。この部分についても、あとで実例をもとに一緒《いっしょ》に考えてみましょう。

（池上英洋『西洋美術史入門』ちくまプリマー新書による）

注　＊1　識字率……一定の地域で、文字の読み書きができる人の割合。
＊2　哲学……世界や人間に対して根本的に探求する学問。
＊3　概念……個々の事物から共通な性質を取り出した内容を、言語によって表わしたもの。
＊4　死生観……死あるいは生死に対する考え方。また、それに基《もと》づいた人生観。

問1　〰〰ⓐ・ⓑの本文中で使われている意味として、最も適当なものをそれぞれ次の中から選びなさい。

ⓐ「塩梅」　ア　順番　イ　事実　ウ　具合　エ　課題

ⓑ「アプローチ」　ア　対象へせまる方法　イ　未来へと進む手段　ウ　現象への深い理解　エ　身近なものへの分析《ぶんせき》

問2　――①「『美術史とは何だと思うか』と学生に尋ねた」のはどうしてですか。その理由を説明したものとして、最も適当なものを次の中から選びなさい。

ア　美術史とは作品のタイトルなどのデータを暗記するものではなく、作品の題材や構図をもとに作者の生い立ちや思想を読み解くものだということを分かっていないから。

イ　美術史の授業に対して、作品名・作者・制作年というデータをきちんと暗記するものではなく、作品の成立事情だけ知っていればよいと学生が安易に考えているから。

ウ　美術史を、作品や様式の成立事情などを深く考察するものではなく、作品名・作者・制作年といったデータを暗記するものだと捉《とら》えている学生の考えを問題視しているから。

エ　美術史とはメディアとしての絵画の役割や構造について考察するものではなく、単なるデータの暗記のように思い込ませている高校の美術教育を批判したいから。

問3 ――②「こんなこと学んでいったい何になるのか」とありますが、筆者は美術史を学ぶ意義をどのようなものと考えていますか。人類の歴史の中で「絵画」が果たしてきた役割にもふれて六十字以内で答えなさい。

問4 ［P］・［Q］・［R］に入る語句の組み合わせとして、最も適当なものを次の中から選びなさい。

ア P 美術 Q 絵画 R 芸術
イ P 絵画 Q 美術 R 芸術
ウ P 芸術 Q 絵画 R 美術
エ P 美術 Q 芸術 R 絵画
オ P 絵画 Q 芸術 R 美術
カ P 芸術 Q 美術 R 絵画

問5 ――③「ことはそう単純ではありません」とありますが、その理由として最も適当なものを次の中から選びなさい。

ア 視覚言語は音声言語よりも頭に浮かぶイメージの影響を受けやすいので、美術作品のコードを送り手と受け手とで共有しにくくなり、コミュニケーションの成立が難しくなるから。
イ 昔と現代とでは、時代が大きく違っているうえに、自分たちの知らない遠い国で作られた作品を扱《あつか》うので、昔の美術作品を読みとくためにコードを共有するのは難しいから。
ウ 現在の研究は、絵画の情報を読みとくために、コードを発掘する図像学ばかりを重視していて、「美術史」という学問の中心課題と向き合うことをおろそかにしているから。
エ 美術作品が作られた昔と現代とでは文化があまりにも大きく異なりすぎており、昔の美術作品にこめられた情報を読みとくための完全なコードを現代人は持っていないから。

問6 ――④「約束事（コードと呼びます）を、情報の送り手と受け手とが共有する」とありますが、「情報の送り手と受け手」が「コード」を「共有」しているコミュニケーションの具体例として、最も適当なものを次の中から選びなさい。

ア 友人と一緒に夕暮れを眺《なが》めていたら、突然《とつぜん》二人とも胸の高まりを感じた。
イ お母さんに「ご飯をチンしてね」と言われたので、電子レンジで温めた。
ウ 体育の授業の後で汗《あせ》まみれになっていると、友人がタオルを差し出した。
エ ロバのイラストを描いていたら、友人に「かわいい馬だね」とほめられた。

問7　X　に適切な二字の熟語を文中から探し、ぬき出して答えなさい。

問8　本文の展開を説明した文として、最も適当なものを次の中から選びなさい。

ア　まず美術史と歴史の違いを挙げて、次に哲学との共通点を説明した後、新たに発展した図像学について紹介《しょうかい》している。

イ　データ蓄積重視の学問を批判し、美術が最大のメディアだと説明した後、コミュニケーションの重要性を訴《うった》えている。

ウ　始めに美術史とは何かを定義し、それを学ぶ意義を説明した後、昔の美術作品を読みとく上での困難な点を述べている。

エ　美術史の重要性を述べた上で、芸術が哲学から派生したと説明した後、作品から人間性を読み取る方法を示している。

二

次の文章を読んで、後の問いに答えなさい。

僕《ぼく》の絵本の「だるまちゃん」も、いわゆる優等生ではありません。だるまだから、外見はひげがあるんだけど、時にはだだっ子にもなるし、やることなすこと話すことは子どもそのものです。
人間で言ったら、学齢《がくれい》前の五、六歳《さい》の男の子という感じでしょうか。
まだ幼い子どもですから、てんぐちゃんが持っているものがうらやましくてしかたがない。家に帰ると、お父さんのだるまどんに「あれが欲《ほ》しい」とねだります。だるまちゃんのことが可愛《かわい》くてしょうがないだるまどんは、たくさん出してくれるのですが、そこにはだるまちゃんが欲しいものはありません。

ちいさい　だるまちゃんは　うちへ
かえって　いいました。
「てんぐちゃんの　ような　うちわが
ほしいよう」
おおきな　だるまどんが
たくさん　うちわを　だしてくれました。
「こんな　うちわじゃ　ないんだけどな」
だるまちゃんは　かんがえているうち
①いいことに　きがつきました。

（『だるまちゃんとてんぐちゃん』）

何を隠《かく》そう、だるまどんにもモデルがいます。
僕の父は非常に子煩悩《こぼんのう》な人でした。
でも僕に言わせれば「不肖《ふしょう》の親父《おやじ》」でね。

だるまどんじゃないけど、とにかく早合点ばかりするので、幼いながらに僕は困ったものだと思っていたのです。
　たとえばこんなことがありました。
　お祭りに一緒《いっしょ》に出掛《でか》けると、子どもだから、いろんな屋台をのぞいてみたくなりますよね。
　小さなおきあがりこぼしが、カタカタとはしごを転がり落ちていくおもちゃを見ていると「これ、欲しいのか?」、父がすぐに聞いてきます。
　僕は、このくらいなら自分でもつくれそうだと思って、じっと見ていただけなのに、父はお金もないのに無理をして買ってくれようとするのです。
「いいからいいから、遠慮《えんりょ》するな」と、こっちの返事を聞きもしない。自分のせいでこんなチャチなものを買わせたかと思うと、今さら「要《い》らない」とも言えません。
「どうだ、嬉《うれ》しいか」
　ニコニコと満足げな父をよそに、買うつもりもなかった玩具《おもちゃ》を握《にぎ》りしめた僕は、泣きたいような、怒《おこ》りたいような、言うに言われぬ気持ちでした。
　幼い子どもでも、父にいらざる出費をさせてしまった[　　]はあるのです。父にすれば、わが子かわいさでやったことが、その子を悲しい気持ちにさせているなんて思いもよらなかったはずです。
　実直で真面目な働き者だった父は、ⓐしがない勤め人の典型でした。
　平日は時間通りに律儀《りちぎ》に工場に通い、少ない給料をやりくりするために、休みの日には家の中のあれこれを修理したり、つくったり、こまめに動きまわっていました。
　僕はそういう父の姿を幼い頃《ころ》から見てきたのです。
　三人の子どもたちに十分な教育を受けさせるためには、自分の薄給《はっきゅう》をどうやりくりしたところで間に合わない。僕と兄は十二歳離《はな》れていましたから、一計を案じたのでしょう。まずは兄を医学部に進学させ、立派に成人させれば、その兄が今度は弟妹の学費をつないでくれるだろうと考えた。
　そのために兄には参考書や受験雑誌を惜《お》しげなく買い与《あた》え、体を鍛《きた》えさせようと庭に鉄棒までつくったのです。

ところが兄はせっせと勉強するわけでも、運動に熱中するわけでもない。親のせっかくの期待と配慮《はいりょ》にこたえようとしないのを、心のなかで批判し、ひそかに怒っていました。

しょうがない兄貴だ、自分は違うぞと、僕は、親が何かしようとすると、お茶が飲みたいのか、座布団《ざぶとん》が欲しいのか、さっと見《み》極《きわ》めて先にやるような子どもでした。兄とは十二歳も違うから、ケンカにもならない。②せめてそういうところで差をつけてやろうと思っていたのでしょう。

昔のことなので、夏になると、おひつにいれた白米はすえて黄色くなってしまいます。

でも母は、父と兄には炊《た》き立ての新しい白米を出し、自分は、もったいないからとすえた飯をお茶漬《づ》けにして食べる。そんな時も、僕は必ず母につきあいました。

母が可哀想《かわいそう》というのもあったけど、幸いにもいたって健康で、特に胃腸が丈夫《じょうぶ》だったので、そのくらいのこと、僕にすれば別に何でもなかったのです。

姉は体が弱かったので、ともすると母は姉の世話にかかりきりでしたが、それで僕がしおれていたかと言えば、そんなことはなかった。ここぞとばかり、台所に忍《しの》びこんで、角砂糖をこっそりなめては、わからないようにかたちを整えたりしていた。

まあ、ちょっとしたいたずら坊主《ぼうず》、わんぱく盛《ざか》りだったというわけです。

あれはたしか五歳くらいの時、晩御飯《ばんごはん》にすき焼きが出たのが嬉しくて、ミシンの椅子《いす》に腰《こし》かけて、ぎったんばっこん、図に乗って遊んでいたら、そのままひっくり返って、踏《ふ》み台に頭をぶつけたことがありました。頭から血が出たので、びっくりしてワンワン泣いたら、父が飛んできて「泣いたら、もっとひどくなるぞ」と怒られた。いまだにその時の古傷が残っています。

とにかく、ほったらかしと言えば、ほったらかしだけれど、やんちゃ盛りの僕にしたら、③それだって別にちょうどよかったのです。

でも父はそうは考えなかったのでしょう。

年が離れた末っ子の僕に十分に手をかけられないことを不憫《ふびん》に思い、何かしてやりたいと思っていた父は、常日頃《つねひごろ》の至らなさを払拭《ふっしょく》せんとして度を越《こ》した愛情表現に出て、僕をしばしば戸惑《とまど》わせました。

それで思い出すのが、幼稚園《ようちえん》の頃の話です。僕は、縁側《えんがわ》で小さな星を描いていました。

子どもにとって星のかたちというのは、なかなか描きにくいものです。僕が描いた星は、どれもいびつで、小さなもみじみたいでした。

それを見た父は、僕に、星を一筆書きで描くやり方を教えてくれました。それだけならまだよかったのですが、僕が描こうとしていた星が、戦争ごっこで使うための軍人の肩章《けんしょう》であることを見抜《みぬ》いてしまったのです。

僕はひと言も言わなかったのに、どうしてわかってしまったのか。

次の日曜日、父は、僕を連れて、わざわざ福井に唯一《ゆいいつ》あった「だるま屋」というデパートの玩具売り場に行くと、大将の肩章と勲章《くんしょう》のセットを買ってくれました。

売り場には中将《ちゅうじょう》の肩章もあって、大将の肩章は最後のひとつでした。

女性店員が包んで持ってくると、父は、その場でⓑやにわに包装を開きました。

「あれほど間違《まちが》えないようにと言ったではないか！」

父が一喝《いっかつ》する声が、売り場じゅうに響《ひび》き渡《わた》りました。

ⓒ果たして包みの中には、大将ではなく、中将の肩章が入っていました。

「箱が似ているから、間違えるなよ」と念をおしたのに、父の危惧《きぐ》が的中して入れ違ってしまったというわけです。

大将の肩章は、同じようにそれを注文した客にすでに買われてしまったと聞いて、気持ちのおさまらない父の叱責《しっせき》に、店員は身を小さくして頭を下げ続けていました。

僕はと言えば、またも父に要らざる出費をさせてしまった後悔《こうかい》と、そのせいでこの店員が叱《しか》られることになった申し訳なさで、胸がつぶれ、消え入りたい気持ちでした。

この場がどう納まったのかは忘れてしまったけれど、それ以来、欲しいとねだることはもちろん、④欲しいと思っていることさえ父に気取られないようにと、心を砕《くだ》くようになったのです。

欲しいものがあっても、遠目に見ておいて、あとから自分でつくれるかどうかを考える。

子どもというのは屈託《くったく》なく見えるけれど「無邪気《むじゃき》でいいなあ」などと侮《あなど》ってはいけない。呑気《のんき》そうに見えても、そうやって幼いながらに、自分の置かれた状況《じょうきょう》に精一杯《せいいっぱい》の対処をしようとするものなのです。

いつも、いつも、⑤そんなすれ違いの繰り返しでした。

「不肖の父」と言ったのは、そういうわけです。

（かこさとし『未来のだるまちゃんへ』文春文庫刊による）

問1 〰〰ⓐ～ⓒの本文中で使われている意味として、最も適当なものをそれぞれ次の中から選びなさい。

ⓐ「しがない」　ア　出世ができない　イ　落ち着きがない　ウ　口数が少ない　エ　取るに足らない

ⓑ「やにわに」　ア　いきなり　イ　ゆっくりと　ウ　ていねいに　エ　せわしく

ⓒ「果たして」　ア　一体全体　イ　予想に反して　ウ　なおのこと　エ　案の定

問2 ――①「いいことに　きがつきました」とありますが、だるまちゃんはどういうことに気がついたのでしょうか。本文全体から考えて二十字以内で答えなさい。

問3 [　　] に入る言葉として、最も適当なものを次の中から選びなさい。

ア　癇癪《かんしゃく》とこころづよさ　イ　後悔とふがいなさ　ウ　反省とうぬぼれ　エ　満足といきどおり

問4 ――②「せめてそういうところで差をつけてやろう」と思ったのはなぜですか。その理由として最も適当なものを次の中から選びなさい。

ア　家では何もしない兄や姉と違って、少ない給料をやりくりして子どもをいたわろうとする両親に感謝しているので、せめて自分だけでも親につくそうと思ったから。

イ　親からの大きな期待と十分な配慮を受けるだけでなく、何もしなくても学力が高くて運動もできる兄に対して、怒りにも似た強いライバル心を抱いていたから。

ウ　親が注いでくれた愛情に無頓着《むとんちゃく》な兄に、歳の差がありすぎる僕はどうやってもかなわないので、自分だけは両親の気持ちを理解していることを示そうとしたから。

エ　親の愛情を一身に受けていることを自覚して得意げに振《ふ》る舞《ま》う兄の態度が、言いたいことも言えずに不自由している自分を見下しているようで腹立たしかったから。

問5 ――③「それだって別にちょうどよかった」とはどういうことですか。最も適当なものを次の中から選びなさい。

ア 思春期に入り父や母に反抗心《はんこうしん》を抱いていたので、ほったらかしである方が自由があって居心地《いごこち》が良かったということ。

イ 兄のように遊びを禁じられ勉強させられるよりは、多少のやんちゃぐらいは許された方が気楽に過ごせたということ。

ウ 親の世話になりっぱなしであった病弱な姉と違い、親に面倒《めんどう》をかけず健康でいられることが喜びであったということ。

エ 父から度を越した愛情表現を受けて迷惑《めいわく》を被《こうむ》るくらいなら、何もかまってくれない方が都合が良かったということ。

問6 ――④「欲しいと思っていることさえ父に気取られないようにと、心を砕くようになった」理由として、最も適当なものを次の中から選びなさい。

ア 要らない出費をさせてしまったと反省し、本当に欲しいものが出来たときのために、ひかえめにしておこうと思ったから。

イ 自分の何気ない振る舞いで、父に要らない出費をさせたり、よその人にまで迷惑をかけたりすることになると思ったから。

ウ 自分のわがままで父を振り回して不要な出費をさせ、店員まで困らせたことで、もう少し大人になるべきだと思ったから。

エ 意味のない自己満足を感じている父と不要な出費をさせた店員を見て、不快な思いは二度としたくないと思ったから。

問7 ――⑤「そんなすれ違い」とはどのようなことですか。最も適当なものを次の中から選びなさい。

ア 「僕」は言うに言われぬ気持ちになり黙《だま》ってしまうことが多いのに、自分の気持ちを抑《おさ》えられない父は、なんでもすぐに口に出してしまうということ。

イ 「僕」はわがままを言わないことで家族への愛情を示そうとしているのに、父は「僕」の気持ちを察して積極的に喜ばせようとしていたということ。

ウ 「僕」は要らない出費をさせたくないと気遣《きづか》っているのに、自分の薄給を知られたくない父は、惜しげもなく子どもにものを買い与えていたということ。

エ 「僕」は幼いながら自分なりに考えて行動しているのに、子煩悩な父は子を思う余り早合点して「僕」の望まない行動を取ることがあったということ。

三

次の各問いに答えなさい。

問1　次の「気」を使用した表現の意味として、最も適当なものをそれぞれ次の中から選びなさい。

①　気もそぞろ　②　気が回る　③　気が多い　④　気がおけない　⑤　気がつまる

ア　くよくよ思い悩《なや》んでふさぎこむ　イ　窮屈《きゅうくつ》に感じられて圧迫《あっぱく》される

ウ　あれこれと興味をひかれる　エ　細かいところまで注意が行き届く

オ　心がそわそわして落ち着かない　カ　心から打ち解けることができる

問2　次の詩において――「ふたりは振り返らない」のはなぜですか。理由を説明しなさい。

側道

（菅沼美代子『手』による）

四　次の各文の〰〰〰を漢字に改めなさい。ただし、必要なものには送り仮名《がな》をつけること。

① この仕事は君にマカセル。

② 静電気をオビル。

③ 社会のキリツを守る。

④ シュゴ神とたたえられる。

⑤ 人類のシソとなる生物は何か。

⑥ 借金をセイサンする。

⑦ サガクを返金する。

⑧ 敵をだますためのヨウドウ作戦。

2020年度

清風南海中学校入学試験問題（SG・A 入試）

算　数（60分）

注意　① 解答用紙に受験番号，名前を記入し，
受験番号シールを所定の欄《らん》にはりつけなさい。
問題用紙には受験番号を記入しなさい。

② 答えはすべて，解答用紙に記入しなさい。
解答欄からはみ出た場合は不正解となります。

③ 分度器は使ってはいけません。

④ 円周率は $\frac{22}{7}$ として計算しなさい。

⑤ 円すい，三角すい，四角すいの体積は，

(体積)＝ $\frac{1}{3}$ ×(底面積)×(高さ)　として求められます。

⑥ 比を答える問題は，もっとも簡単な整数の比で表しなさい。

⑦ 解答用紙，問題用紙の両方とも提出しなさい。

受験番号	

2020(R2) 清風南海中ＳＧ・Ａ
教英出版

1 (1), (2)は計算しなさい。(3), (4)は $\square$ に当てはまる数を求めなさい。

(1) $\left\{3-\left(2\frac{2}{7}+0.2\right)\right\}\times\frac{5}{18}$

(2) $9.6\times2\frac{1}{2}-\left\{41\div\left(3\frac{3}{4}-1.7\right)-1\right\}$

(3) $\left(\square\div2.2+1\frac{1}{3}\right)\times0.3=\frac{5}{11}$

(4) $\frac{2}{3}+(\square-0.625)\div2.75=1\frac{1}{6}$

2　次の各問いに答えなさい。

(1)　Aくんは1個100円のお菓子《かし》を［ア］個買うのにちょうどのお金を持ってお店に行きました。しかし，その日はセールをしていて，1個につき20円安くお菓子が売られていたので，［ア］個より8個多くお菓子を買うことができて60円あまりました。［ア］に当てはまる数を答えなさい。

(2)　ある規則にしたがって，整数が次のように並んでいます。

5，8，11，14，17，20，23，…

①　2020番目の数を答えなさい。

②　1番目から2020番目までに7の倍数は何個ありますか。

(3)　SさんはA地点からB地点まで1200 mの道のりを，Aから途中《とちゅう》のP地点までは分速200 mの速さで，PからBまでは分速300 mの速さで進みます。

①　PがAB間のちょうど真ん中にあるとき，SさんがAからBへ向かうときの平均の速さは分速何mですか。

②　SさんがAからBへ向かうときの平均の速さが分速250 mであるとき，AからPまでの道のりを求めなさい。

算数の試験問題は，次のページに続きます。

(4) A地点とB地点の間にAに近い方から順にP地点，Q地点があります。各地点間の経路の本数が下のようになっていて，すべての経路は一方通行です。

- AからPへ行く経路は3通り
- PからQへ行く経路は2通り
- QからBへ行く経路は2通り
- AからPを通らずにQへ行く経路は3通り
- PからQを通らずにBへ行く経路は3通り

① AからQへ行く経路は全部で何通りありますか。

② AからBへ行く経路が全部で42通りあるとき，AからPもQも通らずにBへ行く経路は何通りありますか。

(5) 下の図は一辺の長さが等しい正五角形，正六角形，正八角形を組み合わせたものです。

① 角アの大きさを求めなさい。

② 角イの大きさを求めなさい。

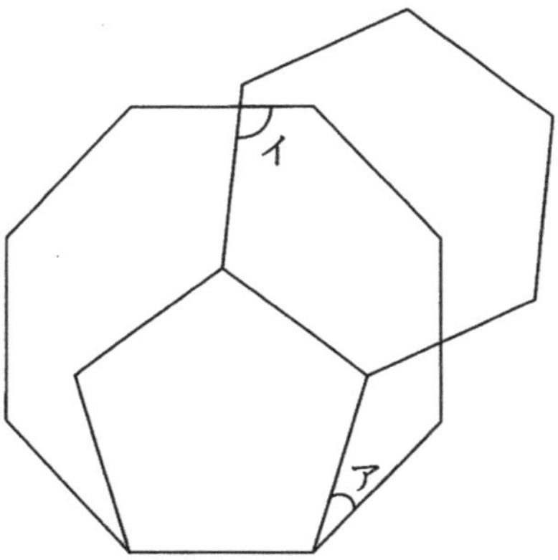

算数の試験問題は，次のページに続きます。

(6) 一辺が6cmの立方体について，次の問いに答えなさい。ただし，円周率は$\frac{22}{7}$とします。

① 下の図の色のついた部分は側面の対角線の交わる点を中心とする半径が1cmの円です。この色のついた部分を反対側までまっすぐ穴をあけてできる立体アの体積を求めなさい。

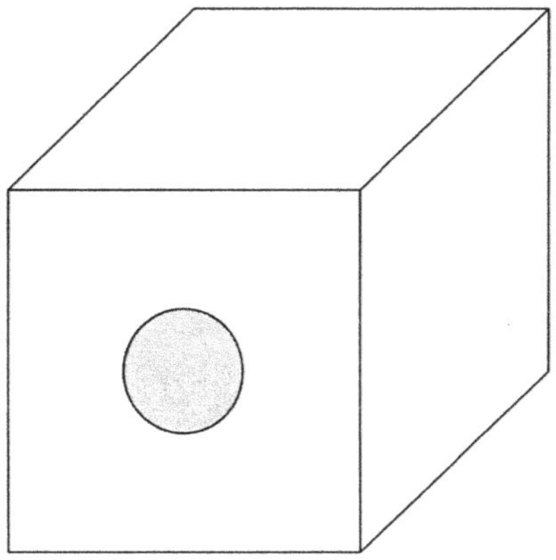

立体ア

② 立体アの側面に，一辺が2cmの正方形を反対側までまっすぐ穴をあけてできる立体イの体積を求めなさい。ただし，点線は立体イの側面の対角線を表しています。

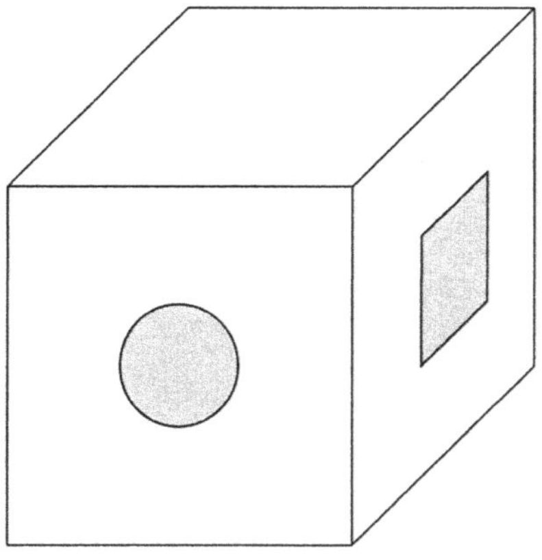

立体イ

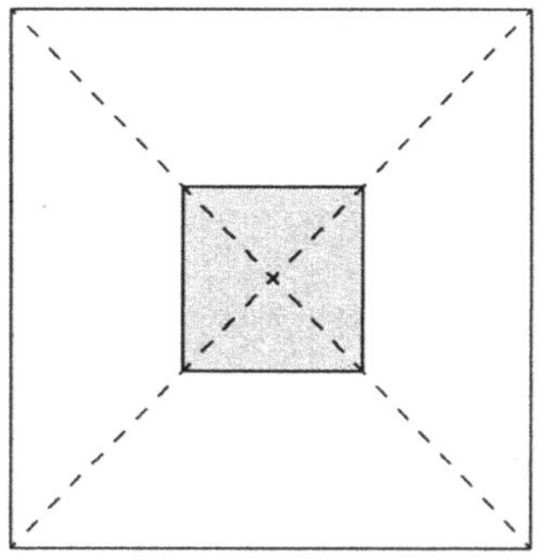

立体イを真横から見た図

算数の試験問題は，次のページに続きます。

3 下の図において，四角形ABCDは平行四辺形で，DE：EC＝1：4，CF：FG＝1：1，AGとHFは平行です。次の比をもっとも簡単な整数の比で表しなさい。

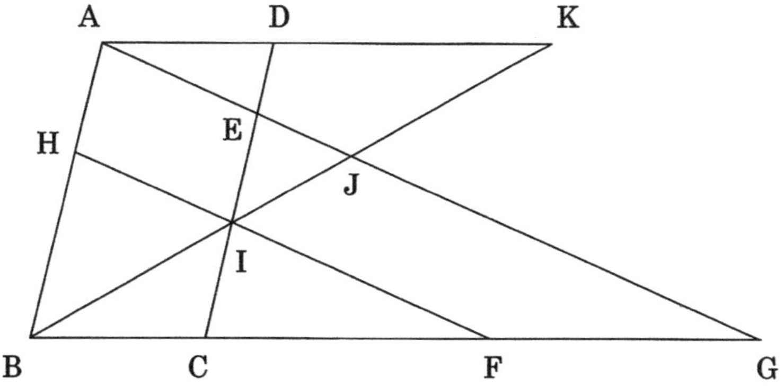

(1) BC：CG

(2) AD：DK

(3) AE：EJ：JG

(4) (四角形ABCDの面積)：(三角形EIJの面積)

算数の試験問題は，次のページに続きます。

4 S君の小学校のプールの大きさは縦25 m，横12 m，深さ1.2 mで，水を入れるための大きなじゃ口がついています。このじゃ口を使ってプールに水を入れると，空の状態からプールが水で一杯《いっぱい》になるまでにちょうど10時間かかります。次の問いに答えなさい。

(1) このじゃ口からは，1時間当たり何m^3の水が出ますか。

(2) プールが空の状態から水で一杯になるまでの時間を8時間にするために，じゃ口からの水に加えて，ポンプAをある時刻から2時間，ポンプBをある時刻から3時間動かしてプールに水を入れました。下のグラフは，9：00に水を入れ始めてから17：00にプールが水で一杯になるまでのプールの水量の変化を表したものです。ただし，じゃ口からは9：00から17：00まで水を止めることなく出し続けたものとします。

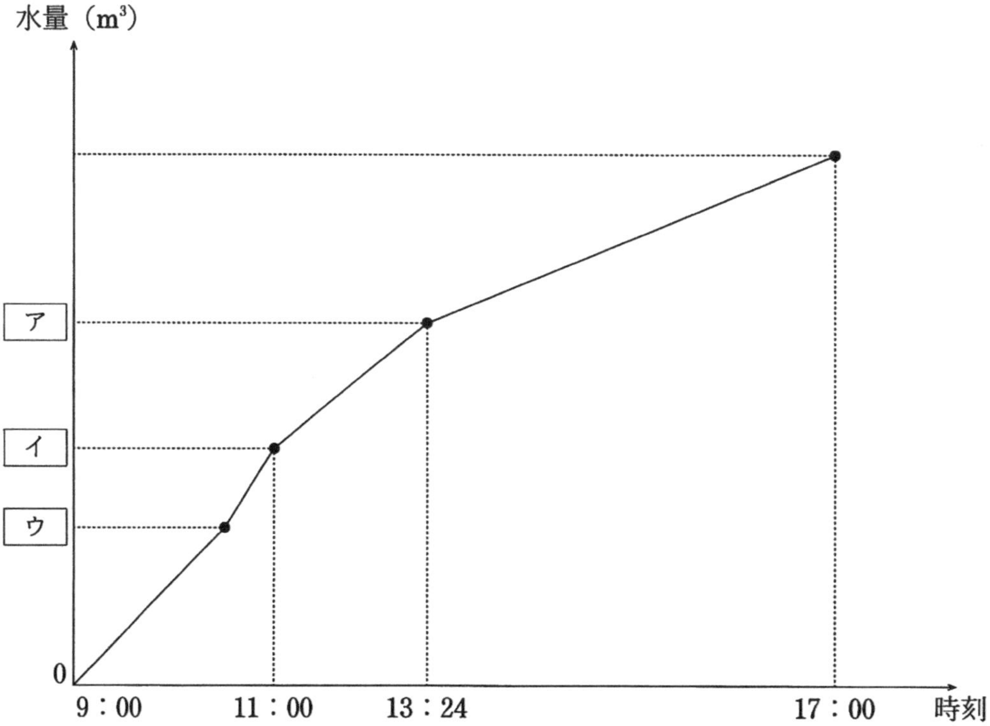

① ポンプA，Bがともに動いている時間は何分間ですか。

② ア に当てはまる数を求めなさい。

③ イ − ウ ＝39のとき，ポンプA，Bからそれぞれ1時間当たり何m^3の水が出ますか。

算数の試験問題は，次のページに続きます。

5 あるお店では，ジュースを次の値段で売ることにしました。

	Sサイズ	Mサイズ	Lサイズ
量	150 mL	250 mL	350 mL
値段	100円	150円	200円

ジュースの仕入れ値は1L当たり300円です。売れ残ったジュースは翌日に売ることはできないものとします。次の問いに答えなさい。

(1) 1日目，ジュースを10L仕入れたところ，Sサイズが6個，Mサイズが12個，Lサイズが16個売れました。この日の利益は何円でしたか。

(2) 2日目，ジュースを12L仕入れたところ，Sサイズが0個，MサイズとLサイズが合わせて35個売れて，この日の利益は2800円でした。この日，何mLのジュースが売れ残りましたか。

(3) 3日目，ジュースを ア L仕入れて販売《はんばい》しましたが，Sサイズ，Mサイズ，Lサイズ合わせて28個しか売れず，この日の利益は0円でした。そこで，4日目は仕入れの量を3日目より7L減らしたところ，SサイズとMサイズは3日目と同じ個数が売れましたが，Lサイズは3日目の半分しか売れなかったため，4日目の利益は900円でした。ただし，どのサイズも少なくとも1個は売れているものとします。

① 3日目にLサイズは何個売れましたか。この問題については，求め方も書きなさい。

② 3日目も4日目も，SサイズよりMサイズの方が多く売れました。 ア に当てはまる整数を答えなさい。

算数の試験問題は，これで終わりです。

2020(R2) 清風南海中ＳＧ・Ａ
教英出版

2020年度

清風南海中学校入学試験問題（SG・A 入試）

理　科（40分）

注意　①　解答用紙に受験番号，名前を記入し，
受験番号シールを所定の欄《らん》にはりつけなさい。
問題用紙には受験番号を記入しなさい。

②　答えはすべて，解答用紙に記入しなさい。
解答欄からはみ出した場合は不正解となります。

③　字数を数える場合，ことわりのない限り，
句読点や符号《ふごう》なども一字として数えなさい。

④　解答用紙，問題用紙の両方とも提出しなさい。

受験番号	

1　清くんと南さんは，『近畿《きんき》の地形や気候の特徴《とくちょう》を調べる』という夏休みの宿題について話をしています。これについて，問１～問６に答えなさい。

清くん：南さんはどこについて調べるの。

南さん：京都市周辺の地形について調べたわ。

清くん：どんな特徴があるの。

南さん：京都には京都盆地《きょうとぼんち》という，山に囲まれた大きい平地があるの。その北の方が京都駅のあたり，南の方は主に農地で，東の方は茶畑が広がっているのよ。
(あ)周囲の山から流れる川によって運ばれた土砂が堆積《たいせき》して，平地ができたみたい。

清くん：京都といえば，夏は暑くて冬が寒いで有名だよね。

南さん：それも盆地が関係しているのよ。(い)夏はまわりが山に囲まれていて，暑い空気が外へにげずに盆地の中でとどまり続けるみたいなの。でも，このおかげで京都は晴れの日が多いのよ。

清くん：そうなんだ。じゃあ冬はなぜ寒いの。

南さん：風がふかないから冷たい空気が盆地の外ににげないのよ。だから，寒くなっていくみたい。
寒いと霜《しも》が降りて農業に適さないと思ったんだけど，京都はお茶の生産が盛んよね。まわりに宇治川や桂川《かつらがわ》などが流れていて，霧が発生しやすいの。その霧が暖かい空気を少しとどめてくれるから霜が発生しにくいみたい。寒暖差が大きくて，(う)霜も発生しにくいからおいしいお茶ができると有名になったみたいよ。
ところで，清くんは何を調べたの。

清くん：大阪市の異常気象について調べたんだ。最近の夏はすごく暑いし，ゲリラ豪雨《ごうう》とかも年々聞くようになって気になったからね。

南さん：何が原因か分かったの。

清くん：大阪市は大きくて高いビルがいっぱいあるよね。盆地と同じでそれが原因で風も通りにくいし，日中には建物や道路がどんどん熱を吸収していくんだ。それだけじゃなくて，クーラーの室外機や自動車からの熱がさらに放出される。そのせいで，周辺の地域よりとても暑くなるんだ。そこに水蒸気をたくさんふくんだ空気がやってくると，雨雲ができてゲリラ豪雨が発生するんだ。さらに，日中に暖められた建物や道路が空気を暖めるから夜も暑くなって熱帯夜が増えているみたい。このような現象を「（　え　）」

というんだ。

南さん：確かに，(お)突然《とつぜん》あたりが暗くなって強い雨や雷《かみなり》になることが多いわね。こうして考えると，地形やその場所の様子によっても天候が左右されることが分かるわね。

清くん：これで夏休みの宿題も完璧《かんぺき》だね。

問１　下線部（あ）について，このような地形を何といいますか。最も適当なものを次のア～ウのうちから１つ選び，記号で答えなさい。

ア　三角州　　　イ　V字谷　　　ウ　扇状地《せんじょうち》

問２　下線部（い）について，右の図のような盆地が暖められたとき，盆地内でどのように空気が循環《じゅんかん》するでしょうか。本文中の記述を参考にして，最も適当なものを次のア～エのうちから１つ選び，記号で答えなさい。

ア

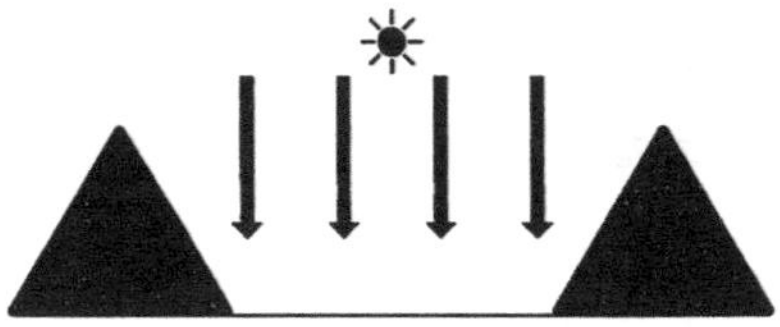

イ

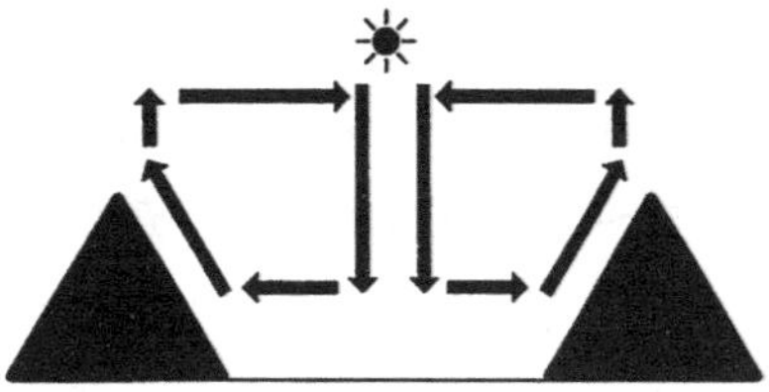

ウ

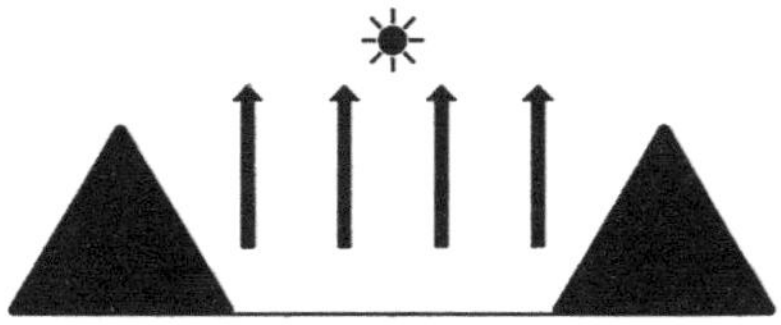

エ

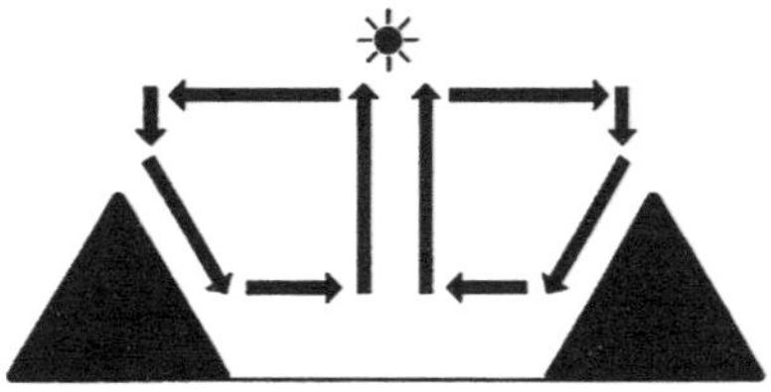

問３　下線部（う）について，茶畑で春先の新芽に霜が発生すると，やわらかい新芽が傷ついてしまう可能性があるため，霜の発生を防ぐ必要があります。右の写真は茶畑の様子を示したものです。写真中の電柱の一番上には防霜《ぼうそう》ファンがついています。これには，空気の流れをつくることで霜の発生を防ぐ役割があります。この防霜ファンが特にはたらくのは１日のうち，いつ頃であると考えられますか。最も適当なものを次のア～カのうちから１つ選び，記号で答えなさい。

ア　早朝（５時頃《ころ》）　　イ　昼（12時頃）　　ウ　昼過ぎ（15時頃）

エ　夕方（18時頃）　　オ　夜（23時頃）　　カ　深夜（２時頃）

問４　空欄《くうらん》（え）にあてはまる語句として，最も適当なものを次のア～エのうちから１つ選び，記号で答えなさい。

ア　ヒートアイランド現象　　イ　液状化現象

ウ　地球温暖化　　エ　酸性雨

問５　問４のような現象を抑《おさ》えるための工夫として，最も**ふさわしくないもの**を次のア～エのうちから１つ選び，記号で答えなさい。

ア　公園やビルの屋上，道路に植物を植える。

イ　各家庭でエアコンの設定温度を少し弱める。

ウ　高い建物を多く建てる。

エ　電車やバスなどの公共交通機関を利用する。

問6　下線部（お）について，このときの雲の様子として最も適当なものを次のア～エのうちから１つ選び，記号で答えなさい。また，その雲を何というか，**漢字３文字**で答えなさい。

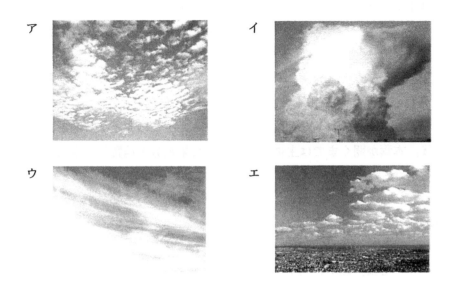

ア

イ

ウ

エ

2 次の文を読み，問１～問４に答えなさい。

植物の多くは，種子をつくることで仲間をふやします。また，生育に適さない環境《かんきょう》でも種子の状態ならば生き残ることができます。

種子にとって適当な環境になると，さらに仲間を残していくために発芽します。種子の発芽は，(あ)適当な温度，水，酸素の発芽の三条件が整うと起こります。

発芽の三条件が整うと，発芽に必要な“ジベレリン”という物質が種子内部でつくられ，発芽します。ジベレリンは，(い)デンプンを分解する(a)アミラーゼの分《ぶん》泌《ぴつ》をうながし，アミラーゼは発芽するためのエネルギーの元となる糖を作り出します。その後，本葉が開くまでは主に種子に蓄《たくわ》えた栄養分を消費し，本葉が開いた後は光合成を行うことで，体を大きくしていきます。

問1　下線部（a）について，次の（1），（2）に答えなさい。

（1）　アミラーゼは，動物においてもデンプンを分解するときに，はたらきます。動物で見られる，このような変化の過程を何と言いますか。**漢字２文字**で答えなさい。

（2）（1）の目的を説明している文として，最も適当なものを次のア～エのうちから１つ選び，記号で答えなさい。

ア　分解することで，細菌《さいきん》が繁殖《はんしょく》しにくい状態にするため。

イ　分解することで，吸収しやすい状態にするため。

ウ　分解するときに発生するエネルギーを利用するため。

エ　分解するときに発生する水を利用するため。

問2　下線部（あ）について，発芽の三条件が発芽に必要であることを確かめるため，図1のような装置を使い，実験を行いました。実験には，乾燥《かんそう》したダイズの種子を使い，表1の実験1～実験8のように装置内の温度，水の有無，気体の種類を変化させ，発芽の様子を観察しました。これらの実験について，次の（1），（2）に答えなさい。

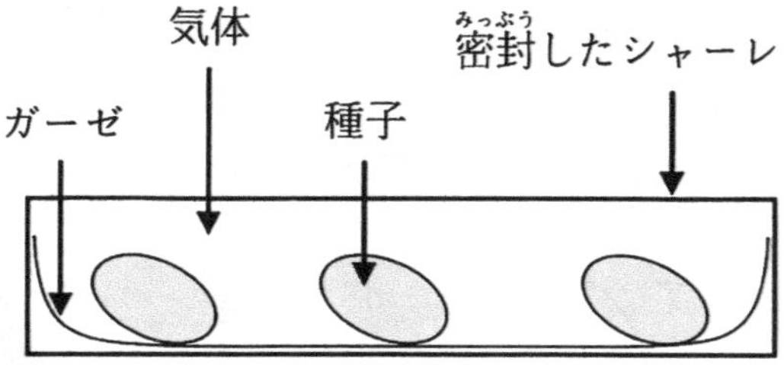

図1

表1

	実験1	実験2	実験3	実験4
温度	25℃	25℃	25℃	25℃
水	湿《しめ》ったガーゼ	湿ったガーゼ	乾いたガーゼ	乾いたガーゼ
気体	空気で満たす	窒素《ちっそ》で満たす	空気で満たす	窒素で満たす
結果	発芽した	発芽しない	発芽しない	発芽しない

	実験5	実験6	実験7	実験8
温度	4℃	4℃	4℃	4℃
水	湿ったガーゼ	湿ったガーゼ	乾いたガーゼ	乾いたガーゼ
気体	空気で満たす	窒素で満たす	空気で満たす	窒素で満たす
結果	発芽しない	発芽しない	発芽しない	発芽しない

（1）　実験1と実験5の比較《ひかく》からわかる，発芽に必要な条件はどれですか。最も適当なものを次のア～ウのうちから1つ選び，記号で答えなさい。

ア　適当な温度　　　イ　水　　　ウ　酸素

（2）　発芽に水が必要であることを示すためには，どの実験とどの実験を比較する必要がありますか。適当な2つの実験を，実験1～実験8のうちから**2つ選び**，解答欄《らん》の数字を○で囲みなさい。

問３　下線部（い）について，ダイズの種子において，デンプンが蓄えられている部分を黒く塗《ぬ》りつぶしたものとして，最も適当なものを次のア～オのうちから１つ選び，記号で答えなさい。

問４　実験で用いたダイズを，日光が十分当たる場所で育て，図２のように①吸水前，②吸水後，③子葉が開いたとき，④２枚目の本葉が開いたとき，それぞれのダイズ全体の乾燥重量（含まれる水分を全て蒸発させた時の重さ）を測定しました。

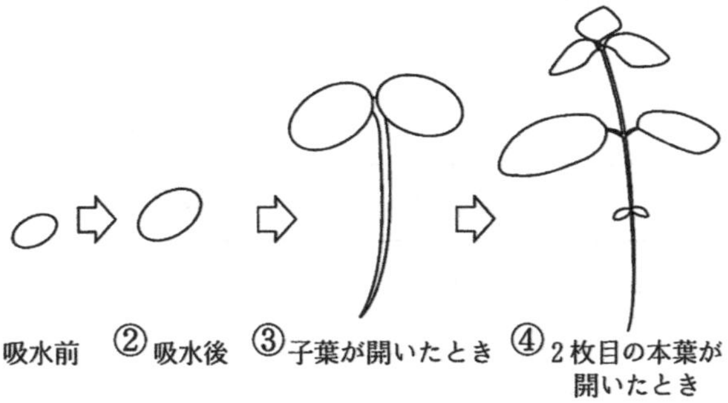

図２

①から②，②から③，③から④における乾燥重量は，それぞれどのように変化しますか。最も適当なものを，次のア～ウのうちからそれぞれ１つずつ選び，記号で答えなさい。ただし，同じ選択肢《せんたくし》を何度使ってもかまいません。

ア　増加する　　イ　変化しない　　ウ　減少する

理科の試験問題は，次のページへ続く

3 次の文を読み，問１～問７に答えなさい。

塩酸とは塩化水素という気体が水に溶《と》けたもので，水酸化ナトリウム水溶液《すいようえき》とは水酸化ナトリウムという固体が水に溶けたものです。そして，塩化水素36.5gは水酸化ナトリウム40gと過不足なくはたらきあい，食塩58.5gと水18gに変化します。

問１　塩化水素40gを含《ふく》む塩酸200gと水酸化ナトリウム40gを含む水酸化ナトリウム水溶液200gがはたらきあったあとの水溶液について，最も適当なものを次のア～カのうちから１つ選び，記号で答えなさい。

ア　青色のリトマス紙を赤色にし，BTB液を青色にする。
イ　赤色のリトマス紙を青色にし，BTB液を黄色にする。
ウ　青色のリトマス紙を赤色にし，BTB液を黄色にする。
エ　赤色のリトマス紙を青色にし，BTB液を緑色にする。
オ　青色のリトマス紙を赤色にし，BTB液を緑色にする。
カ　赤色のリトマス紙を青色にし，BTB液を青色にする。

問２　塩化水素36.5gを含む塩酸200gと水酸化ナトリウム50gを含む水酸化ナトリウム水溶液200gがはたらきあったあとの水溶液について，最も適当なものを次のア～カから１つ選び，記号で答えなさい。

ア　青色のリトマス紙を赤色にし，BTB液を青色にする。
イ　赤色のリトマス紙を青色にし，BTB液を黄色にする。
ウ　青色のリトマス紙を赤色にし，BTB液を黄色にする。
エ　赤色のリトマス紙を青色にし，BTB液を緑色にする。
オ　青色のリトマス紙を赤色にし，BTB液を緑色にする。
カ　赤色のリトマス紙を青色にし，BTB液を青色にする。

問３　塩化水素36.5gを含む塩酸200gと水酸化ナトリウム50gを含む水酸化ナトリウム水溶液200gがはたらきあったあとの水溶液を２つの試験管に分けて，片方の試験管に鉄，もう片方の試験管にアルミニウムを加えました。そのときの様子として，最も適当なものを次のア～エから１つ選び，記号で答えなさい。

ア　鉄のみ変化した。
イ　アルミニウムのみ変化した。
ウ　鉄もアルミニウムも変化した。
エ　鉄もアルミニウムも変化しなかった。

問４　水酸化ナトリウム24gを水に溶かして，水酸化ナトリウム水溶液200gをつくりました。この水酸化ナトリウム水溶液の濃《こ》さは何%ですか。割り切れないときは，**小数第１位を四捨五入して整数値**で答えなさい。

問５　塩化水素40gを含む塩酸と問４の水酸化ナトリウム水溶液がはたらきあうと，食塩は何gできますか。割り切れないときは，**小数第２位を四捨五入して小数第１位まで**求めなさい。

ある濃さの塩酸と水酸化ナトリウム水溶液を使って，次の【実験１】をしました。

【実験１】

塩酸300gと水酸化ナトリウム水溶液200gを混ぜ，バーナーで加熱を続けると，食塩のみが23.4g残りました。

問６　【実験１】で使った水酸化ナトリウム水溶液の濃さは何%でしたか。割り切れないときは，**小数第１位を四捨五入して整数値**で答えなさい。

【実験１】で使用したものと同じ濃さの塩酸と水酸化ナトリウム水溶液を使って，次の【実験２】をしました。

【実験２】

塩酸100gと水酸化ナトリウム水溶液200gを混ぜ，バーナーで加熱を続けると，食塩と水酸化ナトリウムの混ざったものが19.7g残りました。

問７　【実験２】で加熱後に残った食塩は何gでしたか。割り切れないときは，**小数第２位を四捨五入して小数第１位まで**求めなさい。

4 次の文を読み，問１～問７に答えなさい。なお，おもりや物体の大きさは十分小さいものとして，斜面《しゃめん》や水平面は十分になめらかとします。また，ふりこの糸はたるんだり伸《の》びたりはしないものとします。

清くんは，おもりと軽い糸でふりこを作り，おもりの重さや糸の長さを変えて，ふりこが１往復する時間（元の位置《いち》に戻《もど》るまでの時間）を測りました。（図１）その関係を表１に示します。なお，ふりこのおもりは同じ高さ（ふりこをまっすぐ下に垂らしたときのおもりの位置からの高さ）で静かに離《はな》し，常に反対側の同じ高さまで登り，再び元の位置まで戻ってきました。

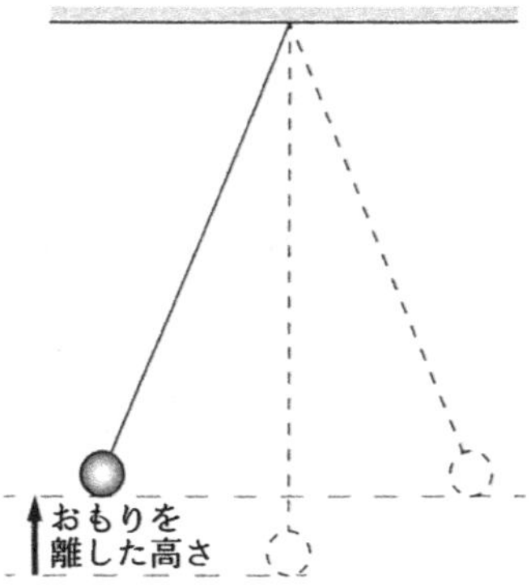

図１

おもりの重さ［g］	50	50	50	50	50	100	100	100	100	100
糸の長さ［cm］	4.0	16	36	64	100	4.0	16	36	64	100
１往復する時間［秒］	0.4	0.8	1.2	1.6	2.0	0.4	0.8	1.2	1.6	2.0

表１

問１　ふりこが１往復する時間が短くなるのは，ふりこの条件をどのように変えた時ですか。正しい条件を次のア～エから１つ選び，記号で答えなさい。

ア　おもりの重さだけを軽くした時　　イ　糸の長さだけを短くした時
ウ　おもりの重さだけを重くした時　　エ　糸の長さだけを長くした時

次に清くんは，重さ50gのおもりと長さ100cmの軽い糸を使ってふりこを作りました。糸を固定している位置から36cm真下に細いくぎを打ち，ふりこが１往復する時間を測りました。（図２）なお，ふりこのおもりは図１と同じ高さで静かに離すと，反対側で同じ高さまで登り，再び元の位置まで戻ってきました。

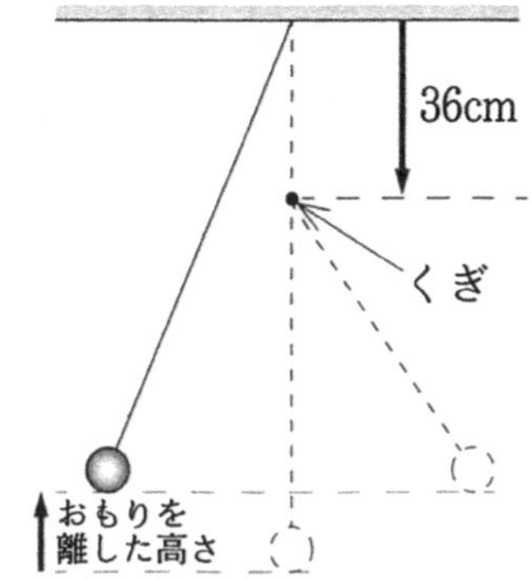

図２

問２　図２のとき，ふりこが１往復する時間は何秒ですか。

清くんはお姉さんに，斜面《しゃめん》と水平面を組み合わせた装置（図3）でも，ふりこと同じように斜面に置いた物体は，反対の斜面を同じ高さまで登り，元の高さまで戻ってくる事を教えてもらいました。

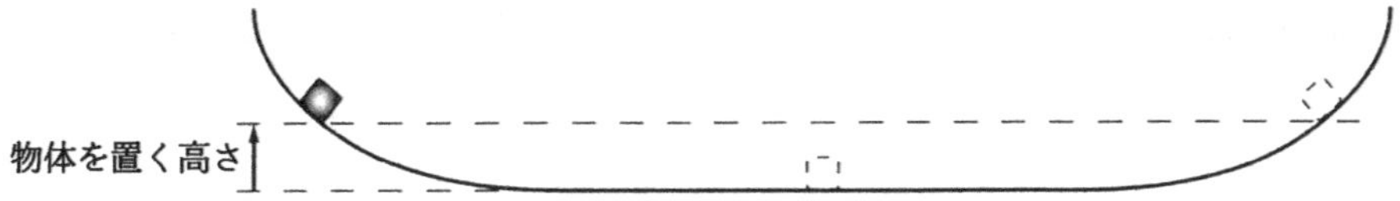

図3

さらにお姉さんが，斜面と水平面を組み合わせた装置の点ＡＢ間に衝突《しょうとつ》吸収装置を置くと，すべっている物体の勢いを測れると教えてくれました。（図4）清くんは，斜面に置いた重さ x [g] の物体が静かにすべり落ちて，物体が衝突吸収装置を動かした最大の長さを測りました。（図5）その関係を表2に示します。

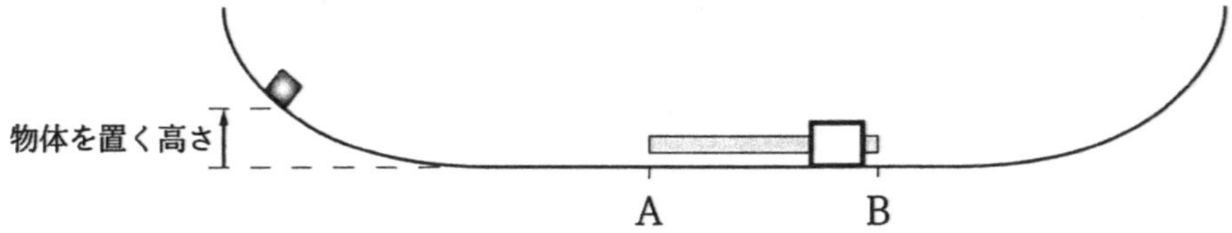

図4

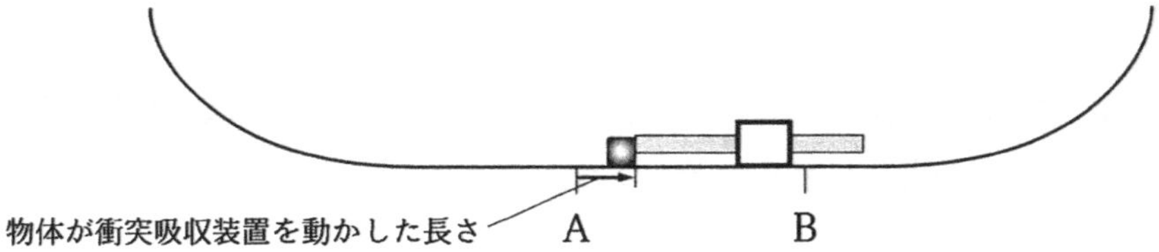

図5

物体を置く高さ [cm]	10	20	30	40
物体が衝突吸収装置を動かした最大の長さ [cm]	1.0	2.0	3.0	4.0

表2

今度は，重さを変えた物体を，高さ20cmに静かに置いて，物体が衝突吸収装置を動かした最大の長さを測りました。その関係を表3に示します。

物体の重さ（x [g] の何倍か）	2倍	3倍	4倍	5倍
物体が衝突吸収装置を動かした最大の長さ [cm]	4.0	6.0	8.0	10

表3

問3　物体の重さを x [g] の3倍にして，物体を高さ40cmに静かに置いたとき，物体が衝突吸収装置を動かす最大の長さは何cmですか。

清くんは次に衝突吸収装置を外して，水平面上に速さを測る装置を置いて，すべっている物体の速さを測りました。そうすると，水平面上のどこでも物体の速さは同じでした。そこで，清くんは点Bに速さを測る装置を置いて，点Bにおける重さ x [g] の物体の速さを測りました。（図6）その関係を表4に示します。

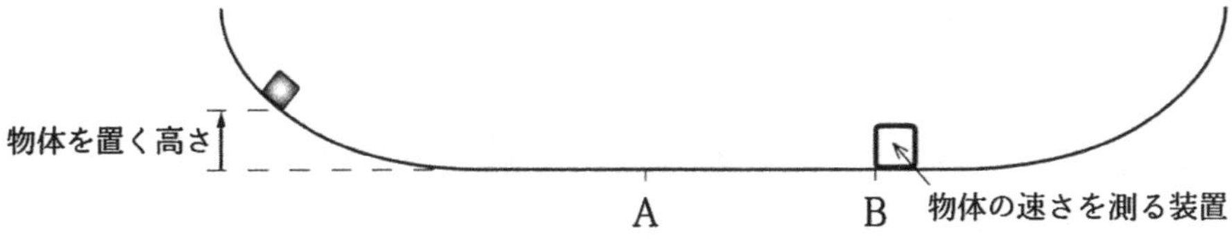

図6

物体を置く高さ [cm]	5.0	20	（ア）	80	125	180
物体の速さ [cm/秒]	100	200	300	400	500	600

表4

問4　表4中の（ア）に入る数値を答えなさい。

今度は，重さを変えた物体を高さ20cmに静かに置いて，点Bにおける物体の速さを測りました。その関係を表5に示します。

物体の重さ（x [g] の何倍か）	2倍	3倍	4倍	5倍
物体の速さ [cm/秒]	200	200	200	200

表5

問5　図4のような装置で，物体が衝突吸収装置を動かす最大の長さを27cm，図6のような装置で，点Bにおける物体の速さを600cm/秒とするには，物体を置く高さを何cmで物体の重さを x [g] の何倍にすれば良いですか。

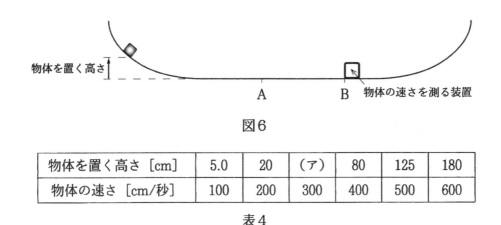

点Aに重さ x [g] の物体を何個か置いた状態で，斜面に重さ x [g] の物体を高さ24cmに1個静かに置きます。(図7) 斜面の物体がすべり落ちて点Aに置いた物体にぶつかり，物体は全て一緒《いっしょ》になって進みました。(図8) その後，速さを測る装置を通りぬけ，物体は一緒になったまま反対の斜面をすべって登りました。点Aに置いた物体の数と，点Aで一緒になった物体が反対の斜面を登った高さの関係を表6に示します。

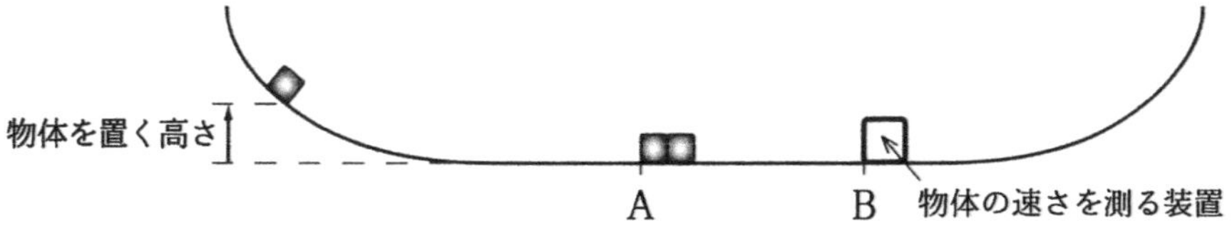

図7

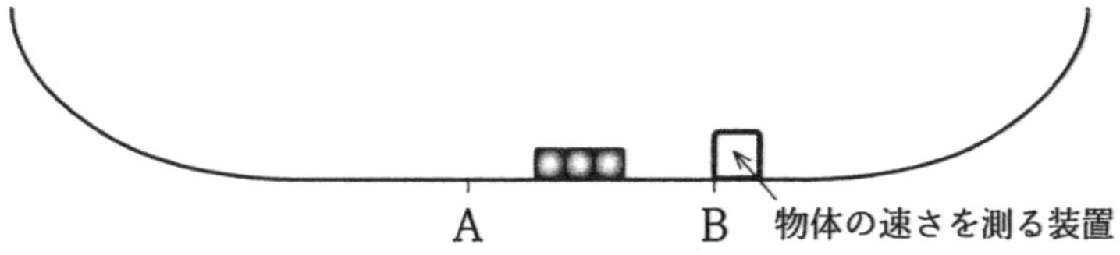

図8

点Aに置いた重さ x [g] の物体の数 [個]	1個	2個	3個	4個	5個
反対の斜面を登った高さ [cm]	12	8.0	6.0	(イ)	4.0

表6

問6　表6中の (イ) に入る数値を答えなさい。

問7　点Aに重さ x [g] の物体を3個置いて，斜面に重さ x [g] の物体を高さ80cmから1個静かにすべらせたとき，点Bでの物体の速さは何cm/秒ですか。

2020(R2) 清風南海中ＳＧ・Ａ
教英出版

2020年度

清風南海中学校入学試験問題（A入試）

社　会（40分）

注意　①　解答用紙に受験番号，名前を記入し，
受験番号シールを所定の欄《らん》にはりつけなさい。
問題用紙には受験番号を記入しなさい。
②　答えはすべて，解答用紙に記入しなさい。
解答欄からはみ出た場合は不正解となります。
③　字数を数える場合，ことわりのない限り，
句読点や符号《ふごう》なども一字として数えなさい。
④　解答用紙，問題用紙の両方とも提出しなさい。

受験番号	

2020(R2) 清風南海中　A
K 教英出版

1 次の〔図1〕は，近畿地方とその周辺の地図である。〔図1〕を見て，あとの問い（問1～6）に答えなさい。

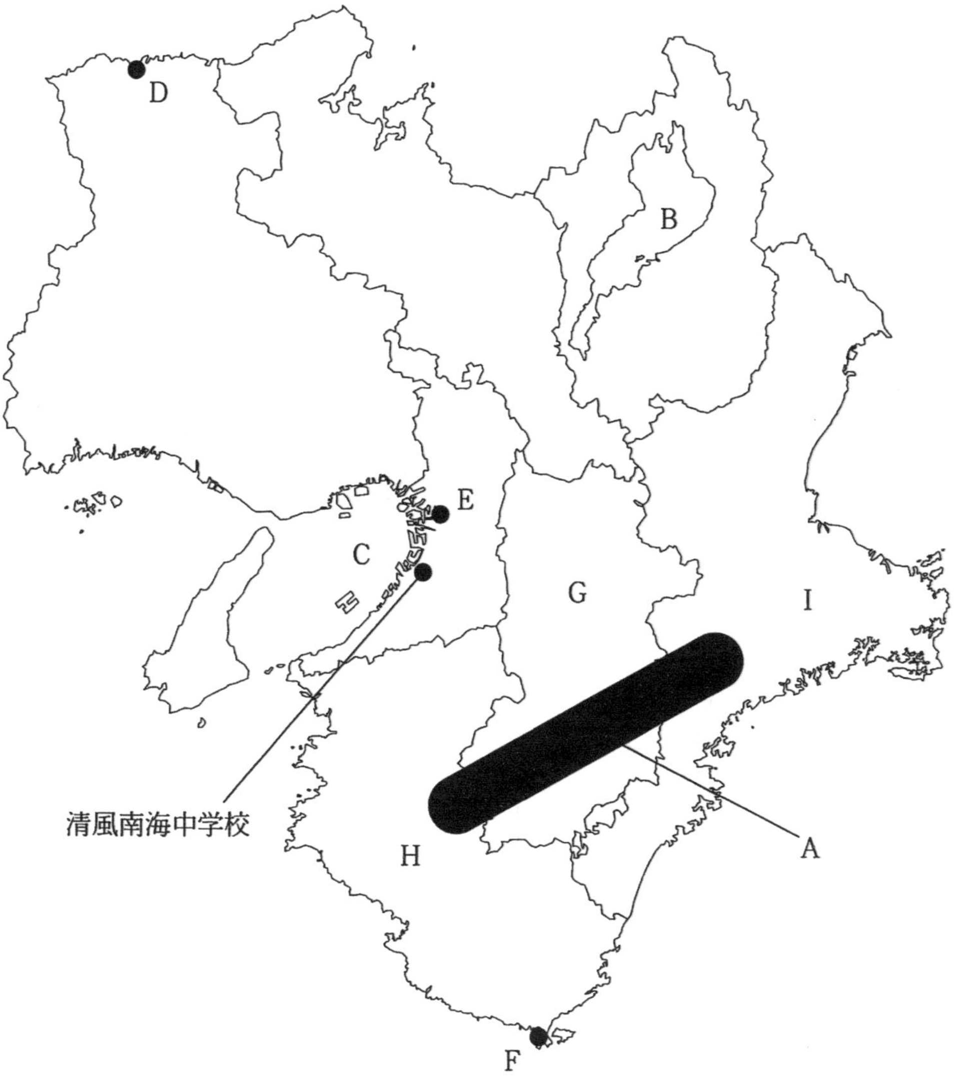

〔図1〕

問1　〔図1〕中のAの山地名を漢字で答えなさい。

問2　〔図1〕中のBの湖からCの湾までの流域にある河川として適当でないものを，次のア～エのうちから1つ選び，記号で答えなさい。

ア．淀川　　イ．宇治川　　ウ．瀬田川　　エ．紀ノ川問３　次のⅠ～Ⅲは，〔図１〕中のＤ・Ｅ・Ｆのいずれかの地点の雨温図である。Ⅰ～Ⅲの雨温図とＤ・Ｅ・Ｆとの組み合わせとして正しいものを，あとのア～カのうちから１つ選び，記号で答えなさい。

Ⅰ

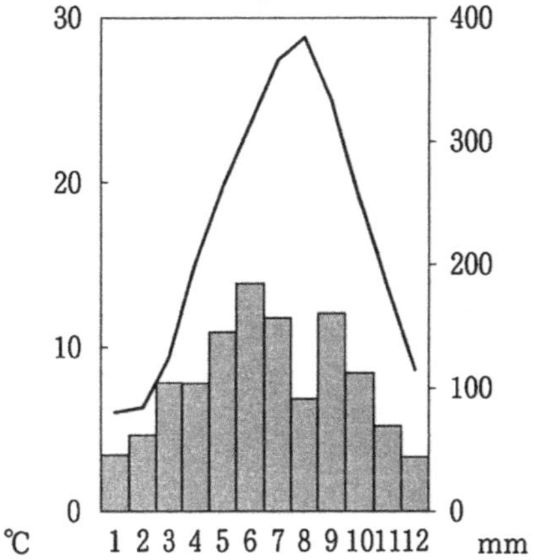

Ⅱ

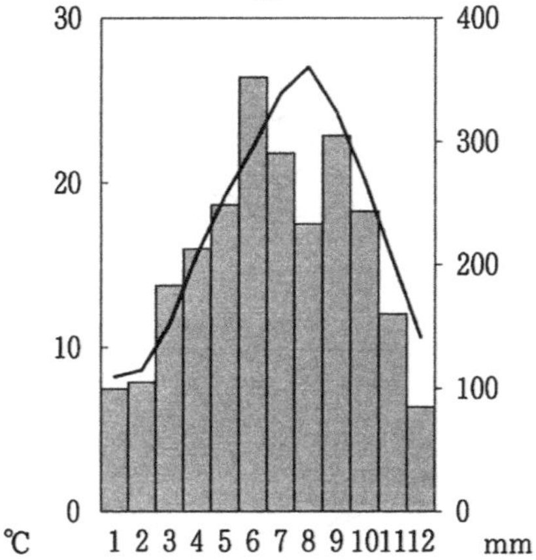

Ⅲ

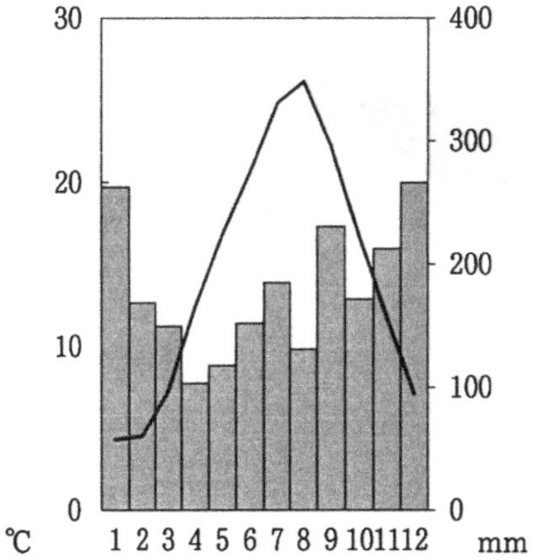

『気象庁ＨＰ』より作成

	ア	イ	ウ	エ	オ	カ
Ⅰ	D	D	E	E	F	F
Ⅱ	E	F	D	F	D	E
Ⅲ	F	E	F	D	E	D

問４　〔図１〕中の清風南海中学校は，おおよそ北緯35度，東経135度付近に位置している。このことを用いて，清風南海中学校の対せき点（地球の真裏側の地点）の緯度・経度として最も適当なものを，次のア～エのうちから１つ選び，記号で答えなさい。

ア．南緯35度・西経135度　　イ．南緯35度・西経45度
ウ．南緯55度・西経135度　　エ．南緯55度・西経45度

問５　清風南海中学校から問４で答えた地点までの地表面の最短距離は約20000kmである。このことを参考にして，清風南海中学校から北極点までの距離を計算したおおよその値として最も適当なものを，次のア～エのうちから１つ選び，記号で答えなさい。

ア．約3000km　　イ．約6000km　　ウ．約9000km　　エ．約12000km

問６　小学校５年生の令子さんは，清風南海中学校を受験しようと考えて清風南海中学校のホームページで主な校外行事を調べ，次の〔表１〕を作成した。〔表１〕に関して，あとの（１）～（４）の問いに答えなさい。

〔表１〕

学年	主な校外行事
中１	高野山修養行事 校外学習（信楽方面）
中２	法隆寺修養行事 ニュージーランド研修旅行
中３	伊勢神宮修養行事 富士登山

（１）　清風南海中学校では，１年生で校外学習として信楽方面へ出向き，焼き物の体験を行っている。信楽焼は近畿地方を代表する伝統工芸品の１つだが，それ以外にも近畿地方にはさまざまな伝統工芸品がある。近畿地方の伝統工芸品として適当でないものを，次のア～エのうちから１つ選び，記号で答えなさい。

ア．西陣織　　イ．丹波《たんば》立杭焼《たちくいやき》　　ウ．津軽塗　　エ．播州《ばんしゅう》そろばん

（2）〔表1〕中の修養行事で訪れる高野山・法隆寺・伊勢神宮は，〔図1〕中のG・H・Iのいずれかの県に位置している。修養行事で訪れる三つの場所と県との組み合わせとして正しいものを，次のア～カのうちから1つ選び，記号で答えなさい。

	ア	イ	ウ	エ	オ	カ
高野山	G	G	H	H	I	I
法隆寺	H	I	G	I	G	H
伊勢神宮	I	H	I	G	H	G

（3） 次のⅠ～Ⅲのグラフは，〔図1〕中のG・H・Iの各県の製造品出荷額の割合（%）を示したものである。Ⅰ～ⅢのグラフとG・H・Iの県との組み合わせとして正しいものを，あとのア～カのうちから1つ選び，記号で答えなさい。

Ⅰ

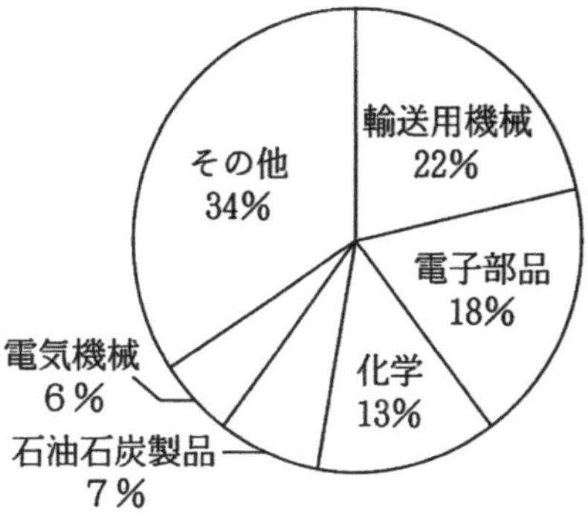

Ⅱ

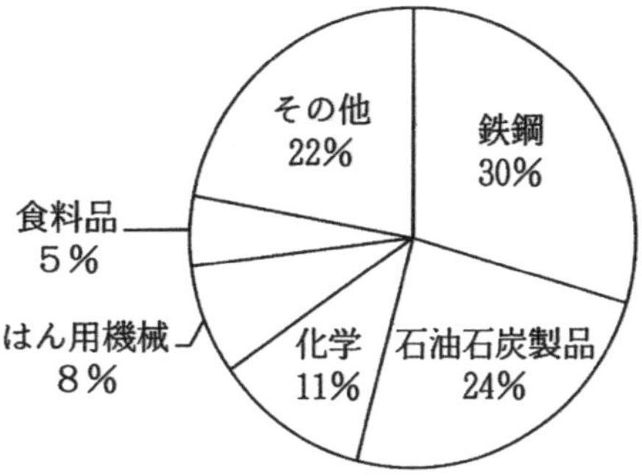

Ⅲ

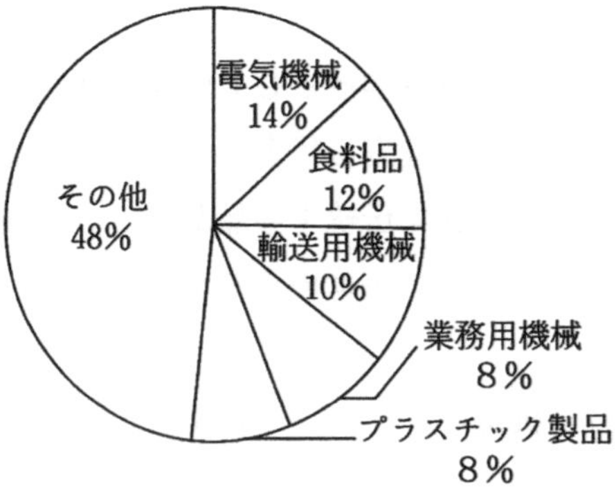

『データでみる県勢2018』より作成
統計年次は2014年

	ア	イ	ウ	エ	オ	カ
Ⅰ	G	G	H	H	I	I
Ⅱ	H	I	G	I	G	H
Ⅲ	I	H	I	G	H	G

（4）〔表1〕中のニュージーランド研修旅行に関して，次の①・②の問いに答えなさい。

① ニュージーランドへは関西国際空港から出発するが，関西国際空港は日本の主な貿易港の1つでもある。次の〔表2〕中のア～エは近畿地方に位置する代表的な貿易港である関西国際空港・大阪港・神戸港・堺港の輸入額（億円）と主な輸入品目とその割合（%）を示したものである。関西国際空港にあてはまるものを，〔表2〕中のア～エのうちから1つ選び，記号で答えなさい。

〔表2〕

	輸入額（億円）	金額による輸入品の割合（%）
ア	47,553	衣類 15.1　肉類 7.1　家庭用電気機器 3.7　がん具 3.4
イ	39,406	医薬品 17.6　通信機 17.0　集積回路 6.8　科学光学機器 5.3
ウ	32,356	衣類 6.5　たばこ 6.0　無機化合物 3.9　有機化合物 3.9
エ	13,810	石油 48.7　液化ガス 33.9　石油製品 5.9　鉄鋼 3.9

『統計要覧2019』より作成　統計年次は2017年

② ニュージーランドは酪農などの畜産業が盛んな国として有名である。次の〔表3〕は，乳用牛・肉用牛の飼育頭数上位5道府県とその割合（%）を示したものである。〔表3〕中の空らんに共通してあてはまる最も適当な県を，あとのア～エのうちから1つ選び，記号で答えなさい。

〔表3〕

	乳用牛（%）		肉用牛（%）	
1位	北海道	58.9	北海道	20.7
2位	栃木県	3.9	鹿児島県	12.9
3位	岩手県	3.2	宮崎県	9.8
4位	（　　　）	3.2	（　　　）	5.0
5位	群馬県	2.7	岩手県	3.7

『日本国勢図会2018/19』より作成　統計年次は2017年

ア．高知県　　イ．長崎県　　ウ．熊本県　　エ．沖縄県

2 次の表は，日本で用いられた元号の一部を，改元の理由などを含めてまとめたものである。この表を参考にして，あとの問い（問1～5）に答えなさい。

番号	元号	西暦	改元理由	備考
（前略）				
10	天　平	729	祥瑞《しょうずい》（注1）等	
11	天平感宝	749	祥瑞等	
12	天平勝宝	749	代始《だいはじめ》（注2）	
13	天平宝字	757	祥瑞等	
14	天平神護	765	乱の平定	
15	神護景雲	767	祥瑞等	
16	宝　亀	770	代始 祥瑞等	
17	天　応	781	祥瑞等	
18	延　暦	782	代始	
19	大　同	806	代始	
（中略）				
32	延　喜	901	辛酉《しんゆう》革命（注3） 災害等	「逆臣」があらわれた
33	延　長	923	災害等	
（中略）				
87	永　治	1141	辛酉革命	
88	康　治	1142	代始	
（中略）				
104	養　和	1181	代始	
105	寿　永	1182	災害等	
106	元　暦	1184	代始	
107	文　治	1185	災害等	「兵革」（注4）がおこった
108	建　久	1190	災害等	
（中略）				
137	文　永	1264	甲子《こうし》革令（注5）	
138	建　治	1275	代始	
（中略）				
197	明　応	1492	災害等	
198	文　亀	1501	代始 辛酉革命	
199	永　正	1504	甲子革令	
200	大　永	1521	災害等	
201	享　禄	1528	代始	
202	天　文	1532	災害等	
203	弘　治	1555	災害等	
204	永　禄	1558	代始	
205	元　亀	1570	災害等	
206	天　正	1573	災害等	
207	文　禄	1593	代始	
208	慶　長	1596	災害等	
209	元　和	1615	代始	
（後略）				

（注1）　めでたいことがある兆《きざ》しのこと。

（注2）　天皇の死，もしくは譲位《じょうい》によって帝位の交代が行われること。

（注3）　辛酉の年には大きな社会変革がおこるとされた。

（注4）　壇ノ浦の戦いのこと。

（注5）　辛酉の年の4年後は，変乱の多い年とされた。

問1　日本の元号は伝統的に二文字であるが，一時期は中国の影響を受け四文字であった。いわゆる四字元号が使われていた期間におこった出来事として正しいものを，次のア～エのうちから1つ選び，記号で答えなさい。

ア．新羅が高句麗をほろぼし，朝鮮半島を統一した。

イ．隋がほろび，唐が中国を統一した。

ウ．聖武太上《だいじょう》天皇が東大寺の大仏の開眼式《かいげんしき》に出席した。

エ．奥州《おうしゅう》藤原氏によって平泉に中尊寺金色堂がたてられた。

問2　次の文章は，1142年の改元で定められた元号について述べたものである。文章中の空らん（　X　）・（　Y　）に当てはまる語句の組み合わせとして正しいものを，あとのア～エのうちから１つ選び，記号で答えなさい。

・文章《もんじょう》博士であった藤原永範《ながのり》は，『宋書』と呼ばれる歴史書からこの元号の案を出した。『宋書』には，当時，倭の５人の王である讃《さん》・珍《ちん》・済《せい》・興《こう》・武《ぶ》が南宋に使者を送ったという記述がある。なお，倭とは，（　X　）のことである。

・学識豊かであった藤原頼長《よりなが》は，「この元号は，２文字とも（　Y　）を含む文字であり，これは（　Y　）の災害からくるききんの予兆となる悪い年号だ」と嘆《なげ》いている。

ア．X　日本　　Y　水

イ．X　日本　　Y　火

ウ．X　中国　　Y　水

エ．X　中国　　Y　火

問3　「文永」の元号が用いられていた時におこった出来事について述べた次のⅠ・Ⅱの文の正誤を判断し，その組み合わせとして正しいものを，あとのア～エのうちから１つ選び，記号で答えなさい。

Ⅰ　元軍が高麗軍を従えて，日本に攻め寄せた。

Ⅱ　後醍醐天皇を中心とした新たな体制で政治が行われた。

	ア	イ	ウ	エ
Ⅰ	正	正	誤	誤
Ⅱ	正	誤	正	誤

問4　戦国時代，関東では，民衆が世直しの願望をこめて独自に定めた私年号《しねんごう》が用いられていた。1590年，豊臣秀吉が現在の神奈川県の小田原を城下町としていた戦国大名をほろぼしたことで関東での争乱は終息《しゅうそく》に向かうが，その戦国大名を，解答らんに合うように漢字で答えなさい。

二〇二〇年度　清風南海中学校入学試験SG・A入試解答用紙

国語

（六〇分）

国語 2012111

名前	

受験番号

46点

一

問1	問2	問3	問4	問5	問6	問7	問8
ⓐ ⓑ							

※120点満点

総　得　点

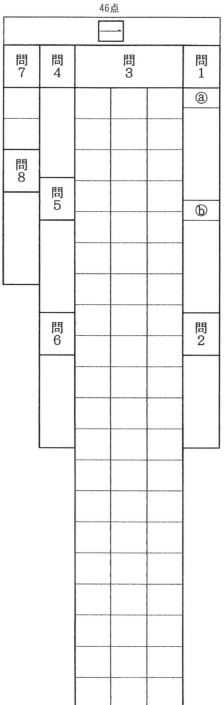

(3)	①	分速	m
	②		m
(4)	①		通り
	②		通り
(5)	①		度
	②		度
(6)	①		cm^3
	②		cm^3

3

22点

(1)	BC		:		CG
(2)	AD		:		DK
(3)	AE	:	EJ	:	JG
(4)	四角形ABCD		:		三角形EIJ

(3)	①		
			個
	②		

問3	問4 ①から②	問4 ②から③	問4 ③から④

3 20点

問1	問2	問3	問4 %
問5 g	問6 %	問7 g	

4 20点

問1	問2 秒	問3 cm	問4
問5 高さ cm	問5 重さ 倍	問6	問7 cm/秒

15点

問4 氏

問5

3
15点

問1

問2

問3

問4

問5

4
10点

問1

問2 （1）

問2 （2）

問3

問4

5
10点

問1

問2

問3

問4

問5 インターナショナル

教英出版

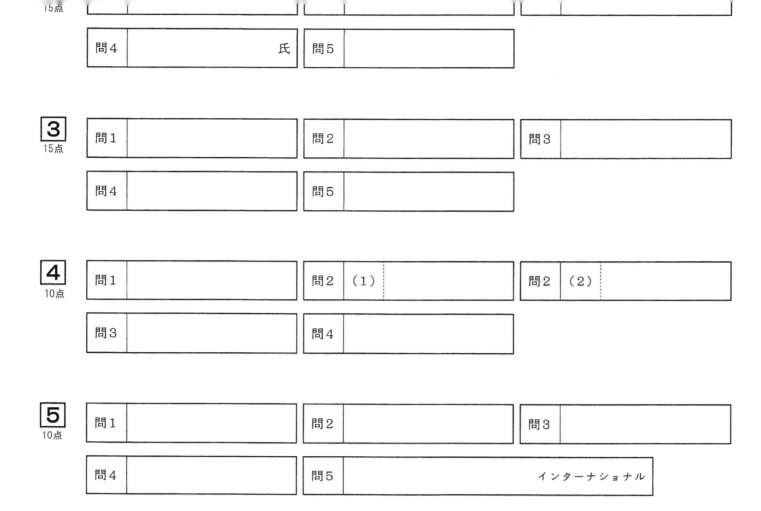

2020年度 清風南海中学校入学試験A入試解答用紙

社 会

（40分）

社会 2012115

受 験 番 号	名 前

※80点満点

総 得 点

1
30点

問1	山地	問2		問3	
問4		問5			
問6 （1）		問6 （2）		問6 （3）	
問6 （4）	①	問6 （4）	②		

【解答用

2020年度 清風南海中学校入学試験SG・A入試解答用紙

理 科

（40分）

理科 2012114

受 験 番 号	名　　　　前

※80点満点

総　得　点

1

19点

問１	問２	問３	問４
問５	問６ 記号	問６ 名称	

2

21点

問１ （1）	問１ （2）

【解答

2020年度 清風南海中学校入学試験SG・A入試解答用紙

算数

（60分）

算数 2012112

受験番号	名前

※120点満点

総得点	

1 20点

(1)	
(2)	
(3)	
(4)	

2 34点

(1)		
(2)	①	

4 22点

(1)		m^3
(2)	①	分間
	②	
	③	ポンプA m^3
		ポンプB m^3

5 22点

(1)	円

【解答

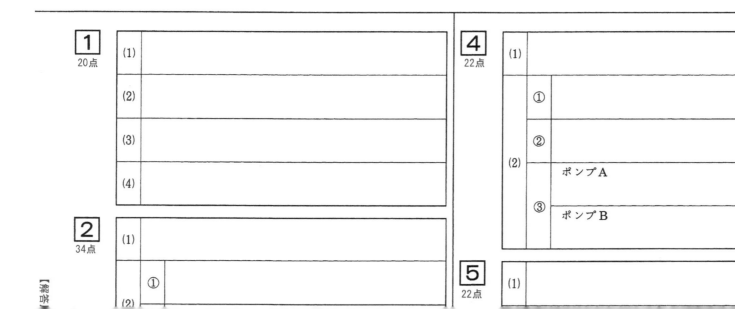

40点

二

問2

問3

問4

問5

問6

問7

18点

三

問1

①

②

③

④

⑤

問2

16点

四

① マカセル

② オビル

③ キリツ

④ シュゴ

⑤ シソ

⑥ セイサン

⑦ サガク

⑧ ヨウドウ

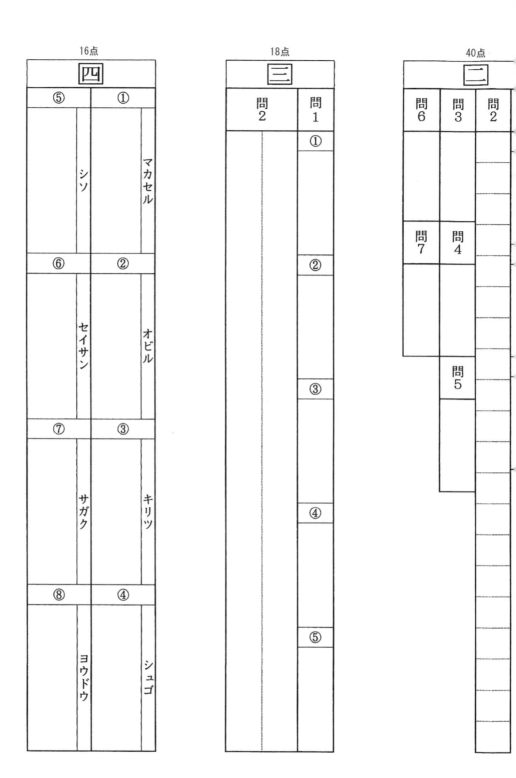

問５　表とそれに関連する出来事として正しいものを，次のア～エのうちから１つ選び，記号で答えなさい。

ア．「延喜」の改元の際の「逆臣」とは，菅原道真のことである。

イ．「文治」の改元の際の「兵革」で，源氏により平清盛が討《う》たれた。

ウ．平城京に都がうつされた時に用いられていた元号は「延暦」である。

エ．16世紀において最も長く用いられた元号は「天正」である。

3 次の文章を読み，あとの問い（問１～５）に答えなさい。

2019年４月９日，麻生太郎財務大臣（当時）は，10000円，5000円，1000円の三種類の日本銀行券の紙幣のデザインを変更することを明らかにした。紙幣のデザインは，通貨行政を担当する財務省，発行元の日本銀行，製造元の国立印刷局の三者で協議し，最終的に財務大臣が決定する。国立印刷局は，紙幣の肖像《しょうぞう》を選ぶ基準を，「日本国民が世界に誇れる人物で，教科書に載っているなど，一般によく知られていること」と「偽造防止の目的から，なるべく精密な人物像の写真や絵画を入手できる人物であること」としている。

新たな1000円札の肖像は（　あ　）から（　い　）に，5000円札は（　う　）から（a）岩倉使節団に随行してアメリカで学んだ津田梅子に，10000円札は（　え　）から日本で最初の銀行とされる国立銀行など500余りの会社設立にたずさわったことなどから（b）近代日本経済の父と称されている（　お　）に変更することになった。

また裏面のデザインも変更され，1000円札は富士山と桜から江戸時代の浮世絵師（　か　）の代表作である（c）「富嶽《ふがく》三十六景」のなかから「神奈川沖浪裏《なみうら》」に，5000円札は「燕子花《かきつばた》図屏風《びょうぶ》」の「燕子花」から「藤の花」に，10000円札は鳳凰像から東京駅の駅舎に変更することになった。

問１　文章中の空らん（　あ　）～（　え　）に当てはまる人物の説明として正しいものを，次のア～エのうちから１つ選び，記号で答えなさい。

ア．空らん（　あ　）の人物は，伝染病研究所で細菌学を研究し赤痢《せきり》菌を発見した。

イ．空らん（　い　）の人物は，破傷風《はしょうふう》の治療法を開発した細菌学者である。

ウ．空らん（　う　）の人物は，『西洋事情』や『学問のすすめ』で西洋文明を紹介した。

エ．空らん（　え　）の人物は，アフリカで黄熱《おうねつ》病の研究を行ったが現地で亡くなった。

問２　下線部（ａ）の岩倉使節団は明治維新期に派遣された。明治維新期の出来事について述べた次のⅠ～Ⅲの文を，年代の古い方から順に並べたものとして正しいものを，あとのア～カのうちから１つ選び，記号で答えなさい。

Ⅰ　五箇条の誓文が出された
Ⅱ　地租改正条例が出された
Ⅲ　琉球藩が廃止され沖縄県が設置された

ア．Ⅰ→Ⅱ→Ⅲ　　イ．Ⅰ→Ⅲ→Ⅱ　　ウ．Ⅱ→Ⅰ→Ⅲ
エ．Ⅱ→Ⅲ→Ⅰ　　オ．Ⅲ→Ⅰ→Ⅱ　　カ．Ⅲ→Ⅱ→Ⅰ

問３　下線部（ｂ）に関して，次の〔図１〕・〔図２〕は1920年代おわりから1930年代半ばまでの経済状況を示したものである。これらの図から読み取れることについて述べた次のⅠ・Ⅱの文の正誤を判断し，その組み合わせとして最も適当なものを，あとのア～エのうちから１つ選び，記号で答えなさい。

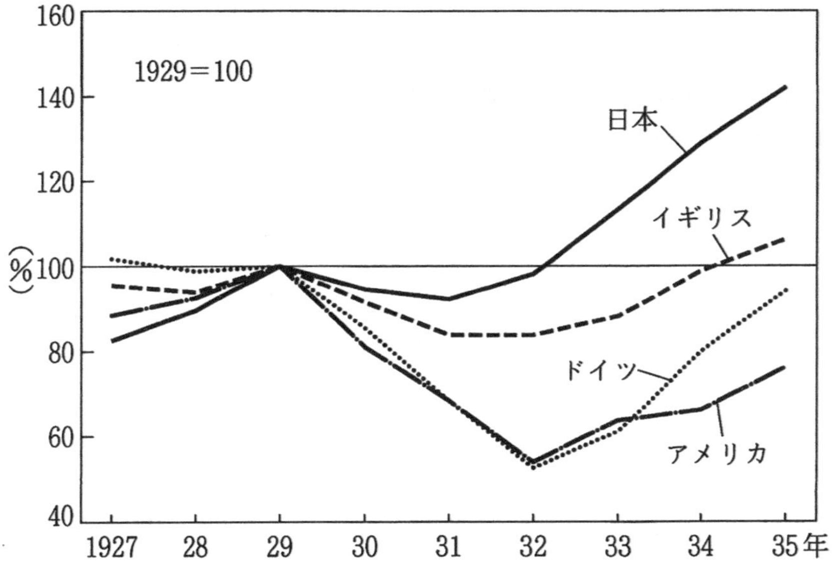

〔図１―1929年の工業生産額を100とした時の工業生産額の推移〕

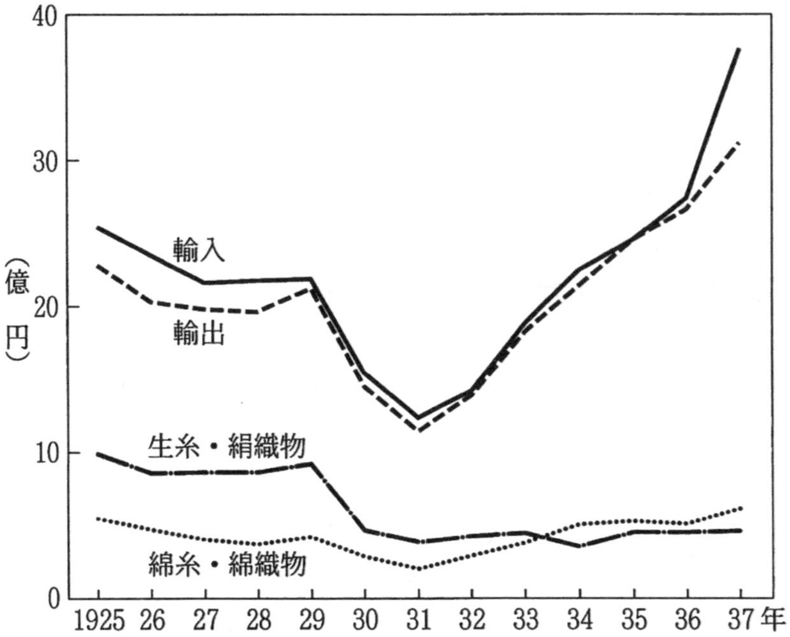

〔図２―日本の輸出入額，綿糸・綿織物の輸出額，生糸・絹織物の輸出額の推移〕

Ⅰ　日本は，工業生産額の面から考えると，欧米諸国に比べて世界恐慌の影響を大きくは受けていないと判断できる。

Ⅱ　綿糸・綿織物の輸出額が生糸・絹織物の輸出額を上回ったのは，盧溝橋事件以前のことである。

	ア	イ	ウ	エ
Ⅰ	正	正	誤	誤
Ⅱ	正	誤	正	誤

問４　空らん（　お　）に当てはまる人物の名前を漢字で答えなさい。

問5　下線部（c）に関して，空らん（　か　）に当てはまる人名とその作品〔図3〕～〔図5〕の組み合わせとして正しいものを，あとのア～ケのうちから1つ選び，記号で答えなさい。

〔図3〕

〔図4〕

〔図5〕

ア．人名―葛飾北斎　　作品―〔図3〕
イ．人名―歌川広重　　作品―〔図3〕
ウ．人名―尾形光琳　　作品―〔図3〕
エ．人名―葛飾北斎　　作品―〔図4〕
オ．人名―歌川広重　　作品―〔図4〕
カ．人名―尾形光琳　　作品―〔図4〕
キ．人名―葛飾北斎　　作品―〔図5〕
ク．人名―歌川広重　　作品―〔図5〕
ケ．人名―尾形光琳　　作品―〔図5〕

4　次の文章を読み，あとの問い（問１～４）に答えなさい。

2015年末の気候変動に関する国際会議（ＣＯＰ21）において，産業革命以前と比較して気温上昇を２℃未満に抑《おさ》えることや，すべての国がCO_2などの温室効果ガスの排出削減《はいしゅつさくげん》目標を作成することに合意するパリ協定が採択された。総発電量を下げることなくパリ協定に基づいた日本の目標を達成するために，発電においてさまざまな取り組みがなされている。現在までの日本のエネルギー別発電量の推移について見ていくこととしたい。

（ａ）日本の総発電量は第二次世界大戦後，2010年代まで増加傾向にあった。1950年代半ばから高度経済成長とよばれるが，その間（ｂ）1960年に池田内閣のもとで国民所得倍増計画が策定され，1970年代にかけて生産力増大のための投資が数多くなされ，日本は経済発展を遂げた。しかし，1973年には第一次（　Ｘ　）危機が起きており，日本の総発電量は増加し続けるが，中東からの輸入に頼らざるを得ない（　Ｘ　）による発電の割合を少しずつ下げてきた。一方，石炭による発電の割合は増加し，水力による発電量は横ばいであった。1980年代以降，石炭以外のエネルギー別発電量の中で伸び率の高いものは（　Ｙ　）と化石燃料の中でもCO_2排出量が他の発電方法より少ない（　Ｚ　）であった。（ｃ）2011年に起きた震災による（　Ｙ　）発電所での事故の影響で，（　Ｙ　）による発電は大幅に減少し，同じ時期に，新しいエネルギーの割合が増加してきている。

問１　文中の空らん（　Ｘ　）（　Ｙ　）（　Ｚ　）に当てはまる語句の組み合わせとして正しいものを，次のア～カのうちから１つ選び，記号で答えなさい。

	X	Y	Z
ア	原子力	太陽光	石油
イ	天然ガス	石油	太陽光
ウ	石油	原子力	天然ガス
エ	太陽光	天然ガス	原子力
オ	石油	天然ガス	原子力
カ	石油	原子力	太陽光

問2　下線部（a）に関して，次の（1）・（2）の問いに答えなさい。

（1）　裁判所について述べた次のⅠ・Ⅱの文の正誤を判断し，その組み合わせとして正しいものを，あとのア～エのうちから1つ選び，記号で答えなさい。

Ⅰ　裁判所は，国会や内閣の活動が憲法違反に当たらないかどうかを審査する権限を持っている。

Ⅱ　裁判員制度は，国民が裁判官に代わって裁判を行い，罪があるかどうかを決める制度である。

	ア	イ	ウ	エ
Ⅰ	正	正	誤	誤
Ⅱ	正	誤	正	誤

（2）　令和元年度一般会計当初予算のうち社会保障費は約34兆円であった。この年の日本の歳出予算総額に最も近いものを，次のア～エのうちから1つ選び記号で答えなさい。

ア．100兆円　　イ．150兆円　　ウ．200兆円　　エ．250兆円

問3　下線部（b）に関して，1960年以前の出来事として正しいものを，次のア～エのうちから1つ選び，記号で答えなさい。

ア．沖縄返還協定が結ばれる

イ．日ソ共同宣言が出される

ウ．佐藤栄作がノーベル賞を受賞する

エ．日韓基本条約が批准される

問4　下線部（c）の震災として最も適当なものを，次のア～エのうちから1つ選び，記号で答えなさい。

ア．東日本大震災

イ．関東大震災

ウ．阪神・淡路大震災

エ．新潟県中越地震

5 次の文章を読み，あとの問い（問１～５）に答えなさい。

日本国憲法には，人が生まれながらに持つ権利として，(ａ)基本的人権が保障されている。しかし残念ながら，これまですべての人たちが人権を守られてきたわけではない。

例えば，（　X　）病は細菌《さいきん》による感染症であるが，遺伝性の病気であるなどと誤った認識が広がり，その患者や家族は厳《きび》しい差別を受けてきた。裁判所の判決を受けて，2001年には（　X　）病補償法，2008年には（　X　）病問題基本法が成立し，国は被害者に対しての補償や名誉《めいよ》回復を行っている。

他にも，障がいがある人に対する差別や(ｂ)女性差別，北海道の先住民であるアイヌ民族への差別や日本に住む(ｃ)外国人に対する差別などがある。

自分とは異なる立場の人や異なる価値観を持つ人に対しても，意見を尊重し，絶対に差別は許さないという態度を持つことが必要である。

問１　文章中の空らん（　X　）にあてはまる語句を答えなさい。

問２　下線部（ａ）に関して，次の憲法の条文は基本的人権について書かれているものである。次の空らん（　Y　）・（　Z　）にあてはまる語句の組み合わせとして正しいものを，あとのア～カのうちから１つ選び，記号で答えなさい。

> 第14条　すべて国民は，法の下に平等であつて，人種，信条，性別，（　Y　）身分又は門地により，政治的，経済的又は（　Y　）関係において，差別されない。
>
> 第25条　すべて国民は，健康で（　Z　）な最低限度の生活を営む権利を有する。

ア．Y　文化的　　Z　社会的　　　イ．Y　文化的　　Z　道徳的

ウ．Y　社会的　　Z　文化的　　　エ．Y　社会的　　Z　道徳的

オ．Y　道徳的　　Z　文化的　　　カ．Y　道徳的　　Z　社会的

問3　下線部（b）に関して，女性差別をなくすための取り組みの例として述べた次のⅠ・Ⅱの文の正誤を判断し，その組み合わせとして正しいものを，あとのア～エのうちから１つ選び，記号で答えなさい。

Ⅰ　男女とも同じ時間働くのは，育児や家事を行う女性にとって負担が大きいので，22時以降の女性の労働は禁止されている。

Ⅱ　結婚をしたときに，どちらかの姓を名乗らなければならないのは差別であるとして，結婚後も男女別々の姓を使い続ける選択的夫婦別姓制度が設けられている。

	ア	イ	ウ	エ
Ⅰ	正	正	誤	誤
Ⅱ	正	誤	正	誤

問4　下線部（c）に関して，日本に永住している外国人の選挙権について述べた次の文のうち，最も適当なものをあとのア～エのうちから１つ選び，記号で答えなさい。

ア．地方選挙・国政選挙とも選挙権は与えられている。

イ．地方選挙では選挙権が与えられているが，国政選挙では与えられていない。

ウ．国政選挙では選挙権が与えられているが，地方選挙では与えられていない。

エ．地方選挙・国政選挙とも選挙権は与えられていない。

問5　人権を守るための活動をする組織には，ＮＧＯ（非政府組織）も存在する。1961年に発足した世界最大の国際人権ＮＧＯで，1971年にはノーベル平和賞を受賞した組織の名前を解答らんに合うように答えなさい。

2020(R2) 清風南海中　A
K 教英出版